제7판

FOREIGN EXCHANGE

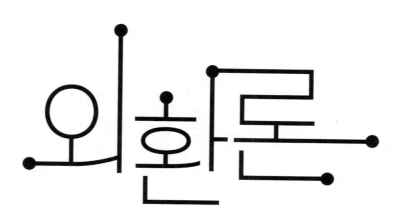

외환론

최생림 지음

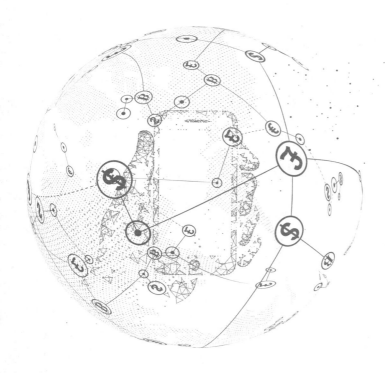

박영사

제7판 머리말

이제 책을 다시 고쳐 쓰지 않을 수 없을 만큼 외환의 여건과 환경이 달라졌다. 세상은 참으로 달라지고 있고, 시장과 기업은 그 변화에 빠르게 맞춰 나가고 있다.

정보통신기술의 발전은 외환시장의 거래방식과 문화를 크게 바꿔 놓았고, 이러한 분위기 속에서 새로운 생태계가 형성되고 있다. 서로 신뢰할 수 있는 상대방 간에 전화로 거래하던 시장이 이제 전자거래플랫폼으로 대체되어, 딜러와 브로커의 구분, 장외거래와 거래소거래의 구분, 도매거래와 소매거래의 구분, 심지어 시장조성자와 가격인수자의 구분마저 흐려지고 있다.

위계의 상위에 자리잡고 있는 소수 글로벌은행들의 장악력은 더욱 강해졌고 중간에 은행을 비롯한 각종 금융회사들과 새로이 생겨난 비은행전자딜러, 온라인 브로커, ECN, 유동성 통합자(liquidity aggregators), 그 외에도 무수히 많은 전자포털방식의 중간거래자들이 알고리듬거래와 다빈도(HFT) 거래를 통해 시장 효율성을 증대시키고 있다. 멀지 않아 딥 러닝방식의 인공지능과 클라우드까지 활용될 것이다. 작은 은행들, 기업들 그리고 개인들도 실시간 전자 스크린을 보면서 시간과 공간을 초월한 이 시장에서 이전보다 훨씬 저렴한 거래비용으로 편리하게 시장을 이용하는 새로운 풍토가 만들어진 것이다.

시장의 이런 변화는 거래자와 거래량을 크게 증가시켜, 국제결제은행이 마지막으로 조사한 2019년 현재 세계 외환시장의 하루 평균거래량은 6조 6천억 달러에 이르게 되었다. 3년 전에 비해 무려 30%에 가까운 높은 성장이다. 핀테크의 등장도 괄목할 만하다. 은행의 고유업무였던 환전과 해외송금분야에는 저렴한 비용과 신속한 송금을 앞세운 핀테크들이 (적어도 소매업무 쪽에서는) 득세하고 있다. 지급, 결제분야는 새로운 혁신으로 가득 차 있고, 아직 화폐의 성격을 가지지는 못하지만 기천에 이르는 가상통화(cryptocurrency)의 등장도 큰 관심거리다. 여기에 각국의 중앙은행은 독자적인 전자통화(CBDC)를 개발하고 있다.

이러한 세계 외환시장과 거래방식의 변화에도 불구하고 국내에서는 여전히 시중은행 중심의 독점체제가 유지되고, 외환거래는 규제와 금기에 갇혀 있다. 참으로 안타까운 일이다. 비단 선진국뿐만 아니라 여러 신흥개발국에서 조차 활발하게 금융소비자들의 호응을 받는 무수히 많은 외환 관련 혁신이 한국에서는 불가능한 실정이고, 창업자들과 소비자들은 많은 좋은 기회를 뺏기고 있다.

제7판을 준비하면서 나름으로 몇 가지의 지침을 미리 정했다. 먼저 이 책의 독자층을 외환에 대해 전공지식이 깊지 않은 사람을 대상으로 정했다. 그러나 이 책을 공부한 후에는 금융회사나 일반기업의 실무에서 외환업무를 수행하는 데 어려움이 없는 수준, 그리고 보다 더 깊이 있는 외환 전공지식을 접하는 데 어려움이 없을 정도의 수준에 이르도록 만드는 것을 목표로 정했다.

내용의 전개에서 가장 염두에 두었던 지침은 읽는 이가 이해하기 편해야 한다는 것이었다. 이 책이 너무 어렵다는 말을 흔히 들어온 탓에, 내용을 다시 한번 검토하면서 일부는 삭제하고 또 어떤 부분은 순서를 바꾸기도 했다. 특히 손을 많이 댄 데는 제2장 외환시장과 제11장 회계적 노출, 그리고 여기저기 선물환에 관련된 부분이다. 외환시장에서는 환경의 변화와 참여자의 역할 변화를 반영하였고, 외화거래 회계에서는 세계기준 그리고 한국채택기준을 더욱 강조하였으며, 선물환에 대해서는 위에 언급한 지침에 맞추려고 노력했다. 표현도 현학적이거나 중국어식을 지양하였다. 또 새로운 문헌을 많이 참고해서 최근의 변화를 반영하려고 애썼다. 회계분야는 이번에도 동료인 나인철 교수님의 도움을 받았고, 편집은 박영사 전채린 과장님이 맡아서 고생했다.

이 책을 삼가 부모님 영전에 바친다.

2021년 2월
최생림

초판 머리말

국제화는 우리 경제의 피할 수 없는 선택이 되고 있다. 1980년대 초 이래 세계적인 추세를 이루고 있는 금융의 규제완화와 세계적인 통합화로 인하여 국제간의 자금이전은 크게 증대되고 있고, 자유로워지고 있고, 또한 그 성질도 많이 달라지고 있다. 국제자금이전이 실물경제면에서의 교역을 결제하기 위한 목적에서 이루어져 왔던 전통적인 행태를 크게 벗어나, 환율과 이자율의 변동위험에 대한 헤지목적으로 또는 이와 같은 변동을 이용하려는 투기거래와 재정거래, 또는 세금노출을 관리하고 재정하려는 거래 등 순전히 금융적인 목적의 거래가 압도적인 비중을 차지하고 있다.

자금이전의 주체도 달라지고 있다. 제조업이 아닌 금융기관들의 거래 비중이 압도적이다. 제조업에 있어서도 상품을 국내에서 생산하여 외국에 수출을 하는 기업들이 대종을 이루던 것은 어제의 일이다. 국제금융행위를 수행하는 오늘의 대표적인 기업은 국내에서뿐만 아니라 해외에도 생산기지를 가지고 있는 다국적기업이다. 우리나라의 많은 중소기업들이 해외직접투자를 경험하고 있는 만큼, 이것은 일부 선진외국이 아닌 한국의 모습이기도 하다.

이런 새로운 변화의 흐름은 문제에 접근하는 인식이 근본적으로 달라져야 함을 의미하는 것이다. 환율과 이자율이 변동가격으로 거래되는 제도와 관행하에서는 증대하는 불확실성을 어떻게 관리하는가에 따라 국제적인 경쟁력이 결정된다. 이것은 금융기관들도 그렇고 제조업에서도 마찬가지이다. 최근 한국의 많은 대기업들이 경영의 국제화를 강조하고 국제적인 경쟁력의 제고에 힘을 더욱 기울이고 있음은 이와 같은 세계적인 변화의 흐름과 맥을 같이하는 것이라 하겠다.

대학교육도 사회의 이와 같은 변화를 수용해 오고 있다. 외환과 관련된 과목이 점차 많이 개설되고 있고 학생들의 요구도 나날이 눈에 띄게 늘어나고 있다. 또한 강의의 내용도 변화를 반영하고 있다. 새로운 금융수단들의 부각이 간과할 수 없는 부분이 되었다. 현물과 선물이 시장의 대종을 이루고 있음은 아직도 사실이나 옵션, 통화선물, 스왑금융 등과 같은 새로운 파생수단들이 이루는 환상적인 세계를 도외시한다면 외환을 얘기하기 어렵게 되었고, 기업의 외환관리에서도 선택의 폭을 크게 제한받는 결과를 가져오게 되었다.

저자는 지난 20여 년간 대학에서 강의를 하면서 학생들에게 충분히 이해를 시킬 수 있으면서도 재미있게 가르치려고 나름대로 애써 왔다. 특히 외환은 내용이 어렵고 딱딱하다는 선입견을 학생들이 가지고 있다. 그것은 한국의 대학생들이나 미국의 최고경영자들이나 모두 마찬가지였다. 따라서, 좋은 강의만 가지고는 충분하기 어렵고 좋은 교재가 필요하다는 것을 절실하게 느껴 온 지 오래다.

국어나 외국어로 쓰여져 있는 외환관련 서적들이 많이 있다. 그 중에는 아주 훌륭한 책들이 물론 많다. 그럼에도 불구하고 학교에서 교재로 쓰기에 마땅한 책을 고르기가 쉽지 않다고 느낀 적이 많이 있다. 이 책은 다음과 같은 점을 유의하면서 쓰여졌다.

첫째, 이 책은 외환에 대한 이해가 깊지 않은 사람들을 대상으로 하였다. 그러나 이 책을 통해서 외환에 관해 상당한 수준까지 그리고 폭넓은 지식을 가질 수 있도록 짜임새 있게 구성하려고 노력했다. 특히 외환에 관련된 새로운 이론과 분석들이 활발히 제기되고 있는 만큼, 가장 앞선 견해와 이론들을 독자들이 접할 수 있도록 하려고 애썼다.

둘째, 현학적이거나 문서체의 어투를 피하면서 가능한 한 이해하기 쉽게 표현하려고 노력했다. 깊이 있는 내용은 쉽게 전달할 수 없다는 미신을 절대로 믿지 않는다.

셋째, 학자들이 쓰는 책은 지나치게 이론적이어서 현실적인 유용성이 결핍되어 있다는 비판을 많이 받는다. 실무적인 경험이 많은 사람들의 책도 상당히 도움이 되지만 지나치게 현실적이거나 상황적이어서 일반화시키기 어렵다는 비판을 받는다. 이 책에서는 이론적인 틀을 근간으로 하면서 필요한 사례들을 많이 인용함으로써 가능한 한 균형 있게 쓰려고 노력하였다.

넷째, 외환에 관련된 이론, 외환제도, 외환시장, 그리고 외환위험의 관리 등을 폭넓게 다룸으로써, 한 부분에 그치지 않고 전반적인 이해를 할 수 있도록 했다. 동시에 체계가 산만하지 않고 일관성을 가지도록 했다.

이 책은 크게 네 부분으로 구성된다. 제1부는 외환제도에 관한 것으로, 국제통화제도의 변천과 그 배경을 설명하는 "제1장 국제통화제도," 우리나라의 과거 및 현재의 환율제도를 설명한 "제2장 한국의 환율제도," 그리고 환율과 거시경제변수들간의 관계를 설명하는 "제3장 환율, 물가, 금리간의 평가관계"로 이루어진다. 특히 제3장의 내용은 모든 종류의 국제금융거래를 분석적으로 파악하는 데 있어 중요한 골격을 이루는 기초가 되므로 충분한 이해가 필요하다.

제2부는 외환시장에 관한 것이다. "제4장 외환시장"에서는 외환시장의 특성과 외환거래가 이루어지는 제반 체계를 설명한다. 시장에 대한 생생한 이해 없이는 개념적인 이론들에 대한 접근도 한계가 있을 수밖에 없다. 제5장은 외환시장에 대한 보다 철저한 이해를 돕기 위해 재정거래와 투기거래에 대해 설명하였다.

제2부의 나머지 세 장들은 각각 통화선물, 통화옵션 그리고 통화스왑 등 최근 많은 관심을 끌고 있는 파생수단들에 대한 부분들이다. 이 파생수단들에 대해서 초보자들은 특히 어렵다고 느끼고 있다. 그 개념을 이해하고 효용과 한계를 충분히 소화하여, 응용할 수 있게 되기까지는 머릿속 훈련이 상당히 필요하다. 이 책에서는 독자들의 이와 같은 어려움을 이해하고 표현을 평이하게 하면서도, 동시에 그 내용을 깊이 있게 전달하려고 노력하였다.

제3부는 환율결정이론과 환율예측에 관한 부분이다. 변동환율제도가 국제통화제도의 표준이 된 지 이제 20여 년이 되었으나, 환율의 변동행태에 대해서는 사실은 우리가 밝혀 낸 것보다는 밝혀 내고자 하는 부분이 더 많다.

"제9장 환율결정이론"에서는 전통적인 이론에서부터 자산시장이론에 이르기까지 다양한 환율결정이론들을 제시하고 있다. 그러나 복잡한 수식과 요란한 그래프의 이용을 가능한 한 피함으로써, 경제학에 익숙하지 않은 독자들도 이해할 수 있도록 하였다.

"제9장 환율결정이론"에 이은 제10장의 논제는 "선물환율의 성질"이다. 선물환율은 특히 이론적으로나 현실적으로 중요하면서도 흔히 잘못 인식되기 쉬운 탓으로 자세한 설명이 필요하다. 환율결정이론과 선물환율에 대한 논의를 바탕으로 환율의 예측에 관련된 이론과 실제기법들을 분석한 "제11장 환율의 예측"으로 제3부를 매듭짓는다.

마지막 제4부는 외환위험의 관리에 대한 기업 차원의 전략적 측면을 다루고 있다. 환율의 변동이 기업경영에 미치는 영향을 다루고, 외환위험을 정의한 "제12장 외환위험의 성질"에 이어, 외화환산노출이 주를 이루는 "제13장 회계적 노출"과 실질환율의 변동이 주가 되는 "제14장 경제적 노출"을 설명한다.

이와 같은 평면적이고 탐구적인 논의에 이어, 기업들이 전략적으로 이 위험을 어떻게 관리할 것인가 하는 문제가 "제15장 외환위험의 관리전략"의 내용이다. 관리를 위한 현실적인 수단으로 재무적 관리기법과 비재무적 관리기법 등이 제시되어 각종의 기법별로 유용성과 한계가 설명되고 있다.

이 책의 마지막 제목은 "제16장 한국 기업들이 당면하는 외환위험 관리상의 제약"이다. 여기서는 한국 기업들이 외환 관리에 있어 현실적으로 동원가능한 전략 및 수단들과 동시에 시장, 정부규제 또는 기업경영전략상의 이유에 기인한 제약과 한계를 분석하였다.

각 장의 끝에 연습문제를 두어 독자들이 내용을 음미하고 적극적으로 생각할 수 있는 기회를 만들고자 했다(연습문제의 풀이가 필요한 교수님들께서는 출판사로 연락해 주시면 우송해 드리겠습니다). 또한 각 장마다 참고문헌을 적었는데, 이는 본문의 내용을 보다 깊이 알고 싶어하는 사람들에게 참고할 수 있도록 하기 위한 것이다. 국내문헌을 많이 인용하지 않은 것은 의도적이기는 하나, 결과적으로 국내의 동료 학자들에게 매우 미안한 일이다.

이 책을 쓰면서 어려움을 느낀 점이 여러 가지 있다. 무엇보다도 이 분야에 용어가 통일되어 있지 않은 경우가 많이 있었다(대표적인 것으로 아주 많이 쓰이는 용어이면서도 forward와 futures를 구분하는 우리말이 통일되어 있지 않다). 이런 경우에는 일반화된 관례를 존중하였다. 또 하나의 어려움은 우리말로 용어가 정착되어 있지 않을 뿐 아니라 번역하기도 마땅하지 않은 말들이 있다(옵션에서 in-the-money, out-of-the-money 등). 어쩔 수 없이 원어를 그대로 쓰는 것이 이해를 정확히 할 수 있는 피할 수 없는 방법이라고 판단한 경우도 있었다. 이 책은 부족한 점이 많이 있다. 앞으로 끊임없이 개선해 나갈 생각이다.

이 책은 많은 학자들과 연구자들이 이론적이고 실증적인 연구를 통해 얻은 지식과 경험을 빌려 온 것이다. 저자는 이들 모두에게 큰 빚을 지고 있다. 특히 저자에게 외환을 처음으로 가르쳤고, 또한 한때는 같은 과목을 미시간대학 경영대학원에서 저자와 함께 팀으로 강의했던 G. Dufey 교수에게 항상 고마움을 가지고 있다. Wharton대학에 있는 A. Tschoegl 교수도 몇 개의 연구논문을 저자와 함께 쓴, 이 분야에서 같은 길을 가는 좋은 친구이다. 한양대학교의 나인철 교수는 회계적 노출에 관해 많은 조언을 해 주었으며, 홍익대학교의 정태영 교수는 원고를 모두 읽고 좋은 지적과 건의를 해 주었다. 한양대학교 대학원의 김현인 군과 이주리 조교가 교정을 많이 도왔고, 이명재 상무를 비롯하여 박영사의 여러 직원들도 수고를 아끼지 않았다. 이들 모두에게 고마움을 전한다.

1993년 여름

저 자 씀

이 책에서 쓰이는 표시는 다음과 같다.

FC = 외국통화 단위(즉 달러, 엔 등)의 일반명칭

i_n = 명목금리

i_r = 실질금리

P = 물가수준

π = 물가상승률

S = 자국통화로 표시한 외국통화 한 단위의 현물환율(예: 한국에서 $1 = 1,200)

$F_{0,t}$ (또는 단순히 F) = 0시점에서 계약하여 t시점에 인도되는 선물환율

Z = 통화선물환율

0 = 기준시점(예: P_0 = 기준시점의 국내물가수준)

t = 비교시점(예: P_t = 비교시점의 국내물가수준)

d = 기준시점과 비교시점간의 변화율(dP = 국내물가수준의 변화율)

$*$ = 외국변수를 나타냄(예: $P_t{}^*$ = t시점의 외국물가수준)

e = 예상치 또는 기대치(예: $\pi_e{}^*$ = 예상되는 외국의 물가상승률)

$C(P)$ = 현물 1단위에 대한 미국식 콜(풋) 옵션의 국내통화가격

$c(p)$ = 현물 1단위에 대한 유럽식 콜(풋) 옵션의 국내통화가격

C^*, P^*, c^*, p^* = 통화선물 1단위에 대한 미국식, 유럽식 옵션가격

외 / 환 / 론

목차

PART 1 외환제도

PART 4   외환위험의 관리

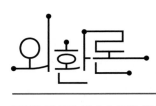

FOREIGN EXCHANGE

외환제도

'보이지 않는 손'은 시장에 없었다.

-J. Stiglitz, 2008년 글로벌 금융 위기에 대해 언급하면서

최초의 국제통화는 기원전 5세기 그리스의 은화인 '드라크마(drachma)'로
추정된다. 그리스 이외 지역에서도 광범위하게 사용되었던 이 화폐는 로마제국의
등장으로 기축통화 지위를 상실했다.

북한은 2009년 12월 1일 전격적으로 100:1의 통화개혁을 실시하였다.
그 후 아사자가 속출하고 노동당 재정관리부장이 숙청되었다는 소식이 보도됐다.

통화제도의 역사

제1절 ▶ 국제통화제도의 역사

국제통화제도란 국제간 재화와 용역, 그리고 자본의 이동에 따른 화폐의 지불을 원활하게 수행할 수 있도록 하는 금융결제의 체계를 일컫는다. 국제간 교환의 수단으로 옛부터 널리 사용된 것은 금이었다. 금은 내구성이 있고 보관과 운반이 용이하며 식별하기도 쉽다. 또한 규격화와 표준화시키기가 쉽다고 하는 장점을 가지고 있다. 뿐만 아니라, 금의 생산비가 높기 때문에 어떤 나라건 금보유량을 자의적으로 조절하기가 쉽지 않고, 이 때문에 정부에서 인쇄하는 법정지폐(fiat money)와 달리 장기적으로 가격안정을 유지하도록 하는 성향을 가진다.

이런 이유로 대부분의 주요국 통화들은 일정량의 금을 자국의 통화로 표시하여 상대적인 가치, 즉 환율을 고정시키는 금본위제도를 오랫동안 택해 왔다. 이 제도를 택하는 정부는 다른 통화와의 교환을 보장함으로써 그 가격을 유지하였다.

금의 가치가 다른 상품 및 용역의 가치에 비해 장기적으로 비교적 안정적이기 때문에, 금본위제도하에서는 국내에서나 국제적으로 물가가 장기적으로 안정되는 성향을 보였다. 이처럼 통화가치를 금의 가치에 연계시키는 것은 큰 장점이 되기도 하였으나, 그 자체가 큰 하나의 제약이기도 하였다.

금의 제약에서 벗어나 미국의 경제력에 의존하려는 시도에서, 세계대전 이후 브레턴우즈(Bretton Woods)체제가 도입되었으나, 미국의 국력 역시 단독으로 세계경제의 지렛대가 되어 국제통화제도를 오랫동안 떠받들기에는 역부족이었다. 1970년대 초 브레턴우즈체제가 붕괴되면서 세계는 변동환율제도의 시대로 접어들었다. 변동환율제도하에서의 환율은 외환시장에서 자유롭게 결정되기 때문에, 항상 적정가치를 반영하여 균형을 유지할 수 있을 것이라고 하는 기대 때문이었다.

그러나 이전의 고정환율제도와는 판이하게 달라진 새로운 제도하에서 기업들은 국제영업활동을 함에 있어 어려움에 봉착하게 되었다. 고정환율 제도에서는 환율변화가 빈번하지 않아 불확실성이 작았으나, 환율이 수시로 변동하는 변동환율제도로 이행됨에 따라 환율변동위험의 문제가 발생하게 되었기 때문이다.

돌이켜 보면, 현재의 통화제도로 이행한 후 환율이 급격하게 변동해 왔을 뿐만 아니라 세계적으로 인플레이션 현상도 확산되었다. 금본위제도하에서는 화폐공급의 증대가 금의 공급에 의해 제약을 받았었다. 또한 금본위제도하에서는 발행된 통화의 가치와 이를 뒷받침하기 위한 금의 조달비용이 같아서 정부가 통화를 증발해도 아무런 이득이 없었다.

반면, 금과의 교환이 보장되지 않는 현재의 지폐제도에서는, 화폐의 가치는 정부와 통화당국에 대한 신뢰에 의해서만 유지된다. 그러나 정부로서는 새로운 통화의 발행에 따른 비용이 거의 없기 때문에, 통화의 발행에서 오는 이득(seigniorage)을 거의 모두 가지게 되므로 분별력을 잃기 쉽다.

근래에 변동환율제도하에서의 환율과 물가의 불안정 때문에, 금을 기본으로 하는 고정환율제도로 돌아가자고 주장하는 학자들도 없지 않은데, 이것은 정부에 대한 신뢰가 상실되었기 때문이라고 볼 수 있다. 정부가 과연 화폐를 무분별하게 발행하지 않았는지, 또는 그 가치가 하락하지 않도록 조절하려는 의지를 강력하게 가져 왔는지 믿기 어렵다고 하는 비판이 설득력이 있어 보인다.

이제 제1절에서 국제통화제도의 역사를 살펴보고, 다음 절에서 우리나라의 환율제도에 대해 살펴본다.

1. 금본위제도(1821~1914)

1821년 나폴레옹전쟁이 끝나자 영국은 금본위제도로 복귀하였는데, 많은 국가들이 이를 따르게 되어 1880년까지는 대부분의 국가들이 어떤 형태로든 금본위제도를 택하게 되었다. 그러나 금은 생산비가 높아서 많은 국가들이 순수한 상품화폐를 그대로 운용하기보다는, 이를 대체할 수 있는 어떤 것을 택해 운용함으로써 국내의 경제활동을 외부적인 교란으로부터 보호하려고 노력하게 되었다. 이에 따라, 정부가 발행한 지폐나, 은행이 발행한 은행권과 예금 등이 쓰이게 되었다. 정부가 발행한 지폐가 일정량의 금과 연계되고, 또한 은행권과 은행예금도 해당은행의 금 보유에 의해서 보장되면서 금본위가 유지될 수 있었다.

국제무역을 결제하기 위해 금이 국제적으로 이동하는 경우 국내의 통화공급에 영향을 미치게 되는데, 이에 대해서는 많은 나라들이 국내증권을 매매함으로써 국내통화량을 조절하여 그 영향을 중화시키려고 노력하였다.

20세기로 접어들 무렵에는 런던, 파리, 뉴욕 등이 이미 세계금융의 중심지로 부상하고 금융시장도 상당한 정도의 발전을 이루고 있었다. 따라서 국제수지의 조정이 이들 화폐시장에서 파운드화 등의 주요 통화로 표시된 예금잔고의 이동에 의해 주로 이루어졌기 때문에, 금의 국제적 이동이 실제로는 일어날 필요가 별로 없었다. 이 시기의 금본위제도는 앞에서 언급한 순수한 형태와 구별하여 관리금본위(managed gold standard)제도라고도 한다.

금본위제도가 가장 본래적인 형태로 널리 사용되었던 1880년부터 1914년까지의 기간은 세계경제사에서 특기할 만한 기간이었다. 1890년대의 공황과 1907년의 경제불황 등 몇 차례의 불황을 경험하기는 하였으나, 대체로 보면 이 기간동안 국제적으로 자유무역이 급속히 확산되었고 환율과 물가가 안정을 유지했으며, 세계적으로 높은 경제성장과 평화를 누렸던 기간이다.

2. 금환본위제도(1925~1931)

제1차 세계대전이 발발하면서 금본위제도는 붕괴되었다. 전쟁이 끝난 1919년 6월 승전국들이 베르사이유협약(Treaty of Versailles)을 체결했다. 이 협약은 유럽의 전후 질서회복과 평화유지에 초점을 맞춘 것이 아니고, 패전국이었던 독일에게 과다한 배상금을 부과시키는 것을 주 내용으로 하는 다분히 보복적인 것이었다.

독일은 배상금의 지불을 위해 통화발행을 엄청나게 증대시키지 않을 수 없었고, 그 결과 1920~23년 기간 동안 상상을 초월하는 수준의 물가상승(hyperinflation)을 가져왔다. 1919년 달러당 14마르크였던 환율은 1923년 11월에는 달러당 무려 4조 마르크에 이르게 되었다. 이에 따라 독일의 중산층은 크게 타격을 입게 되었고 독일 국민들의 원성이 고조되어 배타적 민족주의가 팽배해지게 되었다. 이것은 결국 훗날 또 하나의 비극적 세계대전을 초래할 불씨가 된다.

제1차 세계대전이 종결되면서 정부가 발행한 지폐를 금과 바꾸어 주지 않는 불환지폐제도가 잠시 국제통화제도로 형성되는 듯했으나, 1925년부터 금환본위제도가 다시 채택되었다. 금환본위제도하에서는 미국과 영국이 금을 보유하고, 나머지 국가들은 금, 달러 그리고 파운드화를 보유할 수 있었다.

그러나 영국은 무역수지의 적자 때문에 방대한 양의 금과 자본이 국외로 유출되어 이 제도를 견지할 수 없게 되었고, 이에 따라 1931년 금환본위제도는 종말을 고하게 되었다. 이로써, 금환본위제도는 다시 불환지폐제도로 이행한다.

3. 브레턴우즈제도(1946~1971)

현대의 국제통화제도와 국제금융의 기본이 된 제도와 관행은 제2차 세계대전이 마무리될 즈음부터 시작되었다고 할 수 있다. 1944년 7월 44개국의 대표들은 전후의 금융제도를 재건시키기 위해 미국 뉴햄프셔(New Hampshire)주의 조그만 스키 휴양지인 브레턴우즈(Bretton Woods)에 모여 국제회의(International Monetary and Financial Conference of the United and Associated Nations)를 열고 몇 가지의 중요한 내용에 합의하였다.

여기서 미국 측 대표인 화이트(Harry Dexter White)의 제안을 기초로 고정환율제도와 금에 의한 국제결제제도가 채택되었다. 또한, 국제적인 협력을 기초로 하는 국제금융제도를 확립시키고, 환율의 안정과 외환규제의 완화 및 철폐를 추진하기 위한 '국제통화기금(IMF; International Monetary Fund)'과 경제부흥을 위한 자본을 제공하는 것을 목적으로 하는 '세계은행(IBRD; International Bank for Reconstruction and Development)'을 설립하는 데 합의하였다. 또한, 자유무역의 이념을 반영하여 1947년 '무역과 관세에 관한 일반협정(GATT; General Agreement on Trade and Tariffs)'이 설립되었다. GATT의 회원국들은 모든 다른 회원국들에게 무역정책상 공평하게 호의적인 대우를 취하도록 되어 있었는데, 이는 오늘날 WTO의 전신이 되었다.

미국은 국제금융거래를 결제할 때 상대국의 통화당국과 금 1온스당 35달러에 금을 거래하기로 합의하였다. 한편, '국제통화기금'의 다른 회원 국들은 자국통화를 미국 달러화에 연계(peg)시키고, 달러화의 매입과 매도를 통해 시장환율이 평가가치(平價價値, par value)의 상하 1%의 폭 이내로 유지하도록 했다. 이렇게 해서 달러화는 금에 연계되고, 기타 통화들은 달러와의 평가를 통해 금에 간접적으로 연계되게 되었다.

미국 중앙은행은 금 1온스당 35달러를 유지하기 위해, 금의 시장가격이 공식가격에서 이탈할 때마다 시장에 개입하지 않을 수 없게 되었다. 전쟁이 끝난 1945년에 미국은 세계의 전체 금 보유고의 60%를 가지고 있었고, 달러는 미국 중앙은행이 언제든지 만들어 낼 수 있으므로 이것은 아무런 문제가 없는 듯이 보였다.

'국제통화기금' 회원국들은 국제수지가 '기초적 불균형(fundamental dis-equilibrium)'인 경우에 한해 기금의 허가를 받아 평가가치를 변경시킬 수 있었다. '기초적 불균형'의 의미는 분명하게 명시되어 있지 않았으나, 각 회원국이 평가가치를 손쉽게 변경시킬 수는 없다는 것을 의미하는 것으로 인식되었다. 브레턴우즈협정에서는 또한 회원국들이 가능한 빠른 시일 내에 태환성을 회복할 것과 외환규제를 철폐할 것도 요구하였다.

'국제통화기금'은 외화가 부족해진 회원국들에게 외화를 대출해 주도록 되어 있고, 그 자금을 조성하기 위해 각 회원국이 배당된 할당액(subscription quotas)의 25%를 금으로, 그리고 나머지 75%는 자국통화로 '국제통화기금'에 출자하도록 하였다. 배당금 할당은 각 회원국의 경제규모와 부존자원에 따라 달라지는데, 이에 비례하여 '국제 통화기금'의 결정에 대한 투표권이 부여되었다.

전쟁종료 후 공산주의가 국제적으로 확산되기 시작했고, 국제간의 냉전이 고조되고 있었다. 이에 대응하는 외교정책으로 미국은 1947년 '유럽 회복계획 (European Recovery Program, 일명 Marshall Plan)'을 채택하고, 이 원조안을 집행하고 관리하기 위해 '유럽경제협력기구(OEEC; Organization for European Economic Cooperation, 후에 OECD; Organization for Economic Cooperation and Development로 바뀜)'를 설립하였다. 한편 소련은 이에 대응하는 기구로 동구유럽제국들과의 경제협력과 군사적 동맹을 모색하는 '코메콘(COMECON; Council for Mutual Economic Assistance)'을 설립하였다.[1] 1950년대에 접어들면서부터 미국은 경상수지에서 적자가 지속되어 이것이 경제적으로 큰 어려움을 주게 되었다. 이에 따라, 미국 행정부는 기업들이 투자를 활성화하고, 궁극적

---

1) COMECON은 종주국인 소련 공산주의의 몰락과 함께 1991년 정식으로 해체되었다.

으로는 국제경쟁력을 제고할 수 있도록 하려는 목적에서 몇 가지의 조처를 취했다. 그 하나는 1963년 7월 중순부터 도입된 '이자평형세(Interest Equalization Tax)'제도였고, 또 다른 하나는 1965년 2월 도입된 '해외신용제한계획(VFCR; Voluntary Foreign Credit Restraint Program)'이었다.

이 같은 일련의 조치로 외국기업들이 달러를 미국에서 조달하기 어렵게 되었고, 그 결과 미국 외에서 달러가 중개되는 국제화폐시장, 즉 유로달러(Eurodollar) 시장이 눈에 띄게 성장하게 되었다. 유로달러는 미국 외에 있는 은행에 예치된 미국 달러표시의 예금이라고 정의할 수 있는데, 1950년대 후반부터 그 시장이 형성되기 시작했다.[2]

그 후 독일 마르크, 일본 엔, 영국 파운드, 스위스 프랑 등에 대해서도 유로 통화시장이 형성되어 런던에서 정규적으로 거래되는 유로통화는 15개에 이르게 되었다. 국제외환시장의 동향에 따라 달라지기는 하나, 이 시장에서 달러의 비중이 대개 60%를 상회하고 엔화의 비중도 높다.

유로통화시장과 함께 유로채(Eurobond)시장도 발달하게 되었다. 미국의 이자 평형세제도 도입에 자극받아 최초의 유로채로 이탈리아 도로공사 (Autostrada)의 달러표시 채권이 런던에서 1963년에 발행되었다. 이 유로채는 미국통화로 표시되기는 했어도, '유로'라는 접두어가 뜻하듯이 미국증권법에 따라 등록되지도 않았고 미국의 투자자들에게 배정되지도 않았다. 유로채의 발행이 점차 늘어나면서 유통시장도 활성화되었다. 유로채의 결제를 위한 국제전산망으로 1968년 모건개 런티(Morgan Guaranty)가 브뤼셀에 유로클리어(Euroclear)를, 그리고 1971년에는 일단의 유럽은행들이 룩셈 부르크에 씨델(Cedel; Central de Livraison de Valeur Mobilieres)을 각각 설립하여 국제간의 거래가 더욱 촉진될 수 있는 기틀이 마련되었다.

1968년 3월 미국은 금의 시장가격에 개입해 온 노력을 포기하기에 이른다. 이에 따라 금의 정부부문 거래는 자유시장 가격과 괴리되는 이중가격제도가 시작되어, 중앙은행들간에는 금 1온스당 35달러에 거래하나 민간시장에서는 시장 균형가격에 거래를 하고 정부는 이에 개입하지 않기로 한 것이다.[3]

---

2) 1981년 12월부터 미국에는 외국인들의 미국내 예금에 대해 유로시장에서와 같이 규제를 완화시킨 IBF(International Banking Facilities)가 설치되었는데, 이 IBF에 예치된 달러예금도 일종의 유로달러이다.

3) 이로써 금 가격은 즉각적으로 온스당 43달러까지 올랐고, 변동환율제도가 도입되어 이중가격

1969년 7월 '국제통화기금'의 투표권의 대부분을 가진 10개 OECD 회원국들(Group of Ten)은 중앙은행들간에 보유고(reserves)를 결제하는 데 사용될 수 있는 인위적인 보유자산을 만들기로 합의하고 1970년 1월 처음으로 회원국에 배정했는데, 이것이 곧 '국제통화기금'의 특별인출권(SDR; Special Drawing Rights)이다. 1974년 특별인출권은 16개국의 통화로 구성된 복합통화(basket currency)였으나, 1981년 5개국의 통화(미국 달러, 독일 마르크, 프랑스 프랑, 영국 파운드, 일본 엔)로 재구성되었다가 1999년 유로의 출범에 따라 4개 통화(달러, 유로, 파운드, 엔)로 변경되었다. 그 후 중국 경제가 세계적으로 부상하면서 2015년에는 중국 인민폐가 추가로 여기에 포함되었다.

시간이 흐르면서 국가간의 경제에 차이가 크게 나게 되고, 이에 따라 평가가치를 조정할 필요가 보다 빈번해질 뿐 아니라 조정의 폭 또한 점차 커지게 되었다. 이처럼 브레턴우즈통화제도의 근간을 이루는 금과 달러간의, 그리고 달러와 다른 통화간의 고정된 연계관계가 오랫동안 지속되기는 어려운 내재적인 문제를 안고 있었고, 이 문제들이 서서히 나타나기 시작하면서 이 체제는 붕괴되기 시작했다.

1971년 8월 드디어 닉슨은 달러의 금태환을 정지시켰다. 브레턴우즈 체제를 지속시키기가 점차 힘들게 되었고, 고정환율제도와 변동환율제도의 장점과 단점에 대한 논의가 활발해지게 되었다. 그러나 기존의 평가(parities)를 재조정할 필요가 있기는 하지만, 적어도 제도 자체가 존속할 수 없을 만한 결함을 내포하고 있는 것으로 인식되지는 않았다.

브레턴우즈체제를 개선하여 유지해 보려는 노력으로 1971년 12월 워싱턴 소재 '스미소니언 박물관(Smithsonian Institution)'에서 소위 '스미소니언 협정'을 맺게 되었다. 이 협정의 주안점은 물가상승과 무역수지 적자로 가치가 크게 하락한 것으로 인식되었던 달러화를 절하시킨다는 것이었다.

금의 공공부문 거래가격을 온스당 38달러로 인상시키고, 환율변동폭을 새로 설정하여 평가의 상하 2.25%로 늘리는 등의 노력을 하였으나, 불과 1년여 만에 다시 전과 같은 문제에 봉착하게 되었다. 달러화의 평가절하는 절실히 필요한 것이기는 했으나, 국가간의 경제성과가 계속 차이가 난다면 과거보다도 훨씬 더 빈번하게 환율을 조정할 수밖에 없는 것이었다.

제가 폐기된 1973년 11월에는 온스당 100달러에 달했다.

더구나, 국제자금흐름에 큰 변화가 있었다. 과거에는 흐름이 대체로 무역이나 장기적인 투자와 관련된 것이었는데, 이제는 단기적인 투자의 흐름이 점차 증대되고 있었다. 1973년 2월 12일 미국은 달러의 10% 평가절하를 선언하였으나 이 체제를 지속시키는 데 필요한 국제적인 신뢰는 벌써 사라지고 있었다. 다음 달 유럽의 중요 통화들과 엔화가 변동되기 시작하면서 실질적으로 변동환율체제가 시작되었다.

브레턴우즈체제의 붕괴에 따라, 미국은 그간의 규제들도 서서히 철폐하였으니, 1973~74년간에 '이자평형세', '해외신용제한계획' 그리고 금의 이중가격제 등을 폐지하였다. '국제통화기금'은 변동환율제도의 채택이 브레턴우즈에 위반되는 것이기 때문에 허용할 수 없다는 입장을 취하였으나, 이 때문에 각국으로부터 오히려 외면당하게 되었고, 결국 1976년 자메이카(Jamaica)회의에서 각국의 환율제도 선택권을 인정하게 되었다.

4. 변동환율제도(1973년 이후 ~ 현재)

브레턴우즈체제의 붕괴로 25년간 유지되어 오던 고정환율제도는 깨지고 변동환율제도로 이행하게 되었다. 1970년대 초 변동환율제도를 도입할 때는 이 제도에 대한 기대가 매우 컸다. 환율을 인위적으로 일정수준에 고정시켜 두려는 브레턴우즈체제와는 달리, 변동환율제도하에서의 환율은 시장에서의 수요와 공급이 일치될 수 있는 균형수준에서 결정될 것이다. 따라서 시장의 힘이 환율을 진정한 적정수준으로 유지시켜 나갈 것이라는 기대였다.

이 같은 기대에서 변동환율제도에서는 한 국가의 경제가 외국의 통화정책과 조세정책에 의해서 야기될 수 있는 금융교란으로부터 큰 영향을 받지 않게 될 것이라고 지지자들은 주장했다. 이에 따라 정부가 각종의 정책수단들을 국내의 경제적인 목적을 위해서 비교적 자유롭게 사용할 수 있게 될 것이라고 믿었다.

예를 들어서 구매력평가설에 의하면 한 나라의 과도하게 팽창적인 통화정책은 그 나라의 물가상승을 초래할 것인데, 그렇게 되면 그 나라의 통화가치가 하락하게 되어, 결국 고정환율제도하에서와는 달리 다른 나라의 물가에 미치는 영향이 상당히 제한적으로 될 수 있다는 것이다. 또 환율의 변화라는 가격메커니즘이 국제수지의 불균형도 자동적으로 조정해줄 것이라고 기대했다.

그러나 지금까지의 경험에 비추어 볼 때, 변동환율제도는 그와 같은 기대에 비해 훨씬 불완전한 제도인 것으로 밝혀졌다. 변동환율제도하에서 환율은 국제수지의 불균형을 자동적으로 조정해주지 않아, 큰 폭의 불균형이 오래 지속되는 나라가 여럿 있었다. 또 다른 심각한 문제는 환율의 불안정이었다. 이런 문제가 모두 국제간의 자본이동, 특히 단기자금 흐름이 급증한 탓이라 해도 과언이 아니다. 변동환율제도를 도입 하던 당시에만 해도 국제간 자본이동의 규모가 미미하였기 때문에 자본이동의 중요성을 미처 깨닫지 못하였던 것이다.

변동환율제도로 이행한 후 국제간의 자본이동이 빠른 속도로 증가하였고, 이것이 환율에 크게 영향을 주었다. 국제외환시장 거래량 중 재화와 용역의 교역이나 중장기 자본이동에 따른 거래량보다는 단기자본 이동에 따른 거래량이 훨씬 많고, 환율의 변화에도 큰 영향을 미치고 있는 것이 오늘날의 현실이다.

학자들은 환율의 불안정을 여러 가지 이유로 설명하고 있는데, 그 중 하나는 단기환율과 장기환율이 서로 일치하지 않기 때문이라는 것이다. 상품과 용역 시장과는 달리 금융자산시장은 잘 조직된 시장이기 때문에 가격조정의 속도가 빠르고, 이 때문에 단기환율의 흐름이 장기환율의 흐름과 일치하지 않게 된다는 것이다. 환율의 장기추세는 상품과 용역의 상대적 가격변화에 의해서 절대적인 영향을 받지만, 단기적으로는 금융자산간의 빈번한 이동 때문에 환율이 과도히 변화하게 된다는 것이다.

이와 같은 환율변동이 사회에 끼친 비용은 측정하기 어려우나 상당할 것이라고 짐작할 수 있다. 가격 불확실성의 증대 때문에 국제적 상품과 용역거래가 이루어지지 않았을 수도 있고, 해외투자가 포기되었을 수도 있으며, 그리고 위험을 재분배하기 위해서 선물환시장을 설립하고 유지하는 데 동원된 자원의 기회비용도 모두 환율불안정 때문에 사회가 치른 대가라 할 수 있다.

환율의 불안정은 국제무역의 중요한 장애요인으로 인식되었다. 이에 따라 기업들은 외화표시의 자산과 부채 또는 현금흐름의 가치를 환율변동 위험으로부터 보호하기 위한 헤징거래를 크게 늘렸고, 그 결과 외환시장이 다양해지고 활발해지게 되었다.

고정환율제도에서는 각국의 중앙은행이 자국통화의 상대적 가치를 유지시키기 위해 외환시장에 빈번히 개입하지 않을 수 없었다. 그러나 변동환율제도하에서는 환율이 균형수준으로 자동적으로 조정되기 때문에 중앙은행이 외환시장에 개입할 필요성은 비교적 적을 것이다. 시장이 합리적으로 움직인다고 믿을 수 있다면 개입은 필요하지 않게 되고, 그 결과 고정환율제도하에서 중앙은행들이 필요로 했던 외환보유고는 상당량 불필요하게 된다.

그러나 현실적으로는 환율이 크게 불안정해지고 국제수지의 불균형이 지속됨에 따라, 중앙은행의 시장 개입은 변동환율제도로 이행한 후에도 계속되었다. 중앙은행 또는 정부가 개입하는 변동환율제도를 관리변동('managed' 또는 'dirty' float)이라고 하여, 그렇지 않은 순수변동(clean float)과 구별하기도 한다. 대부분의 정부는 이같이 외환시장에 직접적으로 개입할 뿐만 아니라, 환율에 영향을 미칠 수 있는 국제자본이동에 대해서도 수시로 규제하고 있다. 변동환율제도하에서 중앙은행의 시장개입 목적은 단기적인 환율 움직임을 안정시키는 데 있거나, 또는 보다 근본적으로는 통화가치가 당국이 생각하고 있는 어떤 적정선에서 지나치게 이탈되는 것을 시정하려는 데 있다.

중앙은행이 시장에 개입한 많은 사례 중에서는 성공한 예가 있는가 하면 그렇지 못한 예도 많이 있다. 성공한 대표적 예로 1985년의 G-5 합의(Plaza Accord)를 들 수 있다. 1980년대에 들면서 미국 달러화의 가치는 외국통화에 대해 급속히 상승하기 시작했다. 미국의 무역수지 적자가 큰 폭으로 불어나는 데도 불구하고, 1985년 2월 말 달러는 3.47 독일 마르크(DM)로 1970년대 초 이래 가장 높은 수준을 보였다. 미국의 물가상승률이 진정될 것으로 전망되었고, 미국의 실질금리가 외국에 비해 상대적으로 상승했으며, 또한 중남미와 유럽에서 정치적 위험이 높아져 달러 표시의 자산에 대한 수요가 강했기 때문이었다.

1985년 2월을 고비로 달러화는 약세로 반전하기 시작했으나, 그 속도는 대단히 완만했다. 동년 9월 G-5로 불리는 미국, 영국, 독일, 프랑스 그리고 일본은 미국의 경상수지 적자가 보호무역주의적인 정책을 초래하여 세계경제에 심각한 위협이 될 수 있음을 우려하고, 이 적자를 완화시키기 위해 달러화의 가치를 다른 주요국 통화에 대해 하락 시키도록 공동의 노력을 할 것에 합의하였다. 이에 따라 중앙은행들이 달러를 매각하면서 그 가치는 크게 하락하기 시작했다. 1987년 2월에는 달러당 DM 1.83까지 환율이 변동하였고 G-5국가들과 캐나다는 파리에서 모여 당시의 수준에서 환율을 안정시킬 것에 합의(Louvre Accord)하였다.

시장이 이미 어떤 추세를 나타내고 있다면 이를 연장하려는 개입이 그 추세를 바꾸어 놓으려는 개입보다는 훨씬 효과적이다. 플라자협정이 그처럼 크게 성공할 수 있었던 것은 미국 달러가 1985년 2월 이래 이미 하향 추세에 있었고, 중앙은행들의 개입은 그저 이 추세를 더욱 강화시켜 주는 것이었다는 데 기인한다고 볼 수 있다. 이에 반해 달러의 하락을 멈추고 안정시키려고 한 1987년의 루브르협정은 앞의 경우만큼 시장에 영향을 주지 못하였다.

전통적으로 중앙은행의 외환시장개입은 통화의 매매를 통해서 이루어져 왔다. 국내통화가 외국통화에 대해 가치가 지나치게 하락하면, 중앙은행은 외화를 주고 국내통화를 매입하여 외환시장에서 국내통화가치를 상승하도록 한다. 반대로 국내통화가 지나치게 빨리 상승하면 중앙은행은 외환시장에서 국내통화를 주고 (그래서 통화공급을 늘리고) 외화를 매입하여 국내통화의 가치를 억제시키려고 한다.4)

그러나 점차적으로 중앙은행들은 이자율을 사용하는 것이 더 편리하다는 것을 알게 되었다. 통화가치를 안정시키려 할 때는 금리를 인하시키고, 반대로 통화가치를 상승시키려 할 때는 금리를 인상시키는 조작을 하는 것이다. 이러한 금리조정을 통한 방법이 훨씬 더 폭넓은 효과를 볼 수 있으나, 성공의 여부는 금리의 등락에 자본흐름이 얼마나 민감한 반응을 보이느냐에 달려 있다.

중앙은행이 외환시장에 개입함에 있어 통화의 매매에 의존하게 되면, 이것은 다시 국내의 통화공급량에 영향을 미치게 된다. 불태화(sterilization) 개입정책은 본원통화량을 변화시키지 않도록 하려는 정책이다. 예컨대, 한국은행이 10억 원에 해당하는 달러를 매입하여 그만큼 원화 공급을 늘리면, 정부채권을 같은 금액만큼 판매하여 통화를 흡수한다. 그 결과 10억 원에 해당하는 만큼의 달러자산을 중앙은행이 더 많이 보유하게 되고, 원화표시의 국채가 10억 원어치 시장에 풀려 나가게 되지만, 통화량은 변하지 않는다. 중앙은행은 이 국채에 대해 이자를 지불해야 하는 부담을 안게 된다.

중앙은행이 외환시장에 개입하는 경우에는 투기자들이 동원할 수 있는 자금에 필적할 만큼 충분한 외환보유고가 필요하게 된다. 투기성 자금의 규모가 비교적 적었던 과거에는 개입이 상대적으로 용이했다. 그러나 세계 각국의 무역불

---

4) 중앙은행은 외화가 고평가되었을 때 이를 매도하고, 저평가되었을 때 이를 매입하기 때문에 이익을 보게 된다. 이와 같은 논리적 귀결과는 달리, 중앙은행의 개입이 적절한 시점을 놓쳐 사실은 손해를 보고 있다는 연구도 있다. 중앙은행은 외환가치가 이미 상당히 상승한 후에 매입에 나서고, 또한 가치가 이미 상당히 하락한 후에 판매하여 많은 손해를 보았을 뿐 아니라, 환율변동을 더욱 심화시켰다는 것이다.

균형이 심화되면서 투기성 자금이 크게 불어나게 되었고, 이에 따라 개입을 성공시키기 위해 필요한 보유고도 크게 늘어나지 않을 수 없게 되었다.

주요국의 통화들은 변동환율제도로 이행하였으나, 아직도 세계의 대부분 국가들은 통화가치를 미국 달러나 유로 또는 SDR과 같은 주요 통화에 연계시켜 놓고 있다. 예컨대, 중남미 국가 중에는 환율을 미국 달러에 연계시켜 두고 자국 통화가치를 정기적으로 일정비율씩 하락시키거나, 또는 경제지표에 연동시켜 그 변화에 따라 하락시키는 방법을 택한 국가들도 있었다. 이같이 규칙적이고 정기적인 평가절하를 소폭 평가절하(minidevaluations)라고 하여, 예측할 수 없는 가치하락과 구분하기도 하였다.

5. 유럽통화제도

1958년 로마조약을 바탕으로 시작된 유럽 통합작업은 궁극적인 정치적 통합에 앞서 경제적 통합을 목표로 해왔다. 1970년대 브레턴우즈체제가 붕괴되고 외환시장이 혼란에 빠졌을 때, 유럽공동체(EC; European Community)는 외부의 영향을 차단하고 역내통화간의 안정을 도모하려고 노력하게 되었다.

1970년 공동시장의 회원국들은 화폐적 통합을 달성하려는 노력을 하기 시작했다. 이를 위해 우선 유럽통화간의 환율변동폭을 줄이도록 노력할 것을 결의하고, 회원국들이 통화정책을 서로 조정하기로, 그래서 궁극적으로는 단일통화를 사용하고 단일통화정책을 수립하도록 하는 데 합의하였다.

이와 같은 노력은 1979년 3월 유럽통화제도(EMS; European Monetary System)가 8개국(독일, 벨기에, 이탈리아, 덴마크, 네덜란드, 아일랜드, 룩셈부르크, 프랑스)에 의해 결성되면서 획기적인 발전을 하게 되었다. 유럽통화제도에서 고안한 인위적인 통화인 유럽통화단위(ECU; European Currency Unit)는 가입국들의 통화를 경제력 비중에 따라 가중치를 두어 구성한 바스켓통화, 즉 복합통화였다.

유럽통화제도가 목적으로 하는 환율의 안정을 달성하기 위해서는 회원국들이 경제정책의 목표설정과 그 시행에 있어 서로 협조하여야 한다는 것이 절대적인 전제가 된다. 특히 재정적자, 통화공급, 실질경제성장률에 있어 국가간에 큰 차이가 있으면, 환율은 직접적으로 영향을 받게 되므로 회원국간의 협조조정이 더욱 필요하다.

이 같은 이유로 회원국 중앙은행들은 외환시장에 폭넓게 개입해 왔으나, 그럼에도 불구하고 공식적인 환율을 평균 연 1회 이상 조정하지 않을 수 없었다. 유럽통화제도가 창립된 이래, 독일 마르크화와 네덜란드 길더화는 상대적으로 비중이 크게 높아졌고 프랑스 프랑화와 이탈리아 리라화는 크게 낮아졌으며, 그 격차는 매년 더 벌어졌다. 1979년부터 그 후 10년간 프랑스 프랑화는 독일 마르크화에 대해 50% 이상 가치가 하락하였다.

이처럼 유럽통화제도가 어려움을 겪어 온 이유는 회원국간의 경제정책 조정이 원만히 이루어지지 못한 데에 그 주된 원인이 있다. 독일의 경제정책 수립가들은 인플레이션에 매우 민감하여 가격안정에 높은 정책적 비중을 두어 왔다. 또 통화가치의 상승요인이 존재하는 경우에도, 수출경쟁력의 약화와 이에 따른 국내 실업의 증가 등의 부수적인 문제를 두려워하여 명목환율의 조정을 주저해 왔다.

프랑스는 고정환율제도로의 복귀를 가장 강하게 주창해 온 나라이나, 유럽통화제도에 대해 빈번히 불만을 표시해 왔다. 프랑스의 경제정책은 만성적인 국내의 높은 실업률 때문에 일반적으로 성장추구의 통화정책을 시행해 왔다. 또한 프랑화의 하락이 곧 국가적 위신을 실추시키는 것으로 이해해 온 정치권의 그릇된 인식도 환율조정을 합리적으로 하기 어렵게 만들었다. 이처럼 환율문제가 경제적인 논리에 의해서라기보다는 정치적인 논리에 의해 더욱 영향을 받게 됨에 따라 환율이 균형수준을 이탈하게 되었고, 외환투기가 활발해지게 되었으며, 결국은 환율조정폭이 더욱 커질 수밖에 없게 되었다.

당시 이 유럽통화제도의 궁극적인 목표는 유럽공동체의 전 회원국간에 미국의 연방준비은행과 유사한 하나의 중앙은행을 설립하려는 것이었고, 또한 단일통화제도를 도입하려는 것이었다. ECU는 유럽공동체의 각 회원국 통화의 일정량으로 구성된 바스켓형태의 계산단위이며, 대외적인 가치는 각 구성통화의 현물환율의 변화에 따라 매일 변하도록 되어 있었다. 바스켓에서 차지하는 각 회원국의 비중은 그 나라의 유럽 내 교역량, 국민소득, 그리고 유럽공동체의 단기통화약정에서의 지분율에 의해 결정되었다. 또한 ECU의 대미달러환율은 각 구성통화의 당일 대달러환율을 가중평균한 값에 의해 결정되었다.

ECU는 유럽통화제도 내에서 몇 가지의 공식적인 기능을 하였다. 우선, ECU는 유럽통화제도의 각국 통화를 연계시키는 중심환율(central rate)이었으며, 각 회원국의 중앙은행은 이 중심환율로부터 상하 각 15% 이내의 폭에서 벗어나지 않도록 유지할 책임을 졌다.5) 또한 ECU는 중앙은행의 외환보유통화로 사용되고 이들간의 결제수단으로 쓰여, 점차 그 이용도가 높아졌다.

ECU는 이와 같은 공식적인 용도 이외에 민간부문에서도 유럽과 그 외의 국가에 있는 금융회사들이나 기업들에 의해 광범위하게 이용되었다. 민간 ECU는 공적인 경우와는 달리 그 발행에 있어 제약이 없었다. 이의 민간이용은 주로 금융거래에서 이루어졌고 일반 실물거래에 있어서는 별로 활발하지 않았다.

민간부문에서 이 같은 호응을 받은 것은 무엇보다도 유럽통화제도가 ECU의 대외환율을 상당한 수준까지 안정적으로 유지해 온 결과였다. 또한 ECU는 여러 나라의 통화로 구성된 복합통화이기 때문에 그대로 하나의 포트폴리오라고 할 수 있다. 따라서 ECU를 구성하는 각국 통화의 가치변화가 서로의 상관관계에 의해 부분적으로 상쇄되기 때문에, 다른 통화에 대한 ECU의 환율변화폭은 크지 않고 안정적이었다. 그래서 ECU는 헤징비용을 물지 않고도 실질적 가치를 보호받을 수 있게 되어 그 자체로서 좋은 헤징수단이 되었다.

그러나 유럽통화제도의 각 회원국이 모두 자체적으로 화폐를 가지고 있었기 때문에, ECU는 어느 곳에서건 외국통화였고, 역외통화로서만 이용되었다. 유럽공동체 집행부의 적극적인 노력에도 불구하고 ECU는 계산의 단위로서는 폭넓게 쓰였으나, 지불의 수단으로서는 널리 쓰이지 못하였다. ECU 표시의 거래도 실제로 결제될 때는 ECU가 아닌 어떤 특정 국가의 통화로 지불되었다.

ECU의 성장이 제약을 받았던 중요한 이유는 이의 지급을 보증하는 법적인 장치가 없었고, 유통을 관리하고 최종대출자(lender-of-last-resort)로서의 역할을 할 중앙은행이 없었다는 데 있다. 이에 덧붙여 법적 지위가 분명하지 않았다는 점, 공공부문에서의 창출이 금과 달러에 연계되어 있었다는 점, 그리고 국적이 없다는 것도 성장을 가로막는 제약요인이 되었다. 또한 ECU가 지폐나 동

---

5) 이 변동폭(band)은 당초 중심환율을 기준으로 상하 2.25%였고, 다만 이탈리아의 리라(lira)에만 예외적으로 6%를 적용했었다. 이에 따른 환율변동이 마치 굴 속에서 뱀이 움직이는 모습과 비슷하다 하여 'snake in the tunnel'이라고 하였다. 1989년 스페인이 가입했을 때 스페인의 페세타(peseta)에도 상하 6%를 적용했고, 1990년 1월 이탈리아의 리라는 다른 대부분의 통화와 마찬가지로 2.25%로 축소되었다. 1990년 10월 영국 파운드(pound)도 상하 6%의 변동폭으로 추가되었다. 그러나 1992년 9월 파운드와 리라가 EMS를 탈퇴한데다, 이듬해 여름 프랑스의 프랑(franc) 역시 외환시장에서 가치가 폭락하기 시작하여 변동폭 한도를 지키기 어렵게 되었다. 1993년 8월 이 변동폭은 드디어 15%로 확대되었고, 다만 독일 마르크(mark)와 네덜란드의 길더(guilder)만 2.25%를 유지하였다.

전과 같은 실제통화가 아니라는 사실도 이를 인정하도록 하는 데 있어 심리적 장애가 되었다.[6]

1980년대 후반부터 시작된 세계경제의 통합화와 규제완화는 국제시장에서 경쟁을 더욱 치열하게 만들었다. 경쟁은 글로벌화되고, 경제의 불확실성은 더욱 증대되었다. 세계시장에서 미국기업들과 일본기업들이 각축을 벌이고, 또 아시아의 신흥공업국들이 높은 경제성장을 달성하는 것을 지켜보면서, 유럽국가들은 상당한 위기의식을 가지게 되었다. 이와 같은 위기의식은 통화통합의 절박감을 한결 더 조장시켰다. 유럽연합 전체로서는 생산량에 있어서나 교역량에 있어서나 미국 또는 일본보다 훨씬 강력하고, 이것이 유럽경제의 명예를 다시 찾을 수 있는 발판이 될 수 있다는 사실에 이들은 희망을 걸게 되었다.

1991년 말 네덜란드의 마스트리히트(Maastricht)에서 통화통합과 정치 동맹의 결성을 주요 내용으로 하는 유럽동맹조약(Treaty on European Union, 일명 마스트리히트조약)이 체결되었다. 유럽통합 추진과정에서 논의의 초점이 주로 통화통합에 맞추어진 것은 시장통합에 따른 경제적 이익을 극대화하기 위해서는 통화통합이 이루어져야 하며, 통화통합을 발전시킴으로써 정치통합을 앞당길 수 있다는 인식 때문이었다.

유럽통화통합 계획은 마스트리히트조약에 의해 3단계로 나누어 추진되어 왔다. 계획 초기에는 경기침체의 장기화, 유럽통화제도의 불안정 등 전반적인 경제상황이 악화되어 유럽통화동맹이 당초 계획대로 추진되기 어려울 것이라는 우려가 제기되기도 했으나, 1994년 초 유럽통화기구가 발족되면서 서서히 분위기가 조성되어 갔다.

이 계획에 따르면, 제1단계에서는 환율조정메커니즘(ERM; Exchange Rate Mechanism)의 효율적인 운용을 통해 역내통화간 환율의 안정을 도모하고, 제2단계에서는 경제수렴조건(economic convergence criteria)[7]의 달성과 유럽통화

---

6) 1990년대 초 한때 벨기에서 최초로 ECU동전을 주조하기는 했으나, 경제행위에는 영향을 미치지 못하였다. 일반적으로 ECU는 단지 장부상의 계산단위이지 현물로 지폐나 동전 형태의 화폐가 있는 것은 아니었다.

7) 금융, 경제면에서 회원국간 격차를 해소하기 위해 다음과 같은 조건을 충족하도록 규정하였다.
   • 물가: 과거 1년 이상 소비자물가상승률이 가장 낮은 3개 참가국 평균 +1.5% 포인트 이내.
   • 환율: 각국 통화간에 설정된 기준환율을 2년간 조정하지 않고 유럽통화제도 내 환율조정메커니즘의 환율변동 허용폭(±2.25% 포인트) 범위 내로 유지.
   • 금리: 과거 1년 이상 평균 장기명목금리(장기 정부채 기준)가 소비자물가상승률이 가장 낮은 3개 참가국 평균 +2% 포인트 이내.

기구의 설립을 통해 제3단계로의 순조로운 이행을 준비하며, 제3단계에서는 참가국의 통화주권(monetary sovereignty)을 이양받아 단일통화정책을 운용할 유럽중앙은행을 설립하여 유럽통화통합을 완성한다는 것이었다.

통화통합에서 각국이 경제수렴조건을 충족하고 자국 중앙은행의 독립성을 강화한다 하더라도, 참가국간 금융, 경제면에서의 이질성이 해소되지 않고 국가이기주의로 말미암아 정책협조가 잘 이루어지지 않아 유럽 중앙은행제도의 정책운용이 제약을 받게 되면, 유럽통화통합은 후퇴할 위험이 있었다. 그렇기 때문에 유럽통합과정에서는 유럽중앙은행제도의 기능과 역할이 무엇보다도 중요했다.

제3단계부터 유럽중앙은행제도가 참가국의 통화주권을 이양받아 단일통화정책을 운용해 왔다. 유럽중앙은행제도는 '유럽중앙은행(ECB; European Central Bank)'과 참가국 중앙은행으로 구성되며, 유럽중앙은행이 단일통화정책의 수행과정에서 핵심역할을 담당하고 참가국 중앙은행은 유럽중앙은행의 지시를 받아 통화정책을 집행하도록 되어 있다.

마스트리히트조약은 유럽중앙은행제도가 통화정책의 독자적 운용을 통해 설립목적인 물가안정을 달성할 수 있도록 강력한 법적 독립성을 광범위하게 보장하고 있다. 그 내용을 보면 물가안정 이외의 여타 일반경제 정책에 대한 유럽중앙은행제도의 지원을 엄격히 제한하고 있으며 EC기구나 각국 정부가 유럽중앙은행의 의사결정과정에 간섭할 수 없도록 하고 있을 뿐만 아니라, 유럽중앙은행 총재가 의사결정기구의 의장직과 유럽중앙은행제도의 대외적인 대표권을 행사하도록 규정하고 있다. 또한 EC기구 및 각국 공공기관에 대한 신용 제공을 일절 금지시킴으로써 EC공동체 및 각국 정부의 재정적자로 인해 유럽중앙은행의 통화정책 운용이 제약을 받지 않도록 보장하고 있다.[8]

단일통화는 ECU를 개명(改名)하여 유로(euro)[9]라는 이름으로 1999년 초부터 도입되었다. 1999년부터는 금융회사간에만 유로화를 사용하다가 2002년 초

---

8) 글로벌 금융위기의 결과로, 2010년 봄부터 유로 통화국들이 재정위기를 겪어 유로의 존립이 위협을 받게 되자, ECB는 이 원칙을 저버리고 그리스를 비롯한 회원국 중앙은행들을 지원하기 시작했다.

9) 유럽 단일통화의 명칭인 '유로(euro)'가 '유로통화시장' 또는 '유로채권시장'이라고 할 때의 '유로(Euro)'와 동일하여, 많은 혼란이 생기게 될 것을 우려하는 이들도 많이 있었다. 예컨대, 유로(Euro)시장에서 거래되는 달러화를 유로 달러(Euro dollar)라고 하듯이, 유로시장에서 거래되는 유로(euro)화는 유로유로(Euro euro)라고 불러야 할 것인가 하는 문제가 있다.

부터 유로화와 각 회원국의 기존 화폐를 함께 사용하였고, 2002년 3월부터는 유로화만을 사용하고 있다.

단일통화를 사용하면서 가격이나 세제 등의 투명성이 제고되고, 결과적으로 기업간의 경쟁이 가속화되어 소비자들은 더 많은 선택의 기회를 갖게 되었다. 단일통화의 도입으로 국가간 자금이동 비용이 절감되고 외환위험의 부담이 없어 자금조달 및 운용의 국제화도 가속화될 수 있었다. 금융회사들은 더욱 큰 변화를 겪었다. 유럽 각국의 주요 도시에 산재해 있던 주식, 채권, 외환시장들이 대규모 금융시장으로 통폐합되고, 이에 따라 유럽의 주요 시장들은 세계 금융의 흐름에 더욱 큰 영향력을 미치게 되었다. 유럽의 수많은 금융회사와 기업들이 거대한 단일통화권 내에 편입되면서 자연히 치열한 경쟁이 생겨나게 되었고, 그 과정에서 생존을 위한 인수합병도 크게 증가하였다.

오늘날 유로는 외환보유, 국제무역거래 및 국제금융거래 등에서 달러에 버금가는 국제통화가 되었다. 그러나 아직까지는 달러와의 격차가 매우 크다. 보다 심각한 문제는 유로가 과연 장기적으로 존립이 가능하고, 위기를 굳건히 견뎌낼 수 있는 통화냐 하는 회의를 확실하게 불식시키지 못하고 있다는 것이다.

유럽통화통합이 장기적으로 성공하려면, 그 경제가 통화교란에 잘 적응할 수 있어야 할 것이다. 미국과 비교해 보면, 비교적 문제들이 명백해진다. 미국은 경제여건이 제각기 다른 50개의 주로 구성되어 있으나, 단일통화국이고 결과적으로 그 이점을 최대한 누리고 있다. 동시에 미국은 근로자들의 이동이 빈번하고, 상품과 노동시장이 신축적이며, 연방예산제도에 의해 경제가 활성화된 지방에서 그렇지 못한 지방으로 자원을 이전하는 등 매우 개방적인 경제이기도 하다. 이런 면에서 미국은 경제적 어려움에 대응할 수 있는 여건이 형성되어 있다고 할 수 있다. 그러나 유럽 연합은 그렇지 못하다.

2008년 가을부터 시작된 글로벌 금융위기 이후 유로통화제도의 취약성은 적나라하게 드러났다. 회원국 중 자산 거품이 컸던 아일랜드와 스페인 등 일부 국가에서 결국 그 거품이 터지면서 은행들은 큰 위험을 안게 되었다. 유럽국가에서는 기업들이 은행에 대한 의존도가 심했기 때문에 충격은 더욱 컸다. 그러나 이보다도 국제경쟁력의 상실과 재정부실이라고 하는 더 근본적인 문제들이 일부 회원국가에서 드러나기 시작했다. 그리스에서 비롯한 재정 부실의 문제는 아일랜드나 포르투갈 같은 작은 경제국은 물론이고 이탈리아와 스페인을 비롯한 큰 경제국에도 영향을 주었다.

이들 국가의 공통점은 세수가 제한되어 있는데도 불구하고 정부의 지출이 지나치게 늘어났다는 것이다. 그 결과 거의 모든 유로통화국의 정부 채권에 대한 요구수익률이 큰 폭으로 상승했다. 국제 경쟁력을 회복하고 재정의 건전성을 회복하려면, 이들 국가는 수년간 긴축적인 조정을 하지 않으면 안 되는데, 그렇게 되면 내부적으로나 외부적인 충격에 대단히 취약해질 수밖에 없다.

유로통화국의 위기 경험에서 중요한 교훈은 통화통합에도 불구하고, 회원국가간의 경쟁력과 대외균형의 차이는 대단히 중요하다는 것이다. 회원국 간의 경쟁력 격차를 줄여야 하는데, 그리스, 스페인, 포르투갈, 이탈리아 같은 남부 유럽의 회원국들이 재정 적자가 심하고 경쟁력이 취약해서 유로화의 가치 하락을 부추기는 데 비해, 독일과 네덜란드 같이 경쟁력이 강한 국가들은 유로화의 가치 하락에서 오는 이익을 누리고 있다.

단일통화를 채택하면서 통화정책과 외환정책을 포기했고, 이제 조세정책도 상당한 제약을 받게 된 유로국가들의 어려움은 결코 작은 것이 아니다. 시간이 지남에 따라 각국의 경제기초여건이 더욱 큰 차이가 난다면, 이들간의 갈등도 심화될 수 있다. 반면 경제격차가 줄어들고 갈등을 원활히 해결할 수 있다면, 그래서 대외적인 신뢰를 유지할 수 있다면, 이들은 역내경제의 안정은 물론이고 세계경제의 발전에도 앞으로 큰 기여를 할 수 있을 것이다.

제2절 ▶ 한국환율제도의 역사

한 나라의 환율제도는 일반적으로 그 나라의 경제적 발전 정도와 대외경제여건을 고려하여 결정하게 된다. 우리나라의 환율제도는 대체로 미국 달러에 연계되어 운용되어 왔다. 국제통화로서의 달러의 중요성이나 한국 경제의 미국 의존도에 비추어 볼 때, 이것은 당연한 것으로 인식되어 왔다.

1970년대 초 브레턴우즈체제가 붕괴됨에 따라 많은 선진국들이 고정환율제도를 탈피하여 변동환율제도로 이행함으로써, 외부적으로는 국제수지의 균형을 도모하고, 동시에 내부적으로는 고용과 물가의 안정, 그리고 경제의 성장을 추구하게 되었다. 수출을 통한 성장정책을 추구하던 당시의 우리나라 입장에서는 기업의 환위험을 증대시키게 되는 변동환율제도의 도입은 결코 바람직한 것이 아니었다.

그러나 시장이 점차 다변화되고 국제화가 촉진되면서, 달러 이외의 통화에 대한 관심도 고조되었고 주요국 통화간의 균형을 유지할 수 있는 환율체계를 가지는 것이 더욱 필요하게 되었다. 1980년대의 복수통화바스켓 제도와 1990년 들어 도입한 시장평균환율제도는 달러 중심의 일원적인 환율결정방식을 탈피하여, 궁극적으로 선진국에서 시행하고 있는 자유변동환율제도의 도입을 지향하는 발전적인 제도의 변천이라 할 수 있다.

1980년대 후반, 경상수지의 흑자전환은 환율정책이 변환하게 되는 하나의 전기를 마련해 주었다. 만성적인 외화부족이 심각한 문제이던 것이, 이제는 외화의 과다공급에서 유발된 국내통화 팽창을 어떻게 하면 효과적으로 억제할 수 있겠는가 하는 문제로 바뀌었다. 자연히 외환에 대한 종래의 엄격한 규제와 외환집중제도의 완화, 그리고 원화의 국제화 문제가 활발히 논의되기 시작했다. 1988년 우리나라도 통화의 태환성을 보장하는 것을 골자로 하는 IMF 8조국으로 이행하게 되었고, 이와 같은 외환자유화와 통화 국제화의 추세는 경상수지가 다시 적자로 반전한 1990년 이후에도 지속되었다.

외환자유화와 자유변동환율제도는 궁극적으로 우리나라가 정책적으로 지향해온 바이기는 하다. 그러나 변환의 속도는 미시적으로는 기업의 국제경쟁력과 위험관리 능력에, 그리고 거시적으로는 국제수지의 흐름과 경제의 국제화 정도에 따라 조절될 것이었다. 하지만 실제로 우리나라에서 자유변동환율제도를 채택하게된 것은 정책적 의지에 의해서라기보다는 1997년 말 외환위기의 와중에서 외환시장 기능이 마비되었기 때문이었다.

본절에서는 우리나라의 환율제도를 설명하고자 한다. 먼저 우리나라 환율제도의 역사를 간략히 살펴보고, 현재의 자유변동환율제도로 이행하게 된 과정을 설명한다.

1. 고정환율제도(1945. 8~1964. 5)

광복 직후인 1945년 10월 1일 군정 당국의 결정에 의해 우리나라는 처음으로 미국 달러에 대해 0.015원(당시의 15圓)으로 공식환율을 가지게 되었다. 이 환율이 어떤 근거에 의해 결정되었는지는 분명하지 않다. 이때는 우리나라의 대외무역과 자본거래가 거의 전무한 상태였고, 대내적으로도 시장기능이 활발하지 못한 상황이어서, 통화의 대외가치를 결정할 근거를 찾기가 매우 어려웠을 것임을 짐작할 수 있다.

같은 이유로, 국내에서 UN군과 국내거주자간의 거래에 적용되는 경우를 제외하고는 환율이 가지는 의미와 효용 또한 극히 한정된 것이었다. 당시의 공정환율은 실세환율과 상당한 괴리가 있었으며, 이를 시정하기 위해 이 기간 동안 10여 회의 평가절하가 이루어졌다.

2. 단일변동환율제도(1964. 5~1980. 2)

1964년 5월 3일 환율제도는 획기적인 변화를 겪게 된다. 종전의 고정환율제도가 변동환율제도로 바뀌면서, 새로운 외환증서제도가 도입되었다. 환율을 고정하지 않고, 외환을 대용하는 증서의 수요와 공급에 의해 시장에서 결정되는 환율을 반영하겠다는 의도였다. 이와 동시에 달러당 130원의 공정환율이 무려 96% 평가절하된 255원이 되어 경제에 엄청난 충격을 주었다.

공식적으로는 변동환율제도로 이행되었으나, 실질적으로는 전과 다름 없이 달러에 연동된 고정환율제도로 운용되었다. 환율은 3~5년 만에 한 번씩 대폭적으로 평가가 조정되었으므로, 단기적인 실물거래 또는 금융거래는 환율의 변동에 의해서 영향을 받지 않았다. 장기적인 무역거래나 장기외화차관의 경우에는 환율변동위험이 문제가 될 수 있었으나, 이 경우에는 다음 장에서 설명할 구매력평가 또는 국제피셔효과에 의한 균형이 대체로 적용되었을 것으로 간주할 수 있다.

다만 평가변동을 전후한 단기에는 환율변동위험이 매우 컸다. 그러나 이 경우에도 다행히 환율변동은 그 시기와 조정의 폭을 어느 정도 미리 예측할 수 있었다. 따라서 이 시기에는 환위험은 기업들에게 큰 문제로 인식되지 않았다.

이에 반해, 보다 근본적인 문제는 경제적 환위험에 있었다. 이 기간 중 네 차례에 걸친 평가절하가 있었으나, 환율은 국내의 높은 상대적 물가상승률을 반영하는 데 있어 대체로 상당한 시간적 지체가 있었다. 따라서 원화는 일반적으로 고평가되어 있었고, 수출업체들은 국제경쟁력의 저하로 고통받고 있었다.

달러 일변도의 환율운용도 문제였다. 국제통화제도의 근간이 고정환율제도로 운용되던 기간에는 달러 이외의 통화(아래에서는 '기타 통화'라고 하자)에 대한 원화환율이 비교적 안정적이었다. 원화환율은 달러에 고정되어 있었고 달러의 가치는 세계각국 통화와 고정되어 있었으므로, 원화의 대외가치는 달러에 대해서 뿐만 아니라 기타 통화에 대해서도 달러를 통한 교차환율(cross rate)[10]로 고정되어 있었던 셈이다.

그러나 1973년 초 이후 달러가 다른 주요국의 통화에 대해 변동환율제도로 이행했기 때문에, 달러와 기타 통화간의 환율변동에 의해 원화의 기타 통화환율은 자동적으로 변동하게 되었다. 예컨대 달러가 엔화에 대해 강세이고(달러당 100엔에서 125엔으로) 달러와 원화간의 환율(달러당 1,000원)에 큰 변화가 없을 때는, 한국이 일본과의 교역에서 심각한 무역 적자를 겪고 있음에도 불구하고, 원화가 엔화에 대해 강세가 된다(엔당 10 원에서 8원으로). 따라서 달러표시의 거래에 있어서는 대부분의 기간 동안 환위험이 문제가 되지 않았으나, 일본 엔화를 포함한 기타 통화표시의 거래에 있어서는 환위험은 심각한 문제가 되었다.

1974년 12월 이래 480원으로 고정되었던 원화의 대달러환율은 1980년 1월 12일 20% 가량 평가절하되었다. 한 달 남짓 더 유지되던 이 제도는 1980년 3월, 복수통화바스켓제도라고 하는 완전히 새로운 제도로 이행되었다. 동시에 외환증서제도도 폐지되었다.

3. 복수통화바스켓제도(1980. 3~1990. 2)

앞에서 설명한 바와 같이 단일변동환율제도는 그 이름이나 도입 취지와 관계없이 사실상 고정환율제도로 운영되었다. 우리나라의 환율이 실질적으로 변동환율로 운용되기 시작한 것은 1980년 3월 복수통화바스켓(basket)제도를 채택하

---

10) 교차환율에 대해서는 48쪽의 설명을 참조하라.

면서부터였다. 이 제도에서는 달러에 대한 원화의 환율을 두 개의 바스켓으로 산출했는데, 그 하나는 주요국 통화로 구성된 바스켓인 특별인출권(SDR)이고, 다른 하나는 우리나라의 주요 교역상대국들의 통화를 가중평균하여 구성한 독자바스켓이었다. 달러에만 연동되었던 종전의 환율결정방식을 탈피함으로써, 달러화 이외의 기타 통화에 대해서도 환율변동이 상대적으로 안정되도록 하려는 취지였다.

이 제도의 바스켓구성을 결정함에 있어, 당시까지 세계 16개국 통화로 구성되었던 특별인출권을 기준으로 하여 국제외환시장의 흐름을 반영하자는 주장과, 한국 무역의 대상국별 비중을 반영할 수 있도록 고유바스켓을 기준으로 하자는 주장들이 있었으며, 결국 이 두 주장을 모두 받아들여 복수의 통화바스켓을 가지게 된 것이다.

복수통화바스켓제도에서는 SDR바스켓과 독자바스켓에 의한 원화의 대 달러환율을 각각 산정하여, 이들을 다시 가중평균하여 잠정환율을 결정한다. 그 다음에 이를 기준으로 '한국은행' 총재가 국제금융시장의 여러 변수들, 즉 국내외 금리차, 국내외 물가상승률차, 외환시장의 전망 등을 감안하여 '한국은행' 집중기준율을 결정 고시하도록 되어 있었다.

이는 다음과 같은 식으로 표시할 수 있다.

$$(\text{₩}/\text{U\$})_t = \beta(\text{SDR바스켓})_t + (1-\beta)(\text{독자바스켓})_t + \gamma$$

여기서 γ = 정책조정변수(또는 '실세반영장치'라고도 하였음.)

예컨대 국제금융시장에서 SDR의 대달러환율이 직전 거래일의 1.1000에서 다음 거래일에 1.1010으로, 또 독자바스켓 구성통화들은 달러에 대해 전체적으로 0.4000에서 0.4100으로 되어 달러가 전반적으로 약세를 보였다고 하자. 전날 달러에 대한 원화환율이 700.00원이었다고 하면, 위와 같이 계산하여 이 날 고시되는 원화환율은 달러의 전반적인 약세를 반영하여 전날보다 낮은 선, 예컨대 698.30원에서 결정될 것이다.

위의 환율결정식에서 독자바스켓의 통화구성과 각 구성통화의 가중치, 그리고 β와 γ의 크기는 일반에게 공개되지 않도록 되어 있었으므로 일반인들은 환율을 미리 예측하기 어려웠다. 위와 같은 방법으로 기준환율인 집중기준율이 결정되면, 대고객 달러환율(전신환 매매율)은 집중기준율의 상하 0.4% 범위 내에서 외환을 거래하는 각 은행이 결정하였다. 달러 이외의 통화에 대한 환율은 원－달러 환율과 전일 뉴욕 외환시장의 폐장가격간의 교차환율로 산정하였다.

복수통화바스켓제도하에서, 한국 정부의 환율운용 방침은 두 가지로 요약될 수 있었다. 하나는 환율정책을 무역정책 목표의 달성을 위한 수단으로 운용함으로써, 만성적인 경상수지 적자의 개선을 계속적으로 도모했다는 점이다.

다른 하나의 환율운용 지침은 환율을 가능한 한 안정적으로 운용한다는 것이었다. 국제외환시장에서 급격한 환율변동이 있는 경우에도, 이를 원화환율에서는 소폭씩 나누어 반영함으로써 완만한 변동으로 바꾸어 놓았다. 이는 급격한 환율변동이 경제에 미치는 충격을 완화하고 기업의 환위험 부담을 덜어 주려는 정책적 의도의 표출이었다. 실제로 원화환율은 1986년 중반까지는 달러에 대해 일방적으로 가치가 하락(즉 환율이 상승)하기만 해 왔는데, 이것은 무역업체의 환위험 관리부담을 크게 덜어 준 결과가 되었다.

그러나 복수바스켓제도는 몇 가지의 문제를 가지고 있었다. 첫째, 이 제도에서는 시장실세의 반영장치(γ)를 공식화하고 있는데, 이 때문에 환율이 정책 당국에 의해 의도적으로 조작되고 있다는 외국의 비난을 받게 되었다. 둘째, 달러와 엔이 SDR바스켓과 독자바스켓 양쪽에 모두 매우 높은 가중치를 가지고 있어, 이들의 영향이 지나치게 컸다.

또한, 원화의 기타 통화에 대한 환율이 달러의 가치변동에 의해 왜곡되어 온 현상은 복수통화바스켓제도에 의해서도 시정되지 못했다. 달러가 다른 주요국의 통화에 대해 고평가되어 있었던 기간(특히 1980년대 전반)에는 원화도 이들 국가의 통화에 대해 자동적으로 고평가되었고, 그 결과 미국 이외의 국가, 특히 일본과 유럽시장에서는 수출경쟁력이 약화되어 수출의 지역적 편중이 심화되었다.

이와 같은 문제점을 시정하고, 시장기능을 도입하여 경제의 국제화 경향에 부응하고자 정부는 1990년 시장평균환율제도를 도입하게 되었다. 이와 같은 조처는 또한 1986년부터 발생한 경상수지의 흑자에 고무되어, 우리 정부가 실물경제면에서 상당한 자신감을 가지게 된 것을 반영하는 것이기도 하였다.

4. 시장평균환율제도(1990. 3~1997. 12)

우리나라의 환율제도는 1990년 3월부터 복수통화바스켓제도에서 시장 평균환율제도로 이행되었다. 복수통화바스켓제도하에서의 환율은 기본적으로 국제금융시장에서의 주요국의 환율변동에 의해 결정되었으나, 시장평균환율제도하에서는 제한적이나마 국내외환시장의 수요와 공급에 의해 환율이 결정되었으며 외국환은행의 자율성이 어느 정도 허용되었다. 따라서 시장평균환율제도는 기존 환율제도에서 결여되었던 시장기능을 강화하고 외환시장을 활성화하여, 궁극적으로 환율이 시장가격을 충분히 반영하여 자유롭게 결정되는 자유변동환율제도로 이행하기 위한 과도기적인 제도였다.

시장평균환율제도하에서 원화의 대달러환율은 국내외환시장에서 결정된다. 그러나 이 제도가 자유변동환율제도와 다른 점은 환율이 매매기준율을 중심으로 일정한 범위 이내에서만 변동할 수 있도록 일일변동폭이 설정되어 있다는 것이다.

국내외환시장에서 외국환은행간에 거래된 원화의 대달러 현물환 거래환율을 거래량으로 가중평균하여 산출한 환율을 시장평균환율이라고 하며, 이 시장평균환율이 바로 다음 영업일의 달러화에 대한 매매기준율 또는 기준환율이 되었다. 이를 다음과 같이 식으로 표시할 수 있다.

$$(\mathrm{W/U\$})_t = \left[\frac{\sum_i P_i \Omega_i}{\sum_i \Omega_i}\right]_{t-1}$$

이 제도하에서는 중앙은행인 '한국은행'은 단지 은행간 시장에서의 거래를 통해서만 환율에 영향을 미칠 수 있어, 복수바스켓제도에서 정책조정변수(γ)의 조정을 통해 환율 자체에 직접적으로 영향을 미칠 수 있던 때와는 많은 차이가 있었다.

미국 달러 이외의 통화 ('기타 통화')들은 거래규모가 크지 않았기 때문에, 이들에 대한 매매기준율은, 복수통화바스켓제도에서와 같이 직전 영업일에 주요 국제금융시장에서 형성된 해당 통화-달러 환율의 매매중간율을 위에서 계산한 달러화의 매매기준율로 교차하여 산출하였다. 다시 말하자면, 원화의 대달러환율만 한국 외환시장에서 결정되고, 기타 통화에 대한 환율은 한국 외환시장에서의 시장평균환율에 의해 직접 결정되지 않았다.

기타 통화환율을 이 같은 방식으로 결정하기 때문에, 종전부터 있었던 환율체계의 왜곡이 그대로 남았다. 즉, 우리나라와의 무역수지가 크게 불균형을 보이는 국가(예컨대, 일본)의 통화에 대한 환율이 그 불균형을 반영하지 못하는 것이다. 예컨대 어떤 이유에서건 달러화가 엔화에 대해 강세를 보일 때는 (우리나라에서의 달러환율이 일정하다면) 원화도 엔화에 대해 자동적으로 강세를 보이게 되고, 결과적으로 양국간의 무역 불균형은 더욱 심화되고 국제시장에서 일본 기업들과 경쟁하는 한국 기업들은 가격경쟁력이 약화될 수밖에 없는 것이다.

시장평균환율제도를 도입한 초기에는 외환시장의 충격을 줄이기 위해 환율변동의 자율성은 부여하되 그 폭을 제한할 필요가 있었다. 아직 국내 금리수준이 국제 금리수준보다 지나치게 높고, 국제수지가 불안정하며, 금융시장이 성숙하지 못한 여건들 때문에 환율이 크게 불안정한 움직임을 나타낼 수 있다는 점을 감안한 것이라 하겠다.

일일 변동폭을 크게 설정하면 외환시장이 활성화되고 시장기능이 제고될 수는 있을 것이다. 그러나 과거에 환율을 안정적으로 운용해 왔던 점을 감안할 때 갑자기 변동폭을 크게 허용하면 많은 기업들, 특히 적응능력과 위험관리능력이 떨어지는 중소기업들이 큰 어려움을 겪을 수 있다. 또한 월초에는 수출이 부진하고 월말에 수출이 집중되는 등 거래관행상 월중에도 환율기복이 많을 가능성도 있으므로, 기업이 새로운 환율제도에 적응하여 거래관행이 정립될 때까지는 어느 정도의 기간이 필요한 실정이었다.

이 같은 고려에서, 원화와 달러화간의 은행간 거래환율의 일일 변동범위는 이 제도의 도입 초기에는 당일의 시장평균환율을 중심으로 상하 0.4% 이내로 설정되었다. 그러나 그 후 점차 확대되어 1995년 12월부터는 상하 2.25% 수준까지 완화되었다([표 1-1]). 그러나 환율변동에 대한 이와 같은 제한으로 외환시장에서 가격기능이 원활히 발휘되지 못한다고 하는 비판도 있었다.

1997년 11월 한국 경제가 위기상황을 맞으면서, 시장평균환율제도의 변동 제한폭은 상하 10%까지 확대되었다. 그러나 외환시장의 불안은 점차 심화되어

▼ 표 1-1 시장평균환율제도하에서의 하루 환율변동 제한폭

환율변동	1990.3	1991.9	1992.7	1993.10	1994.11	1995.12	1997.11.20	1997.12.16
제한폭 (%)	±0.4	±0.6	±0.8	±1.0	±1.5	±2.25	±10.0	폐지

1997년 12월 8일과 9일은 환율이 상한폭까지 상승하였으며, 이어서 10일과 11일 이틀간에는 외환시장에서 거래가 중단되어 시장이 마비되기까지 하였다. 환율이 매일같이 폭등하는 상황이어서 달러 매수 주문은 폭주하는 데 반해 매도 주문은 찾기 어려웠기 때문이다. 이러한 위급상황을 맞아, 정부는 단기적으로는 외환시장의 안정을 도모하여 외국자본의 유입을 촉진하고, 장기적으로는 이 시장의 가격기능을 활성화시키기 위해, 그동안 유지해 온 하루 환율변동폭을 1997년 12월 16일부터 폐지하기에 이르렀다.

환율변동에 대한 제한폭과는 관계없이, 은행간 거래가 아닌 고객과의 거래환율은 1992년 7월부터 자유화되어 각 은행이 자율적으로 결정할 수 있도록 되어 있었다. 따라서 환율은 은행마다 다를 수 있었다. 이는 제한된 범위 내에서나마 환율의 가격기능을 높여 외환시장을 활성화시키고 자본자유화 진전 등에 대비하도록 하기 위한 방안의 하나였다.

5. 자유변동환율제도(1997.12 ~ 현재)

환율변동제한폭이 폐지됨에 따라, 우리나라의 환율제도는 공식적으로 시장평균환율제도에서 자유변동환율제도로 이행하였다. 원−(미국)달러 기준환율은 이전처럼 직전 영업일 은행간 거래의 금액가중평균환율로 계산하고, 원화와 기타 통화간의 교차환율은 원−달러 기준환율과 국제외환시장에서 결정된 기타 외국 통화환율을 이용하여 계산하고 있다. 물론 이들 환율은 쉼 없이 지속적으로 변동한다. 이제 기준환율은 환율결정의 기준이라기보다는 제3통화에 대한 교차환율의 산정, 외국환은행의 대고객 매매율 및 한국은행의 외국환평형기금 등과의 거래에 적용되는 기준율, NDF 결제환율,[11] 그리고 회계적 기준환율로 이용되고, 환율변동의 수준을 표시하는 하나의 지수라는 정도의 의미를 갖는 데 불과하게 되었다.

외환거래면에서 보면, 1999년 4월 제1단계 외환자유화 조치 실시 이전까지 우리나라에서의 외환거래는 수출입 또는 국제금융거래의 당사자인 실수요자들 위주로 이루어져 왔다. 「외국환관리법」에서는 은행과 고객간의 현물환 또는 선

---

11) NDF에 대해서는 62~64쪽을 참고하라.

물환거래 등 모든 외환거래는 실제 대외지급 또는 영수를 전제로 한 거래에 한해서만 허용하였다. 외국환은행들이 외환거래에 의해서 가지게 되는 외환포지션에 대해서도 엄격한 규제가 있었기 때문에 이들도 역시 투기적 포지션을 가지는 데는 제약이 있었다. 이것은 투기거래에 의한 기업과 은행들의 위험을 방지하고, 외환시장에 미칠 수 있는 교란을 제거하려는 의도인 것으로 생각할 수 있다.

이런 이유로 당시 우리나라에서의 환율은 실수요거래에 의해 결정되었다. 실수요거래를 다시 국제수지표에 따라 경상거래와 자본거래로 구분해서 볼 수 있다. 경상거래에서 우리나라가 적자를 보고 있다면, (상품수입 등을 위한) 외화의 수요가 (상품수출 등에 의한) 공급을 초과하게 되므로, 환율을 상승시키는 힘으로 작용하게 된다. 환율이 상승하게 되면 일반적으로는 수출은 촉진되고 수입은 억제되어 국제수지가 균형을 찾아가는 자동적인 조정이 이루어질 것이다.

자본거래에서는 우리나라 기업들이 해외에서 차입하는 자금, 우리나라 증권시장에 대한 해외로부터의 투자자금, 그리고 외국인 직접투자 등에 의해 외화의 공급이 이루어지는 반면, 한국 기업들의 해외직접투자와 외채상환 등에 의해 외화에 대한 수요가 결정된다. 만약 자본계정에서 외화의 공급이 수요를 초과하게 되면, 무역수지가 적자인 상황에서도 환율은 하락할 수 있고, 그래서 무역수지의 불균형을 해소하는 데 장애가 될 수 있다. 이런 경우 일반적으로 중앙은행이 외화초과분을 흡수하기 위해 외환시장에 개입하게 된다.

1999년 4월부터 외환거래 자유화가 실시되면서, 이와 같은 실수요자 위주의 외환거래체계가 크게 변화하게 되었다. 앞으로 시장기능을 더욱 강화시켜 궁극적으로는 기준환율이 없고, 기타 통화의 환율도 국내시장에서 결정되는 선진국형의 자유변동환율제도로 이행해 나가도록 노력해야 할 것이다.

연습문제

01 금이 국제통화로 오랫동안 이용된 것은 어떤 이유 때문인가?

02 브레턴우즈체제의 특징은 무엇이며, 이 제도가 존속할 수 없었던 구조적인 문제가 어디에 있었는가?

03 변동환율제도 도입 당시에, 이 제도는 고정환율제도에 비해 어떤 장점과 단점이 있을 것으로 기대했는가?

04 여러 나라가 하나의 단일통화를 가지는 경우, 어려움은 무엇이고 이점은 무엇인가?

05 광복 직후 처음으로 공식환율을 결정할 당시, 마땅한 기준이 없었으므로 변동환율제도를 택하는 것이 시장의 균형을 쉽게 찾을 수 있는 장점이 있다고 생각할 수도 있었을 것이다. 이 의견을 비판하라.

06 시장평균환율제도는 자유변동환율제도와 어떤 점에서 차이가 있는가?

07 원화가 충분히 국제통화가 되려면 어떤 조건이 필요한가?

Derivatives are financial weapons of mass destruction.

- Warren Buffett

It is necessary to have models but also to understand their limitations – common sense and discussion are still very important.

- 출처불명

고대 중동지역과 그리스 등지의 시장과 항구에서 활동하던 환전상들이 모이던 곳들이 외환시장의 효시가 되었다. 이들은 저울과 추를 가지고, 여러 나라의 동전들을 탁자 위에 벌여놓고 장사를 했다.

- P. Einzig, The History of Foreign Echange, 2nd ed., The MacMillan Press Ltd., 1970, p.18

일제가 호남평야의 쌀을 수탈하려고 군산에 미두장(米豆場) 또는 미곡취인소(米穀取引所)라는 이름으로 곡물 선물거래소를 만들었는데, 이는 채만식이 1937년 쓴 [탁류]라는 소설에 잘 묘사되어 있다.

외환시장

경제와 사회가 국제화되고 개방화됨에 따라 외화로 수취하거나 지불해야 하는 일이 많이 늘어나게 된다. 개인은 해외여행을 할 때, 해외로 송금할 때, 해외에서 상품을 구독하거나, 해외증권에 투자할 때 원화를 외국통화로 환전한다. 기업도 외국에서 수입하는 원자재나 상품의 대금을 지급할 때, 또는 자본을 해외에 투자하거나 대출할 때 외화가 필요하게 된다. 반면, 수출상품의 대금을 수취하거나, 해외에서 투자를 받거나 자금을 차입해오면, 받은 외화를 원화로 환전하게 된다.

그 외에도 금융회사들, 중앙은행, 국제기구 등 수없이 많은 경제주체들이 일상업무와 관련하여 해외에서 외화를 수취하기도 하고 지불하기도 한다. 세계경제의 상호의존도가 커지면서 외환거래도 크게 늘어나고 외환시장도 세계적으로 조직화되는 경향을 보이고 있다. 이것은 물론 위성 통신망과 정보처리산업의 발전으로 시간과 공간의 거리가 세계적으로 좁아진 탓도 크다.

이처럼 외환을 세계적으로 관리하는 것이 가능해지기도 했고, 또 한편으로는 환율의 변동이 심해지기도 하여, 시장참여자들은 모두 환율의 변화에 매우 민감해졌으며, 외환시장의 움직임에 대해 주의를 기울이게 되었다.

외환시장은 외환[1]의 매입자와 매도자, 그리고 이들의 매매를 지원하는 딜러와 중개회사를 연결하는 통신망을 통해 거래가 이루어지는 기능적인 의미에서

---

1) 정부의 외국환규제 적용을 받는 물적 대상은 다음 세 가지로 정해진다. 첫째, 대외지급수단으로, 여기에는 외국통화로 표시되거나 외국에서 사용할 수 있는 정부지폐, 은행권, 주화, 수표, 우편환, 환어음, 약속어음, 기타 지급받을 수 있는 내용이 표시된 우편 또는 전신에 의한 지급지시가 포함된다. 둘째는 외화증권인데 국채, 지방채, 사채 기타 모든 종류의 외국통화로 표시되거나 외국에서 지급받을 수 있는 채권, 주식 및 출자 지분, 무기명 양도성 예금증서 등 외국통화로 표시되거나 외국에서 지급받을 수 있는 증권이 이에 포함된다. 셋째는 금, 유통되지 않는 금화 등 귀금속이다. 이중 일반적으로 외환이라 할 때는 처음의 두 종류를 지칭하는 것으로 인식되고 있다.

의 시장 또는 거래메커니즘을 말한다. 외환시장 중에서 통화선물시장과 옵션시장의 일부는 특정의 외환거래소에서 그 거래소 운영시간에 거래하는 장소적 의미에서의 시장이다. 그러나 대부분의 외환거래는 전자포털이나 전산망 등을 통해 이루어진다. 전자를 거래소(exchange)거래라 하고, 후자를 장외(OTC; over-the-counter)거래라 한다.

최근 기술의 발전이 불러온 새로운 현상 중 하나가 가상화폐(cryptocurrency)의 등장이다. Bitcoin이 처음 만들어진 2008년 이후 수천 개의 가상화폐가 쏟아져 나와, 이를 둘러싼 여러 논란을 불러일으키고 있다. 하지만, 이들은 스스로 어떤 가치(intrinsic value)를 가지지 못하고 사용할 수 있는 기회도 많지 않고 가치를 저장하기에는 변동성이 너무 클 뿐만 아니라 가격 조작에도 취약해, 아직까지는 통화로 인정받기 어렵다.

이에 반해 여러 나라의 중앙은행이 이미 개발했거나 지금 준비하고 있는 중앙은행 디지털통화(CBDC; central bank digital currency)는 현재 쓰이고 있는 통화에 비해 사용과 보관이 훨씬 편리하고, 이미 사용하고 있는 법정통화에 가치가 연동되어 있어 안정성도 문제가 없다. 보안만 확실하게 보장된다면 빠르게 확산되어 기존의 통화를 빠르게 대체해 나갈 것으로 보인다.

제1절 외환시장의 특성과 구조

1. 시장의 특성

외환시장의 성격은 몇 가지의 특징으로 설명할 수 있다. 첫째, 이 시장은 2019년 4월 말 현재 하루 거래량이 평균 6조 6천억 달러를 초과하는 매우 거대한 시장이다.[2] 외환시장은 이 세상의 자산시장 중에서 규모가 가장 크고, 경쟁이 치열해서 거래비용이 낮고, 거래의 투명성과 유동성이 매우 풍부하다. 그래서 (중앙은행의 개입이 더러 있긴 하지만) 완전경쟁의 개념에 가장 근접한 시장으로 불린다.

---

2) '국제결제은행(BIS; Bank for International Settlements)'은 매 3년 세계 각국의 중앙은행 설문을 통해 외환시장의 규모를 추정하여 발표하고 있다.

둘째, 개인이나 기업 등의 실수요자를 대상으로 하는 거래('대고객 거래')보다는 금융회사 간의 거래가 훨씬 높은 비중과 중요성을 가지는 시장이다. 2019년 외환시장의 총거래량 중 은행 및 기타 금융회사간의 거래가 대략 93%를 차지하여 그 비중이 압도적이었다.

셋째, 거래의 한쪽이 미국 달러인 경우가 대부분이라고 하는 점도 중요한 특징이다. 외환시장의 중심에는 달러가 자리잡고 있어, 다른 통화의 환전이 거의 달러를 중심으로 이루어진다.[3] 예컨대 엔화와 유로간의 큰 거래는 직접 이루어지기 보다는 엔화와 달러, 그리고 달러와 유로의 2단계 거래로 이루어지는 것이 보통이다. 현물시장에서 일반적으로 이렇게 이루어지고, 선물환시장에서는 거의 대부분이 그렇고, 통화선물시장에는 교차시장(즉 달러 이외의 통화간 직접거래, 예컨대 엔－유로 거래가 이루어지는 시장)이 아예 존재하지 않는다. 단지 OECD회원국 중 일부의 통화 간에, 특히 유럽에서 예외적으로 교차거래가 이루어지고 있다. 달러가 개입되지 않는 외화 간의 거래에 적용되는 환율은 달러와 각 외화 간의 환율에서 교차환율로 정한다.

외환시장에서 달러화가 이 같이 중개통화로서 특별한 역할을 하는 것은 그렇게 하는 것이 거래가 쉽게 이루어지기 때문이다. 세계의 외환보유통화로서나 국제거래통화로서 달러가 차지하는 비중이 높기 때문이다. 또 미국 달러는 위기 때, 세계 각국의 금융, 비금융기업은 물론이고 심지어 개인들까지도 보유를 대단히 원하는 대표적인 안전통화(haven currency)이다. 다른 안전통화로 유로, 영국 파운드, 일본 엔 등이 꼽히지만, 달러에는 비할 바가 못된다.

넷째, 외환시장은 주말을 제외하고는 하루 24시간 거래가 이루어지는 시장이다. 주요국 통화들 간의 외환거래가 하루 종일 세계의 어느 곳에선가는 이루어진다. 시드니, 서울과 동경 등의 극동지역에서 아침 외환거래를 시작할 즈음 미국의 로스앤젤레스와 샌프란시스코의 은행들이 하루의 거래를 마감하고 문을 닫는다.

곧이어 싱가포르와 홍콩시장이 하루를 준비할 때가 거래량이 가장 작을 때이며, 큰 거래가 환율에 영향을 미칠 수도 있는 시간이다. 런던, 프랑크푸르트, 파리 등 유럽은행들이 점심시간이 될 때쯤 뉴욕장이 시작되고, 이들이 대서양의

---

3) 2019년 BIS 조사에서 모든 환전거래의 88%가 달러를 상대로 하는 거래였다. 이는 앞으로 여러 중앙은행 디지털통화가 개발되어 널리 쓰이게 되면 달라질 수도 있을 것이다.

양쪽에서 거래를 활발하게 할 때가 바야흐로 외환시장의 깊이가 하루 중 가장 깊을 때이다. 이때는 비교적 큰 거래도 쉽게 이루어 지며, 환율에 미치는 영향도 상대적으로 크지 않다.

외환이 24시간 거래된다고 하는 것은 주요통화의 환율이 24시간 동안 지속적으로 움직이고 변한다는 것을 의미한다. 금융회사나 기업에서 외환을 관리해야 하는 사람들의 입장에서 보면, 그만큼 위험에 노출되고 있는 시간이 길다는 것을 뜻한다. 이처럼 움직이는 환율에 대처하기 위해서 기업이나 금융회사들은 시간대(time zone)가 다른 금융센터에 위치한 지점이나 현지법인 들을 통해 포지션 관리를 하기도 한다.

외환시장의 성격을 이처럼 몇 가지의 특성으로 규명하였지만, 이 시장은 매우 역동적인 시장이다. 원래 외환시장은 국경의 제약을 받고, 딜러와 브로커 그리고 브로커와 최종거래자 등 거래자들 간의 신뢰 관계에 근거해서 거래가 이루어지고, 은행이 중개하는 장외시장이었다. 그러나 최근의 기술혁신 특히 정보통신기술의 발달은 이 시장의 구조와 참여자의 역할을 크게 변화시켰다. 시장이 글로벌화되고, 최종거래자 즉 개인이나 기업간의 거래((C2C)가 늘어나고, 또 많은 장외거래가 거래소 거래와 유사한 모양을 띄면서, 시장에 점차 새로운 참여자들이 늘어나고, 새로운 외환 사업모델이 개발되고, 또 거래자 간의 관계도 새로이 자리잡아가고 있다. 다음에서는 이에 대해 자세히 살펴본다.

2. 시장의 구조와 변화

1990년 중반까지 외환시장은 주로 전화를 통해 서로 연결되고 거래도 이루어졌다. 가격이 끊임없이 변동하기 때문에, 은행들은 중개회사를 통하거나 또는 직접 다른 은행에 전화를 걸고 매매거래를 자주 해서 시장가격과 동향을 항상 정확하게 파악하고 있어야 했다.

이를 바탕으로 은행은 매매가격을 결정하고 시장에 제시해서, 즉 시장을 조성해서 고객의 요구에 따라 거래를 했다. 그런 거래에서 생긴 포지션을 모아서, 거래협정을 맺고 있는 다른 은행에게 반대거래를 해서 포지션을 해소하는 식이었다. 이렇게 은행들이 서로 전화로 직접 연결하는 네트워크체계 즉 은행간시장(inter-bank market)이 외환시장의 가장 상층부를 이루는 구조였다.

이런 은행간시장이 1990년대 들면서 전자거래플랫폼으로 바뀌기 시작해서 1990년 중반에는 전화거래를 거의 완전히 대체하는 수준에 이르게 된다. 은행간시장은 근본적으로 변화했다. 은행은 이제 더 이상 다른 은행들과 직접적인 관계를 맺고 유지할 필요가 없어졌고, 최소거래량도 이전에 비해 크게 작아져, 작은 딜러들도 세계적인 대형은행들과 쉽게 거래할 수 있게 되었다. 딜러 간의 치열해진 경쟁과 환율 투명성으로 은행간거래의 매매환율 차이(spread)도 작아졌고, 은행간시장이 도매시장에서 소매시장으로 성격이 바뀌었다.

시장의 이런 변화를 이겨낼 수 있는 글로벌 대형은행들의 비중과 역할은 오히려 더 강화되었고 시장의 집중도는 높아져갔다. 소형은행들은 글로벌은행으로부터 조달한 서비스와 기능을 고객들에게 제공하는 중개역할을 수행했다. 대형은행은 도매 유동성을 제공하고 소형은행들은 대고객 포털로 고객들에게 유동성 소매를 하는 기능의 분화가 이루어진 것이다. 소형은행들도 대형은행들이 거래하는 낮은 환율을 가질 수 있게 되었고, 대형은행들은 그 대가로 수수료를 챙길 수 있게 되었다.

전자거래 중 많이 쓰여지는 방식은 자동거래인 알고리듬거래(algorithmic trading 또는 algo trading)이다. 이 방식의 거래는 2000년대 이후 급속히 성장하고 있다. 거래자가 거래조건을 입력한 지시 프로그램이나 다양한 기술적 분석 기법들을 종합해서 만든 거래전략(trading strategies) 프로그램을 구축하여 미리 입력해두면, 이 프로그램이 자동적으로 시장 자료를 받아 분석하고 거래 결정을 해서, 매매주문을 브로커나 딜러에게 제출한다. 이 모든 과정이 자동으로 이루어지고, 거래자는 지켜보면서 비정상적인 사태에 대비한다.

전자거래기술이 고도화되고 자동거래가 널리 쓰이면서, 외환시장에서 딜러가 차지하는 비중은 점차 낮아졌다. 딜러는 이제 더 이상 거래 당사자(principal)로서 거래하고 가격위험을 떠안게 되는 거래자가 아니고,[4] 단지 고객에게 시장에서 거래를 할 수 있도록 관리하는 기능을 하게 되면서, 딜러와 브로커 간의 구별이 모호해지게 되었다. 과거처럼 거래 당사자간의 관계가 중요하지 않게 되어 장외거래와 거래소거래의 구분도 모호해지게 되었다.

전자거래시스템은 대개 대량의 거래를 순식간에 해치우는 고빈도거래(HFT;

---

4) 매매당사자들의 중간에서 단순히 거래를 중개해주는 브로커와는 달리, 딜러는 전통적으로 자기 이름으로 거래의 당사자가 된다. 따라서 매입해서 매도할 때까지 보유하게 되는 외환의 가치가 그동안 변동할 수 있는 외환위험을 부담하게 된다.

high frequency trading)를 한다. 처음부터 끝까지, 즉 주문을 입력해서 체결할 때까지 전 과정이 고빈도거래로 이루어진다. 그 결과 시장 유동성이 커졌고, 거래가 보다 효율적으로 이루어지게 되었다. 인공지능이 금융계에도 널리 보급되면서 외환시장도 이를 도입하고 있다. 반복학습을 통해 프로그램이 스스로 개선해 나가는 딥러닝(deep learning)방식을 초고속 인터넷과 결합시킨 알고리듬을 개발하려는 노력을 세계적인 금융회사와 기업들이 경쟁적으로 하고있다.

다른 하나의 큰 변화는 이런 전자포털(portal)들이 모든 매매주문을 모아서 실시간 환율을 지속적으로 스트림(stream)으로 보여주게 된 것이다. 그 결과, 은행이 아닌 전자딜러(non-bank electronic market-maker)가 많이 생겨나 2010년대 중반까지 만해도 전적으로 은행 딜러들이 독차지하고 있던 업무영역에 깊이 파고 들었다. 외환거래자가 이제는 은행이 아닌 온라인 브로커(online broker)나 인터넷 기반의 외환거래 플랫폼을 통해 거래를 할 수 있게 되었다. 예컨대 한국의 거래자가 저녁시간에 영국의 브로커가 제공하는 외환거래 플랫폼에서 미국달러-엔 매매거래를 인터넷으로 하는 식이다. 지리적 제약을 받지 않고 글로벌하게 그리고 시간의 제약 없이 편하고 저렴하게 거래하고, 결제까지 쉽게 할 수 있게 되었다.

거래가 자동화되고 플랫폼거래가 되면서, 원래 장외(OTC)거래였던 외환시장은 표준화된 상품 즉 통화쌍(currency pairs), 낮은 거래비용, 상대방의 익명성 등 점차 거래소(exchange) 같은 성격을 띠게 되었다.

전자거래를 통해 이처럼 외환거래비용이 낮아지고 소액 거래조차 아주 유리한 환율로 거래하는 것이 가능해지면서 개인이나 소규모 기업 등 거래금액이 아주 작은 거래자들의 시장 참여가 급속히 증가했다. 단점이라면, 거래할 수 있는 통화쌍이 국제화된 통화들로 제약된다는 점인데, 미국 달러-유로거래가 압도적이고 그 뒤를 달러-엔, 달러-파운드 등의 거래가 잇는다. 국제화되지 않고 거래량이 많지 않은 통화는 플랫폼에서 거래되지 않기 때문에, 과거의 방식대로 은행과 거래한다.

이와 같은 변화들을 종합해보자. 외환시장은 1990년대 중반을 전후로 근본적으로 변화가 이루어져, 오늘날에는 은행간거래나 은행의 대고객거래를 불문하고 대부분 전자플랫폼에서 거래가 이루어지고 특히 알고리듬거래가 널리 쓰이고 있다. 시장참여자들의 구성과 역할도 달라져서, 가격제시자와 가격인수자의 구분, 도매와 소매거래의 구분, 그리고 장외거래와 거래소거래의 구분도 흐려졌다.

서로 분할되어 자국 은행을 중심으로 형성되었던 각국의 외환시장이 인터넷으로 서로 연결되어 세계 주요통화의 거래에는 각국의 어느 누구든지 참여할 수 있게 되었고, 거래규모와 상관없이 거의 모두 같은 환율로 거래를 할 수 있게 되었다. 이런 변화를 거치면서 외환시장은 더 개방되고, 더 투명해지고, 또 유동성도 더욱 풍부해졌다. 시장의 이런 역동성은 효율성 개선과 더불어 거래비용을 감소시키고 다시 시장의 성장으로 연결되는 순환을 이어오고 있다.

3. 시장 참가자들

외환시장의 참여자를 경제 주체별로 구분해보자. 환율을 고시하고 고객이 원할 때 언제든지 질서 있게 거래를 할 수 있도록 유지하는 일은 전통적으로 은행의 업무였다. 오랫동안 은행은 외환시장의 중심에 자리잡고 외화예금과 대출, 환전업무와 외화송금업무 등 외환관련 서비스를 제공하는 역할을 독점적으로 해왔다. 특히 세계적인 네트워크를 가진 글로벌은행이 외환시장에서 대단히 중요한 역할을 해왔다.

외환서비스의 실수요자는 정부와 중앙은행, 그리고 개인과 기업이다. 정부는 외환시장에 부단히 개입하는데, 보통 중앙은행을 통해서 거래한다. 중앙은행은 정부의 거래, 외국 중앙은행과의 거래, '국제통화기금(IMF)'이나 '세계은행' 같은 국제기구와의 거래 등을 수행하나, 무엇보다 중요한 것은 외환시장 여건을 개선하거나 외환시장을 안정시키고 환율을 조정하기 위한 시장 개입이다.

기업은 수출과 수입, 외화예금과 대출, 해외투자와 차입 등의 업무 수행에 따른 외화거래, 그리고 이런 거래에서 생기는 외환포지션을 관리하기 위한 부수적인 외화거래를 한다. 최근 전자포털거래가 일반화되면서 개인과 기업의 외화 투자거래가 이전보다 크게 증가하고 있는 추세이기는 하나, 은행의 거래에 비하면 대체로 규모가 작고 빈도도 낮다. 그 외 각종의 기관투자가와 자산운용사들이 뒤를 따르는데, 일부의 예외를 제외하고는 대개 거래규모가 크지 않다.

최근에는 환전 또는 외화송금 관련 핀테크(fintech)도 활발하게 움직이고 있다. 이들은 비교적 소액을 은행보다 저렴한 비용에 환전, 송금해주는 서비스를 제공하면서, 세계적으로 빠르게 확산되고 있다. 특히 리플(Ripple)은 국제간의 송금에 특화해서 개발된 가상통화로 2012년 발표 이래 많은 글로벌은행들의 관심을 끌고 있다. 아직도 기술적으로 문제가 남아 있기는 하지만, 앞으로도 외환 분야에서 계속 관심을 받을 것으로 보인다.

외환시장 참여자들을 참여하는 동기에 따라 헤저(hedger)와 차익거래자(arbitrageur), 그리고 투기거래자(speculator)로 나눌 수도 있다. 헤저들은 무역거래나 국제적 자본거래에 부수되는 외환위험을 피하려는 목적으로 참여하는 실수거래자들이다. 기업뿐 아니라, 금융회사도 고객과의 거래에서 발생하는 포지션의 노출을 관리하기 위해 헤지거래를 많이 한다.

차익거래자들은 국가 간의 이자율의 차이를 이용하여 이익을 취하려고 하며, 이 과정에서 선물환계약을 체결하여 자금의 국제적 이전에 따르는 외환위험을 제거하여 확실한 이익을 얻으려고 한다. 투기거래자(또는 커버하지 않은 차익거래자)들은 고의로 외환위험에 노출되는 계약을 체결하여 환율의 변동에 따르는 이익을 추구하려는, 다시 말하자면 적극적으로 환위험을 부담하고 그 대가를 추구하려는 목적을 가지는 거래자들이다.

일반적으로 헤지거래, 차익거래 그리고 투기거래가 개념상으로는 이처럼 그 구분이 분명하나, 현실적으로는 특정 거래가 어느 쪽의 동기에 기인하는가를 구분하기가 쉽지 않다. 차익거래와 투기거래에 대해서는 제6장 제2절에서 더 자세히 살펴볼 것이다.

외환시장의 참여자를 그 역할과 기능면에서 분류해보자. 외환시장에서 가장 영향력이 큰 참여자는 대형 글로벌 은행들이다. 세계의 대부분 외환거래가 이루어지는 은행간시장에서 이들은 핵심적인 역할을 한다. 은행 간의 거래는 거래금액이 대단히 크고 거래빈도가 잦기 때문에, 매입환율과 매도환율의 차이가 거의 0에 가깝다. 이 시장은 장외시장이고, 특히 현물환거래는 어느 정부의 규제도 받지 않는다.

글로벌은행을 포함한 대부분의 은행과 외환거래회사들은 지속적으로 매입환율과 매도환율을 제시해서 고객이 원하는 거래를 바로 할 수 있게 해주고, 나아가 그런 거래가 공평하고 질서있게 이루어지도록 만드는 역할을 한다. 이들을 시장조성자(market-maker) 또는 유동성공급자(liquidity provider)라고 부른다. 매입환율과 매도환율의 차이가 거래를 통해서 이들이 얻는 이윤이다. 이들이 다른 거래자나 투자자와 다른 점은 유리할 때만 거래를 하는 게 아니라 항상 지속적으로 가격을 제시하고 고객의 매매주문을 받아준다는 점이다.

시장이 전자화되면서 시장의 구조가 달라지고 있다. 최상위의 소수 글로벌은
행에 대한 집중도가 높아지고 이들과 최종고객을 연결하는 중간층의 전자브로
커가 크게 늘어났으며, 이는 다시 최종소비자인 소액거래 고객들의 시장참여를
급속히 늘리고 있다.

1990년대 이전까지 외환시장은 주로 딜러-브로커시장이었다. 대부분의 거
래가 시장의 핵심인 딜러 간에 이루어졌고, 딜러와 고객간의 거래는 이보다 매
매가격차가 더 큰 2차시장의 성격을 띠었다. 전자거래가 등장한 직후에도 한동
안 이 혁신적 기술이 고객시장에는 적용되지 않았기 때문에, 딜러시장과 고객시
장은 단절된 상태가 유지되었다. 그러나 2000년대 들면서 딜러은행들이 전자포
탈을 통해 고객과 직접 거래를 하게 되면서 이 구분은 흐려졌다. 이제 장외 외
환시장에서 여러 부류의 고객층이 서로 가격면에서 같은 조건이 된 것이다.

이런 환경변화에 따라, 새로운 생태계가 만들어 졌다. 보다 많은 시장참여자
들이 서로 연결될 수 있게 되었고, 거래체결이 더 빨라지고 거래비용이 낮아졌
으며 그 결과 총 외환거래량이 증가하게 되었다. 전자거래, 특히 소매거래 플랫
폼의 확산으로 이제 개인이나 중소기업까지도 외환시장을 쉽고 빠르고 저렴하
게 이용할 수 있게 되었다.

전자포털(portal)들이 모든 매매주문을 모아서 실시간 환율을 지속적으로 실
시간으로 보여주는 방식은 처음에 은행간시장에서 등장했지만, 곧바로 대고객
(bank-to-client, B2C) 거래에도 적용되었다. 이런 전자포털은 한 은행이 자기
거래플랫폼에 환율을 제시하는 방식도 있지만, 여러 은행의 환율을 통합해 동시
에 최종수요자와 연결시켜주는 새로운 포털(multi-dealer platform)도 활발해졌
다.5) 이처럼 여러 은행의 제시 환율을 모아 거래를 할 수 있도록 만든 포털을
유동성 통합자(liquidity aggregator)라고 부르는데, 지금은 외환시장에 널리 이
용되고 있다.

작은 은행, 기업 그리고 개인 등 소매거래자들은 대략 두 유형의 브로커를
통해서 거래하게 되는데, 하나는 시장조성자이고 다른 하나는 전자장외시장
(ECN; electronic communications networks)이다. ECN은 1999년 처음 등장한
이래 빠르게 늘어나고 있는 유동성통합 전자포털회사들인데, 시장조성자와는 달

---

5) 이런 복수은행포털로 FX Connect와 FXall이 2000년 전후해서 설립되었다.

리 스스로 가격을 결정해서 제시하지 않고 여러 은행 또는 시장조성자로부터 환율을 받아 그 중 가장 좋은 매매가격을 거래 플랫폼에서 제시한다. 그래서 거래가 투명하고, 이들의 환율이 대개 시장조성자의 환율보다 더 좋고 스프레드도 작다.

오늘날 ECN은 정통 은행간 플랫폼의 거래량에 맞먹는 수준의 거래량을 중개하고 있는데, 고객들에게 거래당 일정한 수수료를 부과해서 이익을 낸다. 이들은 거래소와 비슷해서, 고객에게 거래 상대방이 되어 주기보다는 중간에서 주문을 중개한다. 자체적으로 실시간환율(streaming) 전자시스템을 가지지 못한 많은 은행들이 이런 방법으로 환율을 제시하고 있다.[6]

제2절 ▶ **외환거래의 종류**

1. 환율의 표시

외환거래는 각 거래 당사자들이 서로 합의한 날짜에 상대방에게 일정액의 서로 다른 통화를 지불하기로 하는 약속이다. 서로 합의한 이 지불일, 즉 자금의 수수가 실제로 이루어지는 날을 인도일 또는 결제일(value date)이라고 한다.

두 통화의 교환비율이 환율이며,[7] 환율을 표시하는 방법에는 유럽식(European terms)과 미국식(American terms)이 있다. 유럽식은 매 달러당 지불할 상대통화의 단위로 표시하는 방법(예 ₩1,000/U$)으로 달러기준(U$ basis) 표시방법이라고도 하며, 미국식은 외국통화 한 단위당 지불할 달러화의 단위로 표시한 방법(예 U$1.5000/£)이다. 은행간시장에서는 영국 파운드(£)와 SDR, 그리고 유로(€)에 대해서는 미국식으로, 이들을 제외한 나머지 통화에 대해서는

---

6) ECN은 보통 매우 높은 leverage 거래기회를 제공하고, 이에 더해 기술적 분석에 필요한 환율 추이 그래프, 장단기 이동평균선 등 다양한 도구를 제공할 뿐 아니라 과거 거래실적과 그 분석자료 등 다양한 자료도 제공한다.

7) 환율에 대해서는 기본적으로 세 가지의 견해가 있다. 첫째는 서로 다른 두 통화의 상대가격이라고 보는 일반적인 견해이고, 둘째는 구매력평가에서와 같이 두 나라의 대표적 상품의 상대가격이라고 보는 견해이며, 셋째는 환율결정에 대한 자산시장 모형에서 볼 수 있듯이 환율을 양국의 채권 (bonds)의 상대가격이라고 보는 견해이다.

유럽식으로 환율을 표시하는데, 이 방법이 보편적으로 사용되고 있다.

또 한편, 외국통화 한 단위의 가격을 자국통화로 표시하는 방법(예 한국에서 1달러＝1,000원, 또는 ₩1,000/U$)을 직접표시환율(direct quotations)이라 하고, 반대로 외국통화로 표시한 자국통화 단위당 가격(예 한국에서 1원＝0.0010달러, 또는 U$0.0010/₩)을 간접표시환율(indirect quotations)이라고 한다. 별도의 설명이 없는 한, 문헌에서 환율을 언급할 때는 직접표시인 것이 일반적이다.

달러환율의 절대치가 커지는 경우(예 달러당 1.5000스위스프랑에서 1.5010스위스프랑으로), 환율이 상승하였다고 한다. 이것은 달러의 가치가 스위스프랑에 대해 상승하고(이 예에서는 10포인트[8]) 반대로 스위스프랑의 가치는 달러에 대해 하락하였음을 뜻하는 것이다.

환율의 변동을 나타낼 때, 통화의 상대적 가치상승과 가치하락을 고정환율제도하에서는 각각 평가절상(revaluation)과 평가절하(devaluation)라는 표현을 사용하나, 변동환율제도하에서는 통화가치 상승(appreciation)과 통화가치 하락(depreciation)이라고 표현한다.

외환의 매매가격인 환율을 결정하여 고객에게 제시하는 쪽을 딜러라고 한다. 딜러가 외환을 매입하는 가격을 매입률(bid rate), 그리고 딜러가 외환을 매도하는 가격을 매도율(ask rate 또는 offered rate)이라고 한다. 예컨대, 다음과 같이 고시된 환율을 보자.

₩/U$	매입률	매도율
현물환	1,000	1,010

여기서 매입 또는 매도라고 하는 것은 딜러의 입장을 나타내는 것이고, 기초통화(basis)인 달러화를 매입 또는 매도한다는 것이다. 따라서 1,000이라고 하는 값은 딜러가 달러 한 단위를 매입하고 그 대가로 지불할 원화의 수량을 나타내는 것이다. 다른 말로 하자면, 이것은 고객이 달러 화를 딜러에게 매도하고 그 대가로 원화를 받는 현물환거래에 적용되는 환율이다.[9]

---

8) 1포인트(point)는 1/100%, 즉 0.0001을 나타낸다. 1핍(pip)은 1/1,000%, 즉 0.00001을 표시하는데, 가끔 핍을 포인트로 잘못 혼용하는 경우가 있다.

9) 외환거래에는 입장이 대립하는 서로 다른 두 거래당사자가 있고, 마찬가지로 두 통화가 개입되는 탓으로 혼동되기 쉽다. 환율은 외국통화 또는 기초통화를 자국통화로 표시한 것이기 때문에 전자(위의 예에서는 달러)를 (주식과 같은) 금융자산으로 간주하고 후자(원화)는 가격을 표시하는 화폐단위라고 인식하는 것이 도움이 된다.

이 딜러는 외환상품인 달러를 1,000원에 매입하여서 1,010원에 매도함으로써 매 달러당 10원의 이익을 얻게 되는 것이다. 이 같은 매입가격과 매도가격의 차이를 매매가격차(bid-ask spread)라고 하는데, 정상적으로는 매도가격이 매입가격보다 더 낮을 수 없으므로, 그 값은 양의 수치를 가진다. 매매가격차에 대해서는 아래에서 보다 구체적으로 언급하기로 한다.

위의 ₩/U$가격과 함께, ¥/U$환율이 아래와 같다고 하자.

¥/U$	매입률	매도율
현물환	100.00	101.00

위의 두 환율로부터 원-엔 환율을 계산할 수 있다.

₩/U$	매입률	매도율
현물환	9.90	10.10

이 같이 두 환율로부터 유도되어 계산된 제3통화간의 환율을 교차환율(cross rate)이라고 한다. 이것은 (거래비용을 무시할 때) 세 통화간의 환율이 서로 일치되지 않는다면, 즉 식(2.1)이 성립되지 않으면 차익거래가 가능하게 된다는 것을 의미한다.

$$S_{a/b} \cdot S_{b/c} \cdot S_{c/a} = 1 \quad\text{...} \quad (2.1)$$

(여기서 $S_{i/j}$ = j통화 한 단위의 가치를 i통화로 표시한 환율)

통신수단의 발달과 정보산업의 발달에 힘입어 오늘날의 외환시장은 매우 효율적이 되었기 때문에, 어떤 환율이 변화하면 이것이 다른 환율에도 즉각적으로 반영된다. 따라서 교차환율의 균형이 성립되지 않아 생기는 왜곡은 차익거래자들에 의해 삽시간에 조정된다.

외환시장 참여자의 거래상황은 포지션(position)으로 표시한다. 포지션은 각 만기시점별 외환의 매입계약액과 매도계약액의 차이, 또는 외화자산과 부채의 차액을 나타낸다. 양쪽 금액이 같은 경우를 스퀘어(square, flat 또는 matched) 포지션이라고 하고, 차이가 나는 만큼을 오픈포지션(open position)이라 한다.

오픈 포지션에서 외환매입이 매도보다 큰 경우를 매입초과(over-bought 또는 long) 포지션이라고 하고, 반대의 경우를 매도초과(over-sold 또는 short)포지션이라 한다. 또, 포지션은 측정시점 또는 기간에 따라, 당일(cash) 포지션, 현물환(spot) 포지션, 선물환(forward) 포지션, 종합(overall) 포지션으로 구분하기도 한다.

예컨대, 어떤 은행이 다음주 수요일을 만기로 하는 달러 선물환매입이 1,000만 달러 있고, 매도는 700만 달러 있다면, 이 은행은 300만 달러의 매입초과 포지션을 가지고 있는 것이다.

2. 외환거래의 종류

외환거래는 결제일(value date)을 기준으로 당일(cash, 또는 value today) 거래, 익일(next day, 또는 value tomorrow)거래, 현물환(spot)거래, 선물환(forward)거래 등으로 나누어진다. 거래금액이 큰 은행간 시장에서는 당일 및 익일거래는 흔하지 않고, 현물환과 선물환거래가 주를 이룬다.

계약일	첫영업일	두 번째 영업일	세 번째 영업일 이후
당일거래	익일거래	현물환거래	선물환거래

(1) 현물환거래

외환거래에서 가장 빈번한 것이 현물환거래인데, 이 현물환거래는 계약 또는 합의가 이루어진 후 두 번째 영업일에 결제를 하기로 하는 거래이다. 이런 의미에서 '현물환'이라는 용어는 사실은 정확한 표현이라고 하기 어렵다. 현물환거래에 따른 지불지시가 은행제도를 통해서 결제되는 데는 보통 2영업일이 소요되기 때문에, 현물환의 경우에 계약이 성립된지 이틀 후에야 실제로 외환이 거래되는 것이다.[10]

또한 국제외환시장은 시차가 있어 결제가 양 당사자간에 동시에 이루어지지

---

10) 환율은 기준통화와 상대통화로 이루어진다. 예컨대 ₩/U$에서 기준통화는 달러이고 상대통화는 원이다. 이 책에서는 편의상 상대통화를 자국통화라고 부르는 경우도 있을 것이다.

않는다. 예를 들면 일본 은행은 업무시간 중에 미국 은행에 엔화를 지불하는데, 그에 상응하는 달러화의 수취는 미국 은행의 업무시간이 되어야 가능하다. 이처럼 현물환 거래의 결제가 이틀이 소요되고 또 당사자간에 동시에 이루어지지 않기 때문에, 거래자는 가격변동이라고 하는 시장위험뿐만 아니라 거래상대방의 신용위험에 당면하게 된다.[11]

은행들은 더러 계약이 이루어진 다음 날을 결제일로 하는 익일거래계약을 하기도 한다. 심지어는 계약이 이루어진 바로 당일에 지불이 이루어지게 하는 당일거래계약을 체결하기도 하는데, 이때에 적용되는 환율은 현물환율과는 다르다.[12] 그러나 시간대가 차이가 있는 국가간의 통화를 거래하는 외환계약에서는 (**예** 미국 달러와 유럽통화) 당일거래는 드물다. 앞에서는 대규모 외환거래가 이루어지는 은행간 외환시장을 중심으로 설명하였다.[13] 그러나 소액외환이 거래되는 대고객거래에서는 이러한 은행 간 환율(interbank rates)이 적용되지 않고,

---

11) 이와 같은 외환결제위험을 줄이기 위해 '국제결제은행(BIS)'의 권고에 따라 전세계 외환거래의 동시결제(payment versus payment), 즉 국가간 시차 없이 매도통화와 매입통화를 동시에 교환하는 결제(payment netting system)를 목적으로 하는 '외환동시결제은행(CLS; Continu-ous Linked Settlement Bank)'이 2002년 뉴욕에 설립되었다. 이 은행은 세계의 대형 금융회사들이 주주로 참여하는 민간은행으로 외환시장에서 결제은행과 청산소 역할을 수행한다. 주요국의 중앙은행에 결제계좌를 개설하여 각 거래의 만기일(value dates)에 결제(settlement)가 가능하도록 함으로써 외환거래의 신속성과 동시성을 보장하며, 결제위험을 최소화하기 위해 각 은행들이 차액만을 정산하도록 하고 있다. 오늘날 세계의 주요은행들은 대부분 이를 이용하고 있으며, 세계 외환거래의 50% 이상이 이를 통해 결제되고 있다.

12) 이때에 적용되는 환율은 현물환 결제일까지의 날짜(즉, 하루 또는 이틀) 동안 양 통화국의 이자율 차이를 현물환율에 가감하여 정한다.

13) 은행간 시장에서 거래되는 외환계약은 단위당 최소한 수백만 달러, 또는 이에 해당되는 거액의 외화이다. 물론 현금이 국제적으로 이동되는 것은 아니고, 단지 자기은행에서 보유하고 있거나, 또는 자기명의로 해외의 은행에 보유하고 있는 외화(예컨대, 제일은행이 영국의 Lloyds 은행 본점 계좌 에 보유하고 있는 파운드화 등)에 대한 권리(claim), 즉 장부상의 예금만이 늘거나 또는 줄어드는 것이다.

은행은 환율 외에 수수료를 부과한다. 이 수수료는 보통 거래액이 적을수록 비율이 높다.

(2) 선물환거래

선물환[14](forward)거래는 결제일이 약정일로부터 세 번째 영업일 또는 그보다 더 이후가 되는 거래를 일컫는다. 선물환계약의 만기는 며칠 후, 몇 개월 후, 심지어 아주 드물게는 몇 년 후가 될 수도 있다. 환율은 거래에 합의를 할 때 결정하지만, 실제로 두 통화가 교환되어 장부상에 입금되는 것은 만기일이 되어서이다.[15]

선물환거래의 만기일은 일반적으로 확정일 방식(outright forward)이 쓰여지나 드물게 선택일 방식(option forward)으로도 거래가 이루어진다. 전자는 계약 체결시 만기일을 특정일로 정해 두는 방법이고, 후자는 계약 체결시 우선 일정 기간을 정해 두고 그 기간의 어느 날을 고객이 사후에 만기일로 지정하는 방식이다. 선택일 방식은 다음에 설명할 통화옵션과 전혀 다른 선물환계약의 일종이므로, 옵션과 혼동해서는 안 된다. 이 계약은 주어진 기간 중의 어느 때에 결재해야 하는 것이긴 하나, 계약의 매입자로서는 불명확한 결제일에 대처하는 데 융통성을 가질 수 있게 된다.

선택일 방식의 선물환거래에서 딜러인 은행은 그 기간 중 예상되는 가장 불리한 환율에 대비해야 하므로 자연히 제시하는 환율이 계약의 상대방(고객)에게는 가장 불리할 것으로 예상되는 환율이 된다. 따라서 고객은 차라리 결제일이 분명해질 때까지 기다려서 정상적인 선물환계약을 하는 것이 더 유리하다고 생각해 이 계약을 꺼리는 탓으로, 비교적 드물게 이용되고 있는 것이 사실이다.

만기에 따라 선물환율이 다르고, 이것은 물론 현물환율과도 다른 것이 일반적이다. 어떤 통화의 선물환율이 현물환율보다 높을 때, 그 통화가 그 선물환 만기에서 할증(premium)으로 거래된다고 말하고, 현물환율보다 낮을 때는 할인

---

14) 이 책에서는 외환의 선물 중 장외거래를 선물환(forward)이라 하고, 거래소거래를 통화선물(futures) 또는 선물이라 하여 구분한다. 선물환을 선도환(先渡換)이라고 부르는 경우도 흔히 있다. 우리나라 '외국환 거래규정'(2006년 1월 1일 시행) 제1-2조(용어의 정의)에서는 '선물환'으로 규정하고 있다. 참고로 일본에서 쓰는 용어를 보면, 외환을 외국위체(外國爲替), 현물환을 직물외국위체(直物外國爲替), 선물환을 선물외국위체(先物外國爲替)라 하고, forward와 futures의 용어구별은 없고, 굳이 구별할 때는 영어를 그대로 사용하고 있다.

15) 선물환계약을 하는 경우, 딜러는 대개 기업고객에게 계약이행을 보증하기 위해 만기까지 담보 또는 양건예금(compensating balance)을 예치하도록 요구한다(82쪽 주 3)).

선택일 방식의 선물환거래

어떤 기업이 기계를 수입하는데, 계약조건이 발주일로부터 5개월 이내에 인도하고, 대금결제는 일람불(at sight)조건이라고 하자. 이 수입업자는 기계의 선적이 발주일로부터 4개월에서 5개월 사이에 이루어질 것으로 믿고, 이 기간을 만기로 하는 선택일 선물환계약을 은행과 체결한다고 하자. 발주일로부터 4개월 (확정일) 선물환율이 달러당 1,000원이고, 5개월 선물환율은 1,020원이라면, 이 거래에 적용될 선택일 선물환율은 1,020원이 될 것이다. 이 환율이 1,000원보다 은행에게 유리하기 때문이다. 그 후 지불일이 구체적으로 확정되면, 이 만기일을 상대방인 은행에 통보해준다. 그 수입업자가 지정해주는 만기일이 언제가 되건 적용할 선물환율은 미리 정해진 1,020원이다.

선물환거래의 결제일

선물환거래의 결제일을 결정함에 있어서는 우선 현물환 결제일을 산정한 후 선물환 월수를 더해서 결정한다. 앞(50쪽)에서 본 현물환결제일의 예를 계속해서, 금요일인 2월 25일 체결된 3개월 선물환의 결제일을 계산해 보자. 3월 2일이 현물환결제일일 때, 3개월 선물환 결제일은 6월 2일이 된다. 만약 그 날이 영업일이 아니면, 그 이후의 첫 영업일이 결제일이 된다.

그러나 이렇게 계산한 날이 달이 바뀌게 되면 앞으로 거슬러 올라간다. 예컨대, 만약 선물환 결제일이 8월 31일이고, 이 날이 주말이면 9월의 첫 영업일이 되는 것이 아니고, 8월 31일부터 거슬러 올라가서 8월의 마지막 영업일이 결제일이 된다.

(discount)되어 거래된다고 한다. 아주 드문 경우지만 현물환율과 선물환율이 우연히 같을 때는 선물환율이 동률(flat)이라고 말한다.

예컨대, 달러에 대한 원화의 현물환율이 1,000원이고 3개월 선물환율이 1,030원이면, 3개월 선물환달러가 원화에 대해 할증된 것이고, 원화는 달러에 대해 할인된 것이다.

선물환가격을 표시하는 데는 세 가지의 방법이 있다. 그 하나는 환율을 직설적으로(outright) 표시하는 방법이다. 전문딜러가 아닌 고객들에게는 이렇게 표시하는 것이 분명하고 이해하기 쉽다. 예컨대,

	₩/U$	U$/€
현 물 환	1,190-1,210	1.1490-1.1500
1개월 선물환	1,192-1,220	1.1475-1.1493
3개월 선물환	1,195-1,235	1.1445-1.1475

그러나 외환을 전문적으로 거래하여 환율의 흐름을 잘 파악하고 있고 동시에 시간에 쫓기는 딜러들과 중개회사들간에, 그리고 은행간시장에서는 이보다 간략하게 현물환율과의 차이로 표시한다. 이 차이는 선물환율차(forward differential), 선물환 마진(forward margin), 또는 스왑률(swap rate)[16]이라고 하며, 아래와 같이 표시한다.

	₩/U$	U$/€
현 물 환	1,190-210	1.1490-500
1개월 선물환	2-10	15-07
3개월 선물환	5-25	45-25

여기서 원/달러에서처럼 스왑률의 매입률이 매도율보다 작은 때에는(1개월 선물환에서 2-10, 3개월 선물환에서 5-25) 선물환이 할증에 있는 것이고, 그래서 현물환율에 스왑률을 더해서 직설적인 선물환율을 구할 수 있다. 달러/유로에서처럼 그 반대인 경우는 현물환율에서 스왑률을 차감해서 직설적인 선물환율을 구한다.

다른 하나의 방법은 선물환율을 현물환율로부터의 변화율인 선물환 할증 또는 선물환 할인으로 나타내는 방법으로, 다음과 같이 보통 연율로 계산한다.

$$\text{선물환 할증(또는 할인)} = (F_t - S_0)/S_0 \times (12/m) \times 100 \quad \cdots\cdots\cdots\cdots\cdots\cdots \text{(2. 2)}$$

여기서 m은 선물환의 월수, 즉 0시점에서부터 t시점까지의 개월수이다. 계산의 결과가 양수이면(즉, $F_t > S_0$), 외화(달러)가 m개월 선물환에서 할증(premium)으로 거래된다고 말하고, 음수이면(즉, $F_t < S_0$), 할인(discount)으로 거래된다고 한다. 예컨대, 위의 환율에서 달러 1개월 선물환은 원화에 대해 매입률과 매도율이 각각 2.02%와 9.92%의 할증이며, 유로화는 달러화에 대해서 각각 1.57%와 0.73%의 할인에 있다. 이는 또 매입률과 매도율의 중간 값으로

---

16) 스왑률을 시장에서는 스왑 포인트(swap point)라고도 한다.

계산하여 하나의 값으로 나타내기도 한다. 즉 달러 1개월 선물환은 원화에 대해 연 6% 할증이라고도 할 수 있다.

예

선물환거래

선물환거래를 체결하는 이유는 여러 가지가 있다. 예컨대, 한국의 어떤 무역업자가 8월 21일에 수출계약을 체결하는데, 대금은 10월 5일에 1백만 달러의 외화를 받는 조건이라고 하자.

- 한 가지 방법(현물환 전략):
  - 8월 21일: 아무런 조치를 취하지 않는다.
  - 10월 5일: 1백만 달러를 수취하고, 이 날의 현물환거래를 통해 원화로 바꾼다. 이 날의 현물환율이 달러당 1,190원이면 11억 9천 만 원을, 1,210원이면 12억 1천만 원을 받게 된다.

- 다른 하나의 방법(선물환 전략):
  - 8월 21일: 10월 5일의 현물환율이 얼마가 될지 그 전에는 알 수 없다. 이 불확실성에서 오는 위험을 헤지하기 위해 10월 5일을 만기로 하는 선물환 계약을 체결하여 둔다. (이때 선물환율이 1,200원이라고 하자.)
  - 10월 5일: 수출거래에서 받은 1백만 달러를 선물환계약의 상대방인 딜러에게 지불하고, 그 대가로 12억 원(=1백만 달러×₩1,200/U$)을 받는다.[16]

[그림 2-1]에서 보는 바와 같이, 10월 5일이 되었을 때, 이 날의 현물환율이 1,190원이면 두 번째 방법은 선물환계약을 미리(8월 21일) 1,200원에 체결해 두었기 때문에 첫 번째 방법에 비해 달러당 10원을 더 받게 된다. 반대로 이 날의 현물환율이 1,210원이면 선물환 방법은 현물환 방법보다 달러당 10원을 적게 받게 된다. 10월 5일의 현물환율이 우연히 1,200원이면, 이들 두 방법은 같은 결과를 가지게 된다. 이런 의미에서 위의 첫 번째 방법은 외환위험을 떠안는 투기이고 두 번째 방법은 위험을 관리하는 헤지라는 것을 알 수 있다. 다시 말하면 헤지하지 않는 것은 투기이다.[18]

---

17) 외환규제가 없는 선진국에서 흔히 쓰이는 또 다른 하나의 방법이 있다. 단기자금시장을 이용하는 이 방법은(315-6쪽 "단기자금시장 헤지") 다음과 같이 이루어진다.
- 8월 21일: 앞으로 수취할 외화(즉, 1백만 달러)에서 이자를 뺀 만큼의 달러를 은행에서 차입하여 현물환거래를 통해 원화로 바꾼다.
- 10월 5일: 수출대금인 1백만 달러를 수취하여, 차입한 원리금 1백만 달러를 상환한다.
이 방법에서는 환율변화에서 오는 불확실성이 없기는 하나, 번거롭다. 또한, 선진국이 아닌 많은 국가에서는 외화차입에 대한 규제 때문에 이 방법의 이용이 현실적으로 어렵다.

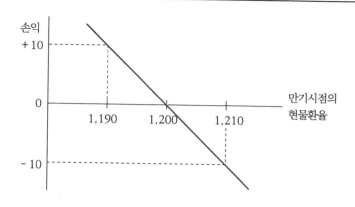

앞의 예에서 첫 번째 방법, 즉 수출대금을 수취한 날(10월 5일)의 현물 환거래를 하는 경우에는 원화로 정확하게 얼마를 받게 될지 그 날이 되기 이전에는 알 수가 없는 불확실성이 있다. 이에 반해, 선물환거래를 하는 후자의 경우에는 환율을 오늘(8월 21일) 결정해 두는 것이므로 10월 5일에 원화수입이 얼마가 될 것인지 미리 알 수 있어 불확실성이 없고, 따라서 자금계획을 정확히 세울 수 있다. 미래의 어느 시점에 수입대금을 외화로 지불해야 되는 수입상의 경우에도 마찬가지로 선물환매입계약을 미리 체결하여 둠으로써 지불일까지의 환율변동에서 오는 불확실성을 제거할 수 있다.

선물환 만기까지의 날짜가 정확하게 일주일, 한 달, 두 달 그리고 3, 6, 9, 12개월 등일 때 이를 표준결제일('even' dates)이라고 하고, 그렇지 않고 36일, 220일 등 우수리가 남는 숫자인 때는 특정결제일('odd' dates)이라고 한다. 보통 만기가 1주일 이상 되는 표준결제일 방식의 선물환거래는 은행간 시장에서 활발하고, 특정결제일 방식의 거래는 개인이나 기업 등의 대고객 거래에서 많이 쓰인다.

외환거래 가운데 만기가 6개월 이내인 비교적 단기시장은 거래량이 많기 때

---

18) 선물환거래의 결과를 만기시점의 현물환율과 비교하는 위와 같은 방법은 사후적인 평가이다. 만약 선물환거래에 대한 8월 21일의 결정이 만기시점의 현물환율이 얼마가 될지 모르는 당시의 시점에서 여러 대안을 충분히 검토한 합리적 결정이라면 사후적 결과로써 평가하는 것은 타당하지 않다.

문에 시장이 효율적이며, 매매가격차도 매우 작다. 무역거래와 연계된 외환거래는 거의 대부분 만기가 짧기 때문에, 자연히 단기선물환계약에 대한 수요로 연결된다. 장기(1년 이상) 선물환거래는 많지 않고 따라서 시장의 깊이도 얕다.[19] 장기선물환거래가 꼭 필요한 경우는 제5장에서 다루게 될 통화스왑의 형태로 거래할 수 있다.

선물환계약은 계약체결시 미리 대금을 지불하는 것은 아니기 때문에 0시점에 계약해서 t시점에 만기가 되는 선물환가격 $F_{0,t}$는

$$S_t^e - F_{0,t} = 0 \quad\cdots\cdots\cdots\cdots\cdots\cdots\cdots\cdots\cdots\cdots\cdots\cdots\cdots\cdots\cdots\cdots \text{(2. 3)}$$

이 되는 값, 즉 선물환 만기시점(t)의 현물환가격으로 예상되는 값(S_t^e)과 큰 차이가 없을 것으로 생각할 수 있다.

선물환은 두 가지 이유에서 현실적으로 대단히 중요하다. 첫째 선물환 환율은 미래의 현물환율에 대한 객관적 예상치이다. 둘째, 선물환은 기업이 외환위험을 시장에서 헤지할 때 가장 널리 쓰는 수단이다. 전자와 관련해서는 '제8장 환율의 예측'에서, 그리고 후자와 관련해서는 '제12장 외환위험의 관리전략'에서 설명을 할 것이다.

(3) 선물환스왑(또는 외환스왑)거래[20]

외환거래에서 미래의 어떤 특정일을 지불일로 하는 현물환이나 선물환거래가 만족스럽지 못한 경우가 많다. 예컨대, 오늘 수출대금 1백만 달러를 수취하였으나, 3개월 후에 같은 1백만 달러를 원자재 수입대금으로 지불해야 하는 기업을 생각해보자. 앞으로 3개월 동안 계속 달러를 보유하고 있는 것은 그 기간 동안 환율변동 위험을 안고 있는 셈인데, 그 달러를 사용해야 할 필요가 생길 때까지 원화로 바꾸어 보유하면 투자기회와 수단을 유리하게 선택할 수 있는 경우가 많다.

---

19) 장기선물환시장은 잘 형성되지 않는다. 고객의 요구가 있다 하더라도 딜러가 부담해야 하는 위험이 크기 때문이다. 외환시장이나 장기자금시장에서 포지션을 상쇄시킬 수 있는 반대매매를 찾기 어렵고, 유동성이 높은 단기자금시장을 통해 헤지하려고 하면 단기자금상품을 계속 만기 연장시켜 장기화시키는 데 따르는 이자율위험의 증가를 헤지하기 어려운 탓이다.

20) 여기서 언급하는 스왑은 선물환이 관련되는 단기적인 스왑인 데 비해, '제5장'에서 다룰 스왑은 일반적으로 장기적인 스왑이다. 따라서 전자를 선물환 스왑 또는 외환스왑이라 하고, 후자를 통화스왑 또는 장기스왑이라 하여 구분하기도 한다.

선물환 스왑거래 ❶

은행들은 통화별로 자산과 부채의 만기구조에 시차(gap)가 생길 때 이를 메우기 위해 스왑을 자주 이용한다. 예컨대, 어떤 은행의 포지션이 다음과 같다고 하자.

- 3개월 선물환—5백만 달러 매도초과
- 6개월 선물환—5백만 달러 매입초과

만기가 서로 다른 이 두 거래에서 생기는 외환위험에 대처하기 위해, 이 은행은 두 가지 방법으로 대처할 수 있다.

- 선택 1: 서로 반대가 되는 두 개의 일방적 선물환거래를 체결한다.
    3개월 선물환계약—5백만 달러 매입
    6개월 선물환계약—5백만 달러 매도
- 선택 2: 다른 은행과 한 개의 스왑거래를 체결한다.
    3개월 후 5백만 달러 수취—6개월 후 5백만 달러 지불

일단 스왑이 체결되면, 스왑기간 동안의 현물환율 변동으로부터 은행의 현금흐름이 영향을 받지 않아 보호된다.

─────────────────────────

이때, 이 달러를 3개월 동안 원화로 바꾸어 활용하는 데는 세 가지 선택이 있다. 그 하나는 지금의 현물환거래와 미래의 현물환거래를 별도로 체결하는 방법이다. 즉, 지금 현물환시장에서 달러를 원화로 바꾸고, 3개월 후에 다시 그날의 현물환율로 달러를 사는 방법이다. 이것은 매우 초보적인 방법이며, 이 기간 동안 환율이 크게 떨어지기를 바라는 투기적인 동기에서가 아니라면 좋은 방법이라고 할 수 없다.

두 번째 방법은 지금 현물환거래를 체결함과 동시에 달러가 필요해질 3개월 후를 결제일로 하는 선물환계약을 별도로 체결하는 방법이다. 처음 방법에 비해, 두 번째 방법은 외화를 다시 매입할 때 적용될 환율이 미리 정해지므로, 그때까지의 환율변화에 의해 영향을 받지 않는다는 유리한 점이 있다.[21]

세 번째 방법은 두 번째 방법과 동일한 것이나, 거래비용을 절약할 수 있는

─────────────────────────

21) 이처럼 독립된 계약으로 거래하는 선물환을 일방적(outright) 선물환이라고 하여, 스왑을 구성하는 선물환과 구별하기도 한다.

선물환 스왑거래 ❷

스왑거래는 외화를 동시에 빌리고 빌려 주는 것으로 생각할 수 있다. 3월 5일 한양기업이 제삼은행과 1백만 달러의 현물환매입 – 3개월 선물환매도 스왑을 한다고 하자.

• 3월 7일(현물환 결제일): 한양은 제삼은행으로부터 1백만 달러를 받고, 그 대신 서울은행에 있는 자기 계정에서 원화를 제삼은행에게 지급한다.

• 6월 7일(3개월 선물환 결제일): 스왑은 환불되어, 한양은 제삼은행에게 1백만 달러를 다시 지불하고, 반대로 원화를 돌려받는다(이때 원화금액은 3월 7일 지급한 원화금액과 차이가 있는데, 그 차이는 양국의 금리차 또는 스왑률(swap rate)이 된다).

이 스왑기간 동안 한양은 1백만 달러를 사용할 수 있어 차입한 것과 실질적으로 동일하며, 반대로 이 기간 동안 원화의 사용을 포기했으므로 실질적으로는 제삼은행에게 대출해준 것과 같다. 이런 이유로, 많은 은행들이 스왑거래와 단기자금시장(money market)거래를 연계시켜 운영하고 있고, 스왑률은 두 통화간의 금리차와 같게 된다.

방법인데, '선물환 스왑'이라고 불리는 방법이다. 선물환 스왑거래는 일정액의 외환을 서로 다른 두 시점(value dates)에 매입하고 매도하도록 하는 두 개의 거래를 묶은 하나의 계약이다. 예컨대 다음의 두 거래를 결합한 것이다.

> 현물환 1백만 달러를 매도 } 하나의
> 3개월 선물환 같은 금액인 1백만 달러를 다시 매입 스왑

　　스왑거래의 요체는 결제일을 달리하는 실제로 두 개인 거래를 동일한 거래상대방들이 하나의 거래로 묶어서 체결한다는 것이다.[22] 여기서는 동일한 외환금액을 미리 정해 둔 환율로 지불하고 또 수취하기 때문에 현물 환율의 변동에 따른 위험이 없다.

---

22) 실무에서는 처음거래를 short leg, 나중거래를 long leg라고 흔히 일컫는다. 위의 예에서 short leg는 현물환이고 long leg는 3개월 선물환이다. 또 딜러의 입장을 기준으로 short leg 거래가 매도이고 long leg 거래가 매입인 스왑을 매도/매입(sell/buy) 스왑이라고도 한다.

선물환 스왑거래 ❸

스왑거래는 외화자금을 조달하는 방법으로도 쓰여질 수 있다. 강남은행은 현재 1천만 달러가 필요하고, 한 달 후에 1천만 달러가 입금될 예정이라고 하자. 이때 이 은행이 선택할 수 있는 방법은 두 가지가 있다.

• 첫 번째 방법: 달러 차입
  – 외화자금시장에서 1천만 달러를 차입하여 수요를 충당하고, 한 달 후 자금이 입금되면 이를 상환한다. 이때의 비용은 한 달 동안의 달러 차입금리이다.

• 두 번째 방법: 외환스왑거래
  ① (원화를 한 달간 차입하여) 현물환 1천만 달러를 매입하는 거래와,
  ② 동시에 한 달 선물환으로 1천만 달러를 매도하는 (그래서 받은 원화로 차입금을 상환하는) 두 거래를 묶어 하나의 스왑거래를 체결한다. 이때의 비용은 한 달 선물환 스왑률이다. 이는 한 달간의 원화 지불금리와 달러 수입금리의 차이와 같다.

첫 번째 방법에서는 외화와 원화간의 환전이 없고, 두 번째 방법에서는 스왑률에 의해 선물환율이 미리 정해져 있기 때문에, 두 경우 모두 환위험은 없다.

스왑거래에서 두 결제일은 언제라도 될 수 있으나, 실제로는 표준화된 만기를 이용하는 거래가 많다. 현물환–선물환(spot–forward) 스왑에서는 보통의 현물환거래에 대해 표준화된 선물환거래의 만기, 즉 1주일, 1개월, 3개월 등을 만기로 하는 거래가 결합된다. 또 선물환–선물환(forward–forward) 스왑, 즉 미래의 두 시점을 만기로 하는(예컨대, 1개월 선물환과 3개월 선물환을 결합한) 스왑도 널리 쓰여진다.

이와 같이 현물환–선물환 또는 선물환–선물환을 결합한 스왑을 선물환(forward) 스왑이라고 한다. 이는 현물환 만기일을 기준으로 그 이후에 만기가 되는 거래들을 묶은 스왑이다. 이와는 반대로 현물환 만기일을 기준으로 그 이전의 날짜를 스왑거래의 대상으로 하는 백워드(backward) 스왑도 더러 사용된다. 이는 거래당일(value today)거래 또는 익일(value tomorrow)거래와 현물환 거래를 묶어 하나의 스왑거래로 만든 것이다. 특히 내일–모레(tomorrow–next 또는 tom/next)스왑은 거래일 바로 다음 영업일과 그 다음 영업일(즉, 현물환

만기일)을 두 만기로 하는 스왑으로, 외환거래가 많은 대규모 은행간에 빈번하게 쓰이는 스왑방법이다. 백워드 스왑은 은행간 시장에서 포지션을 조정하기 위한 목적으로 이용하는 예가 많다.

스왑거래시 적용되는 스왑률(swap rate)은 선물환율의 설명에서 언급한 바와 같이, 선물환율차(forward differential)라고도 부른다. 그런데 스왑은 한 시점의 (외환)매입거래와 다른 시점의 매도거래가 교환되는 것이므로, 매입률과 매도율 중 어느 쪽의 스왑률을 적용할 것인가 하는 문제가 생긴다. 실제로는 첫 번째 만기(short leg)는 무시하고, 두 번째 만기(long leg)를 기준으로 스왑률이 결정된다.

예

딜러 A의 환율

딜러 A가 제시하는 환율이 다음과 같이 달러가 선물환 할증에 있다고 하자.

	매입률		매도율
현물환율	1,000	–	20
3개월 스왑률	10	–	40

이것은 딜러 A가 달러를 현물환에서 사고 3개월 선물환으로 파는 스왑에서는, (두 번째 거래가 매도거래이므로) 당초 적용한 현물환율보다 달러당 40원 비싼 값을 적용하겠다는 것이다. 마찬가지로, 이 딜러가 달러를 현물환에서 팔고 3개월 선물환으로 사는 스왑에서는, (매입률 쪽의 스왑률이 적용되어) 상대방에게 달러당 10원씩을 가산해 주겠다는 것이다.[23]

---

23) 스왑은 매입 쪽의 거래와 매도 쪽의 거래를 결합한 것이기 때문에, 스왑의 처음 거래에 적용하는 환율은 반드시 매입률(앞의 예에서는 1,000원) 또는 매도율(1,020원)이어야 할 필요는 없고 서로간의 합의에 따른다(예컨대, 1,010원). 일반적으로는 첫 거래를 기준으로 하기 때문에 위의 예에 나와 있는 딜러 A의 환율에서는 매도/매입 스왑이면, 1,020원과 1,030원에, 그리고 매입/매도 스왑이면 1,000원과 1,040원에 각각 거래할 것이다.

예

딜러 B의 환율

딜러 B가 제시하는 환율이 다음과 같이 달러가 선물환 할증에 있다고 하자.

	매입률		매도율
현물환율	1,010	–	30
3개월 스왑률	20	–	50

따라서 스왑거래에서 중요한 환율은 현물환율보다는 스왑률이다. 예컨대, 어떤 고객이 딜러 A와 달러를 현물환에서 팔고 3개월 선물환으로 사는 스왑거래에서 는 현물환거래에 1,000원, 3개월 선물환거래에는 1,040(＝1,000＋40)원에 거래 하게 된다. 동일한 거래를 이 고객이 딜러 B와 거래하는 경우에 견주어 보자.

	현물환 매도율	적용되는 스왑률	3개월 선물환 매입률
딜러 A	1,000	40	1,040
딜러 B	1,010	50	1,060

처음 거래인 현물환거래만 생각하면 이 고객은 달러를 딜러 A보다는 딜러 B 에게 팔아야 10원씩을 더 받을 수 있다. 그러나 스왑의 두 번째 거래에 적용되 는 환율까지 함께 보면, 전혀 달라진다. 3개월간의 이자를 덮어 두고 보면 (그리 고 거래의 순서도 무시하고 보면), 딜러 A와 거래한 결과는 이 고객이 달러당 1,040원에 사서 1,000원에 팔아 40원의 손해를 보게 되는 데 비해, 딜러 B와 거 래하면 이 손해액은 50원으로 커진다. 이것은 딜러 A의 스왑률(40원)이 딜러 B 의 스왑률(50원)에 비해 고객에게 보다 유리하도록 매겨져 있기 때문이다. 따라 서 스왑거래에서 중요한 것은 현물환율과 선물환율 그 자체가 아니라, 이들 두 환율의 차이, 즉 스왑률임을 알 수 있다.

국내의 은행간 선물환 스왑거래는 1995년 10월에 도입되었다. 대고객 외환스 왑거래는 1997년까지는 매우 미미한 수준을 유지하였으나 그 후 큰 폭으로 증 가하기 시작하였다.

3. 차액결제선물환(NDF)

차액결제선물환(NDF; non-deliverable forward)계약은 선물환계약의 일종이나, 만기에 약정액 전액을 서로 교환하지 않고 계약한 선물환율과 지정환율(fixing rate)간의 차이만을 지정통화(보통 미국 달러화)로 현금정산(netting)하는 계약이다. 지정환율은 당사자간의 약정에 따라 결정되는데, 만기일 이전 특정시점의 현물환율로 하는 것이 보통이다. 원화와 달러간의 차액결제선물환계약에서는 만기일 직전영업일의 매매중간율이 사용된다.

예컨대 미국인 A는 한국증권시장에 3개월간 투자하려고 하는데, 이 투자기간의 환율변동위험을 회피하고자 선물환거래를 하려고 한다. 그러나 원화가 국제통화가 아니어서 원-달러 선물환거래가 미국에서는 정상적으로 이루어지지 않고, 그렇다고 관련 규제나 관행을 알지 못하는 한국외환시장에서 거래하는 방법도 내키지 않는다. 이러한 수요를 만족시킬 수 있는 상품이 차액결제선물환이다.

A는 $1백만 달러를 3개월간 투자하고, 동시에 달러당 1,000원을 계약가격으로 3개월 후에 X은행으로부터 1백만 달러를 매입하는 차액결제선물환계약을 맺어 외환위험을 헤지할 수 있다. 이때 서로 합의해서 지정통화를 미국 달러로 정할 수 있다(<부록 2> 차액결제선물환(NDF) 계약의 정산> 참고).

차액결제선물환계약은 만기일에 두 통화의 총액을 교환하지 않고 단지 차액만을 결제하기 때문에, 일반 선물환계약에 비해 결제위험(settlement risk), 즉 만기일에 거래상대방이 결제를 못하는 때에도 손실이 상대적으로 작다. 이 거래에서는 거래의 대상이 되는 통화로 정산하지 않고, 지정통화로 정산하기 때문에, 거래대상 통화가 충분히 국제화되어 있지 않거나 외환규제가 있는 상황에서도 거래를 할 수 있다고 하는 특징이 있다. 또한 이 거래는 역외시장[24]에서 이루어진다는 점도 특징이다. 이처럼 차액결제선물환계약은 일반 선물환 거래시의 결제금액에 비해 소요되는 금액이 적으므로 투기적인 목적의 거래가 많다.

역외 원-달러 차액결제선물환 시장은 1996년경부터 홍콩과 싱가포르에서

---

[24] 역외시장(offshore market)이라 함은 (전통적인 의미에서의) 유로시장과 동의어로, 어떤 특정 통화(예컨대 한국 원화)가 법정통화국인 본국(원화인 경우 한국)이 아닌 다른 나라(홍콩 및 싱가포르)에서 거래되는 시장이라는 의미이다. 다만 NDF시장에서는 원화가 직접 결제되는 것이 아니고 지정통화인 달러화로 결제된다. 이에 대해, 해당 통화가 법정통화국인 본국에서 거래되는 시장(예컨대 미국에서 달러를 거래하는 시장)을 역내시장(onshore market)이라고도 한다.

처음으로 형성되기 시작하였다.[25] 당시는 원화가치에 대한 상승압력이 높았던 때로, 투기목적의 거래수요가 많고, 그 외에도 한국에 주식을 투자한 외국인들의 환위험 헤지거래도 많아 시장이 형성되기 시작한 것이다. 세계의 차액결제선물환시장에서 거래가 가장 많이 이루어지는 통화쌍은 원－달러이다. 2019년 기준으로 원－달러 역내외거래가 역거래인 현물환거래의 두 배에 달할 만큼 커졌다(BIS, 2019).

차액결제시장에서도 일반 외환시장에서와 마찬가지로, 선물환율은 현물환율과 양국의 금리차에 의해 결정되는 것이 일반적이다. 따라서 이 시장에서의 스왑률(swap rate)은 양 통화국의 금리차와 일치하여야 한다. 차액결제선물환도 선물환이기 때문이다. 예컨대 차액결제선물환 시장에서 스왑률이 내외금리차보다 큰 경우, (원화를 차입하여) 국내현물환을 매입하고 역외 선물환을 매도함으로써 차익을 실현할 수 있다(<부록 2> 참고).

그러나 해외투자자들이 현지국의 국내통화 금리시장이나 예금시장을 이용하기 어려운 경우에는, 선물환율은 주로 만기시점의 현물환율에 대한 기대에 의해서 결정된다. 원－달러 차액결제선물환 시장에서는 과거 차액 거래가 충분히 이루어지지 않았다. 이것은 역외 차액결제선물환거래가 원칙적으로 당시의 「외국환관리법」에 저촉되는 데다, 국내거주자는 국내현물환매입에 있어 실수요원칙을 적용받았으며, 비거주자는 원화차입이 금지되어 있어 현물환매입이 원천적으로 곤란하게 되어 있었기 때문이다.

따라서 이 시장에서는 국내현물환시장과 차익거래가 불충분한 가운데, 주로 미래의 환율예상에 의한 투기적 거래가 주종을 이루어 왔다. 또한 상대적으로 시장거래규모가 크고 관련 정보가 풍부한 국내외환시장의 환율 움직임이 일반적으로는 역외 차액결제선물환시장의 환율을 주도해 왔다.

그러나 1999년 4월의 제1차 자본자유화 조치를 통해 국내 외국환은행과 비거주자간의 차액결제선물환거래를 허용하면서 이 역외시장과 (국내의)역내시장

---

25) 대표적인 차액결제선물환 중개기관인 Prebon Yamane사는 1996년 9월부터 로이터 통신을 통해 원－달러 차액 결제선물환 환율을 제공하기 시작하였다. 현재 홍콩과 싱가포르의 원－달러 차액결제선물환 은행간 시장에서는 Citi, JP Morgan Chase 등 세계적인 은행 및 투자회사들이 다수 참여하고 있으며, 주요 고객으로는 헤지펀드 등 투기자금과 국내증권에 투자한 외국투자자들의 헤지자금이 주종을 이루는 것으로 알려져 있다. 한편, 홍콩 및 싱가포르 차액결제선물환 시장에는 원화 외에 대만 달러, 중국 위안, 필리핀 페소, 인도 루피 등 다양한 통화가 거래되고 있으며, 그 중 원화의 거래량이 가장 큰 것으로 알려져 있다.

은 통합되었다. 이제 비거주자의 차액결제선물환거래는 환차익을 얻기 위한 투기적 거래는 물론이고 국내 자산(증권 등)에 대한 외국인들의 투자와 연계해서 환위험을 헤지하려는 목적의 거래 동기가 크게 중요해졌다. 또 뉴욕 NDF시장의 원-달러 환율이 그 다음날 국내의 현물환 환율에 큰 영향을 미친다.

4. 매매가격차

은행이 외환을 사는 값과 파는 값에는 차이가 있는데, 그 차이를 매매 가격차(bid-ask spread)라고 한다. 매매가격차는 외환거래를 수행하는 데 따르는 통신비와 인건비 등의 실제비용, 외환서비스를 제공하는 데 대한 대가로서의 수수료, 그리고 거래에 의해 외환포지션이 변동하게 되는 데 따르는 외환위험을 반영하는 것이며, 이것은 그 은행의 수익이 된다. 비용절감과 위험관리를 효율적으로 하는 은행이라면, 이 매매가격차가 다른 은행들보다 작을 것이므로, 이것은 딜러은행의 경쟁력과 경영효율성을 나타내는 지표이기도 하다.

매매가격차는 거래통화에 따라 달라서, 거래가 활발한 달러-유로 또는 엔-달러는 상대적으로 가격차가 작다. 또한 동일 통화간에도 은행에 따라 다르며, 거래액과 시장상황에 따라 수시로 변동한다.

예

매매가격차 ❶

(U$/£)	매입률 - 매도율	매매가격차(포인트)
현물환	1.5365 - 1.5475	110
1개월 선물환	1.5313 - 1.5425	112
3개월 선물환	1.5224 - 1.5343	119

또한, 앞의 예에서 보듯이 선물환거래에서의 매매가격차는 현물환거래에서보다 큰 것이 보통이며, 만기까지의 기간이 길수록 매매가격차는 커지게 된다. 물론, 현물환율의 매매가격차와 마찬가지로, 선물환 매매가격차도 시장상황에 따라 수시로 변한다. 또 아래의 예에서 보듯이 매매가격차를 조정하여 포지션이나

환노출을 통제할 수도 있다.

딜러인 은행과 고객간의 거래환율은 결제방법에 따라서도 달라진다. 무역대금의 결제나 해외송금시에 적용되는 전신환(wire 또는 T/T; telegraphic transfer) 매매율은 어음매매율이나 현금매매율보다 가격차가 작다. 현금매매율은 현찰의 보관, 관리, 운반에 비용이 많이 들고 위험이 큰 탓으로, 가격차가 크다.

앞에서 장기선물환은 거래가 많지 않다고 하였다(56쪽 참고). 그런 탓으로 1년 이상의 장기선물환거래에 대한 매매가격은 은행들이 제시하기를 꺼리거나, 제시하더라도 이것은 거래가격이라기보다 참고가격으로서의 성격이 강하다. 장기선물환거래는 위험이 크고, 반대방향의 상쇄되는 거래를 찾기도 쉽지 않아, 여기에 적용되는 매매가격차는 대단히 크고, 따라서 실제거래를 하는 것이 고객들에게 불리하다. 단지, 금액과 통화에 따라 달라서, 유로화나 파운드화 같이 거래가 많은 통화는 비교적 장기선물환거래라 하더라도 보통 손쉽게 상쇄거래가 이루어지거나 이들 통화가 활발하게 거래되는 잘 발달된 자금시장에서 헤지할 수 있고, 따라서 선물환매매가격차도 다소 현실적이다.

예

매매가격차 ❷

시장의 일반적인 현물환율(U$/€)이 1.1000 - 1.1005일 때, 어떤 딜러가 달러 현물환의 초과매입 포지션을 줄이기를(즉, 유로의 보유량을 늘리기를) 원한다고 하자. 이 딜러는 환율을 1.1002 - 1.1005로 조정하고, 그러면 달러 현물환을 보다 많이 팔 수 있고 (즉, 유로를 보다 많이 살 수 있고) 따라서 달러 초과포지션의 문제를 해소할 수 있게 된다. 유로가치의 상승이 예상되는 경우에도 위와 같은 매매가격차의 조정을 할 수 있을 것이다.

5. 파생금융상품시장

파생상품의 거래는 세계적으로 최근 크게 증가하고 있으며, 또한 파생 상품에 대한 인식이 보편화되면서 점차 새로운 기능이 추가되고 있다. 파생(derivative)이라고 일컫는 것은 원본이 되는 자산 또는 금융상품이 별도로 존재하고,[26] 이를 근거로 하여 만들어진 상품이라는 의미이다. 따라서 파생금융상품의 가치는 그 기초자산의 장래가격에 의하여 좌우된다. 외환시장에서는 현물환이 기초자산이고, 이를 근거로 하여 거래되는 선물환, 통화선물, 통화옵션, 통화스왑이 기본적인 파생상품들이고, 그 외에도 이들을 합성하거나 변형하여 개발한 파생상품들이 다양하게 거래되고 있다.

외환과 관련되는 파생상품들 중 선물환은 그 역사가 오래되나, 그 외 통화선물, 통화옵션, 통화스왑은 1970년대 이후에 개발된 상품들이다. 1970년대 초 이후 국제통화제도가 변동환율제도로 이행하였고, 1980년대 후반부터 세계금융시장의 통합화와 금융거래의 자유화가 큰 흐름이 되었다. 이에 따라 국제자본의 단기적인 이동이 활발해졌으며, 환율의 변동이 대단히 예측하기 어렵게 되었는데, 파생상품의 개발과 성장은 이러한 금융환경의 변화에 크게 영향을 받은 것이다.

파생금융상품은 장외(over-the-counter)에서 거래되거나 거래소(exchange)에서 거래된다. 장외에서 거래되는 파생외환상품의 대표적인 것으로 선물환, 통화옵션, 통화스왑을 들 수 있고, 거래소에서 거래되는 것으로는 통화선물과 통화옵션을 들 수 있다. 다시 말하면, 통화옵션은 장외에서나 거래소에서나 함께 거래되고, 통화선물은 거래소에서만 그리고 선물환과 통화스왑은 장외에서만 거래된다.

세계 주요국들이 거래소를 개설하는 이유는 대체로 금융상품의 가격 변동위험을 헤지할 수 있는 수단을 제공한다는 것, 그리고 파생시장이 현물시장의 기능을 보완할 수 있기 때문에 이를 통해 현물시장을 확대시킬 수 있고, 더 나아가 균형적인 시장가격을 형성하는 데 파생시장이 큰 도움이 될 수 있다는 기대 때문이다. 이 시장에서 형성된 가격은 대체로 시장정보를 반영하는 합리적인 가격일 뿐만 아니라 장래가격의 예측지표로도 활용될 수 있다.

파생상품시장은 특히 투기자들을 위한 시장이라고 할 수 있다. 이 시장에서는 투기거래, 즉 기대가격에 근거한 거래가 적정가격의 발견에 필수 불가결한 요인이라고 보고, 투기거래를 조성하는 시장을 개설하는 것이다. 결과적으로 볼 때, 이 시장이 거래량이 많고 효율성이 높은 경우에는 가격을 안정시키는 데 도움이 되지만, 그렇지 못한 경우에는 오히려 가격변동을 심화시키고 불안정하게 만드는 역기능이 있다. 현실적으로 금리관련 선물 및 옵션의 거래는 이런 기능

---

26) 이를 기초자산(underlying assets)이라고 하며, 통화, 이자율, 주식, 채권 등이 그 예가 된다.

을 원활하게 수행하기에 충분한 규모라 할 수 있으나, 통화관련 선물 및 옵션은 거래량에 있어 미국과 싱가포르를 제외하고는 이에 크게 못 미치는 실정이다.

다음 장부터 선물환시장과 더불어 대표적인 외환파생상품인 통화선물, 통화옵션, 통화스왑을 차례대로 살펴본다.

부록 1

환율의 계산

1. 현물환시장의 환율계산[27][28]

> 가. 환율의 전환(conversion)
>
> $\text{₩}/\$=1{,}000$이면, $\$/\text{₩}=0.001$
>
> 나. $\text{₩}/\$=1{,}000$에서 $\text{₩}/\$=1{,}100$으로 변화하면,
>
> 달러의 상승: 10%, 원화 하락: $-9.00\%=((0.00091-0.001)/0.001\times100)$
>
> 다. $\text{₩}/\$=1{,}000$에서 달러가 5% 상승하면, 새 환율$=1{,}050$
>
> $\text{₩}/\$=1{,}000$에서 원화가 5% 하락하면, 새 환율$=1{,}052.63$
>
> $\text{₩}/\$=1{,}000$에서 달러가 5% 하락하면, 새 환율$=950$
>
> 라. 교차환율
>
> $\text{₩}/\$=1{,}000$, 그리고 $\text{¥}/\$=100$이면, $\text{₩}/\text{¥}=10.00$

2. 선물환시장의 환율계산[29]

> 가. 선물환율의 할증과 할인
>
> $\text{₩}/\$$의 현물환율이 1,000이고 6개월 선물환율이 1,100일 때, 원화의 선물환 할증/할인 $=-18.18\%$
>
> 즉 원화는 달러에 대해 연율로 18%의 할인, 달러는 원화에 대해 20%의 할증에 있다.
>
> 나. 할증과 할인의 선물환 환산
>
> $\text{₩}/\$$의 현물환율이 1,000이고 3개월 원화 선물환 할증이 연율로 20%일 때, 원화의 선물환율 $=0.00105$
>
> 즉, $\$/\text{₩}=0.00105$ 또는 $\text{₩}/\$=952.38$

---

27) 어떤 통화의 가치변화를 계산할 때, 항상 그 통화를 기준으로 환율을 표시한 다음 계산한다. 예컨대, 달러화의 가치변화를 계산할 때는 $\text{₩}/U\$$ 환율로, 그리고 원화의 가치변화를 계산할 때는 $U\$/\text{₩}$ 환율로 표시한 다음에 계산한다.

28) 위에서 보듯이, 환율이 변동할 때 두 통화의 변화율이 서로 다르기 때문에 설명이 복잡해질 수 있다. 이를 해결하기 위해서 환율을 자연대수형태로 표시하기도 한다.

29) 실제로는 할인과 할증을 계산할 때 $(F-S)/[F+S)/2]$로 계산하는 것이 정확한 방법이나, 여기서는 일반적으로 널리 쓰이는 개략적인 방법을 소개한다.

차액결제선물환(NDF) 계약의 정산

비거주자인 A는 한국증시에 $1백만 달러를 3개월간 투자하고, 동시에 달러당 1,000원을 계약가격으로 3개월 후에 X은행으로부터 1백만 달러를 매입하는 차액결제선물환계약을 맺어 외환위험을 헤지하였다. 지정통화는 미국 달러로 합의하였다.

만기일의 정산기준환율(fixing spot)에 따라 현금흐름은 다음과 같이 이루어진다.

- 원화가치가 하락(지정환율: ₩1,010/U$)한 경우

  $[1 - ₩1,000/₩1,010] \times U\$1,000,000 = U\$9,900$을 X은행이 A에게 지불하여 결제

- 원화가치가 불변(지정환율: ₩1,000/U$)인 경우

  $[₩1,000 - ₩1,000]/₩1,000] \times U\$1,000,000 = U\$0.00.$ 현금흐름 없이 정산

- 원화가치가 상승(지정환율: ₩990/U$)한 경우

  $[₩1,000/₩990 - 1] \times U\$1,000,000 = U\$10,101$을 A가 X은행에게 지불하여 결제

A는 한국에 투자했던 자금을 실제로는 만기일에 현물환거래로 달러 매입−원 매도하고, 이 NDF거래를 통해 위와 같이 차액을 정산한다. 그 결과 달러당 1,000원의 환율에 선물환계약을 체결한 것과 같아지게 된다.

주: 원/달러 NDF의 정산기준환율(fixing rate)은 서울외국환중개(주)가 장 마감 후 고시하는 당일 기준환율임.

부록 3

엔화스왑예금 이자세 논란

2000년대 초 저금리 추세가 이어지면서 금리차에 민감하던 고객들에게 이른바 '엔화스왑예금'이라는 금융상품이 등장하여 한동안 큰 인기를 끌었다.

다음과 같은 상황을 가정해보자. 1백만 원으로 1년 만기 엔화스왑예금에 들면, 1,040,208원을 가지게 된다(현물환과 선물환을 하나의 스왑으로 거래한다). 반면, 원화정기예금은 1,040,200원이 되어, 별 차이가 없다. 문제는 이 두 예금에 적용될 세금에 차이가 있느냐 하는 것이다. 엔화스왑예금에서 이자소득은 단지 208원(＝20엔 x 10.40원/엔)에 불과하고, 나머지 소득 40,000원은 선물환 매매차익이다.

> 예 원 금리 연 4.02%, 엔 금리 연 0.02%
> • 원/엔 환율(투자 시): 현물환율 10.00, 1년 선물환율 10.40(4.00% 할증)
> • 투자: 1,000,000원을 현물환율로 환전하여 1년간 예금
> • 만기 시 원리금: 100,020엔을 선물환율로 환전 → 1,040,208원

은행들은 이자소득이 과세 대상인 데 반해, 선물환 매매차익은 과세 대상이 아니어서 이 상품이 원화 정기예금보다 유리하다고 홍보했던 것이다. 그러나 과세문제에 대해 혼란이 일어났다. 선물환율에는 표면적으로 드러나지는 않지만 그 속에 예금의 이자가 포함되어 있다.

은행권이 과세 여부에 대해 질의하자 국세청은 1년여를 끌다가 다시 재정경제부에 문의했고, 논란이 제기된 지 2년여가 지난 뒤 재정경제부는 세금을 내야 한다고 결정했다. 많은 엔화스왑예금이 만기가 되어, 이미 은행들은 세금을 제하지 않은 채 예금자들에게 지급을 한 후였다.

정부는 정기예금과 선물환거래로 구성된 이 예금을 하나의 거래로 해석해서 당연히 이자소득세 과세대상이라고 본 것이고, 은행들은 편의상 두 거래를 한꺼번에 했을 뿐 엄연히 별개의 거래라며 소송을 제기했다.

하급심의 판단은 엇갈렸으나, 대법원(2011년 4월)은 이에 대한 논란에 종지부를 찍었다. 은행측의 주장을 받아들여, 고객이 얻은 선물환차익은 예금의 이자소득으로 볼 명문의 규정이 없어 과세대상이 아니라고 판결한 것이다(그 뒤 정부는 소득세법을 고쳐 2012년 초부터 거래가 결합한 경우에는 과세대상인 이자소득으로 보도록 바꾸었다).

CHAPTER 02 연습문제

01 선물환 결제일이 길어질수록 매매가격차가 큰 것은 어떤 이유 때문인가? 장기선물환 거래가 드문 이유는 무엇인가?

02 선물환가격을 표시하는 방법을 설명해보라.

03 선물환계약을 체결한 데 대한 기회비용은 사후적으로 어떻게 나타낼 수 있는가?

04 스왑거래가 두 개의 분리된 거래를 하는 경우보다 유리한 이유는 무엇인가? 예를 들어 설명해보라.

05 현물환–선물환스왑거래에서 현물환율보다 스왑률이 중요한 것은 어떤 이유 때문인가?

06 달러가 원화에 대해 10% 가치하락한다고 가정했을 때 달러에 대한 원화의 상승률은 몇 %인가?

07 통화의 변동폭이 증가하면 매매가격차는 어떤 영향을 받게 되겠는가?

08 다음 용어들을 간단히설명하라.

1) 포지션(position)	2) 결제일(value date)
3) 교차환율(cross rate)	4) 차액결제선물환

통화선물시장

변동환율제도가 도입된 이후, 환율은 심한 기복을 보이면서 변화했고, 그 결과 국제거래를 하는 기업과 금융회사들의 위험을 크게 증대시켰다. 이들은 환율변화 때문에 발생할 수 있는 손실의 가능성을 줄이기 위해 선물환시장을 널리이용해 왔다. 선물환시장은 꾸준히 발전해 왔고, 외환위험을 헤지하는 가장 보편적인 시장으로 성장해 왔다.

선물환시장이 크게 활성화되면서, 이와 성격은 대체로 동일하나 거래 방식을다소 변형시킨 통화선물(futures)시장이 등장하였다. 장외시장이 아닌 거래소 형태의 외환시장이 형성된 것이다. 거래액이 크지 않아 선물환시장을 통한 거래가부적합한 많은 고객들에게 저렴한 비용으로 헤지를 할 수 있게 해 줌으로써, 통화선물시장은 선물환시장을 보완하는 또 하나의 중요한 외환시장으로서의 기능을 하게 된 것이다.[1]

통화선물은 '시카고상업거래소(CME; Chicago Mercantile Exchange)'가 '국제통화시장(IMM; International Monetary Market)'을 설치하여 1972년 5월부터 거래를 시작한 것이 그 효시가 되었다. 당시는 브레턴우즈체제의 종말을 예견할수 있는 때였지만, 아직 변동환율제도가 시작되기 전이었는데 이런 시점에 통화선물거래소를 설치한 것은 매우 미래지향적인 결단이었다고 하겠다. 시카고에서곡물에 대한 선물거래가 이루어지기 시작한 것은 19세기 중엽부터여서, CME의상품시장은 이미 옥수수, 밀, 콩 등의 농산품이나, 가축 등에 대한 선물거래가활발하게 이루어지고 있었다.

IMM의 설치는 CME 업무의 확장이라고 볼 수 있는데, 일찍이 금융선물(외국

---

1) 앞에서 언급한 바와 같이 통화선물 또는 외환선물은 futures를 뜻하는 말로, 그리고 선물환은
   forward를 나타내는 말로 여기서는 쓰고 있다. 그러나 금융선물과 상품선물을 함께 나타내는
   말이 마땅하지 않아, 여기서는 단순히 선물이라 부르기로 한다.

통화, 유로달러금리, 주가선물)을 시작하면서부터 CME는 거래규모도 커지고 국제금융에서도 중요한 위치를 차지하게 되었다. IMM에서는 통화선물 거래 이외에도 미국 재정증권 등의 다른 금융상품, 그리고 금과 같은 귀금속도 거래하고 있다.

통화선물거래는 특히 1973년 초 주요 통화들이 자유변동환율제도를 채택한 것이 발전의 전기가 되었고, 그 이후에도 꾸준한 성장을 하여, 오늘날 외환시장에서 독특한 위치를 차지하고 있다.

IMM과 유사한 시장으로서 1982년 9월 '런던국제금융선물거래소(LIFFE; the London International Financial Futures and Options Exchange)'가 설립되었다. LIFFE에서는 파운드, 마르크, 스위스 프랑, 그리고 엔화가 달러에 대해 거래되고 있으며, 계약단위 금액은 IMM에서와 같다. 일본은 LIFFE 이름을 본따, '동경금융선물거래소(TIFFE; Tokyo International Financial Futures Exchange)'를 1989년 6월 설립하였으나, 기관투자가들과 기업들의 이용이 활발하지 않아 어려움을 겪어왔다.

일본의 투자자, 기업, 은행 등이 통화선물거래를 기피하는 이유는 일본의 금융거래자들이 유동성이 상대적으로 높은 선물환거래를 워낙 선호하고 있기 때문이다. 일본 통화선물이 발전하지 못하는 또 다른 요인은 아시아 최대시장인 '싱가포르국제금융거래소(SIMEX; Singapore International Monetary Exchange)'의 전통 때문이기도 하다. 싱가포르보다 시장규모나 기법이 뒤져 있으니 일본의 거래참여자들도 일본 통화선물보다는 싱가포르 쪽을 이용하는 실정이다.

최근 세계의 선물시장들은 서로간의 업무제휴를 통해 선물거래에 관련된 정보를 교환할 뿐 아니라, 더 나아가서는 상대방 시장의 거래상품들을 상장시켜 거래를 허용하고 상호 결제하는 등 시장간의 연계가 크게 강화되고 있어, 각국의 선물시장들이 바야흐로 범세계화되고 있다. 1987년 10월의 세계적인 주가 대폭락과 같은 쇼크와 또 한편 컴퓨터와 통신수단의 급속한 발전이 선물시장에 미치는 여러 가지 영향들이 범세계화를 촉진시키는 중요한 원인이라 할 수 있다.

미국의 CME는 1984년 8월에 '싱가포르국제금융거래소'의 설립을 도왔으며, 그 이후에도 상대방 시장에 대한 주문처리, 상호 결제, 감독기관간의 협력관계까지 유지하고 있다. CME는 그 외 '시드니선물거래소(SFE; Sydney Futures Exchange)', 영국의 LIFFE와도 제휴하고 있으며, 2007년에는 CBOT(Chicago Board of Trade)

를 합병하였는데, 이 몇 가지 예는 국가간의 세금과 규제 등 장애에도 불구하고 현재 진행되고 있는 선물시장들의 범세계적 통합추세의 한 단면이라 하겠다.

통화선물시장이 이 같이 크게 성장했다고 하는 것은, 외환거래를 활발하게 하는 세계의 주요 은행들에 의해서 주도되는 선물환시장이 충분히 만족시킬 수 없는 시장의 요구가 있음을 나타내는 것이다. 선물환시장에서는 은행간 거래가 주가 되고, 또 은행과 계속적으로 업무관계가 있는 대기업들이 주된 고객인 데 반해, 국제거래가 있는 다른 금융회사들, 소규모기업들과 개인들, 그리고 외환투기거래자들은 선물환거래가 불편한 경우가 많고, 따라서 이들이 통화선물시장을 폭넓게 이용하는 고객층이 되고 있다. 이에 대해서는 제1절에서 자세히 설명할 것이다.

1973년의 세계적인 유류파동과 자원파동으로 큰 타격을 받으면서 우리나라에서도 상품선물과 통화선물거래에 대한 관심이 높아지기 시작했다. 1974년 12월 26일「주요물자 해외선물거래 관리규정」이 대통령령으로 공포되면서 국내에서 해외선물시장을 이용할 수 있는 법적 근거가 마련되었다. 원자재의 해외의존도가 높은 우리나라의 경제사정상 상품 및 통화선물거래제도의 도입은 당연히 경제에 큰 영향을 미쳤다.

그러나 해외선물시장을 이용하는 데는 추가적인 비용과 시간이 소요되는 등 여러 가지의 문제가 있어, 국내 선물거래소의 설립이 꾸준히 논의되었다. 1995년 12월「선물거래법」이 제정되고 이듬해 7월부터 이 법령이 발효되면서 국내 선물거래소의 설립작업이 본격적으로 추진되었다. 한편, 증권거래소에서는 주가지수선물이 1996년 5월에, 그리고 주가지수옵션이 1997년 7월 국내 최초로 상장되어 거래되기 시작했다.

국내최초의 '한국선물거래소(KOFEX; Korea Futures Exchange)'는 1999년 4월 부산에 개설되었는데, 2005년 주식시장과 통합되어 '한국증권선물거래소'가 되었고, 2009년 '한국거래소(KRX; Korea Exchange)'로 이름을 고쳤다. 미국 달러선물, 미국 달러옵션, 양도성예금증서(CD) 금리선물, 국고채 금리선물, 금(金)선물 등을 거래하면서 출발한 이 시장에서 2006년부터는 엔 선물과 유로 선물을, 그리고 2015년부터는 위안 선물도 거래하고 있다. 과거 국내 선물거래의 대상 상품은 대체로 농산물이나 비철금속, 귀금속 등 상품선물의 거래가 주가 되었으나, 근래에는 외국통화, 금리, 주가지수 등의 금융선물거래가 대단히 활발하다.

원화 선물은 2006년 9월 18일부터 '국제통화시장(IMM)'에서도 상장되어 거래되고 있다. 여기서는 원화선물이 계약당 125백만 원에 거래되고, 상장월은 최근 연속 13개월 및 이후 분기 말월(즉 3, 6, 9, 12월) 중 최근 2개월이다. 물론, 은행 등 금융회사들 이외에도 개인이나 기업도 모두 거래할 수 있다.

상장 초기에는 거래가 다소 활발했으나, 그 이후 거래량이 크게 감소하고 있으며 해외기관들보다는 국내기관들이 거래를 주도하고 있는 실정이다. 당초에는 역외 차액결제선물환(NDF)거래가 이 선물거래소로 많이 이전될 것으로 기대했으나, 그렇지 못했다. 역외 차액결제선물환시장이 풍부한 유동성, 탄력적인 만기, 저렴한 거래비용, 역내시장과 동일시간대 거래 등 나름대로의 장점을 가지고 있기 때문이다.

제1절 ▶ 통화선물과 통화선물시장

통화선물계약은 약정된 금액의 외국통화를 정해진 미래의 날짜에, 정해진 장소(거래소)에서 인도하거나 수취하기로 하는 계약이다. 계약의 결제일[2]에 계약된 통화를 인도하고 수취하면 계약은 이행되는 것이다. 그러나 통화선물계약은 반드시 그 계약을 이행하지 않고도, 계약의 만기 이전에 그 계약과 상쇄되는 매도 또는 매입계약을 새로이 체결함으로써 청산할 수도 있다.

모든 통화선물거래에서는 증거금(margin deposit)을 예치해야 한다. 증거금은 거래자가 계약을 이행하도록 보장하는 담보의 성격을 띠는 예치금으로, 계약체결시에 요구하는 개시증거금(initial margin)과 계약체결 후 시장에서의 환율변동에 대비하는 유지증거금(maintenance margin)이 있는데, 거래소가 이들을 결정한다. 이 증거금으로 통화선물가격의 변동에 따른 정산을 매일 하게 되는데, 이에 대해서는 아래에서 다시 설명한다. 환율이 아주 불리하게 변동하여 증거금의 잔액이 유지증거금을 하회하게 되면, 거래자는 다시 개시증거금 수준까지 충당하여야 한다.

---

2) 'maturity date'와 'delivery date', 'value date'가 통화선물계약에서는 동일한 의미로 쓰여진다.

▼ 표 3-1 한국거래소의 달러선물 거래 명세

거래대상	미국달러
거래단위	10,000달러
결제월	분기월 중 4개와 그 밖의 월 중 4개
상장결제월	1년 이내의 8개 결제월
가격의 표시	달러당 원화
최소가격변동폭	0.10원
최소가격변동금액	1,000원(10,000달러×0.10원)
최종거래일	결제월의 세 번째 월요일(공휴일인 경우 순차적으로 앞당김)
최종결제일	최종거래일로부터 기산하여 3일째 거래일
하루 변동 허용폭	기준가격[*]±4.5%

*기준가격은 일반적으로 직전 영업일의 종가임
출처: 한국거래소

통화선물시장에서의 거래는 정해진 통화에 국한되고, 계약의 인도일도 연중 며칠로 한정되며, 통화별로 계약단위금액이 정해져 있고, 하루 가격 변동은 정해진 허용폭을 벗어날 수 없는데, 이러한 규정들은 통화선물거래를 관장하는 각 통화선물거래소가 정한다. 한국거래소에서 거래되는 미국 달러선물의 명세는 [표 3-1]과 같다.

통화선물시장에 참여하는 거래자들은 헤지목적의 거래자들과 투기목적의 거래자들로 구분할 수 있는데 모든 거래는 거래소를 상대로 이루어진다. 투기거래자는 통화선물시장에서 헤지거래자의 위험을 부담해 줌으로써 결정적인 기여를 한다. 이들은 시장의 유동성을 증대시킴으로써, 계약의 체결과 종결이 쉽게 이루어지도록 만드는 데 도움이 된다.

통화선물거래는 특히 레버리지(leverage)가 높은 특성 때문에 투기거래자들에게 참여 기회를 많이 준다. 다시 말하면, 이 시장에서는 증거금요구액이 계약금액에 비해 매우 낮기 때문에, 비교적 적은 자본으로 큰 금액의 외환을 거래하는 것이 가능하다.

선물환계약과 마찬가지로, 통화선물계약으로도 미래에 거래할 외환의 환율수준을 미리 확정시켜 환율 불확실성을 제거할 수 있다. 예컨대 미국 달러 6월물 선물가격이 지금 1,000원이면, 미국달러 1계약(U$10,000)의 가치는 10,000,000원(=₩1,000/U$×U$10,000)이다.

통화선물계약에 따른 일일정산

- 계약환율: ₩1,000/U$에 달러통화선물 5단위(50,000달러) 매입(롱 포지션)하였다고 하자.
- 계약체결일 마감환율(closing rate): 선물가격이 1,003원으로 상승하였다면, 이 거래자의 증거금에 150,000원(=(1,003−1,000)×50,000)이 입금된다.
- 계약일 다음날 마감환율: 선물가격이 1,001원으로 하락하였다고 하자. 100,000원(=(1,003−1,001)×50,000)이 이 거래자의 증거금에서 차감된다.

① 그 다음날 선물가격이 1,002원일 때, 이 거래자가 포지션을 청산한다고 가정하자. 그 거래자는 100,000원(=150,000−100,000+50,000)의 누적이익을 가지게 된다. 그러나 청산한다는 것은 50,000달러를 50,100,000원(=50,000×1,002)을 지불하고 매입한다는 것은 아니다. 차액결제선물환거래에서와 마찬가지로 통화선물거래에서도 계약체결시점이나 계약청산시점에는 원금의 교환은 발생하지 않는다. 즉 원금에 해당하는 50,000달러와 이에 해당하는 원화의 교환은 이루어지지 않고, 다만 환율변동에 따른 차액만 청산된다.

② 이 거래자가 포지션을 도중에 청산하지 않고 마지막 거래일까지 보유한다고 가정하자.
- 마지막 거래일 마감환율: 통화선물계약에 대한 거래는 최종결제일(만기일) 직전 두 번째 영업일까지 이루어진다. 거래자가 포지션을 반대방향의 거래로 청산하지 않고, 마지막 거래일까지 포지션을 유지하면, 결제일에 결제하게 된다.
  마지막 거래일 마감가격이 전날 마감가격 1,010원에서 1,015원으로 상승하였다고 하자. 일일결제로 거래자의 계정에는 250,000원(=(1,015−1,010)×50,000)이 입금된다.
- 결제일: 마지막 거래일 후 두 번째 영업일(보통 결제월의 세 번째 수요일)에 통화선물계약은 만기가 되어, 이 거래자는 50,750,000(=1,015×50,000)원을 지불하고 50,000달러를 인도받는다.
  결국 이 거래자는 3개월 전에 환율이 1,000원일 때보다 750,000원(=(1,015−1,000)×50,000)을 더 지불하는 셈인데, 이것은 그동안 이 수입상이 일일정산에 의해 얻은 순수취액, 즉 수취한 금액이 지불액을 초과하는 금액과 정확하게 같아지게 된다. 따라서 이 기간 동안의 일일정산에 따른 현금흐름의 이자를 무시한다면, 이 거래자는 당초의 선물매입가격인 달러당 1,000원으로 선물환거래를 한 것과 동일한 결과를 얻은 것이다. 환율의 변동에 의해서 생길 수 있는 손실에서 보호하고자 하는 목적을 그 기업은 선물환계약에서와 똑같이 통화선물계약을 통해서도 얻을 수 있는 것이다.

앞으로 3개월 후인 6월에 100,000달러를 필요로 하는 수입상사는 선물회사를 통해 계약증거금을 예치하고 10계약을 살 수 있다. 이 계약의 가치는 환율의 변동에 따라 매일 변동한다. 다음 날 선물가격이 1,010원으로 올랐다고 하자. 그 결과, 10계약의 가치는 101,000,000원이 되어 전날보다 1백만 원이 오르게 되는데, 이 1백만 원은 결제기관을 통해 위의 수입상의 증거금에 입금된다. 이 같은 정산과정이 환율변화에 따라 계약이 만기가 될 때까지 매일 이루어지는데, 이를 일일정산(daily marking-to-market)제도라고 한다.

이 예에서 우리는 다음과 같은 두 가지를 알 수 있는데, 이는 통화선물의 본질을 이해하는 데 있어 결정적으로 중요한 점이다. 첫째, 선물매입포지션(long position)을 취한 거래자는 선물가격이 상승하면 유리해지고, 반대로 선물매도포지션(short position)을 취한 거래자는 선물가격이 하락하면 유리해진다. 따라서 선물매입포지션을 취하는 것은 장차 선물가격이 상승하는 쪽에, 그리고 선물매도포지션을 취하는 것은 장차 선물가격이 하락하는 쪽에 내기(betting)를 거는 것과 같다.

둘째, 통화선물계약은, 만약 결제일 이전에 포지션을 정산하지 않고 계약을 인도한다면, 그리고 일일정산에 의해 매일 발생하는 현금흐름에 대한 만기일까지의 이자를 무시한다면, 당초의 통화선물가격에 선물환계약을 체결한 것과 결과적으로 같아진다.

제2절 ▶ 통화선물시장과 선물환시장

1. 통화선물시장과 선물환시장간의 차이

통화선물가격이나 선물환율이 모두 미래의 현물환율에 대한 예측이며 미래의 외환거래를 위한 준거가격이라고 하는 경제적인 논리는 동일하나, 이들이 거래되는 두 시장은 운영제도면에서 그리고 기술적인 면에서 서로 차이가 있다.

선물환시장은 조직화된 시장이 아니고 딜러와 고객간의 동의와 협의에 의해 구체적인 조건을 결정할 수 있는 장외시장이다. 이에 반해, 통화선물시장에서는

.고객은 단지 제도적으로 표준화되고 규격화된 조건에 따라 거래를 할 수밖에 없고 조건에 대해 협의를 할 수 있는 여지가 없다. 이런 탓으로 흔히 선물환을 맞춤양복에, 그리고 통화선물을 기성복에 비유하기도 한다. [표 3-2]는 통화선물시장과 선물환시장간의 차이를 요약한 것이다.

▼ 표 3-2 통화선물시장과 선물환시장의 비교

	선 물 환	통 화 선 물
계약의 크기	개별적 필요에 맞춤	미리 정해져 있음
인도일	개별적 필요에 맞춤	미리 정해져 있음
거래방법	은행 또는 중개회사들과의 전자거래 방식으로 확정(OTC)	거래소에서 다수의 거래자들간에 공개입찰식으로 체결(exchange)
수수료	매매스프레드에 포함됨	공시된 소정의 중개수수료
담보예치	담보 또는 양건예금을 요구할 수 있음	공시된 소액의 증거금이 요구됨
결제기능	관련은행과 중개회사에 의해 개별적으로 이루어짐	거래소에 의해 일일정산으로 이루어짐
거래장소	통신망 통한 거래. 장외거래	지정된 거래소에서만 거래함
경제적 타당성	헤지기회를 제공함으로써 교역을 촉진함	선물환과 같음. 추가적인 헤지기회를 제공함
시장의 이용	거래액이 매우 큰 고객들을 주된 대상으로 함	헤지를 필요로 하거나, 투기를 원하는 누구에게든지 개방되어 있음
규제	자율적임	증권선물위원회가 규제함
인도(delivery)	90% 이상이 실제로 인도됨	이론상 완전시장에서는 실제 인도가 필요치 않고 반대거래로 상쇄될 것임. 실제로 5% 미만이 인도됨
가격변동	일일변동에 제한이 없음	거래소에서 정한 일일변동 한도가 있을 수 있음.
시장 유동성	다른 은행들과도 상쇄 거래할 수 있음	반대방향의 일반거래로 상쇄할 수 있음. 현물환이나 선물환 차익거래로도 상쇄가 됨

이들 두 시장에서는 계약할 수 있는 상품, 즉 외환에 차이가 있다. 선물환시장에서는 딜러와 고객이 합의하면 어떤 통화든지 거래할 수 있다. 그러나 통화선물시장에서 거래되는 통화의 종류는 각 거래소에서 미리 정해 둔 몇 개로 제한된다. 따라서 거래되지 않는 대부분의 외국통화는 선물환시장에서 거래하거

나, 구태여 통화선물시장을 이용하려면 그 통화와 높은 상관관계를 가지고 변화하는 다른 선물통화를 찾아 거래하는 방법이 있다.

통화선물시장에서는 거래되는 통화가 제한되어 있을 뿐만 아니라, 각 통화별로 계약단위금액도 미리 정해져서 규격화되어 있다. 예컨대 325,000달러의 외상매출금을 헤지하려고 하는 한국 수출상은

(ⅰ) 선물환시장에서는 한 개의 계약으로 전액을 헤지할 수 있으나,
(ⅱ) 한국거래소에서는 32단위(≒325,000/10,000) 또는 33단위의 계약을 해야 하므로 정확한 금액을 커버할 수 없다.

반면, 통화선물계약은 표준화, 규격화되어 있는 상품인 탓으로 선물환 계약과는 달리 필요하면 통화선물시장에서 쉽게 다시 되팔 수 있다.

또한 선물환시장에서는 고객이 외화가 필요하거나 외화를 매도하려고 하는 날을 계약의 만기일로 지정할 수가 있는 데 비해, 통화선물시장에서는 만기일이 미리 정해져 있어 고객은 그 중에서 단지 선택할 수 있을 뿐이다. 예컨대 한국거래소에서는 8개 결제월의 (대개) 세 번째 수요일([표 3-1])이 결제일로 되어 있다. 따라서 헤지거래자의 입장에서는 통화선물의 인도일과 헤지 필요상의 거래 결제날짜가 일치되기가 어렵다.

이런 이유로 선물환시장에서는 대부분의 계약이 만기일에 실제로 인도되어 결제되는 데 반해, 통화선물시장에서는 대부분의 계약이 만기일 이전에 청산된다. 다시 말하면, 통화선물시장에서의 대부분의 거래는 실제로 외환을 인수하거나 인도하기보다는 반대매매를 통해 헤지하려는 거래들이거나 또는 투기를 하려는 거래들이다.

통화선물시장과 선물환시장이 다른 또 하나의 중요한 점은 현금흐름이 서로 다르다는 것이다. 선물환계약에서는 환율의 변화가 계속 누적되었다가 만기일에만 현금흐름이 발생한다. 이에 반해, 통화선물계약에서는 가격변화가 매일 현금으로 정산된다. 선물환시장과는 달리 통화선물시장에는 결제기구인 청산소(clearing house)가 존재하여, 매일 거래가 종료되면 환율변동에 따른 이익과 손실에 따라 일일정산을 함으로써 고객들이 계정을 정산하도록 되어 있다.

따라서 각 거래자의 채무불이행노출(default risk)이 최대한 하루의 가격변동 허용폭을 넘지 않게 된다. 또한 거래소가 모든 계약의 이행을 보증하는데, 보증

을 하는 비용을 최소화시키기 위해 거래소는 환율변동에 따른 계약의 가치를 커버할 수 있도록 증거금을 설정할 것을 요구한다.

이에 반해 선물환계약에 있어서는 만기일에만 현금흐름이 발생하기 때문에, 이 시점에 계약 상대방의 계약이행이 문제가 될 수 있다. 따라서 금융회사에서는 고객에게 일정한 담보나 양건예금3)을 부과시켜 이 신용위험을 커버하기도 한다.

이처럼 제도와 기술적인 면에서의 차이가 있으나, 이 두 시장의 경제적인 존재논리는 동일하다고 할 수 있다. 그러면 세계적으로 선물환시장이 이미 폭넓게 이용되고 자연스럽게 잘 발달되어 있는데, 무엇 때문에 1972년에 새로이 통화선물시장을 설립할 필요가 있었겠는가? 이것은 두 가지로 설명할 수 있다.

그 하나는 앞에서도 언급한 바와 마찬가지로 선물환시장은 은행간 시장이며 도매시장이어서 보통 수백만 달러 이상의 거액거래가 아니면 딜러들이 취급하지 않거나, 취급하더라도 아주 불리한 환율을 적용한다는 것이다. 따라서 소액 거래자들도 손쉽게 거래할 수 있는 시장이 필요했다.

둘째, 통화선물시장에서의 거래비용은 선물환시장에서보다도 저렴하다. 통화선물시장에서의 거래비용은 중개수수료와 증거예치금이며, 선물환시장에서는 매매가격차(bid‑ask spread)와 때에 따라서 딜러인 은행이 요구하는 양건예금인데, 전자가 후자의 경우보다 저렴하다는 것이다.4) 이것은 통화선물시장에서의 계약이 표준화, 규격화되어 있어 상품이 동질적인 탓이며, 또한 통화선물시장은 조직된 시장, 제도권 시장이어서 정보의 유통이 선물환시장보다 빠르고 원활한

---

3) 양건예금(compensating balance)이란 원래 미국의 시중은행들이 고객에게 제공하는 각종 서비스에 대해 수수료를 요구하는 대신 일정금액의 요구불 예금을 예입하게 한 데서 연유한 것으로, 은행의 서비스제공에 따른 비용을 보상받기 위한 예금이다. 오늘날에도 미국에서는 시중은행들이 대출금의 일정비율(10~15%)을 요구불 예금으로 예입할 것을 조건으로 하는 것이 관행으로 되어 있다. 양건예금을 유지한다는 것은 대출이자보다 훨씬 낮은 예금이자에 자금을 예치하는 것이므로, 차입자 측에게는 실질차입액을 줄이게 되고 실질차입비용이 인상되어 추가적인 부담이 된다. 우리나라에서는 이를 "꺾기"라고 부른다.

4) 예컨대 10만 달러의 수출대금을 현물환율 달러당 1,300원일 때 거래하는 비용을 비교해보면 다음과 같다. 한국거래소의 통화선물에서는 거래수수료가 1만 3천 원(0.01%)과 증거금(585만 원, 4.5%)의 기회비용(1.5~11.01%)이 55.7만 원으로 합계 57만 원이 든다. 이를 선물환으로 거래하면, 거래수수료 13만 원(0.1%)과 증거금(1,300~3,900만 원)의 기회비용(4.9~11.01%)이 80~239만 원으로 총 비용이 93~252만 원이 든다(한국거래소, 2009, 6쪽). 한국거래소의 통화선물 거래비용이 선물환 거래비용의 22~61%에 불과함을 알 수 있다. 일반적으로 통화선물계약의 중개수수료는 거래통화에 따라 차이가 있고, 예치금은 실제거래에서는 거래소에서 설정한 최소액의 증거금보다 높은 수준을 중개업자가 요구할 수도 있다.

효율적인 시장이기 때문이다.

예컨대 선물환시장에서 계약하고자 하는 경우에 고객은 가장 좋은 가격을 찾아내기 위해서 여러 딜러들에게 접촉하여야 할 것이나, 통화선물 시장에서는 제일 최근의 통화선물거래에 적용된 시장환율이 바로 그 시점에서 고객이 알아낼 수 있는 가장 좋은 가격이기 때문에 시장을 찾아다닐 필요가 없다는 것이다.

미국의 통화선물거래소에는 허가를 받은 차익거래회원(arbitrage members)[5]이라고 하는 소수의 전문가들이 활동하고 있다. 이들은 통화선물 거래소와 은행간의 선물환시장간에 외환을 동시에 매입하고 매도하는 차익거래를 하여 이익을 취하는데, 그 결과 두 시장간의 가격은 균형을 유지하게 된다.

2. 통화선물가격과 선물환율간의 관계

앞에서 설명한 바와 같이 통화선물은 선물환과 본원적으로는 같은데, 단지 제도적으로 차이가 있을 뿐이다. 그렇다면 이 두 시장간의 환율은 그 성격과 기능의 동질성 때문에 같을 것인가 아니면 제도적인 차이 때문에 서로 다를 것인가?

동일한 경제적 기능을 가지는 한 이들은 동일한 금융상품이고, 따라서 일물일가의 법칙이 작용할 것으로 생각할 수 있다. 그러나 제도적인 차이를 고려하면, 이 두 시장의 환율에 차이가 있을 것이라고 생각할 수 있는 몇 가지의 근거가 있다.

선물환시장에서는 딜러들이 매입가격과 매도가격을 별도로 제시한다. 그러나 통화선물시장에서는 거래소 내의 중개회사들과 투기자들간의 경쟁에 의해 단일시장가격이 형성된다. 물론 이들은 높은 가격에 매도하고 낮은 가격에 매입하기를 원하나, 실제 거래에 있어서는 현재의 가장 높은 매입청약가격과 가장 낮은 매도청약가격이 우선적으로 체결되어 하나의 가격이 형성된다. 더구나 통화선물가격은 하루에 변동할 수 있는 폭이 제한되어 있는 경우가 많다.

이보다 더 중요한 차이는, 앞에서 언급한 바와 같이, 이들간에 현금흐름이 발생하는 형태가 서로 다르다는 점이다. 선물환계약에서는 계약의 만기까지 현금흐름이 없는 데 비해,[6] 통화선물계약에서는 일일정산으로 환율변동분이 매일

---

5) 그러나 앞으로 국내에서도 비은행 전자브로커플랫폼과 ECN 등이 활성화되면, 선물환거래 비용도 크게 하락하게 될 것이다.

현금화된다.

예컨대 78쪽 일일정산의 예에서 결제일에 거래자는 계약된 달러 선물 5단위, 즉 50,000달러를 인도받게 된다. 그 대가로서 만기일에 50,750,000원을 지불하게 되나, 그동안의 일일정산에 의한 750,000원의 순입금을 상쇄하면, 결국 당초의 계약환율 1,000원이 적용된 50,000,000원에 매입한 셈이 된다.

최종결제가격, 즉 마지막 거래일의 마감환율이 만약 당초의 계약환율(₩1,000/U$)보다 하락하여, 예컨대 ₩990/U$가 되었다고 하자. 그러면 이 거래자는 당초 계약했을 때 예상했던 것(50,000,000원)보다 저렴하게 선물 달러를 결제일에 매입하게 될 것이다. 반면 그동안의 선물가격 등락에 따라 일일정산으로 수취도 하고 지불도 하였으나, 결국 달러당 10(=1,000-990)원, 또는 1계약 단위당 100,000원을 순지불(=지불-수취)하였을 것이므로, 서로 상쇄한 결과는 당초의 계약환율 1,000원에 매입한 것과 같게 된다.

그러나 사실은 일일정산에 따른 현금흐름은 계약일부터 결제일까지 지속적으로 발생하는 것이므로, 그에 따른 이자 또는 기회비용을 고려하면 만기에 시간개념 없이 절대액으로 정확하게 상쇄되는 현금흐름과는 현재가치가 달라지게 되고, 따라서 엄밀한 의미에서는 정확하게 상쇄되는 것은 아니다.

최종결제가격이 계약가격보다 높으면 거래자는 일일정산에서 순입금, 또는 정의 현금흐름이 있었을 것이고 이를 재투자할 수 있었을 것이므로 이자만큼 유리하다. 반대의 경우에는 순지출, 또는 부의 현금흐름이 있어 이자만큼 불리하게 된다.[7]

선물환계약에서는 이러한 이자의 문제가 전혀 없다. 현금흐름의 이 같은 차이 때문에 어떤 주어진 시점에 통화선물가격은 동일한 만기를 가지는 선물환가격과 차이가 있을 것으로 생각할 수 있다. 예컨대 어떤 한 계약일에 통화선물가격은 달러당 1,000원인데, 같은 만기의 선물환율은 1,005원일 수 있다. 또, 금리의 변동은 랜덤하고 예측할 수 없기 때문에 두 가격이 명목상으로는 동일하지 않다. 만약, 금리를 확실히 예측할 수 있다면 두 시장간에 차익거래가 일어날 것이고, 따라서 두 시장간의 (이자를 감안한) 가격은 동일하게 될 것이다.

---

6) 실제로는 선물환계약과 관련해서 양건예금의 예치나 은행으로부터의 차입한도 잠식 등이 있을 수 있으나, 여기서는 무시하기로 하자.

7) 현실적으로는 증거금 예치를 채권으로 대납하는 것이 보통인데, 이때는 기회비용의 문제가 완화된다.

그러나 통화선물가격과 선물환율이 다를 것으로 생각할 수 있는 위와 같은 이유들에도 불구하고, 많은 실증적인 검증들은 다음과 같은 사실들을 밝혀내고 있다. 첫째, 통화선물시장의 하루 가격변동제한 때문에 선물환율과 상당한 격차가 나타날 가능성이 있으나, 실제로 통화선물가격이 가격제한폭까지 등락하는 경우는 드물기 때문에 예외로 간주될 수 있다.

둘째, 선물환시장에서의 매매가격차와 통화선물시장에서의 매매호가간에는 차이가 있어 두 시장의 환율 차이를 계산하기가 어렵다. 그러나 적절한 방법으로 조정해서 분석해 보면 두 시장에서의 가격이 통계적으로 유의한 차이가 없고, 차익거래를 통해 이익을 얻기 어려운 정도라는 것이다.

제3절 ▶ 통화선물을 이용한 헤지

10월 20일 국내의 한 수출업자가 U$250,000에 기계를 일본으로 수출하기로 하고, 12월 10일에 대금을 받는다고 하자(이 예는 같은 금액의 롱 포지션을 가진 금융회사의 경우에도 마찬가지로 적용될 수 있다). 또한 이 수출업자는 환위험을 한국거래소에서 선물로 헤지한다고 가정하자. 미국 달러는 현재 현물환시장에서 1,000원에 거래되고 있고, 선물은 다음 인도일인 12월물이 현재 995원에 거래되고 있다. 수출대금 수취일인 12월 10일은 선물계약의 결제일인 12월의 결제일(예컨대 세 번째 수요일인 17일이라고 하자)과 일치되지 않는다. 그러나 이 경우에도 수출업자는 선물계약을 체결하여 대부분의 노출을 헤지할 수 있다.

10월 20일 이 수출업자는 12월 만기 달러 25계약(1계약＝U$10,000) 선물을 매도하고, 12월 10일 이를 매입하여 10월 20일 체결한 매도포지션을 상쇄시키고 계약을 청산한다. 이 기간 동안 달러의 현물환 및 선물 가치가 각각 다음과 같이 변동했다고 하자.

이 수출업자는 결제일에 수입업자로부터 받은 달러 수출대금을 현물환시장에서 매도하여 원화로 현금화한다. 여기서 현물환율의 변화는 18원이고, 따라서 현물자산가치의 변화는 4,500,000원이다. 이 수출업자는 현물환시장에서 U$250,000를 245,500,000원으로 환전한다.

$$\text{U\$ } 250,000 \times (982원 - 1,000원) = -4,500,000원$$

반면 선물가격의 변화는 15원이고, 이 수출업자는(일일정산에 의한 현금흐름의 이자를 무시하면) 매 달러를 980원에 매입하고 995원에 매도한 결과가 되어, 선물헤지거래에서 3,750,000원의 이익을 보게 된다. 이는 계약체결일 이후 결제일(또는 포지션 청산일)까지 매일의 일일정산에 의해 발생한 현금흐름이다.

예

헤지의 결과

	포지션	10/20	12/10	손익(1,000)
현물환	매입(long)	1,000	982	−4,500
선물(12월물)	매도(short)	995	980	+3,750
순손익	−	−	−	−750

$$25계약 \times \text{U\$}10,000 \times (995원 - 980원) = 3,750,000원$$

이는 베이시스의 변화를 이용하여 계산할 수도 있다. 현물환율과 선물가격의 차이를 베이시스(basis)라고 하는데, 이 베이시스는 현물환율이나 선물가격 그 자체와는 달리 비교적 안정적이며 선물계약의 만기가 가까워짐에 따라 점점 적어진다. 이는 선물계약이 결제일에 가까워질수록 양국 금리의 절대액 차이가 줄어들고, 또한 미래(즉, 만기일)의 환율에 대한 불확실성의 정도가 적어지기 때문이다.

이제 선물 12월물 결제일인 12월 17일의 직전 두 번째 영업일인 12월 15일(즉, 선물의 마지막 거래일)이 되었다고 하자. 만약 이 수출업자가 그때까지 포지션을 청산하지 않았다면, 2영업일 후인 12월 17일에 이 12월물 선물은 만기가 되어, 계약한 달러를 인도하고 원화를 받게 된다. 마찬 가지로 12월 15일 체결한 현물환도 2영업일 후인 17일이 결제일이다. 따라서 선물 결제일의 직전 2영업일에는 그 선물과 그 날의 현물환이 같아지게 되고, 따라서 12월 17일 만기가 되는 선물가격은 그 날의 현물환율과 동일해지는 것이다. 즉, 베이시스가 0이 되는 것이다.

다시 위의 예로 돌아가서, 선물헤지의 효과를 베이시스를 이용해 설명해보자.

$$(2원/U\$ - 5원/U\$)) \times U\$250,000 = -750,000원$$

이 예에서 알 수 있는 것은 현물시장에서의 환율변동과 통화선물가격의 변동은 같지 않기 때문에 위험이 완벽하게 헤지되지 않는다는 것이다. 다시 말하면, 선물로 헤지하는 경우에는 헤지하려고 하는 현물포지션 금액과 동일한 선물금액으로 헤지해서는 완벽한 헤지가 이루어지지 않는다.

현실적으로는 선물과 현물가격의 차이인 베이시스는 인도일에 영(0)이 되도록 접근해가기 때문에 계속 변동할 뿐만 아니라 그 움직임을 예측하기도 어려운데, 이를 베이시스위험이라고 한다. 베이시스위험은 선물계약 결제일까지의 기간의 함수이다. 그 기간이 길면 길수록 베이시스위험은 크다. 베이시스의 변동에 대한 불확실성 때문에 베이시스위험이 생기고, 완벽한 헤지를 하기 어렵게 된다.[8]

앞의 예에서 보면, 선물헤지가 완전하지는 않으나, 헤지 후의 손실 750,000원은 헤지를 하지 않았더라면 발생하였을 4,500,000원의 손실보다는 훨씬 작은 금액임을 알 수 있다. 이 예는 선물계약으로 헤지해서 이득을 본 경우이다. 그러나 계약기간 중 선물의 가치가 상승했더라면 매도포지션을 가진 이 수출업자는 선물계약에 의해 손해를 보았을 것이다. 그 대신 결제일의 현물환율도 상승하게 되므로 여기서의 이득이 선물거래에서의 손실을 보상해 줄 것이다.

환율변화의 방향에 관계없이 수출업자는 선물계약을 통해 외환위험으로부터 보호받을 수 있다. 중요한 것은 헤지거래에 의한 손실의 절감이나 이익의 증대가 아니라, 헤지를 하면 기대현금흐름(앞의 예에서는 $250,000 \times 1,000원$)이 환율변동에 의해 영향을 적게 받게 된다는 사실이다.

위의 예에서 개별적인 거래의 환위험을 통화선물시장을 통해 헤지하는 방법

---

8) 이런 이유로 헤지를 가능한 한 가장 근월물(近月物)로 하고, 필요하면 선물계약을 갱신(roll-over)해 가는 방법을 사용한다. 예컨대 3, 6, 9, 12월만 결제월인 거래소에서 9월 초에 발생할 현물거래를 2월 현재 선물로 헤지하는 경우 바로 선물 9월물 계약을 하지 않고, 현재시점에서 가장 가까운 근월물인 3월 선물을 계약한 후, 3월 선물이 만기가 되는 시점에 6월물 선물을 계약하고, 다시 이 계약이 만기될 때 9월 선물을 계약하는 방법으로 갱신해 나가는 것이다. 이 방법을 취함으로써 비록 거래비용은 늘어나더라도 베이시스위험을 최소화할 수 있다. 또한 근월물일수록 유동성이 풍부해 거래가 쉽고 가격도 공정할 가능성이 높다.

을 살펴보았다. 선물계약에서는 인도일자가 미리 정해져 있고 이 인도일자가 수출입업자와 같은 거래자들이 원하는 결제일과 다르다고 해도 헤지거래를 할 수 있음을 보았다. 여기서 주의할 점은 선물인도일과 거래자가 원하는 결제일이 서로 다른 경우, 앞의 예에서 본 바처럼 이 거래자는 (수입상의) 필요한 외화 또는 (수출상의) 수령한 외화를 통화선물거래의 상대방이 아닌, 현물환시장에서 조달하거나 환전해야 한다는 것이다.

연습문제

01 선물환시장이 이미 잘 발달되어 있음에도 불구하고, 통화선물시장을 새삼스레 개설하는 논리는 무엇인가?

02 일일정산이 이루어지는 과정을 설명하고, 왜 이것이 필요한지 설명하라.

03 선물환시장과 선물시장이 본질적으로 같은 점과 다른 점은 무엇인가?

04 선물환시장과 선물시장간에 계약불이행위험에 차이가 있는가?

05 선물환율과 선물가격간에는 어떤 관계가 있는가?

06 85–86쪽의 예에서 12월 10일 선물가격이 977원이 되었다면 헤지 후의 손익은 어떻게 되었겠는가? 그 결과를 베이시스위험으로 설명하라.

07 통화선물시장에서 쓰이는 다음 용어들을 설명하라.

1) 베이시스(basis)	2) 증거금
3) 청산소	4) 일일정산

CHAPTER 04
통화옵션시장

선물환거래 또는 통화선물거래를 통해 외환위험을 헤지할 수 있음을 앞에서 보았다. 그러나 이들은 공통된 단점을 가진다. 즉 환율의 불리한 변동으로부터 보호해 주는 반면, 환율이 유리하게 변동 하여 발생할 수 있는 이익의 기회까지도 박탈한다는 점이다.

예컨대 어떤 수출업체가 ₩1,000/$에 한 달 선물환 매도계약을 체결하였다고 하자. 이로써 헤지의 목적은 달성했다. 그러나 만약 한 달 후의 현물환율이 ₩1,010/$이 되었다고 하자. 선물환계약을 체결하지 않고 한 달 동안 오픈 포지션으로 위험에 노출된 채 있다가 현물환율에 매도하는 투기적 환관리를 하였더라면, 이 수출업체는 달러당 10원씩을 더 받을 수 있었을 것이다.

[그림 4-1]의 횡축에 나타난 선물환 만기시의 현물환율이 선물환율인 달러당 1,000원보다 낮으면 낮을수록 선물환계약을 체결한 것이 (사후적으로) 잘된 일이어서, 이익이 커진다. 그러나 선물환 만기시에 달러의 현물환율이 반대로 선물환율보다 높아지면 어떻게 될 것인가?

이때에는 선물환거래는 (당초에 아무런 조치를 취하지 않고 있다가 사후의) 현물환율에 거래를 하는 경우에 비해 손해를 보는 결과가 되는 것이다. 그 손해의 크기는 달러화의 원화에 대한 상승폭이 클수록 비례적으로 커지게 되어, (비현실적이긴 하나) 최악의 경우에는 무한대의 손해를 볼 수 있다. 이것은 선물환거래의 경우 잠재적인 손실의 크기가 일정한 수준으로 한정되어 있지 않기 때문이며, 보다 궁극적으로는 선물환계약이 반드시 이행해야 하는 의무적인 계약이라는 점 때문이라고 볼 수 있다.

그러면 계약기간 동안의 환율변동에서 오는 위험을 헤지하면서, 동시에 이익을 볼 수 있는 가능성도 그대로 보유할 수 있는 방법은 없을까? 이 같은 욕구를 만족시켜 줄 수 있는 금융수단이 통화옵션이다. 통화옵션계약은 옵션의 보유자

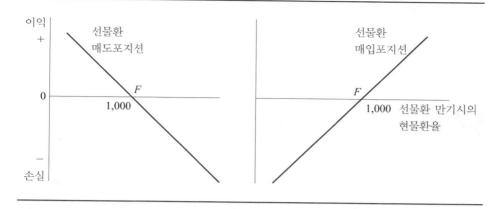

(옵션의 구매자)가 자기에게 유리한 경우에만 옵션을 행사하고 가격이 자기에게 불리하게 움직였을 때는 옵션을 포기할 수 있는 권리를 가지도록 해주는 계약이다. 다시 말하면 옵션은 선물환이나 통화선물거래가 제공해 주는 헤지기능에 덧붙여, 이들 거래에 의해서 얻을 수 없는 잠재적 이익실현 가능성도 보유할 수 있게 해 준다는 이점을 가진다.

선물환(또는 통화선물)거래는 외환관리에 도움을 줄 수 있는 좋은 수단이기는 하나, 이들만으로는 다양한 환위험 노출을 결코 완벽하게 헤지할 수 없는 경우가 많다. 이제 위에서 본 바와 같이 이익의 기회를 포기해야 된다고 하는 문제 이외에, 선물환거래로는 완전한 헤지가 되기 어려운 경우를 생각해 보자.

선물환거래는 정해진 가격에 외환을 수취하거나 인도하겠다고 하는 확정적인, 어길 수 없는 약속이다. 그러나 외환수입이나 지출의 발생이 확실하지 않은 경우도 많다. 외국기업과의 흥정이나 외화표시의 입찰에 참가하는 경우를 생각해 보자. 거래가 성사되거나 입찰에 성공하는 경우에는 이미 제시한 외화표시가격을 준수해야 하므로 환위험에 노출된다. 그러나 거래가 성사되지 않거나 입찰에 실패할 수도 있으므로(business risk) 선물환거래를 통한 확정적인 헤지를 할 수는 없다.

또 해외자회사에서 결산 후 배당금을 본사로 송금해 오는 경우에도 송금시점은 확정적이지만 그 금액이 정확히 얼마가 될지는 사전에 알기 어려운 것이 보통이다(quantity risk). 이와 같이 거래발생 자체의 불확실성이나 현금흐름의 양적인 위험은 선물환으로는 헤지하기 어렵다. 이 경우에 필요한 것은 일정량의 외국통화를 정해진 가격(환율)에 사거나 팔아야 하는 확정적인 계약, 즉 의무가 아니라, 경우에 따라 행사할 수도 있고 행사하지 않을 수도 있는 권리인 것이다. 이것이 바로 통화옵션이다.

제1절 ▶ 통화옵션과 통화옵션시장

1980년대 들어 외환시장에 활력을 불어 넣고 그 성격을 새롭게 한 혁신 중 하나는 옵션이다. 1978년 암스테르담의 '유럽옵션거래소(EOE; European Options Exchange)'에서 통화옵션이 처음으로 거래되기 시작했을 때만 해도 별다른 호응을 받지 못했다. 그러나 이후 환율변동이 심해지면서 환위험관리의 새로운 기법으로 통화옵션은 크게 관심을 모으게 되었다.

1980년대 초에는 거래소뿐만 아니라 장외거래의 형태로 은행들이 고객들에게 통화옵션을 거래하기 시작했고, 1983년에는 '필라델피아증권거래소(PHLX; Philadelphia Stock Exchange)'가 마르크, 파운드, 스위스 프랑, 엔, 캐나다 달러의 5개 외국통화에 대한 옵션을 공식적으로 상장시켰다. 거래는 IMM 통화선물계약금액의 절반이 한 계약이 되도록 표준화되어 있었다. 그래서 예컨대 독일 마르크나 스위스 프랑의 옵션계약 한 단위는 62,500마르크 또는 프랑이었다. CME는 1984년 1월 24일 마르크의 통화선물에 대한 옵션시장도 도입하였다.

국내에서는 옵션거래가 활발하지 못한데, 이는 높은 거래비용, 즉 옵션가격 탓이 크다. 다행히 최근 장외거래가 늘어나고 있으며, 유동성 증대에 따라 옵션가격의 하락도 예상되고 있다. 한국거래소에서도 달러옵션이 거래되고 있으나 거래량은 아주 미미하다([표 4-1]).

통화옵션은 미국식과 유럽식의 두 가지 종류가 있는데, 미국식 옵션은 만기일 이전 언제나 행사할 수 있고 유럽식 옵션은 만기일 당일에만 행사할 수 있다. 옵션은 거래소에서 표준화된 상품으로서 (마치 통화선물처럼) 거래되기도 하고, 장외거래로 (선물환거래처럼) 이루어지기도 한다. 거래소에서 거래되는 옵션은 대개 미국식이고, 장외거래에서는 대개 유럽식으로 거래된다. 장외옵션들은 거래소에서 거래되는 표준화된 옵션들보다 금액이 대체로 훨씬 크고, 만기도 계약의 양

▼ 표 4-1 한국거래소의 달러옵션 거래 명세

거래 대상	미국달러
거래단위	10,000달러
결제월	분기월 중 2개와 그 밖의 월 중 2개
상장결제월	6개월 이내의 4개 결제월
행사가격 설정	At‐the‐money 기준 10원 간격으로 상하 각 3개(총 7개)
가격의 표시	원화
최소 가격변동폭	0.10원
최소 가격변동금액	1,000원(10,000달러×0.10원)
최종거래일	결제월의 세 번째 월요일(공휴일인 경우 순차적으로 앞당김)
최종결제일	최종거래일의 다음 날
권리행사	최종거래일에만 행사가능(유럽식)
가격제한폭	기초자산 기준가격 대비 상하 ±4.5%에 해당하는 옵션이론가격

출처: 한국거래소

당사자들이 합의하기에 달려 있으며, 거래소에서 거래되지 않는 통화도 대상이
될 수 있다.

특정 통화를 살 수 있는 권리를 콜 옵션(call option)이라 하고, 팔 수 있는
권리를 풋 옵션(put option)이라고 한다. 한 통화의 콜 옵션은 다른 통화의 입장
에서는 풋 옵션이 된다. 달러를 지불하고 유로를 사는 권리, 즉 유로 콜 옵션은
동일한 환율에 유로를 받고 달러를 팔 수 있는 권리, 즉 달러 풋 옵션이기도 하다.

계약이 종료되는 날짜를 만기일(expiration date 또는 maturity date)이라고
한다. 옵션을 행사할 때 적용하는 환율은 계약시 미리 약정해 두는데, 이 환율을
행사가격(exercise price 또는 strike price)이라고 한다. 옵션의 매입자는 발행자
에게 권리를 사는 대가로 일정액을 지불해야 하는데 이를 옵션가격 또는 옵션
프리미엄(premium)이라고 한다.[1] 옵션의 매입자는 약정된 계약을 이행하거나,
또는 이행하지 않을 권리를 가진다. 그러나 옵션의 매도자는 매입자가 원하면
그 계약을 반드시 이행해야 한다.

현재의 환율에서 행사하여 이익이 되는 옵션을 "in‐the‐money"에 있다고

---

[1] 행사가격은 통화에 대한 가격이고, 옵션가격 또는 옵션프리미엄은 옵션(즉, 권리)에 대한 가
격이다.

하고, 그 반대일 때 "out-of-the-money"에 있다고 한다. 현재의 환율과 행사가격이 같을 때 "at-the-money"라고 한다.

콜 옵션과 풋 옵션으로 간단한 예를 들면 다음과 같다.

$10,000의 3개월 만기 유럽식 콜 옵션을
$당 ₩1,000의 행사가격에
$당 ₩10의 옵션가격, 즉 ₩100,000을 지불하고 샀다고 하자.

이것은 매입자가 앞으로 3개월이 지난 만기일에 달러당 ₩1,000의 환율에 $10,000를 살 수 있는 권리를 가지는 대가로 ₩100,000을 지불했다는 것을 의미한다([그림 4-2]).

달러 현물환율이 행사가격인 1,000원을 넘으면, 이 옵션은 in-the-money 옵션이 되고 행사를 하는 것이 유리하게 된다. 예컨대 달러를 현물환율 1,005원에 사는 것보다는 옵션을 행사해서 1,000원에 사는 것이 더 유리하다. 현물환율이 1,000원이 되면 이 옵션은 at-the-money가 되고, 1,000원보다 적으면 out-of-the-money 옵션이 된다. Out-of-the-money 콜 옵션의 소유자는 옵

┃그림 4-2 콜 옵션 매입(long)포지션과 매도(short)포지션

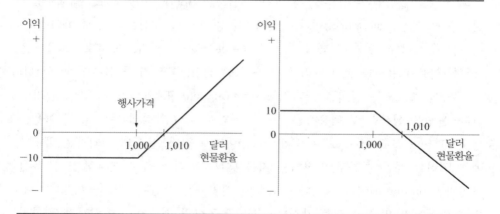

콜 옵션 매입포지션의 손익
　환율<1,000원: out-of-the-money, 행사 않음. 옵션가격(달러당 10원)만큼 손실
　환율=1,000원: at-the-money, 행사와 현물환 매입이 결과적으로 같음.
　환율>1,000원: in-the-money, 행사가 유리하나, 환율이 1,010원이 될 때까지는 손실
　환율=1,010원: 손익분기 가격, 이 값에서부터 옵션이익 발생
　콜 옵션 매도포지션의 손익: 매입포지션 손익과 횡축을 중심으로 대칭

션을 행사하는 것보다 옵션을 포기하고 현물시장에서 달러화를 사는 것이 더 유리하게 된다. 예컨대 달러를 현물환율 995원에 사는 것이 행사가격 1,000원에 사는 것보다 유리하다.

옵션매입자의 손익분기점이 되는 현물환율은 1,010(＝행사가격 1,000＋옵션가격 10)원이 될 것이며, 현물환율이 1,010원이 넘는 데 따라 1:1의 비율로 이익이 증대되어 잠재적인 이익의 크기는 무한대이다. 반대로 현물 환율이 달러당 1,000원 이하가 되면 콜옵션을 행사하지 않고 포기하는 대신 현물환시장에서 달러를 매입하는 것이 더 유리한데, 이 경우에 손실은 옵션을 살 때 이미 지불한 옵션가격인 10원과 그 이자로 한정된다.

결론적으로 말하자면 옵션을 통하여 잠재적인 이익은 무한대로 유지하면서 손실은 일정한 범위(즉, 사전에 미리 알고 있는 옵션가격) 내에서 막을 수 있다는 점이 외환시장에서 거래되는 다른 수단들과의 중요한 차이 점이라고 하겠다.

바꾸어 말하면 통화옵션의 요체는 비대칭적인 수익을 준다는 점에 있다는 것이다. 풋 옵션이건 콜 옵션이건 매입자의 손실은 옵션계약을 사기 위해 지불한 가격, 즉 프리미엄에 국한된다. 그러나 옵션매입자의 잠재적인 이득은 무제한이다. 이 비대칭성이 바로 옵션을 선물환계약이나 통화선물계약과 구별짓는 중요한 특징이다.

옵션을 매도한 쪽의 이윤함수는 횡축을 중심으로 매입한 쪽의 이윤함수와 대칭되는 곡선이 된다([그림 4-2]]). 즉, 옵션행사 때의 달러현물환율이 행사가격인 1,000원 이하인 경우에는 이 옵션은 행사되지 않을 것이며, 따라서 옵션을 발행한 쪽은 매 옵션당 옵션가격인 10원만큼씩의 이익을 보게 된다. 현물환율이 1,000원을 넘으면 이 옵션은 행사될 것이다. 달러당 1,000원에서 1,010원으로 접근할수록 옵션발행자의 이익은 적어지고, 1,010원을 넘어서면 비례적으로 손실이 커진다.

풋 옵션의 경우를 생각해 보자. 현물환율이 행사가격인 1,000원보다 높으면, 외환을 현물환시장에 매도하는 것이 옵션행사가격에 매도하는 것보다 유리하므로, 이 옵션은 행사되지 않을 것이다. 반대의 경우에는, 현물환시장에 매도하는 것보다 옵션행사가격에 매도하는 것이 유리하므로 이 옵션은 행사된다. 따라서 풋 옵션매입자와 매도자의 손익은 [그림 4-3]과 같이 표시된다.

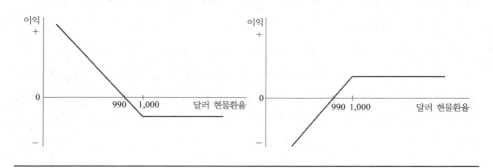

앞의 예를 포함하여 옵션계약 행사시의 현물환율과 옵션거래자의 순 이익간의 관계를 그림으로 표시하면 [그림 4-4]와 같다. 여기서 콜 또는 풋 옵션거래자의 이익함수와 선물환거래자의 이익함수가 어떻게 서로 다른지 알 수 있다. 선물환계약에서는 선물환율과 만기 때의 현물환율이 1:1로 대응하는 데 비해, 옵션계약에서는 이익과 손실이 비대칭적이다.

또한 풋이나 콜의 발행자의 입장은 매입자와는 정반대가 되어 이익의 최대치는 옵션가격과, 옵션이 행사될 때까지의 그 이자에 국한되나, 손실의 가능성은 무한대임을 알 수 있다.

[그림 4-4]의 콜 및 풋 옵션의 이윤함수들을 자세히 살펴보면 이들 중 몇 가지를 결합함으로써 다양한 옵션전략을 구성할 수 있음을 알 수 있다. 여기서는 비교적 널리 쓰이는 선물환, 레인지포워드, 스트래들과 사회적으로 문제가 되었던 키코(KIKO)옵션에 대해 설명한다.

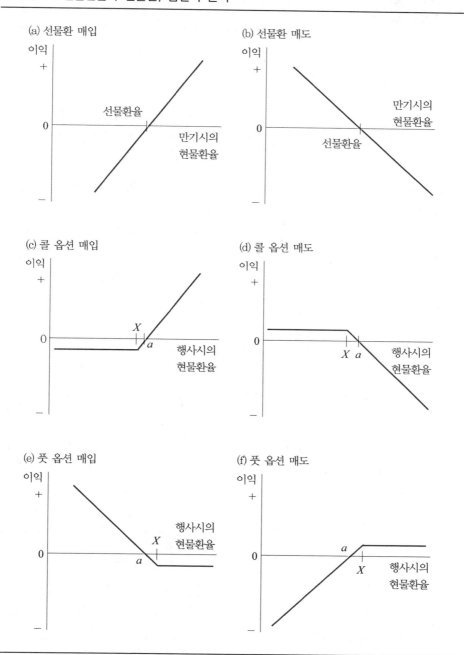

주: *a*: 손익분기점(break‐even point)

　 X: 행사가격(exercise price)

제2절 ▶ 통화옵션의 응용

1. 통화옵션과 선물환

옵션과 선물환의 성질은 다르지만 이들은 서로 관계를 갖고 있다. 앞 그림에서 보듯이 통화옵션의 이익함수는 굴절되어 있으나, 선물환은 대칭적이다. 그러나 몇 가지의 옵션을 합성하여 선물환계약과 비슷한 모양을 가지도록, 그래서 대칭이 되도록 할 수 있는데, 이것이 옵션과 선물환간의 기본적인 연계관계를 나타낸다.

이제 동일한 행사가격으로 유럽식 콜을 하나 사고 동시에 풋을 하나 매도하면, 두 옵션의 행사가격과 같은 환율에 선물환으로 산 것과 같아진다. 그래서 환율이 선물환율 또는 행사가격보다 오르면 이익이 되고, 떨어지면 손해가 된다. 실제로 시장에서는 옵션과 선물환간의 이 같은 관계가 차익거래에 의해서 유지된다.

선물환과 유럽식 옵션간의 관계는 간단하게 '옵션가격평가(option price parity)' 또는 '풋·콜·선물환평가(put‐call‐forward parity)'라고 불리는 관계식으로 설명할 수 있다. 이것은 동일한 행사가격을 가지는 콜 옵션의 가격과 풋 옵션의 가격 차이는 선물환율과 행사가격 간의 차이를 현재가치화한 것과 같아진다는 것이다. 그렇지 않으면, 선물환시장과 옵션 시장간에 차익거래가 발생하게 된다는 것이다. 이것은 다음과 같이 나타 낼 수 있다(풋, 콜, 선물환의 만기일은 모두 동일해야 한다).

$$C - P = \frac{F - X}{1 + i} \quad\text{..} \quad (4.1)$$

여기서 C와 P는 X를 행사가격으로 하는 유럽식 콜과 풋 옵션의 가격, F는 선물환율, i는 계약기간의 이자율이다. 선물환계약에서는 현금흐름이 기말에 일어나고, 옵션계약에서는 현금흐름이 계약시에 일어난다. 따라서 선물환계약을 현재가치로 환산하게 되는 것이다.

마찬가지로 선물환매도포지션은 동일한 행사가격의 콜 발행과 풋 매입으로 구성할 수 있고, 이것은 다음과 같이 표시할 수 있다.

$$P - C = \frac{X - F}{1 + i} \quad \text{..} \quad (4.2)$$

식 (4.1)과 식 (4.2)에서 풋과 콜의 행사가격(X)이 선물환율(F)과 같을 때, 풋의 가격과 콜의 가격이 같게 됨($C = P$)을 알 수 있다.

2. 레인지 포워드(range forward)

앞에서 동일한 행사가격의 콜과 풋으로 선물환을 모방할 수 있음을 보았다. 이제 이들의 행사가격이 서로 다르면 어떻게 될 것인가 살펴보자.

그 대표적 상품이 레인지 포워드이다. 레인지 포워드는 비교적 널리 쓰이는 금융상품으로, 이름 그대로 선물환이긴 하나 선물환율이 일정한 범위의 값을 가지는 상품이다. 즉, 선물환은 어떤 특정한 하나의 환율(📱 1,150원)에 거래하는 데 비해, 레인지 포워드는 일정한 범위(📱 1,100~1,200원) 내에서 정산환율을 결정하는 거래이다. 이는 1985년 미국의 투자은행인 살로먼 브라더스(Salomon Brothers)가 개발한 유럽식 옵션이다.

먼저 레인지 포워드계약을 보자. 이제 만기일의 현물환율을 S_t라 할 때, 이 계약은 매입자가 매도자로부터 만기일에 다음과 같은 환율에 외화를 매입할 수 있도록 하는 계약이다.

$$\text{즉, } S_t \geq S_1 \text{이면, } S_1$$
$$S_2 < S_t < S_1 \text{이면, } S_t$$
$$S_t \leq S_2 \text{이면, } S_2$$

따라서 레인지 포워드 매입자가 만기일에 외화를 매입하기 위해 부담하는 최대환율은 S_1이 되고 최저환율은 S_2가 되며, 만기시의 실제환율이 S_1과 S_2 사이의 값이면 그 실제환율을 그대로 적용한다.

이제 유럽식 콜의 매입과 유럽식 풋 매도포지션으로 만들어진 옵션 포트폴리오를 생각해 보자. 옵션의 행사가격은 현재의 선물환율 F_t를 중심으로 다음과 같이 선택한다.

$$S_2 < F_t < S_1$$

| 그림 4-5 레인지 포워드 매입(long)포지션

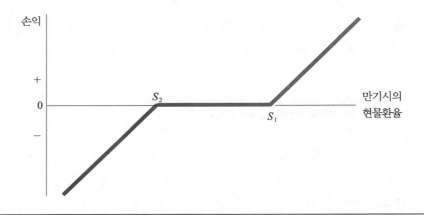

이 포트폴리오는 옵션만기시의 현물환율 S_t에 따라 다음과 같은 가치를 가지게 된다.

만기시 환율	콜 매입가치	풋 매도가치	적용환율
$S_t \geq S_1$	$S_t - S_1$	0	S_1
$S_2 < S_t < S_1$	0	0	S_t
$S_t \leq S_2$	0	$-(S_2 - S_t)$	S_2

만기시점의 현물환율이 S_2와 S_1 사이의 값이 되면, 이 두 옵션의 가치는 0이 되고 따라서 그 현물환율에 외화를 매입하게 된다. 그 외의 경우에는 이 포트폴리오 보유자는 콜을 행사하여 최고값인 S_1을 지불하거나, 또는 풋 매도포지션 때문에 (풋 매입자가 옵션을 행사할 것이므로) S_2의 환율에 외화를 매입하여야 한다.

이 옵션 포트폴리오는 레인지 포워드와 동일한 손익을 가지는 것이며, 이로써 우리는 최고값 S_1과 최저값 S_2를 가지는 레인지 포워드 매입포지션이 유럽식 콜(행사가격 S_1) 매입과 유럽식 풋(행사가격 S_2) 매도로 이루어진 포트폴리오와 동일함을 알 수 있다.

레인지 포워드의 장점은 이것이 소위 "제로 코스트(zero-cost)"옵션[2]이라는

---

2) 거래비용인 옵션가격을 지불하지 않고 옵션을 가지게 된다는 의미에서는 zero-cost이나, 이

데 있다. 옵션이 매우 유용한 상품이기는 하나 옵션가격이 상대적으로 대단히 비싼 흠이 있다. 레인지 포워드는 (매입인 경우) 지불해야 하는 콜 매입가격과 수취하게 되는 풋 발행가격을 같도록 만들었기 때문에 비용을 지불할 필요가 없다. 그래서 레인지 포워드는 비용을 지불하지 않고 얻을 수 있는(zero-cost) 옵션이다.

레인지 포워드의 매도자는 콜과 풋의 가격이 동일하도록 S_1과 S_2를 선택해서 레인지 포워드 계약시 옵션가격이 지불되지 않아도 되게끔 만든다. 일반적으로 레인지 포워드 매입자가 행사가격 중 하나를 정하면, 매도자(보통 딜러)가 이에 맞춰 콜과 풋의 가격이 동일해지는 두 번째 행사가격을 계산해서 결정한다.

[그림 4-6]은 숏 포지션을 가지고 있는 어떤 거래자(예컨대 수입업자 또는 선물환을 매도한 거래자)가 레인지 포워드로 헤지하는 예를 보인 것이다. 현물환율이 1,312원인 어떤 시점에 이 고객이 만약 3개월 후의 시점을 헤지하려면, 행사가격 1,350원의 콜과 1,290.10원의 풋으로 구성된 레인지 포워드로 헤지할 수 있다. 그림에서는 이 거래자의 원래 포지션(underlying position)이 가는 선으로, 헤지포지션(hedge position)이 점선으로, 그리고 헤지 후의 결과를 나타내는 종합포지션은 이 두 포지션을 합한 것으로 굵은선으로 표시되어 있다.

┃그림 4-6 레인지 포워드 매입포지션과 외환 매도포지션의 결합

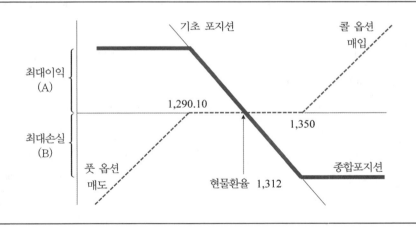

옵션을 가짐으로써 무한대의 잠재적 이익기회와 함께 최대 S_2만큼의 잠재적 손실기회를 가지게 됨으로 사실은 절대로 zero-cost가 아니고 엄청난 위험을 떠안는 거래이다.

앞서 언급한 대로, 레인지 포워드는 비용을 지불하지 않고 얻을 수 있는 옵션이다. 그러나 이로써 거래자는 새로운 위험을 떠맡게 됨을 유의해야 한다. 예컨대 $(S_2 - S_t)$가 대단히 큰 경우에도 이 거래자는 S_2에 외환을 매입해야 하며, 따라서 그만큼의 손실을 입을 수 있다.

앞서 설명한 대로 레인지 포워드는 콜과 풋의 가격(premium)이 같다. 이와 달리 의도적으로 콜과 풋의 가격이 서로 다르도록 행사가격 S_1과 S_2를 선정할 수도 있는데, 이는 실린더 옵션(cylinder option)이라고 하며 미국계 은행인 씨티은행(Citibank) 등이 개발한 옵션상품이다. 실린더 옵션에서는 매입자가 행사가격을 둘 다 정하는 것이 보통이고, 두 옵션의 가격차이에 따라 차액을 지불하거나 수취한다.

3. 스트래들(straddle)

통화옵션이 유용한 또 다른 경우는, 기업이 통화 움직임의 방향과 변동폭에 대해 시장과는 다른 견해를 가지고 있는 경우이다. 다음과 같은 경우를 가정해 보자.

독일에 수출을 하는 어느 기업의 재무담당자가 생각할 때, 아직 시장의 환율에는 반영되지 않았으나 유로화가 머지않아 매우 불안정한 움직임을 보일 것 같은데 오를지 떨어질지 방향은 확실하지 않다고 하자. 이때 이 기업이 취할 수 있는 헤징전략을 지금까지 설명한 기법들을 중심으로 생각해 보자.

(i) 선물환(또는 통화선물)헤징: 선물환계약을 체결하는 것은 방어적인 방법이긴 하나, 앞으로 환율이 불안정해질 것이라고 하는 정보를 충분히 활용하지 못하는 결정이다.

(ii) 풋 옵션전략: 수출대금으로 받게 될 유로화에 대한 풋 옵션을 매입하는 것도 방법이다. 유로화의 가격이 하락하면 수출대금을 옵션행사가격에 팔고, 반대로 유로화가 상승하여 행사가격보다 더 오르면 현물환시장에 팔 것이다.

풋 옵션전략이 그럴 듯하기는 하나, 최적의 전략이라고는 할 수 없다. 그 이유는 이 기업은 환율의 변동폭에 대해서는 판단이 섰으나, 그 방향에 대해서는 알 수 없기 때문이다. 풋 옵션은 변동폭뿐만 아니고 변동의 방향에 대한 내기 (betting)이기도 하다.

　변동폭에만 내기를 하려면, 이 기업은 수출대금의 헤지와 환율전망에 의한 투기를 구분하여 별도로 거래하는 것이 바람직하다. 즉, 먼저 수출 대금인 유로를 선물환계약으로 팔아 통화변동의 방향에 대한 불확실성을 헤지한 후, 다음에 설명하는 스트래들 롱 포지션을 만듦으로써 아직 시장에는 반영되지 않은 환율변동폭에 대한 예측을 (그 예측이 맞건 틀리건 간에) 활용한 거래를 할 수 있다.

　이제 행사가격이 같은 풋 하나와 콜 하나를 동시에 매입하여 포지션을 취한다고 하자. 그러면 [그림 4−7]에서 보듯이, 현물환율이 a보다 높거나 b보다 낮으면 이익을 얻게 된다. 이 같은 포지션을 롱 스트래들(long straddle)이라고 한다.

　동일한 행사가격의 옵션이라 하더라도 콜과 풋의 가격이 서로 다른 것이 보통이다. [그림 4−7]에서와 같이 달러당 옵션의 가격을 가정할 경우에 이 스트래들의 가격은 15원이 될 것이다. 이 스트래들의 보유자는 옵션을 행사할 시점의 달러환율이 985원보다 싸거나 또는 1,015원보다 비싸지면 이익을 보게 된다. 이 스트래들을 매도하는 쪽에서는 스트래들 행사시점에 달러환율이 1,000원을 중심으로 하여 분포될 확률을 예측하여, 그 값을 정한다. 이것은 마치 보험회사

❚그림 4-7 스트래들 매입포지션

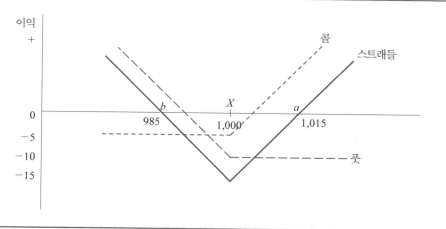

주: 콜옵션과 풋옵션의 행사가격은 1,000원으로 동일함.
　콜옵션과 풋옵션의 가격은 각각 달러당 5원과 10원으로 가정함.

가 확률 계산에 의해 보험료율을 산정하는 것과 같은 원리이다. 위와 반대로 콜과 풋을 매도하면 숏 스트래들(short straddle)이 된다.

스트래들의 매도자는 일정한 대가를 받고 달러환율이 일정한 폭 이상으로 변동하는 위험을 떠맡는 기능을 하는 것이며, 이 스트래들의 값은 환율변동의 시장가치, 또는 위험할증(risk premium)으로 볼 수 있다. 즉, 스트래들의 매입자는 현물환율이 행사가격을 기준으로 상하로 일정폭 이상 움직이면 이익을 보게 되고, 스트래들의 매도자는 일정액의 대가를 받고 이 같은 변동위험을 떠맡는 것이다.

이 예에서 보는 바와 같이, 스트래들로 기업은 외화의 변동폭이 커지는 것을 이용할 수 있다. 통화가 행사가격보다 더 오르면 콜을 행사하고, 행사가격보다 더 떨어지면 풋을 행사한다. 물론 이때 풋과 콜가격을 지불해야 하므로, 만기에서의 현물환율이 행사가격에서 두 옵션가격의 합보다도 더 많이 움직이는 경우에만 순이익이 발생할 것이다.

4. 키코(KIKO; knock‐in knock‐out) 옵션

국내에 2005년 여름부터 도입되기 시작한 키코는 많은 기업들이 결과적으로 크게 피해를 보면서, 옵션을 판매한 은행과 고객기업들 간에 소송으로 비화되기까지 하여 사회적으로 크게 논란이 되었던 옵션상품이다(<부록 4>). KIKO 옵션의 구조는 기업이 유럽식 풋 매입 1계약과 유럽식 콜 매도 2계약(드물게 3계약)으로 구성된 포지션을 가지도록 되어 있다. 매입계약 개수와 매도계약 개수를 비대칭적으로 결합하여 기업이 옵션가격을 지불하지 않도록(zero‐cost) 만든 것이다. Knock‐in 조건이 충족되면 옵션이 유효하게 되고, knock‐out 조건이 충족되면 옵션이 무효가 된다. 계약기간이 6~36개월이었으며, 매월 정해진 날짜(valuation date)에 약정액(notional amount) 기준으로 정산하는 조건이었다.

일정기간 후 달러 수출대금을 받기로 한 기업이 키코로 환위험을 헤지하는 경우의 환율과 수익을 그림으로 보인 [그림 4–8]을 보자. 이 상품은 수출대금을 받게 되는 시점에 행사할 수 있는 유럽식의 풋 매입 1계약과 콜 매도 2계약으로 구성되어 있고, 약정환율을 905원으로 한 것이다. 만기시점의 원‐달러 현

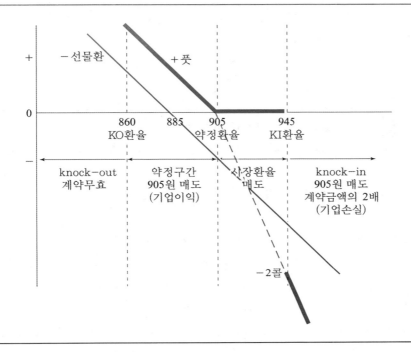

물환율이 860원을 건드리면 이 계약은 무효(knock‑out)가 되어, 수출기업은 헤지가 되지 않아 환차손을 크게 보게 된다. 환율이 860원과 905원 사이이면 기업은 풋을 행사해서 905원에 달러 수출대금을 팔 수 있어서 유리하고, 환율이 905원과 945원 사이이면 풋과 콜이 모두 행사되지 않고 달러를 시장환율에 팔게 된다.

문제는 만기시점의 현물환율이 945원보다 높은 경우이다. 이때는 숏 콜이 행사(knock‑in)되어 기업이 현물환율보다 크게 낮은 약정환율 905원에 달러를 매도하게 되는 불리한 입장인데, 설상가상으로 콜이 2계약(드물게는 3계약)이어서 기업은 계약금액의 2배(또는 3배)에 이르는 손실을 보게 된다는 것이다. [그림 4-8]에서 환율이 860원부터 945원까지의 구간에서 키코가 선물환보다 유리함을 알 수 있다.

지금까지 설명한 옵션은 그 대상이 되는 기초자산이 현물환인 경우, 즉 옵션이 행사될 때 현물외환이 인도되는 현물환옵션(options on spot) 거래였다. 현재 한국거래소에서도 달러 현물환 옵션만이 거래되고 있다([표 4-1]). 옵션 중에는 이 같은 현물환에 대한 옵션이 가장 보편적인 형태이기는 하나, 그 외에도 대상을 통화선물로 하는 선물옵션(options on futures)의 거래도 해외에서는 활발하다(<부록 2> 참조).

제3절 ▶ 통화옵션 헤지의 예

1. 옵션매도에 의한 헤지

옵션의 매도자는 상대방의 위험을 인수하고, 그 대가로 옵션가격을 받는다. 따라서 옵션가격은 위험사건이 발생할 확률계산에 따라, 그 손해를 커버하고도 적정이윤을 보장해 주기에 충분한 크기가 된다. 특히 은행들은 인수한 위험을 손쉽게 다시 헤지할 수 있기 때문에, 프리미엄과 수수료 수입을 노려 경쟁적으로 옵션을 판매한다. 그러나 옵션의 매도는 금융회사들만 하는 것은 아니고, 기업들도 환위험을 헤지하기 위한 목적으로 옵션매입과 함께 많이 이용한다.

예컨대 해외로부터 주기적으로 달러수입이 있는 기업을 생각해보자. 이 기업은 달러수입의 가치변동 가능성, 즉 환위험으로부터 원화가치를 보호하기 위해 다음과 같은 옵션전략을 사용할 수 있다.

(i) 달러표시의 풋 매입
(ii) 달러표시의 콜 매도

두 번째 경우에는 해당 달러가치가 행사가격 이상으로 상승함으로써 발생할 수 있는 잠재적인 손실을 떠안게 된다. 그 대신 이 기업은 프리미엄 수입으로 보상받게 된다. 달러가치가 하락하는 경우에도 프리미엄 수입만큼은 보상된다.

또 한편 이 기업은 풋 매입과 콜 매도 중 하나를 택하지 않고, 두 가지를 동시에 행하는 전략을 택할 수도 있다.[3] 이런 경우 콜 매도에 의한 프리미엄 수입은 풋 매입비용을 상쇄할 수 있고, 콜 매도만 하는 경우에 비해 달러가치의 하락에 대한 헤징효과도 훨씬 커질 것이다.

---

3) 이는 실제로는 선물환 매도와 같다.

옵션매도에는 신용위험이 문제가 된다. 옵션매입자는 계약시 옵션가격을 지불하기 때문에, 그 이후에는 신용이 문제되지 않는다. 반면 옵션 매도자는 매입자가 옵션을 행사하기를 원할 때 약속된 외화를 매입(put)하거나 매도(call)할 의무가 있고, 이 약속을 지킬 능력이 있는가 하는 신용의 문제가 생긴다. 더구나 매도자의 잠재적 손실 가능성은 이론적으로는 무한대(call)거나 매우 클 수(put) 있기 때문에([그림 4-4]), 특히 매도자의 신용은 문제가 된다.

공신력이 큰 은행들과는 달리, 기업이 장외에서 옵션을 매도하려는 경우에는 이 신용위험을 보증할 수 있는 충분한 담보 또는 증거금을 은행에 예치하여야 한다. 거래소에서도 옵션의 매도포지션을 가질 수 있는 거래에서는 충분한 증거금을 예치할 것을 요구한다. 물론 요구되는 증거금의 수준은 옵션의 시장가치에 따라 달라진다.

2. 국제입찰의 예

가격을 외화로 표시하여 국제입찰에 응하고, 입찰의 결과가 일정기간 후에 통보되는 경우를 예로 들어 옵션의 이용을 살펴보자. 국제입찰의 일반적인 형태는 다음과 같다. 4월 30일까지 입찰서를 접수한다. 5월 말일까지 입찰에 응한 모든 기업들에게 결과를 통보한다. 여기서 낙찰된 기업은 5일 이내에 계약서에 서명하고, 제품의 납품을 11월 말일까지 끝내야 한다. 대금의 결제는 12월 15일 완불한다.

기업은 첫째 외화로 가격을 환산하는 문제와, 둘째 외환위험을 관리해야 하는 문제를 안게 되는데 이들은 서로 연관되어 있다. 기업이 산정한 국내가격을 외화가격으로 환산하는 데는 선물환율과 통화옵션가격이 지표가 될 수 있다. 그 절차는,

(i) 국내통화로 가격을 확정한다.
(ii) 입찰시점과 그 후 대금결제일정을 확인한다.
(iii) 해당 일자의 선물환율을 이용하여 국내통화가격을 외국통화가격으로 환산한다.[4]

---

4) 여기서는 선물환으로 헤지할 계획이라고 전제하거나, 또는 선물환율이 미래(12월 15일)의 현

(ⅳ) 옵션거래가격, 선물환거래비용을 포함하는 제반 입찰 준비비용은 일반
관리비에 포함시킨다.

두 번째 문제인 위험의 관리와 관련해서 기업은 몇 가지 선택이 있다.

(ⅰ) 아무런 위험관리 조치를 취하지 않는 방법("no hedge"): 이 방법은 환
산에 (위의 (ⅲ)에서) 이용한 환율이 미래의 현물환율보다 적어도 불
리하지 않을 것이라고 가정하는 경우이다. 이 경우 만약 낙찰이 되고,
외화가치가 환산환율보다 하락하면, 예상한 수익에 타격을 입게 된다.
(ⅱ) 낙찰될 경우를 가정하여 예상되는 외화 수취금을 12월 15일 만기 선물
환으로 매도하는 방법: 만약 5월 말 낙찰되지 않았다는 통보를 받으면,
그때 이 기업은 다시 12월 15일을 만기로 하는 선물환 매입거래를 해
서 선물환 포지션을 상쇄시킬 수 있다. 그러나 이 두 선물환거래의 선
물환율은 서로 다른 것이 보통이고, 따라서 손익이 발생할 수 있다.
(ⅲ) 낙찰시 받게 될 외화 수취금을 팔 수 있는 풋 옵션을 사 두는 방법: 이
방법이 앞의 두 가지 방법보다는 더 바람직할 것이다. 낙찰이 안 되면
옵션을 행사하지 않고 만료되게 하거나, 또는 옵션을 다시 매도할 수
도 있다. 낙찰되는 경우에도 외화가치가 상승하여 현물환율이 더 유리
하면 현물환거래를 할 수도 있다.
(ⅳ) 선물환매도와 콜 옵션매입을 결합하는 방법: 이 방법은 입찰에 응함과
동시에 12월 15일을 결제일로 하는 선물환 매도계약을 하고, 동시에
같은 날(이것이 어려우면, 12월 15일에 가장 가까운 날)을 만기로 하
고 선물환율과 동일한 행사가격을 가지는 콜 옵션을 매입하는 전략이
다. 이 전략은 [그림 4–9]로 설명할 수 있다.

낙찰이 된 경우를 살펴보자. 12월 15일 이 기업은 입찰금액을 외화로 수취하
게 되어 선물환계약대로 매도할 것이다. 이 기업은 이제 남은 콜 옵션을 현물환
율(S_t)이 행사가격($X = F_t$)보다 높으면 행사해서 이익을 챙길 것이고, 그렇지
않으면 옵션의 행사를 포기할 것이다.

물환율에 대한 최상의 예측치임을 전제로 한다. 그러나 환율변동이 추세치가 없는 랜덤워크
모형을 따른다고 믿는다면 4월 30일 현재의 현물환율을 이용하여 환산할 수도 있다(제8장
제2절 참고).

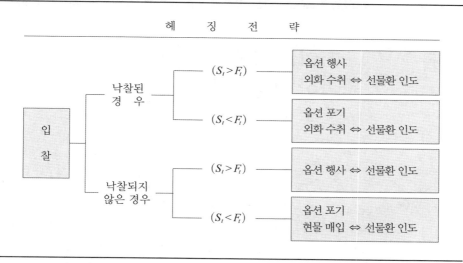

낙찰이 되지 않은 경우에는 12월 15일 이 기업은 선물환계약을 이행해야 하고 또한 콜 옵션도 만기가 된다. 만약 이때 현물환율(S_t)이 선물환율(F_t)보다 높으면 옵션을 행사하여 선물환을 인도해 준다. 당초에 옵션의 행사가격을 선물환율에 맞춰 놓았기 때문에, 이 기업은 여기서 손해를 보지 않는다. 그러나 만약 12월 15일의 현물환율(S_t)이 선물환율(F_t)보다 낮으면 옵션의 행사를 포기하고, 시장에서 현물로 외화를 매입하여 선물환을 인도해 준다. $S_t < F_t$이므로, 이익이 생긴다.

이 방법은 풋 옵션을 매입하는 세 번째 방법과 실제로는 동일한 것이며, 양쪽 모두 낙찰 여부에 관계없이 이익을 실현할 가능성이 있는 방법들이다. 이 경우 옵션가격에 보험적인 요소와, 헤징의 요소, 그리고 투자의 요소가 포함되어 있다고 볼 수 있다.

통화옵션을 가장한
외화대출사건

1988년 초 일부 대기업과 외국은행 국내지점간에 통화옵션을 가장한 외화대출사건이 적발되었는데, 이러한 변칙적 이용이 파생금융 상품에 대한 인식을 악화시키고 시장의 퇴조에 적지 않은 영향을 끼쳤다고 볼 수 있다. 당시 국제수지 흑자의 누적으로 국내에서는 금융긴축 기조가 지속되는 상황이었고, 또한 원화가치 상승이 가속화되면서 일부 기업들이 자금사정의 어려움을 겪고 있었기 때문에, 이를 해소하려는 의도에서 이러한 변칙거래를 한 것이었다.

예컨대 한 기업이 달러표시 통화옵션을 발행하여 은행에 매도하고 대단히 높은 프리미엄을 받는다. 이때 행사 가격을 턱없이 높거나 낮게 약정함으로써 옵션이 행사될 가능성을 미리 배제해버리는데, 결과적으로 그 기업은 여신규제를 회피하면서 해당 은행으로부터 프리미엄만큼의 외화자금을 융통한 셈이 되는 것이다.

일정기간(차입기간 또는 대출기간) 후, 이번에는 반대로 그 은행이 회사한테 통화옵션을 발행하여 매도하고 프리미엄을 처음 거래 때보다 일정비율 더 비싸게 받는 두 번째 통화옵션거래를 하는데, 이것은 당초 거래를 통한 차입을 상환하는 것이며, 양거래시 적용한 프리미엄의 차이는 차입금리에 해당한다.

이러한 편법거래를 방지하기 위해 당국은 1988년 2월 통화옵션의 거래범위를 기업 등 국내 거주자가 외국환은행을 통해서 해외 선물거래소에서 거래되고 있는 장내옵션만을 거래할 수 있도록 제한하고, 장외 통화옵션거래를 전면적으로 금지해버렸다. 그 결과 통화 옵션거래는 더욱 위축되었다. 당시 한국은행은 이 같은 변칙거래에 의한 대출규모가 대략 30억 달러에 달하는 것으로 추산한 바 있다.

그 후 1994년 11월 이 조치가 해제되었다. 2008년 후반 키코옵션거래에 의한 기업들의 피해가 엄청나게 커져 사회적으로 심각한 문제가 된 일은 그나마 조금씩 살아나고 있던 통화옵션시장에 찬물을 끼얹는 결과가 되었다.

부록 2

선물옵션

CME는 1984년 1월 말 독일 마르크화 통화선물에 대한 옵션을 도입하였다. 이는 통화선물과 옵션을 결합시킨 형태이다. 통화선물 콜옵션은 매입자가 매도자에게 가격을 지불하고 통화선물계약을 가질 수 있는 권리를 매입하는 계약이다. 콜이 행사되면 매입자는 선물 매입(long)포지션을 가지게 되고, 일일정산이 행사가격에 서부터 시작된다. 매입자가 선물 콜을 행사하면, 매도자는 선물계약의 매도(short) 포지션을 가지게 된다. 선물 풋옵션은 행사가격에 선물계약의 매도포지션을 가질 수 있는 권리를 주는 계약이다.

예컨대 유로 통화선물옵션의 가격이 CME에서 아래 표와 같이 형성되었다고 하자. 이 표에서 1유로당 $1.350을 행사가격으로 하는 125,000유로의 9월 만기 선물에 대한 콜옵션을 유로당 29.10센트에 살 수 있으며, 이 옵션은 9월 선물 결제일까지 (미국식 옵션) 행사할 수 있다는 것을 의미한다.[5] 이 옵션 1계약(125,000유로)의 가격은 $36,375(=€125,000×$0.2910)이며, 중개 수수료가 별도로 추가 된다.

EURO FX(CME)
125,000 euro; cents per euro

Strike	Calls – Settle			Puts – Settle		
Price	Jly	Aug	Sep	Jly	Aug	Sep
1,340	25.30	…	35.30	2.10	…	12.30
1,350	17.80	…	29.10	4.50	7.50	16.00
1,360	11.30	…	23.30	8.00	10.80	20.00
1,370	6.90	13.50	18.90	13.60	…	25.50
1,380	4.20	9.90	15.00	20.80	…	31.50

출처: CME

---

5) 실제로는 선물옵션계약은 해당 선물계약보다 먼저 만기가 된다.

여기서 주의할 것은 선물옵션에서의 행사가격이 가지는 의미이다. 현물환옵션에서는 행사가격은 옵션행사시 수수되는 금액이다. 그러나 선물옵션에서는 행사가격이 옵션행사 때 수수되지 않는다. 단지 통화선물계약의 포지션에 대해 일일정산을 하기 위한 최초의 기준가격, 즉 시작가격이라는 의미를 가진다.

예컨대 $1.350/€의 행사가격을 가지는 9월 선물계약의 미국식 콜을 매입하였고, 현재의 9월 선물가격이 $1.360/€라고 하자. 이때 통화선물계약은 $1,250.00(= $125,000×($1.360/€ − $1.350/€))만큼 in‐the‐money에 있게 된다.

이제 이 옵션을 행사하면 $1.350/€의 선물가격에 유로 9월 선물 계약의 롱 포지션을 가지게 되며, 위의 금액이 이 거래자의 계정에 들어오게 되고, 그 다음부터는 일반 선물계약과 같은 방법으로 일일정산이 이루어지게 될 것이다. 또 이 거래자가 옵션을 행사함과 동시에 상쇄하는 거래를 체결하여 선물포지션을 마감시킬 때도 이 금액을 이익으로 취할 수 있게 된다.

현물환옵션과 마찬가지로, 선물옵션도 선물의 인도(콜의 경우)를 요구하는 옵션의 행사가격과 시장에서의 선물가격을 비교하여 유리한 경우에만 행사될 것이다. 이때, 옵션과 선물의 만기가 같은 경우, 유럽식 선물옵션은 (콜이든 풋이든) 유럽식 현물환옵션과 실제로 동일하기 때문에(즉 선물이 만기에는 현물환이 되므로), 현재 시장에서 거래 되는 선물옵션은 모두 미국식 옵션이다.

통화옵션의 가격결정 요인들

옵션의 가치는, 옵션에 의해서 보호받는 손실의 크기와 옵션이 제공하는 이익의 잠재적 가능성에 대한 예상치라고 볼 수 있다. 또 옵션은 유리할 때만 행사하고, 불리할 때는 행사하지 않으면 되는 것이기 때문에 그 가치는 항상 정(+)의 값을 가질 것이다.

옵션의 가치는 크게 두 개의 요인으로 이루어지는데, 하나는 내재 가치이고, 다른 하나는 시간가치이다.

1. 내재가치

앞의 [그림 4-4]에서 본 바와 같이, 행사가격과 행사시의 현물환율에 따라 옵션 이익(손실)이 달라진다. 행사가격이 높을수록 콜 옵션의 가격은 낮고, 풋 옵션의 가격은 반대로 높다. 또 in-the-money에 있는 미국식 옵션은 현재의 현물환율 과 행사가격의 차이를 언제든지 현금화할 수 있다. 따라서 미국식 옵션의 가치는 최소한 in-the-money인 금액이라 할 수 있다. 옵션이 in-the-money인 만큼 의 금액을 그 옵션의 내재적 가치(intrinsic value)라고 한다. 내재가치는 그 옵션 의 행사가격(X)과 기초자산인 외환의 현물환율(S_0)에 의해 결정된다.
예컨대 다음과 같은 옵션의 가격을 생각해 보자.

• 현물환율 ₩1,010/U$일 때, 행사가격 ₩1,000의 미국식 달러 콜 옵션.

이 콜 옵션은 당장 행사해도 ₩10의 이익을 얻을 수 있으므로 그 가격이 달러당 ₩10보다 낮을 수 없다. 또, 행사가격 ₩1,015의 미국식 달러 풋 옵션의 가격은 ₩5/U$보다 작을 수 없다. 다시 말하면, 미국식 콜 옵션의 가격은 $(S_0 - X)$보다 크고, 미국식 풋 옵션의 가격은 $(X - S_0)$보다 작을 수 없다. 이 차이를 옵션의 내재적 가치라 한다.

그러나 옵션의 실제가치는 내재적 가치보다 큰데, 이 둘의 차이를 일반적으로 옵션의 시간가치라고 한다([그림 4-10]). 위의 콜 옵션을 보면, 만기 이전에 현물환율이 지금의 ₩1,010보다 더 상승해서 이 콜 가치가 더욱 커질 수도 있는 잠재적 이익 가능성이 있음을 알 수 있다. 옵션의 시간가치는 현물환율이 행사가격에 가까울 때 가장 크고, 내재가치가 증가할수록 다른 변수들(아래 "2. 시간가치" 중 (1), (2), (3))의 영향이 낮아지고 따라서 시간가치도 다시 감소한다.

▌그림 4-10 콜 옵션의 가치

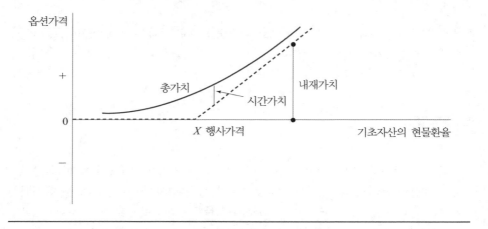

2. 시간가치

현물환율이 행사가격과 같거나(at-the-money) 더 낮다(out-of-the-money) 하더라도, 콜 옵션은 여전히 가치가 있다. 왜냐하면 옵션이 만기되기 이전에 환율이 행사가격보다 더 상승하여 이익을 낼 수 있는 가능성이 남아 있기 때문이다.

이것을 옵션의 시간가치라고 하는데, 이는 옵션만기까지의 잔여기간의 함수이고, 만기가 되면 그 가치는 완전히 소멸하여 0이 된다. 옵션의 총가치에서 내재가치를 제한 나머지를 그 옵션의 시간가치라고 일반적으로 부르기는 하나, 사실은 만기까지의 기간과 더불어 다음의 몇 가지 변수들의 영향을 반영하는 것이다.

(1) 만기까지의 기간

만기까지의 기간은 환율변동에 대한 기대와 양국의 이자율의 차이를 통해 옵션가격에 영향을 미친다. 만기까지의 기간이 길수록, 환율과 양국의 이자율 차이가 옵션보유자에게 유리한 방향으로 변화할 확률도 크다.

또 기간이 길수록, 양국 이자율의 차이가 옵션가격에 미치는 영향도 커질 것이다. 만기까지 얼마 남지 않았다면, 양국의 금리차가 크다 하더라도 옵션가격에 큰 영향을 미치지는 않는다. 반면 만기까지의 기간이 길면 금리차가 작더라도 상당한 영향을 미칠 수 있다. 따라서 미국식 옵션의 경우 기간이 길수록 옵션의 가격도 상승한다.

만기까지의 기간이 길면 길수록 옵션보유자에게 가격이 유리하게 움직일 가능성이 커지고, 따라서 매도자는 옵션을 비싸게 팔 것이다. 그러나 [그림 4-11(a)]에서 보듯이, 전형적인 통화옵션에서는 만기까지의 잔존기간이 가지는 가치는 점차 감소한다. 이것은 만기까지의 잔존기간이 짧은 옵션의 시간가치가 (변동폭이 급격하게 감소하지 않는 한) 그렇지 않은 옵션의 시간가치보다 훨씬 빨리 잠식된다는 것을 의미하는 것이기도 하다.

▌그림 4-11 (a) 잔존기간과 콜옵션가격 / (b) 통화가치의 변동성과 콜옵션가격

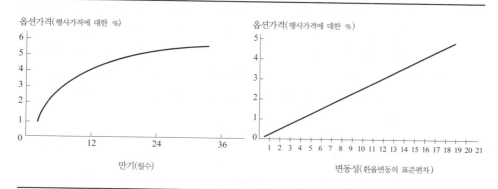

주: 환율변동의 표준편차를 연 10%, 행사가격을 선물환율과 동일한 것으로, 그리고 미국금리를 연 10%로 가정한 경우의 유럽식 콜 옵션

주: 만기까지의 잔존기간이 3개월, 행사가격을 선물환율과 동일한 것으로, 그리고 미국금리를 연 10%로 가정한 경우의 유럽식 콜 옵션

(2) 양국의 금리차

일정기간 후 달러가 필요한 한국수입상의 경우를 생각해 보자. 이 기업은 현물환을 미리 매입해 두거나, 선물환계약을 체결해 두거나, 옵션을 매입해두는 등의 대안을 고려하게 된다. 이 세 가지 방법은 미래에 필요한 자금을 조달한다는 목적을 똑같이 만족시켜 줄 수 있는 방법들이므로, 차익거래에 의해 거래비용이 모두 같을 것이라고 생각할 수 있다. 이 중 콜옵션의 매입과 현물환 거래를 하는 경우를 비교해 보자.

- 현물환 매입: 단기자금시장에서 자금을 차입하여 달러를 매입하고, 이 달러를 수입대금 지불일까지 은행에 예치하는 방법이다. 그 결과 매입자는 원화 이자를 지불하고 달러이자를 얻게 된다.
- 콜 옵션 매입: 이 옵션은 가격이 원화로 표시된 달러 콜옵션이다. 이 옵션을 매입하면, 현물매입의 경우에 발생하는 이자의 수수가 없다.

이와 같은 현금흐름의 차이를 반영하여, 원화금리가 달러금리에 대해 상대적으로 상승하면 현물매입보다 옵션매입이 더 유리해진다. 따라서 달러 콜옵션의 가격도 상승하게 된다.

외환에 대한 풋 옵션매입의 경우에는 그 반대이다. 수출기업을 생각해보자. 현물달러 매도전략은 지금 달러를 차입하여 현물환에서 원화로 환전하여 은행에 예치한 후, 나중에 수출대금을 받아서 차입한 달러를 상환하는 방법이 될 것이다. 그 다른 대안은 풋옵션 매입이다. 풋 매입은 현물매도에 비해 외환비용을 지불하지 않는 대신, 원화이자도 받지 못한다. 따라서 원화이자가 외화이자에 비해 상대적으로 상승할 때 풋옵션의 가격은 하락하게 된다. 양국의 이자율차와 옵션가격간의 이와 같은 관계는 미국식 옵션과 유럽식 옵션 모두에게 적용된다.

(3) 통화가치의 예상변동성

통화옵션에 영향을 주는 또 다른 중요한 요인은 통화가치의 변동성에 대한 기대이다. 앞으로 그 통화가치의 변동이 커지면 환율이 행사가격보다 높아져 (콜옵션 경우) 이윤이 발생할 가능성이 많다. 반대로 환율이 행사가격보다 떨어진다 하더라도 옵션을 행사하지 않으면 되므로, 손실위험이 옵션가격보다 더 커지는 것은 아니다. 따라서 통화가치의 변동폭이 클 것으로 예상되면 옵션보유자에게는 유리하고 옵션가격도 비싸진다.

그러면 미래의 환율변동성을 어떻게 예측할 수 있을 것인가? 대개의 경우 과거의 환율변동 추세가 앞으로도 계속된다고 가정하여, 옵션을 통해 환위험을 부담하는 적정보상가격을 확률적으로 계산한다. 이것을 역사적 변동성이라고 한다.

한편 어느 시점에 콜 옵션가격이 시장에 일단 주어지면, 공식화된 옵션가격결정모형을 이용하여 여기에 반영된 변동성을 역으로 구할 수 있는데, 이것을 내재된 변동성이라고 한다.

[그림 4-11(b)]에서 보면, 행사가격이 선물환율과 같은 통화옵션에서는 가격이 그 통화의 변동에 대한 표준편차에 정비례하여 상승함을 알 수 있다. 이로써 옵션가격이 그 통화의 미래 변동폭에 대한 시장의 기대치를 반영하는 것임을 알 수 있다. 따라서 어떤 거래자가 옵션가격에 반영되어 있는 변동폭과 다른 예측을 하는 경우에는 옵션으로 투기거래를 할 수 있을 것이다.

(4) 미국식 옵션의 만기 전 행사

만기 이전이라도 유리한 경우가 생기면 미국식 옵션의 보유자는 이를 행사할 수 있으나, 유럽식 옵션의 보유자는 그렇지 못하다. 따라서 다른 조건이 동일하다면, 미국식 옵션의 가격이 유럽식 옵션의 가격보다 높다.

그러나 미국식 옵션을 만기 이전에 행사하면, 옵션의 시간가치를 상실하게 된다. 따라서 만기 이전에는 미국식 옵션은 행사하는 것보다 매도하는 것이 바람직하다. 시장가격에는 시간가치까지 포함되어 있기 때문이다. 그러나 옵션이 깊숙이 in-the-money에 있는 경우에는 행사될 수도 있을 것이다. 이 경우 옵션의 시간가치는 상대적으로 매우 적기 때문이다([그림 4-10]).

현물옵션을 조기행사하는 경우, 그 보유자는 옵션의 행사가격(위의 예에서는 달러화)에 해당하는 현금(원화)을 지출해야 한다. 이에 반해 그 옵션이 선물옵션이면, 이를 행사함으로써 그 보유자는 그 옵션의 매도자와 행사시의 통화선물가격을 개시가격으로 통화선물계약을 한 결과가 된다. 이때 그 옵션의 내재가치에 해당하는 현금을 받게 된다. 따라서 옵션보유자는 옵션매입시 지불한 프리미엄을 회수하고 거래이익을 현금화시킬 수 있다. 이 같은 기회를 놓치지 않으려는 것이 만기 전에 선물옵션을 행사하는 동기이다.

부록 4

키코옵션사태

1. 경위

국내에 키코가 처음 도입되기 시작했던 2005년 초 여름에 외환시장에서는 원화 강세 추이가 지속되고 있었고, 이런 추세가 지속될 것이라는 전망이 우세한 가운데 선물환율이 금리평가를 크게 이탈하여 현물환율보다 현저히 낮게 형성되고 있었다. 이런 상황에서 키코가 선물환율보다 유리한 헤지상품이라는 인식이 퍼지면서 기업들이 널리 이용하게 되었다. 키코거래로 초기에 기업들이 이익을 보게 되면서, 거래가 더욱 확산되기 시작했다.

당시 시장에서는 환율이 하락(원화가치 상승)하는 추세가 향후 상당기간 이어질 것이라는 전망이 우세해서 국내 거래자들은 주로 달러를 매도하고 있었다. 이에 반해, 역외세력은 이와 다른 전망을 하고 있어 달러를 매수하는 성향이 강했다. 당시 동아시아에서는 외국의 단기자금이 지나치게 많이 유입되어 자산 거품이 크게 형성되고 있다는 우려가 컸다. 태국에서는 단기 자본유입에 대해 과세를 했고, 전문가들도 환율이 추세를 바꿔 급등할 소지가 있다고 경고하고 있었다.

키코가 많이 거래되었던 2007년 9월부터 이듬해 초까지의 기간에 많은 기업들이 원화의 추가적인 강세에 대비해 키코의 환율구간을 900~950원으로 설정해서 계약을 맺었다. 계약기간은 짧게는 6개월, 길게는 36개월이었다. 중소기업들이 주를 이루었지만, 재벌기업이나 대기업들도 상당수 있었다. 그러나 예상하지 못했던 글로벌 금융위기가 본격화되면서, 환율은 2008년 초 920원 수준에서 2009년 초 1,450원대에 이르기까지 급작스레 상승하였고([그림 4–12]), 이에 따라 키코계약을 체결한 기업들은 엄청난 손실을 보게 되었다.

금융감독원은 2008년 8월 말 현재(환율 1,090원) 키코 가입기업이 517개(그 중 중소기업 471개), 총가입금액 101억 달러, 손실금액이 1조 7천억 원(이 중 중소기업 1조 3천억 원)이라고 발표했고, 동년 9월 말(환율 1,207원) 기준으로는 손실이 약

2조 6천억 원(중소기업 2조 원)일 것으로 추정했다. 키코 가입 기업 중 70% 이상
이 자기자본의 100% 이상의 손실을 본 것으로 알려졌는데, 대부분 수출 위주의
중소기업들이었다.

▌그림 4-12 키코와 원-달러 환율(2005.1~2009.12)

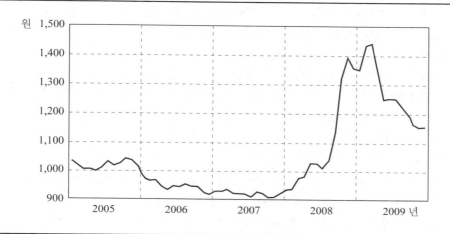

2. 소송

환율이 상승하면서 엄청난 손실을 보게 된 키코거래 기업들은 법적으로 문제 삼
아 300건이 넘는 줄소송 사태가 빚어지게 되었다. 소송의 쟁점은 법률적인 문제와
상품의 공정성이라고 하는 두 가지였다. 법률적으로는 계약 이전에 은행이 고객에
게 환율 상승 위험을 충분히 설명하였는가, 그리고 중도 계약 해지가 가능한가 등
이 문제가 되었다.

옵션을 판매하는 은행은 두 가지 의무를 이행해야 하는데, 그 하나는 적합성 원칙
으로 거래 상대방인 기업의 거래 목적, 거래 경험, 재산 상황 등을 고려해서 지나
치게 큰 위험이 따르는 거래를 적극적으로 권하지 말아야 한다는 것이고, 다른 하
나는 위험을 정확하고 충분하게 설명해야 한다는 것이다. 다른 쟁점인 상품의 공
정성은 금융상품으로서 KIKO가 은행에게 일방적으로 유리하게 설계된 불공정한
계약인가, 즉 옵션가격이 공정하게 산정되었는가 하는 것을 문제 삼는 것이다.

은행측과 기업측의 입장은 서로 팽팽하게 맞섰다. 법률적 쟁점에 있어, 기업측은 은행이 손실위험을 제대로 설명하지 않았다고 주장하는 데 반해, 은행측은 계약조건을 기업들이 충분히 알고 있었다고 주장했다. 공정성에 있어서도, 기업측은 기업의 이익이 제한적이고 손실은 무한대여서 불공정한 상품이라는 입장인 데 반해, 은행측에서는 양쪽의 기대이익이 동일해서 문제가 없다고 주장했다.

은행측은 기업이 헤지 목적으로 거래했다면, 이 상품은 단순한 선물환보다 기업에 유리하고, 설사 (환율이 상승하여) KIKO에서 손실을 보더라도 (수출 등을 통한) 달러 현물거래에서 생기는 환차익이 이를 상쇄시키는 헤지가 될 것이기 때문에, 기업이 이런 달러 현물거래 없이 단순히 투기적인 목적으로 거래하지 않았다면, 기업에 일방적으로 불리한 상품이 아니라고 주장했다. 이에 대해 기업측은 knock -in 구간에서는 기업측 손실이 두 배(콜 매도가 2계약인 경우)나 되어 100% 헤지에서도 손실이 발생하고, knock-out 구간에서는 달러 현물거래가 있어도 손실이 발생한다는 점을 지적했다([그림 4-8]).

급기야 법원에서는 판결에 참고하기 위해 전문가 증언을 청취하기로 결정하였다. 먼저 기업측의 증언을 2009년 12월 17일 노벨상 수상자인 엥글(R. Engle) 뉴욕대 교수가 하였다. 그는 키코거래에서 은행은 유한책임을 지는 데 비해 기업은 무한책임을 지게 되어 있고, 은행이 환위험에 대한 보험을 기업으로부터 산 셈이라고 설명했다.

키코의 가격 산정에 있어, 환율의 확률분포 가정에 따라 옵션가치가 매우 민감하게 변하는데, 은행이 사용한 블랙-숄스(Black-Sholes) 모형은 환율이 정규분포를 따르고 환율의 변동성 또한 일정하다는 비현실적인 가정을 하고 있어 통화옵션 가치평가에는 적합하지 않다고 주장했다. 그는 정규분포가 아닌 경험확률분포를 이용해 환율자료를 분석하면, 키코의 콜옵션이 행사되어 기업이 계약금액의 2배 이상 손실을 보게 될 확률이 50%에 육박한다는 점을 밝혔다(실제로 2005~2007년 기간에 원-달러 환율의 변동성은 그 이후 기간에 비해 현저하게 낮았는데, 키코가 개발될 때는 이 낮은 변동성에 기초하여 환율상승 및 상승폭 확대 위험을 낮게 평가하고 있었다).

그래서 키코를 구성하고 있는 콜옵션의 가치(은행의 기대이익)가 풋옵션 가치(기업의 기대이익)에 비해 과다하게 높다고 결론지었다. 키코는 은행이 기업에 비해 훨씬 높은 이득을 취하는 불공정한 상품이며, 본질적으로 기업의 환위험을 헤지하는 게 아니라 은행이 환위험을 헤지하는 것으로 기업에 불리하게 설계된 불공정한 계약이라는 것이다.

위와 같은 기업측 전문가 증언에 대해, 은행측 전문가의 증언은 완전히 상반되는 것이었다. 2010년 1월 21일 은행측 증언에 나선 로스(S. Ross) MIT 교수는 키코가 은행과 기업 어느 한 쪽에 일방적으로 유·불리한 구조라 할 수 없다고 주장했다.

키코계약으로 헤지한 수출기업은 환율이 상승해서 키코에서는 손실을 봤더라도 수출대금으로 확보한 달러에서는 이득이 발생해 손실이 상쇄되었을 것이므로, 어떤 기업이 실제로 손실을 보았다면 그 기업은 수출 달러에서 발생한 환차익을 의도적으로 숨겼거나 수출 달러 없이 투기적 목적으로 거래한 경우일 것이라고 주장했다. 그는 키코거래에서 은행이 얻는 마진은 전체 계약금액 중 0.3~0.8% 정도로 적절한 수준이고 전혀 문제될 것이 없다는 입장이었다.

엥글 교수의 증언은 원화 하락(환율상승)으로 기업이 은행에 부담하는 금액만 계산했는데 이는 잘못된 것이고, 정확하게는 환율이 상승하면 기업은 수출대금에서 환차익을 보게 되어 키코에서 생기는 손실을 만회하고도 남는다고 주장했다.[6]

양측 전문가 증언이 있은 후 첫 판결(서울중앙지법, 2010년 2월 8 일)에서 은행이 승소했다. 재판부는 키코계약으로 은행이 얻게 되는 이익이 다른 금융거래와 비교해 과하지 않아, 키코가 은행에 일방적으로 유리하게 설계되었다고 볼 수 없다고 판결했다. 당시 서울지법에 접수된 키코사건은 모두 124건에 이르렀기 때문에 이 판결이 가지는 중요성은 매우 컸다.

3. 교훈

키코옵션 사태의 결과로 기업들이 입은 손실이 엄청났지만, 사회적 손실은 이뿐만이 아니었다. 키코에 대한 피해의식으로 많은 기업들은 외환위험 헤지를 하려는 엄두를 내지 못하게 되었고, 키코 소송 판결에서 환율 급변동 시 기업이 계약을 해지할 수 있는 권리가 있다고 인정되고 불완전 판매를 폭넓게 인정함에 따라, 은행 역시 환헤지계약을 기피하는 현상이 확산되었다. 파생상품시장에서는 상품 불공정 등 논란으로 대고객 파생상품거래가 위축되었고, 보다 단순한 상품 위주로

---

6) 콜과 달리 풋은 knock‑out으로 보호되고, 또 기업의 이익은 달러가치 상승에 1:1로 느는 데 비해 은행의 수익은 2:1(콜이 2일 때)로 증가한다는 비대칭성을 감안하면, 환율이 크게 상승할 때 기업이 입게 될 불공정한 손실을 충분히 반영한 논리인지 의심스럽다.

거래가 이루어졌다.

2009년 상반기 키코 형식의 옵션은 점차 만기가 되면서, 사회적으로 크게 문제가 되었던 이번 사태는 자동적으로 정리되기 시작했다. 키코 사태에서 얻을 수 있는 교훈은 무엇인가?

무엇보다도, 위험헤지에서 VaR 등의 적절한 방법으로 위험을 측정한 후에 헤지수단을 결정해야 한다는 것이다. 또 환율변동의 방향을 예단하고 선택한 헤지는 바람직하지 못하다는 점을 지적할 수 있다. 환율은 예측할 수 없고, 환율의 추이가 어떻게 되든 상관없이 목적을 성취할 수 있어야 제대로 된 헤지라 할 수 있다.

키코계약을 체결했던 일부 기업들이 그러했듯이, 수출계약 등을 통해 입금이 예상되는 외화현금보다 더 큰 금액으로 헤지거래를 해서는 안 된다는 점도 중요하다. 예상되는 외화현금을 초과하는 헤지거래금액은 투기거래이다.

기업에서 위험을 헤지할 때 선택하는 상품은 충분히 이해할 수 있는 것이어야 한다. 특히 파생상품 중에는 고도의 전문가들만이 이해할 수 있는 복잡한 구조를 가진 것들이 많은데, 금융회사가 아닌 일반기업에서는 이런 상품을 선택할 아무런 이유가 없다. 옵션 등 파생상품을 선택할 때에도 단순한 구조를 가지는 평범한 상품(plain vanilla)만으로도 충분히 헤지의 목적을 달성할 수 있다. 더군다나 손실한도가 무한대인 계약을 일반기업은 절대로 피해야 한다. 헤지거래 후에도 헤지포지션을 지속적으로 평가하고 관리하는 일도 역시 대단히 중요한 일이다.

연습문제

01 선물환과 통화선물, 선물환과 옵션거래의 근본적인 차이점은 무엇인가?

02 1997년 6월 19일 현물환율 887원일 때, 어떤 수출기업이 1억 달러를 달러당 905원에 6개월 선물환계약을 체결하였다. 이 선물환 만기시점인 12월 23일의 현물환율은 당시 외환위기가 발생한 탓으로 1,957원이 되었다. 이 기업의 선물환 헤지손익은 얼마인가? 이 기업이 선물환 헤지를 한 것은 처음부터 잘못이었는가? 만약 이 기업이 선물환이 아니고 옵션으로 헤지했더라면 결과는 어떠하였겠는가?

03 스트래들의 값을 환율변동의 시장가치라고 말하는 것은 어떤 이유에서인가?

04 옵션을 합성하여 선물환 매입포지션을 구성해 보고, 풋·콜·선물환평가를 설명해 보라.

05 옵션가격을 결정하는 중요한 요인들은 어떤 것들인가?

06 콜옵션과 풋옵션간에는 어떤 관계가 있는가?

07 헤지상품으로 키코는 선물환보다 기업에게 유리한가?

통화스왑시장

금융스왑은 양 당사자가 서로 다른 금융상품을 교환하거나, 동일한 금융상품의 교환을 서로 다른 두 시점에 하는 거래를 모두 일컫는 말이다. 은행간 거래가 주가 되는 외환시장에서는 두 통화의 교환을 서로 다른 시점에 반대방향으로 하는 선물환 스왑거래가 활발하게 이루어진다는 것을 제2장에서 보았다. 그러나 이와는 근본적으로 다른 동기로 기업들은 오래전부터 금융시장에서 비교적 중·장기의 스왑금융을 거래해 왔다.

이와 같은 유형의 금융거래는 주로 세금의 절감 및 회피, 규제의 우회 등을 목적으로 하는 것이었고, 따라서 공공연하게 이루어진 것은 아니었다. 제2차 세계대전 이후 미국과 영국을 비롯한 많은 국가들의 금융 및 외환규제의 산물로 등장하게 된 고전적인 형태의 스왑인 상호 대출이 점차적으로 계약 당사자간의 불편을 해소하여 개선되기 시작했다. 1980년대에 들면서 전세계적인 금융규제 완화가 강한 추세를 형성하면서, 또한 기업인들이 금리에 대해 매우 민감해지면서, 스왑금융은 새로운 형태로 괄목할 만한 성장을 하기 시작하였다.

스왑이 소개되면서부터 이 금융기법이 매우 다양한 효용을 가지고 있다는 사실이 알려지게 되었다. 환율과 이자율의 불확실성을 헤지하기 위해, 그리고 시장의 불완전성을 이용한 차익거래를 위해서도 스왑은 매우 유용한 도구라는 것이 판명되었다. 스왑의 용도가 다양해지고 그 쓰임이 활발해지면서 여러 가지 변형들이 나타나기도 하였다.

스왑은 대체로 통화스왑, 금리스왑, 그리고 이 둘이 혼합된 통화금리스왑으로 나눌 수 있다. 원래 이 시장은 통화스왑으로 시작되었고 성질상 국제적인 것이었다. 금리스왑은 뒤늦게 발달하기 시작했고 본래 한 경제권 내에서 거래되는 것이었으나, 그 성장이 매우 빨라 오늘날 통화스왑의 규모를 크게 앞지르고 있으며 국경을 초월해서 이용되고 있다.

본장에서는 먼저 스왑금융의 특성과 그 시장을 소개하고, 이어서 성장의 역사를 개관하고자 한다. 제3절에서는 스왑의 경제적 논리를 설명하고, 마지막 제4절에서는 첫 스왑거래를 체결한 후 이와 연관해서 체결하는 2차스왑거래를 살펴보고자 한다.

제1절 ▶ 스왑과 스왑시장

스왑은 1980년대 초 이래 새로 등장한 수없이 많은 금융상품 중 아마도 가장 성공한 상품이라 할 수 있을 것이다. 선물이나 옵션처럼, 스왑도 금융파생상품의 하나이다. 스왑은 미래의 일정시점에 자금을 서로 교환하기로 하는 일련의 선물환계약을 하나로 묶은 계약과 같다. 선물환과 마찬가지로 스왑은 투기목적으로도 사용되고, 노출을 헤지하기 위해서나, 투자자금의 수익성을 향상시키기 위해서, 또는 차입자금의 조달금리를 낮추기 위해서도 사용된다. 스왑은 통화스왑과 금리스왑, 그리고 통화와 금리를 한꺼번에 스왑하는 통화금리스왑(cross-currency interest rate swaps)으로 구분된다.

앞(제2장 외환시장)에서 선물환 스왑거래에 대해 설명하였는데, 이것은 단기적 특성을 가지는 거래였다. 여기서 다루는 통화스왑은 서로 다른 두 통화가 교환된다고 하는 점에서는 이들과 차이가 없으나, 만기가 훨씬 긴 기간의 금융거래까지도 포함하고, 사실은 이 장기금융거래를 주로 대상으로 하는 것이다.[1]

스왑은 세계적인 대규모 은행들이 거래의 상대방이 되어 줌으로써 시장이 형성된다고 할 수 있다. 이들은 당초 스왑거래의 중개자(broker)로서 한쪽의 스왑과 반대쪽의 스왑을 연결시켜 주는 역할을 하였다. 그러나 스왑거래가 활발하고 스왑시장의 규모가 커진 오늘날에는 시장조성자(market maker) 또는 딜러(dealer)가 되어, 자기의 책임하에 매매거래를 수행하고 또 마치 선물환율을 고시하듯이 표준화된 스왑거래 가격을 고시하고 있다.

---

[1] 이 둘을 구분하기 위해 단기적 스왑을 선물환 스왑(forward swap) 또는 외환스왑(foreign exchange swap)이라 하고, 장기적 스왑을 스왑 파이낸싱(swap financing)이라고 부르기도 한다.

1. 금리스왑

금리스왑에서는 원금은 당초에나 만기에 교환되지 않고, 다만 성격이 서로 다른 이자의 지불의무만이 미리 약정한 규정에 따라 그리고 약정액(notional principal)에 대해 교환된다.[2] 금리스왑은 다시 쿠폰(coupon) 스왑과 베이시스(basis) 스왑으로 구분한다.

쿠폰 스왑에서는 한 당사자의 고정금리 지불의무와 다른 당사자의 변동금리 지불의무가 서로 교환되는 것이며, 여기서 서로 표시통화는 같은 경우이다. 원금은 서로 교환되지 않는다. 예컨대 한 당사자가 1억 달러의 약정액에 대해 앞으로 5년간 2.5%의 고정금리를 지불하기로 하고, 그 대신 동일한 약정액에 대해 6개월 리보(LIBOR)[3]기준의 변동금리를 받기로 하는 합의계약이 쿠폰 스왑이다 ([그림 5−1 (a)]).

이때 금리지불은 같은 날 이루어진다. 지불은 두 기업간에 직접 이루어질 수도 있고, 상업은행이나 투자은행이 중개하여 스왑의 양쪽 당사자들에게 전달해 줄 수도 있다. 중개자가 있는 경우에 스왑의 당사자들은 상대방을 서로 알지 못하는 것이 보통이다.

▍그림 5-1 (a) 쿠폰 스왑의 예   (b) 베이시스 스왑의 예

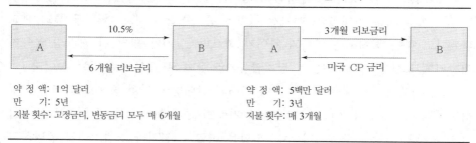

약 정 액: 1억 달러
만   기: 5년
지불 횟수: 고정금리, 변동금리 모두 매 6개월

약 정 액: 5백만 달러
만   기: 3년
지불 횟수: 매 3개월

---

2) 순수한 금리스왑에서는 거래 당사자의 원금이 동일한 통화이므로 서로 교환하는 것이 의미가 없다. 그러나 이자계산을 하기 위해서는 기준이 되는 원금을 정할 필요가 있는데, 이 계산상의 원금을 '약정액'이라 한다.

3) 런던 은행간시장에서 적용하는 자금매도금리를 뜻하며 London Interbank Offered Rate를 줄인 말이다. 영국은행연합회(British Bankers' Association)가 매 영업일 아침 10개 통화에 대해 8~20개 은행(panel banks)에 설문하여, 극단값을 제외하고 나머지로 평균하여 정해왔다. 지금껏 국제금융에서 대단히 중요한 역할을 해왔으나 2021년 이후에는 다른 지표금리로 대체될 예정이다(<부록> 참고).

세계금융에서 차지하는 달러의 비중 때문에, 대부분의 쿠폰 스왑은 달러로 표시되어 있다. 달러표시의 자산시장이 크고 깊기 때문에 달러표시의 고정금리를 부담하려는 거래자들을 쉽게 찾을 수 있고, 따라서 달러 스왑 포지션을 쉽게 헤지할 수 있다.

베이시스 스왑에서는 교환되는 금리가 양쪽 모두 변동금리이기는 하나 그 기준이 서로 다른 경우이다. 예컨대 한쪽은 3개월 달러 리보가 기준이고, 다른 쪽은 미국의 우대금리(prime rate)가 기준인 경우이다([그림 5-1 (b)]).

서로 다른 두 개의 쿠폰 스왑을 체결하고, 이들 간에 변동금리의 기준이 서로 다른 경우에 딜러는 베이시스 스왑을 체결하는 경우가 많다. 예컨대 어떤 딜러가 고정금리와 리보기준의 변동금리간의 쿠폰 스왑을 하나 체결하고, 또한 고정금리와 우대금리 기준의 변동금리간의 또 다른 쿠폰 스왑을 체결했다고 하자. 이 딜러는 리보기준으로 지불하고, 우대금리기준으로 수취하게 된 베이시스위험을 헤지하기 위해서 리보기준과 우대금리기준의 두 변동금리를 서로 교환하는 제3의 스왑을 다시 체결하게 되는 것이다.

금리 스왑시장에서 사용되는 금리기준은 최근 들어 갈수록 다양해지고 있다. 초기에는 리보만이 쿠폰 스왑시장에서 사용되었으나, 지금은 그 외에도 우대금리, 양도성 예금증서(CD), 기업어음(commercial paper), 단기재정증권(Treasury bill) 등의 금리도 널리 쓰이고 있다. 이는 리보를 기준으로 삼는 유로시장에서 자금거래를 하기 어려운 미국 내 거래자들에게는 이들 금리기준이 리보기준보다 훨씬 편리하기 때문이다.

이제 구체적인 예를 들어 스왑의 필요성과 그 효과를 살펴보기로 하자([그림 5-2]).[4] 예컨대 A기업은 투자수익이 고정금리로 되어 있고, 차입에 대한 지불이자는 6개월 리보기준의 변동금리로 되어 있어, 금리위험에 노출되어 있다. A기업은 이 위험을 헤지하기 위해 고정금리를 지불하는 스왑을 원하고 있다.

반면 B은행은 수입이자는 변동금리, 지불이자는 고정금리여서 변동금리로 지불하기를 원하고 있다. 이제 서로 보완적인 입장에 있는 이들이 스왑딜러인 "은행 Z"와 각각 스왑계약을 체결한다고 하자(앞에서 언급한 바와 같이, 스왑당사자인 A기업과 B은행은 이때 서로 상대방을 알지 못하는 것이 보통이다).

---

4) Shapiro, and Hanouna, 2020, pp.220.

그림 5-2 쿠폰 스왑의 예

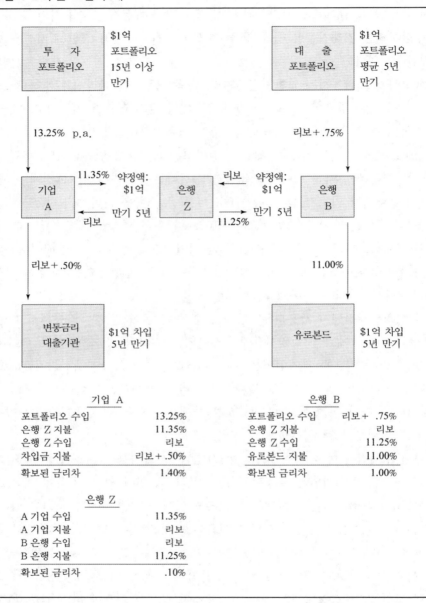

	기업 A	
포트폴리오 수입		13.25%
은행 Z 지불		11.35%
은행 Z 수입		리보
차입금 지불		리보+.50%
확보된 금리차		1.40%

	은행 B	
포트폴리오 수입		리보+ .75%
은행 Z 지불		리보
은행 Z 수입		11.25%
유로본드 지불		11.00%
확보된 금리차		1.00%

	은행 Z	
A 기업 수입		11.35%
A 기업 지불		리보
B 은행 수입		리보
B 은행 지불		11.25%
확보된 금리차		.10%

▼ 표 5-1 스왑에 의한 비용 절감

(a) 차입조건

차 입 자	고정금리	변동금리
A 기업(=BBB-등급)	12.50%	리보+.50%
B 은행(=AAA-등급)	11.00%	리보
차이	1.50%	.50%

고정금리와 변동금리의 차이 = 1.00%, 즉 100베이시스 포인트(bp)

(b) 스왑거래에 의한 비용절감

당 사 자	정상조달비용	스왑 후의 비용	비용절감
A 기업	12.50%	11.85%	.65%
B 은행	리보	리보-.25%	.25%
은행 Z	-	-	.10%
			총 1.00%

이제 시간을 조금 거슬러 올라가서, A기업과 B은행이 시장에서 자금을 차입하던 때로 돌아가 보자. 당시의 시황에서 이들이 각각 고정금리 또는 변동금리로 조달할 수 있는 조건이 [표 5-1]의 (a) 같았다고 가정하자.[5] 이런 상황에서 A기업은 변동금리(리보+.50%)차입을, 그리고 B은행은 고정금리(11.00%)차입을 선택하였고, 그 결과 [그림 5-2]와 같은 입장이 된 것이다. 원래 A기업은 고정금리로 그리고 B은행은 변동금리 차입을 원했으나, 그대로 빌리기보다는 각자가 비교우위를 가지는 변동금리 및 고정금리로 차입한 후 스왑거래를 하는 것이 금리면에서 유리했기 때문이다.

이제 다시 스왑 후의 시점으로 돌아와서 살펴보면, A기업은 스왑을 통해 실효차입금리를 11.85%(=11.35%-리보+(리보+.50))로 줄였고, B은행 또한 실효금리를 리보-.25%(=리보-11.25%+11.00%)로 절감할 수 있게 되었다. 이를 표로 나타내면 [표 5-1]의 (b)와 같다.

이와 같이 A기업은 시장에서 정상적으로 고정금리를 조달하였더라면 12.50%를 지불했을 것이나, 이 스왑을 통해 11.85%에 조달하였으므로 65베이시스 포

---

5) 이것은 고정금리시장과 변동금리시장이 어느 정도 분리(segment)된 시장이며, 따라서 이 두 시장에서의 투자자들이 A기업과 B은행이 가지는 신용위험의 상대적 차이에 대해 요구하는 위험할증이 차이가 있음을 보이는 것이다. 또 다른 해석으로 양 시장에서 투자자들이 A기업과 B은행에 대해 보유한 정보가 서로 비대칭적이었다고 할 수 있다.

인트(bp)만큼 절감할 수 있었다. 또한 B은행은 시장에서 직접 변동금리로 부채를 조달하였더라면 리보 플랫(flat, 즉 리보금리+0%)으로 빌렸을 것이나, 이 스왑을 통해 25bp만큼 절감하였다. 이 스왑을 중개한 은행 Z는 스왑딜러로서 10bp의 매매가격차(spread)를 취하였다. 이렇게 하여 A기업과 B은행간의 고정금리와 변동금리간의 금리차 100bp([표 5-1](a))가 스왑의 세 관련 당사자들간에 배분되고 있음을 알 수 있다.

그러나 이 같은 비용의 절감은 위험이 증대했기 때문에 생기는 것이다. 위의 예에서 보면, A기업과 B은행의 입장에서는 스왑의 상대방인 은행 Z가 채무불이행(default)이 될 가능성이 없지 않고, 그 경우 이들도 은행 Z에 대한 지불을 중단하겠지만, 그렇게 되면 이들은 다시 금리위험에 노출된 입장으로 되돌아가게 될 것이다. 그러므로 이들이 시장에서 자금을 각자 원하는 조건으로 바로 조달하는 경우와 비교해 볼 때, 스왑거래를 통한 자금조달이 비용은 절감이 되나 위험은 추가로 더 부담하게 되는 셈이다. 이렇게 보면, 스왑을 통한 조달비용의 절감은 단지 조달위험의 증대에 따른 보상, 즉 위험할증에 불과할 수도 있다.

스왑딜러는 스왑거래를 원하는 고객의 요구에 맞춰 외환스왑이나 금리스왑의 상대방이 되어 준다. 딜러가 외환위험이나 금리위험을 떠안기를 원하지 않는 경우, 다른 스왑을 통해서 반대거래를 체결하여 위험을 내려놓을 수 있다. 그러나 반대거래를 찾는데 시간이 걸리거나 쉽지 않을 수 있기 때문에, 딜러는 스왑거래 대상이 되는 상품을 가능한 한 표준화시키려고 한다. 스왑딜러들이 금리스왑에서 고정금리쪽으로 가장 많이 이용하는 상품은 미국 재정증권(TN; Treasury Note)이다.[6]

미국 재정증권은 세계에서 거래가 가장 많이 되는 금융상품이다. 거래가 활발하고 거래량이 많기 때문에, 이 시장에서는 거래비용인 매매가격차가 일반적으로 매우 작다. 이런 이유로 스왑딜러들은 금리위험을 헤지할 때 이 시장을 많이 이용한다. 따라서 스왑딜러들은 가격을 매길 때 (만기가 비슷한) 재정증권을 기준으로 삼는다.

스왑딜러은행과 금리스왑을 체결하는 거래를 간단한 예로 설명해보자. 스왑딜러은행은 스왑기준가격표(indicative swap pricing schedule)를 제시하고 시장 상황에 따라 이를 수시로 수정한다. 이 가격표는 그 딜러가 스왑계약을 체결

---

6) TN수익률은 계속 변동하지만, 스왑시장에서는 고정금리라 부르는 것이 관례이다.

만기	은행 수취	은행 지불
5년	TN+80bps sa	TN+72bps sa

• 모든 가격은 6개월 LIBOR flat(리보 금리+0bp)을 상대로 한 것임
• 원금은 만기 일시불 상환을 전제로 하며, 상대방의 신용이 AAA급일 때 적용되는 가격임
• bps: basis points, sa: semiannual

할 가격을 제시하는 것이다. [표 5-2]는 금리스왑에서 5년 스왑의 고정금리 쪽의 가격을 제시한 것이다.

이 표가 의미하는 것은 딜러인 은행이 상대방에게 리보 플랫(즉 Libor기준금리+0%)을 지불하고, 상대방은 딜러에게 5년 만기 재정증권 금리(TN rate)+80bp를 지불한다는 조건이다. 만약 상대방이 고정금리를 지불하지 않고 수취하기를 원하는 경우에는 딜러가 상대방에게 5년 TN rate+72bps를 지불하고, 상대방이 딜러에게 리보 플랫을 지불한다는 것이다. 다시 말하면, 딜러는 리보를 받을 때는(또는 살 때는) 5년 TN rate에 72bps를 얹어 주고, 줄 때는(또는 팔 때는) 80bps를 얹어서 받음으로써 8bps를 매매차익으로 취하는 것이다. 이는 [그림 5-2]에서 딜러가 리보를 11.25%에 사서 11.35%에 파는 것과 같은 이치이다.

현재 5년 TN rate이 9.15%라고 하자. 딜러는 리보에 대해 9.95%를 받고, 9.87%를 지불한다. 이제 어떤 기업이 1백만 달러를 5년 만기로 빌리는데, 고정금리로는 11-5/8(11.625)%에 발행할 수 있고, 변동금리로는 리보+1.50%에 발행할 수 있다고 하자. 이 기업은 5년 만기 고정금리로 조달하는 것을 선호하고 있다. 스왑딜러가 이 기업에게 1백만 달러를 변동으로 발행하고, 이를 그 딜러와 고정금리로 스왑을 하기를 권한다. 그 스왑에서 딜러는 그 기업에게 리보를 지불하고, 그 기업은 딜러에게 9.95%를 지불하게 된다. 1백만 달러라고 하는 원금은 양쪽이 같으므로 지불할 필요가 없다. 이를 그림으로 표시하면 [그림 5-3]과 같다.

이 기업은 대출자에게 리보+1.5%를 지불하지만, 딜러가 그 기업에게 리보 플랫을 지불한다. 동시에, 그 기업은 딜러에게 9.95%를 지불한다. 따라서 그 기업이 1백만 달러를 5년 만기로 조달한 실제 비용은 대략 11.45%가 된다.[7] 만약

---

7) 이는 단순화시킨 계산이다. 고정금리는 연 365일 기준이고 수익 계산에서 bond equivalent

기업의 조달비용: (대략) 11.45%=(LIBOR+1.5%)−LIBOR+9.95%

그 기업이 바로 고정으로 빌렸더라면, 11.625%를 지불했어야 될 것이다. 따라서 그 스왑전략으로 이 기업은 대략 17.5bps를 절감하게 되었다.

이 계약에서 스왑딜러는 변동금리를 지불하도록 되어 있다. 이 딜러가 앞으로 지불하게 될 금리가 시장의 금리 변동에 따라서 달라지게 되므로, 그는 금리위험을 떠안게 된다.

2. 통화스왑

통화스왑은 일반적으로 두 당사자가 처음에 일정액의 서로 다른 통화로 표시된 원금을 교환하고, 그 뒤 일정기간에 걸쳐 미리 약정한 대로 이자와 원금을 지불하다가 만기에 원금을 반환하는 금융상품이다. 보통은 각 통화에 대해 고정금리가 적용되며, 경우에 따라서는 당초에 원금을 교환하지 않거나, 또는 만기에 원금을 교환하지 않거나, 또는 양쪽 이자의 차이만을 지불하는 계약을 할 수도 있다.

외환시장에서 오랫동안 이용된 통화스왑은 앞에서 언급한 바와 같이 단기적인 거래였다. 즉, 어느 시점에 한 통화를 다른 통화로 교환하고, 이후의 만기시점에 그 통화를 되돌려 주기로 하는 선물환 스왑이었다(제2장 외환시장). 이 유형의 스왑에서는 양 통화의 이자율 차이는 선물환율로 나타나고, 따라서 이자의 지불의무를 별도로 부과하거나 교환하지 않는다. 오늘날 통화스왑이란 용어는 이자의 지불의무까지도 교환되는 형태와 그렇지 않은 형태, 두 가지 형태의 거래를 통틀어 지칭하는 것이고, 이들을 구분하는 용어는 아직 일반화되어 있지

---

yield를 사용한다. 반면, 변동금리는 연 360일 기준이고 수익 계산에서 money market equi-valent yield를 사용한다. 따라서 직접적으로 비교하면 정확하지 않다.

않다.

이자의 지불의무까지 교환되는 장기적 스왑유형에서는, 통화를 처음 교환할 때 당시의 현물환율을 적용하고 만기에 통화가 교환될 때도 그간의 환율변동에 관계없이 같은 환율을 적용한다. 그간의 환율변동이 이자율 차이에 의해 상쇄되었기 때문이다. 즉, 국제피셔효과에 의하면 스왑 기초와 기말간의 환율변동은 이 기간 동안의 금리 차이와 동일한 것인데, 이 금리 차이가 매 기간의 금리교환에 의해 해소되었다는 것이다. 그럼에도 불구하고 만약 스왑 만료시의 현재 환율로 원금 상환을 한다면, 스왑 기간 중의 금리차(즉 환율변동)가 이중으로 교환되는 결과가 될 것이다.

통화스왑의 초기의 예 중 하나는 1981년 8월 세계적인 투자은행인 살로먼 브라더스(Salomon Brothers)의 중개로 IBM과 세계은행(IBRD, The World Bank) 간에 이루어진 스왑이다. 세계은행은 규모가 큰 달러시장에서 차입하는 것이 상대적으로 조건이 유리한 반면, 스위스 프랑이나 독일 마르크표시의 대출을 할 필요가 있는 경우가 많았다. 그래서 자금은 달러가 필요하나 차입은 유럽에서 하는 것이 유리한 기업들과 통화스왑을 하는 기회가 자연히 많게 되었다.

예

IBM과 세계은행간의 통화스왑거래[8]

IBM과 세계은행이 1981년 중반 달러와 스위스 프랑 채권시장에서 자금을 조달할 당시, 조건이 아래 표에서 보인 바와 같다고 가정하자. 세계은행은 달러시장에서 비교우위를 가지는 반면, IBM은 프랑시장에서 비교우위를 가지고 있음을 이 표는 보이고 있다.

세계은행은 미국시장에서 7년 만기 채권을 미국 재정증권보다 대략 40bp 높은 금리로 발행할 수 있고, IBM은 스위스 시장에서 7년 만기 프랑 채권을 스위스 재정증권과 대략 동일한 금리로 발행할 수 있다. 이러한 조달금리 조건에서는 이들 두 기관은 통화스왑을 체결하여 총 25bp를 절감할 수 있다.

당시 이들 두 기관이 체결한 스왑거래의 정확한 조건은 비밀에 부쳐져 있었으므로 알 수 없지만, 스왑의 현금흐름을 아래와 같이 추정할 수 있다. IBM과 세계은행은 각각 프랑과 달러 채권을 발행한 후, 원금을 서로 교환 한다(t_0 시점). IBM은 세계은행에 미국 재정증권 금리에 40bp를 더한 고정금리를 지불하고, 세계은행은 IBM

---

8) 이 예는 Levich(2001), 484쪽을 참고해서 분석하고 작성했다.

에게 스위스 재정증권 금리에 10bp를 더한 고정금리를 지불하기로 했다고 가정하자. 스왑 만료시점(채권 만기시점, t_7)에, 각 기업들은 (환율에 관계없이) 원래의 원금을 다시 서로 교환하여 채무를 상환한다.

	세계은행	IBM	차이
U$ 조달	미국 재정증권+40bp	미국 재정증권+45bp	5bp
SFr 조달	스위스 재정증권+20bp	스위스 재정증권+0bp	20bp

세계은행의 총비용:	IBM의 총비용:
(미국 재정증권+40bp)	(스위스 재정증권+0bp)
+(스위스 재정증권+10bp)	+(미국 재정증권+40bp)
−(미국 재정증권+40bp)	−(스위스 재정증권+10bp)
=스위스 재정증권+10bp	=미국 재정증권+30bp
(비용 절감: 10bp)	(비용 절감: 15bp)

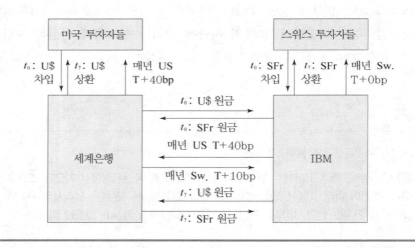

그 전 수년 동안 IBM은 서독과 스위스의 자본시장에서 각각 마르크와 프랑 표시의 고정금리 부채를 조달해 왔었다. 1981년 들어 달러가치가 이들 두 통화에 대해 급속히 상승하게 되자, 달러로 환산한 이 부채의 가치는 크게 하락하게 되어 IBM은 자본이득을 누리게 되었다. 예컨대 마르크는 1980년 3월 0.5181달러에서 1981년 8월 0.3968달러로 가치가 크게 하락하였다.

이에 따라 이자 100마르크를 달러로 환산한 비용이 51.81달러에서 39.68달러로 하락하였다. 스왑을 통해 이자의 지불을 외화(즉 마르크와 프랑)에서 달러로 전환함으로써, IBM은 이 자본이득을 곧바로 현금화시키기로 결정하였던 것이다. 세계은행은 달러표시의 유로채를 두 건 발행하여, 하나는 IBM의 마르크 부채의 만기에 맞추고, 다른 하나는 IBM의 스위스 프랑 부채의 만기에 일치되도록 발행하여, 두 개의 스왑을 체결하였다. 이 스왑계약들을 통해 세계은행은 IBM의 마르크 부채와 프랑 부채에 대한 미래의 이자와 원금을 지불하기로 하고, IBM은 그 대신 세계은행의 달러부채에 대한 앞으로의 이자와 원금을 지불하기로 서로 합의한 것이다.

이제 다른 예로서 [그림 5−4]를 보자. 미국기업 A는 현재 5천만 달러가 필요한데, 달러 조달비용이 연 13.00%이다. 다국적 은행 B는 스위스 프랑화가 필요하고, 프랑화를 직접 조달하면 연 6.00%를 부담해야 한다.

이들은 필요한 통화를 직접 조달하는 대신, 각기 차입조건이 유리한 통화, 즉 기업 A는 스위스 프랑으로, 은행 B는 달러로 차입한 후 스왑딜러를 찾아 스왑계약을 체결할 수 있다. 예를 간단히 하기 위해 딜러의 중개 없이 당사자들이 상대방을 찾아 직접 스왑을 체결한다고 하자.

기업 A는 1억 프랑을 연 6.50%에 조달한다. 은행 B는 5천 2백만 달러를 연 11.50%에 조달하여 그 중 2백만 달러는 현물환시장에서 프랑으로 환전하고, 나머지 5천만 달러를 기업 A의 1억 프랑과 교환(스왑)한다.

기업 A의 지불이자 연 6백 5십만 프랑과 은행 B의 지불이자 연 5백 9십 8만 달러도 교환해서 상대방이 각각 대신 부담한다. 또한 만기에 기업 A는 은행 B에게 5천 2백만 달러를 지불하는 대신, 1억 프랑을 받기로 합의하였다고 하자.[9]

결과적으로 이 스왑을 통해 기업 A는 달러를 연 12.58%의 비용으로, 그리고 은행 B는 프랑을 연 5.56%의 비용으로 이용한 결과가 되어, 직접 조달하는 경우의 13.00%와 6.00%보다 유리하게 됨을 알 수 있다. 상황을 다시 보면, 은행 B가 기업 A에 비해 상대적으로 신용평가가 유리하고 그래서 조달금리 조건도 달러와 프랑 양 시장에서 모두 절대적 우위에 있으나, 중요한 것은 상대적 우위가 양 시장에서 다르다는 것이다.

---

9) 이 사례에서는 만기시 교환하는 원금이 당초와 달라지는 것으로 예시하고 있는데, 이는 보편적인 것은 아니다. 은행 B가 5년 만기 SFr을 시장에서 직접 차입하는 경우 차입비용은 연율 6.00%이므로, 스왑 후의 총비용(all−in−cost)이 이보다 저렴하지 않으면 은행 B는 스왑거래를 할 이유가 없다. 이렇게 하려면, 첫째 지불이자를 연율 6.50%보다 낮추거나, 둘째 원금의 교환에서 유리하도록 해야 하는데, 이 예에서는 두 번째 경우(즉 50백만 달러가 아닌 52백만 달러 상환)를 보인 것이다.

┃ 그림 5-4 통화스왑의 예

기업 A: • A급 미국 국내기업
　　　　• 현재 5천만 달러가 필요
　　　　• 5년 만기 U$ 조달비용이 연율 13.00%
　　　　• 실제로는 5년 만기, SFr 1억 채권을 연율 6.50%에 발행

은행 B: • AAA급 다국적 은행
　　　　• SFr화가 계속 필요
　　　　• 5년 만기 스위스 프랑(SFr) 조달비용이 연율 6.00%
　　　　• 실제로는 5년 만기, 5천 2백만 달러 채권을 연율 11.50%에 발행

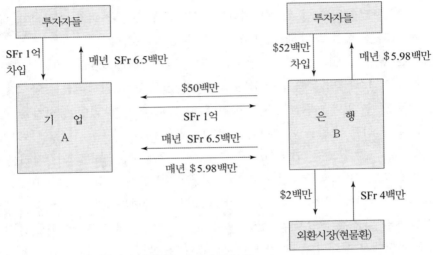

• 스왑계약시의 현물환율 SFr/U$=2.0000
• 만기에 기업 A는 은행 B에게 $52백만을 지불하기로 함.
• 기업 A의 달러 총조달비용(all-in cost): 연율 12.58%

$$(+50 - \sum_{t=1}^{5} \frac{5.98}{(1+K)^t} - \frac{52}{(1+K)^5} = 0, \ K=.1258)$$

• 은행 B의 스위스 프랑 총조달비용: 연율 5.56%

　　A와 B의 조달비용의 차이가 달러시장에서는 1.5% 포인트인 데 비해 프랑시장에서는 0.5% 포인트이다. 그래서 A는 프랑시장에서, 그리고 B는 달러시장에서 서로 비교우위를 가진다. 무역이론에서처럼, 스왑에서도 각 기업이 비교우위를 가지는 시장에서 자금을 조달하여 서로 교환함으로써 모두에게 이득이 되었음을 알 수 있다.

　　초기에는 통화스왑도, 초기의 금리스왑이 그랬듯이, 거래 당사자들간에 직접

이루어졌다. 스왑 중개업자가 거래 상대방을 찾아 주고 수수료를 받았다. 이때는 거래 당사자들이 대개 자기 나라의 통화로 자금을 차입해서 스왑의 상대방과 교환하는 방식이었고, 이를 차입금의 교환(exchanges of borrowings)이라고 불렀다. 이 초기의 스왑은, 그 이전의 상호대출처럼, 자본통제와 외환규제를 회피하려는 동기에서 이루어졌는데, 머지않아 자금조달 비용을 절감할 수 있는 수단이라는 것을 알게 되었다.

3. 통화금리스왑

통화금리스왑은 거래의 대상이 되는 자산 또는 부채의 표시통화가 서로 다를 뿐만 아니라 금리기준도 서로 다른 경우이다. 여기서는 원금은 물론이고, 이에 대한 이자의 지불의무도 교환된다. 딜러에 따라서는 이 같은 스왑을 한 개의 거래로 처리하기도 하고, 또는 통화스왑과 금리스왑으로 분리해서 처리하기도 한다. 일반적으로, 달러표시의 변동금리 지불과 다른 통화의 고정금리의 지불이 교환되는 것이 보통이다.

르노(Renault)와 야마이치(Yamaichi)간의 스왑[10]을 예로 들어보자([그림 5-5]). 프랑스의 자동차 생산업체인 르노는 현재 보유하고 있는 달러 변동금리 부채를 버리고 그 대신 엔 고정금리 차입으로 바꾸기를 원하고 있었다. 그러나 당시 일본정부의 규제 때문에 르노가 일본시장에서 차입하는 것은 허용되지 않았다. 반면 야마이치증권은 일본 재무성으로부터 달러 자산을 매입하도록 압력을 받고 있었다. 따라서 이 회사는 르노가 발행한 달러 변동금리 채권을 매입할 수도 있었으나 외환위험을 부담스러워하고 있었다.

투자은행인 뱅커스 트러스트의 중개로, 르노는 야마이치를 설득시켜 고정금리로 엔을 차입하고, 이 자금으로 르노의 채권과 유사한 등급과 조건을 가지는 변동금리부 달러 채권을 매입하도록 하였다. 야마이치는 달러 투자에서 발생하는 달러 이자수입을 르노에게 지불하고, 르노는 이를 받아서 이미 발행한 변동금리부 부채에 대한 이자를 지불한다. 그 대신 르노는 야마이치가 조달한 고정금리 엔 차입의 이자를 부담해주고, 뱅커 스트러스트와 야마이치에게 수수료를

---

10) 이 예는 Sercu와 Uppal(1995) 338~39쪽을 참고해서 분석하고 작성했다.

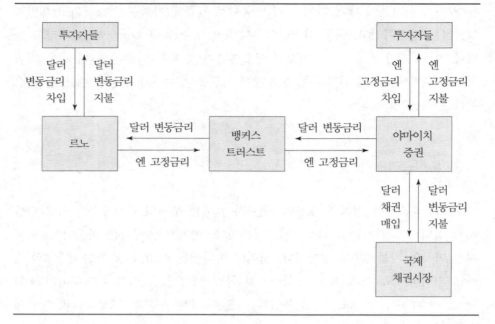

지불한다.

이를 종합하자면, 야마이치는 외국통화인 달러로 표시된 채권에 투자해서 생기게 되는 원금과 이자에 대한 외환위험을 자기가 떠안지 않고 르노에게 모두 전가시킨 결과가 되었다. 르노는 프랑스회사이므로 달러 거래가 외화거래이고 따라서 외환위험에 노출될 것이다. 그러나 이 스왑거래를 자세히 보면, 르노는 달러로 차입한 원금을 야마이치에게 주고, 그 이후에 이자로 지불한 달러도 모두 야마이치로부터 받아서 지불하므로 외환위험을 전혀 부담하지 않는다.

야마이치와 르노를 통틀어 보면, (르노의) 달러 차입과 (야마이치의) 달러 투자가 서로 매치되고 또 (르노가 지불한) 달러 지불이자와 (야마이치가 수취한) 달러 수입이자가 서로 매치되어, 외환위험이 발생하지 않게 된 것이다.

이 스왑의 결과, 르노는 일본 자본시장에 접근할 수 있게 되었고, 현재의 달러 부채 부담을 없애게 되었다. 야마이치는 수수료 수입을 받았고, 일본정부가 원하는 대로 달러 자산을 가지게 되었으며, 이에 따른 외환위험을 스왑을 통해 제거할 수 있게 되었다. 뱅커스 트러스트는 스왑기간 중 발생하는 모든 지불에 대해 수수료를 받게 되었고, 또 이 스왑거래를 주선해 준 수수료도 받게 되었다.

▼ 표 5-3 원-달러 통화금리스왑(KRW/USD CCIRS) 가격표 (연율 %)

USD/KRW CCIRS(SA A/365)				
Maturity	Offer	Chg	Bid	Chg
1 Year	2.250	△ 0.200	1.200	△ 0.100
2 Year	2.300	△ 0.200	1.250	△ 0.150
3 Year	2.600	△ 0.200	1.650	△ 0.200
4 Year	2.950	△ 0.200	2.000	△ 0.200
5 Year	3.250	△ 0.200	2.250	△ 0.200
7 Year	3.500	△ 0.200	2.500	△ 0.200
10 Year	3.650	△ 0.200	2.650	△ 0.200
12 Year	3.740	△ 0.200	2.730	△ 0.200
15 Year	3.770	△ 0.200	2.780	△ 0.200
20 Year	3.780	△ 0.200	2.790	△ 0.200

출처: 산업은행, 홈페이지

통화금리스왑에서도 딜러들은 표준화된 상품을 가격표로 제시하는데, [표 5-3]은 그 한 예이다. 이 가격표에서, 표시된 가격은 연율로 표시한 원화의 고정금리이고, CCIRS(cross-currency interest rate swap)는 통화금리 스왑을, SA(semiannual)는 연 2회 이자지불을, A/365는 날짜 계산에 실제(actual) 날짜 수를 사용함을 의미하고, Chg는 전날 가격 대비 변화를 표시한다.

이는 딜러가 원화 고정금리를 지불하고 상대방으로부터 6개월 LIBOR 조건의 달러를 받는 스왑계약에서는 매입률(bid)을 적용하고, 반대의 경우에는 매도율(offer)을 적용하겠다는 것이다. 외환거래에서도 외화를 기준(base)으로 하듯이 스왑거래에서도 외화인 달러를 기준으로 하고 있으며, 변동금리가 매매의 대상(상품)임을 알 수 있다.

예컨대, 5년 만기인 스왑계약을 생각해보자. 모든 스왑거래가 그러하듯이 세 가지의 현금흐름이 일어나게 된다. 먼저, 계약체결 시점의 현물환율로 원화와 달러 원금이 보통 교환된다. 그러나 딜러와 고객이 합의하여 이를 생략할 수도 있는데, 그렇다 하더라도 가격은 그대로 적용한다.

그 다음, 계약 당사자인 딜러와 고객이 서로 이자를 매 6개월마다 만기가 될 때까지 앞으로 5년간 교환한다. 매입 쪽 스왑(딜러가 변동금리 달러를 매입, 즉 수취하는 스왑)에서는 딜러가 원화 고정금리로 연율 2.250%를 지불하고, 상대방으로부터 6개월 리보 금리의 달러를 받게 된다. 반면 매도쪽 계약(딜러가 변동금리 달러를 매도, 즉 지불하는 스왑)에서는 딜러가 연율 3.250%의 고정금리로 원화를 받고 그 대신 6개월 리보 달러금리를 지불하게 된다. 각 스왑거래에서 딜러의 매매가격차는 원화 고정금리의 매매 차이인 연율 1% 포인트가 된다.

마지막 현금흐름으로, 만기에 처음과 반대 방향으로 원금을 서로 교환하는데, 이때 적용하는 환율은 처음 계약체결 시점의 현물환율이다.

제2절 ▶ 스왑시장의 발달

스왑이 발달해 온 역사를 보면, 통화스왑이 금리스왑보다 앞서 이용되었다. 통화스왑은 상호대출(back - to - back loan 또는 parallel loan)에서 발달된 것이다. 상호대출([그림 5-6])은 서로 다른 국가에 있는 두 당사자가 대출을 교환하는 것인데, 각 당사자가 서로 동일한 금액의 자국통화를 같은 날 만기가 되도록 대출한다.

상호대출은 1970년대 영국이 실시했던 국내자본의 해외유출에 대한 외환통제에서 비롯한 것으로 알려져 있다. 영국 정부는 자국기업들의 해외투자를 국내로 유도하려는 의도에서 파운드화와 외국통화 간의 거래에 대해 세금을 부과하였다. 이렇게 되면서 해외투자가 필요한 영국기업들은 국내자금으로 투자하기가 어려워졌고, 이를 회피하기 위해 상호대출을 하기 시작했다.

예컨대 어떤 영국기업의 미국 자회사가 자금이 필요하다고 하자. 이 자회사는 자금 여유가 있고 영국에 자회사를 가지고 있는 미국기업에서 달러를 차입한다. 그 대신 영국 본사는 그 미국 기업의 영국 내에 있는 자회사에게 같은 금액의 파운드화를 빌려 주는 것이다.

수년 후 영국에서 외환통제는 폐지되었으나, 그 후에도 이 방법이 외환시장을 통하는 방법보다 비용이 저렴했던 탓으로 계속해서 이용되었고, 이의 변형도 생겨났다([그림 5-6] (b)). 예컨대, 중국에 외환규제가 있거나 높은 원천세가 부과되어, 어떤 미국기업의 중국 자회사가 본사로 과실송금하는 것이 어렵다고 하자. 이 미국기업은 그 배당금을 현지통화를 필요로 하는 영국계 중국 자회사

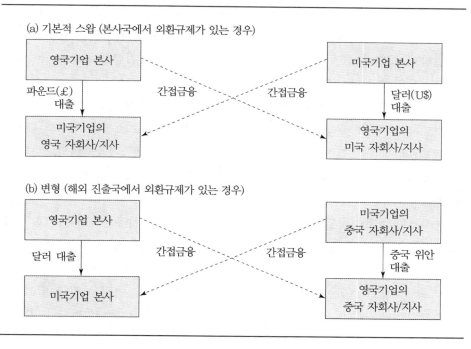

(a) 기본적 스왑 (본사국에서 외환규제가 있는 경우)

영국기업 본사 → 간접금융 / 간접금융 → 미국기업 본사

파운드(£) 대출 → 미국기업의 영국 자회사/지사

달러(U$) 대출 → 영국기업의 미국 자회사/지사

(b) 변형 (해외 진출국에서 외환규제가 있는 경우)

영국기업 본사 → 간접금융 / 간접금융 → 미국기업의 중국 자회사/지사

달러 대출 → 미국기업 본사

중국 위안 대출 → 영국기업의 중국 자회사/지사

에게 대출해주고, 그 대신 미국 본사가 영국 기업 본사로부터 그에 해당하는 달러의 대출을 받는 방법이다.

그러나 거래상대방을 찾는 일이 너무 시간과 비용이 많이 소요될 뿐만 아니라, 국제금융시장에서 정치적 위험보다는 금리위험이 보다 중요해지면서 상호대출 방법을 이용하는 데 따르는 문제가 점차 심각해지게 되었다. 문제점은 두 가지로 요약된다. 첫째, 모든 대출과 차입이 내용상으로는 서로 상쇄되는 것인데도 불구하고, 재무상태표상에 자산 또는 부채로 표시된다는 것이다. 둘째, 두 개의 상호대출이 독립된 별도의 약정에 의해서 이루어지는 것이 일반적이었기 때문에, 한 당사자가 지불불능이 되는 경우에도 상대방은 상계권(rights of offset)이 자동적으로 인정되지 않아 계속해서 지불해야 할 의무가 남아 있게 된다는 것이다.

이러한 문제 때문에 상호대출이 점차 변해서 오늘날의 통화스왑으로 발전했다고 볼 수 있다. 통화스왑은 재무상태표에 자산이나 부채의 증가로 나타나지 않는 부외거래(簿外去來, off-balance-sheet transaction)이다. 또한 한쪽이 스왑계약을 계속 이행하기 어렵게 되면 자동적으로 다른 쪽의 의무를 면제시켜 준다. 따라서 남는 문제는 한쪽이 이행불능이 될 경우, 그 상대방은 이를 대체하는 새로운 스왑계약을 체결해야 되고 이때의 비용이 당시의 금리와 환율변동에 따라 달라지게 된다는 것이다. 그래서 스왑에서는 상대방위험(counterparty risk) 또는 신용위험(credit risk)이 대단히 중요하다.

앞에서 설명한 바와 같이, 세계은행이 1981년 IBM과의 통화스왑거래를 공표한 것도 이 시장의 발달에 큰 자극이 되었다. 이때까지도 스왑은 정부의 규제를 우회하거나 세금을 절약하기 위한, 그래서 떳떳하지 못한 금융기법으로 간주되었으나,11) 세계은행의 공표가 계기가 되어 이 같은 부정적 편견에서 점차적으로 벗어날 수 있게 되었다.

통화스왑시장이 발달하면서, 그 개념이 금융시장에서 응용되어 동일한 통화 표시의 금리스왑이 등장하게 되었는데, 이것은 1980년대 초부터이다. 1981년과 1982년에 시장에서 점차 이용된 금리스왑은 전통적인 스왑 또는 "플레인 바닐라(plain vanilla)"스왑이라고 불리는 형태의 스왑이었다. 이것은 미국 달러표시의 고정금리자금과 역시 달러표시의 6개월 리보기준의 변동금리자금을 만기 5년 내지 7년으로 스왑하는, 이름 그대로 가장 흔한 형태의 스왑이다. 규모는 5천만 달러에서 1억 달러가 보통이었다.

1980년대 중반에 들면서, 특히 미국과 영국의 대규모 은행들이 상쇄되는 스왑을 찾아주는 중개 역할에 그치지 않고, 스왑의 당사자가 되어 거래를 떠맡으면서부터 시장은 대단히 활발해지기 시작했다. 이들 은행들은 상쇄되는 거래가 주선될 때까지 커버되지 않은 스왑포지션을 헤지하는 기법을 개발하였는데, 이에 따라 스왑시장의 유동성은 매우 커지게 되었다. 양쪽의 현금흐름도 서로 연계시켜 서로 정산한 차액만 지불한다.

예컨대 현물환율이 $1.10/€일 때, A는 B에게 1백만 달러를 지불할 의무가 있고, B는 A에게 1백만 유로를 지불할 의무가 있으면, 그 차액인 1십만 달러를 B가 A에게 지불하게 되었다. 이로써 스왑 당사자들은 원금 전액을 지불하는 데 비해 부담이 줄어들었고, 결과적으로 서로 상대방의 신용위험이 그만큼 줄어들게 된 것이다.

---

11) 이런 탓으로, 세계은행은 스왑거래 사실을 발표할 때 거래 상대방인 IBM의 이름을 밝히지 않았다.

또한 이즈음에 전통적인 "플레인 바닐라"스왑의 변형들이 다양하게 생겨나기 시작했다. 만기 이전에 회수할 수 있거나 또는 만기를 연장하는 형태, 또는 계약 체결일로부터 일정기간이 지난 후부터 시작되는 형태가 있고, 또 변동금리를 일반적인 관례보다 더 빈번하게 교환하는 (예컨대 6개월 리보금리를 기준으로 하되 매월 교환하는) 유형도 있다. 이처럼 스왑시장이 발달하면서, 제2차 스왑거래를 위한 시장도 형성되기 시작했다.

제3절 ▶ 스왑시장의 참여자와 참여 동기

스왑시장에 참여하는 당사자들은 크게 보아 실수요자들과 중개회사로 나눌 수 있다. 실수요자는 앞에서 본 바와 같이 어떤 경제적인 이유 또는 재무관리상의 이유로 금리나 통화노출을 변경하고자 스왑에 가담하는 측이다. 스왑을 하는 동기는 기본적으로 두 가지로 볼 수 있다. 그 하나는 어떤 특정 통화나 고정금리 또는 변동금리 등으로 표시된 자산 또는 부채의 노출을 헤지하려는 것이고, 다른 하나는 신규 자금조달시 또는 투자시에 실제로 필요한 통화 또는 기준금리를 시장에서 직접 거래하는 경우보다 더 유리하도록 하려는 것이다.

중개회사(또는 딜러)는 수수료나 거래이익을 얻고자 스왑을 한다. 원칙적으로는 이같이 시장에 참여하는 동기에 의해 실수요자와 중개회사를 구분할 수 있으나, 실제로는 양쪽에 모두 적극적으로 가담하는 금융회사들이 많이 있다.

1. 시장참여자들

스왑시장에는 오늘날 다양한 부류의 실수요자들이 참여하고 있다. 전 세계의 은행과 기업, 보험회사, 정부기관, 국제기구들이 모두 활발하게 참여하고 있다. 최근에는 신용이 뛰어나고 스왑을 빈번하게 하는 대규모의 실수요자들간에 중개회사를 개입시키지 않고 직접 스왑을 하는 현상도 나타나고 있다. 실수요자들이 스왑시장에 참여하는 이유는 아래에서 보다 상세히 살펴보기로 한다.

스왑거래의 중개회사들(intermediaries)에 대해서는 앞 절에서 다소 언급하였으나, 여기서 좀 더 보충해서 설명해 보자. 스왑시장에서 가장 활발한 중개회사는 미국의 상업은행들, 미국과 영국의 투자은행들과 머천트 뱅크(merchant bank)들, 그리고 일본의 증권회사들이다. 이들에게 있어 스왑은 재무상태표에 기재되지 않으면서도 수익을 올릴 수 있는 매력적인 상품이며, 또한 고객들의 다른 업무(예컨대 유로채권의 인수업무)와 연계시킬 수 있는 유익한 상품으로 간주되고 있다.

스왑딜러들이 실수요자들의 요구에 응해 체결한 스왑거래에서 오는 노출을 커버하기 위해 다른 스왑딜러들과 상쇄하는 스왑을 체결하게 되는 경우가 많고, 이것은 연쇄적인 스왑거래를 유도하게 된다. 이것은 마치 유로통화시장에서 궁극적인 예금자와 궁극적인 차입자 사이에 수없이 많은 유로은행간의 거래가 있는 것과 같다.

각국의 스왑딜러들이 국제적으로 조직화(ISDA; International Swap Dealers Association)되고 이들의 거래표준화를 위한 노력에 힘입어 스왑거래 시 작성해야 되는 서류도 매우 정형화되었으며, 세금과 회계처리도 비교적 투명해졌다. 이처럼 스왑거래가 편리해지고 쉬워짐에 따라 참가자들도 스왑에 따르는 비용과 이익의 산정이 확실해져 적극적으로 이 시장에 참여하게 되었다.

2. 스왑의 경제적 동기

실수요자들이 스왑시장에 참여하는 중요한 동기를 앞에서 크게 i) 정상적인 업무를 수행하는 과정에서 발생하는 금리 또는 통화노출의 헤지, 그리고 ii) 시장의 불완전성을 이용한 차익실현, 즉 자금조달비용의 절감과 자산수익률 증대로 설명하였으나, 그 외에도 iii) 규제의 회피, iv) 단기자산과 부채의 전략적인 관리, 그리고 v) 투기 등을 목적으로 하는 거래도 있다.

앞 절에서 본 바와 같이, 스왑은 금융규제를 우회하려는 목적에서 시작된 금융수단이며, 그 시장이 폭발적으로 성장한 것도 각국의 국내 금융시장에 규제가 존재해 왔기 때문이라 할 수 있다. 스왑은 통화에 대한 제약과 자본시장간의 금리차이를 유리하게 이용(arbitrage)한다. 그 결과 중앙은행의 국내금융제도와 자국통화에 대한 통제력을 약화시키게 되기도 한다. 이런 탓으로 독일의 연방은행

(Bundesbank)은 한때 독일 은행들이 마르크화가 개입되는 스왑거래를 하지 못하도록 실질적으로 금지시킨 때도 있었다.

그러나 보다 최근의 스왑시장에서는 위험의 헤징 또는 차익거래가 대단히 중요한 동기라고 볼 수 있다. 예컨대 어떤 기업의 외화표시 현금수입과 현금지출이 서로 일치하지 않거나, 변동금리자산과 변동금리부채가 서로 일치하지 않고 있다고 하자. 이 기업은 반대 입장에서 역시 일치하지 않는 현금흐름이나 자산과 부채구조를 가진 다른 기업을 찾아 스왑계약을 체결함으로써, 노출을 줄이거나 불일치하는 포지션을 해소할 수 있게 된다([그림 5-2]).

스왑은 차익거래의 기회가 존재하기 때문에 발생할 수도 있다. 이 같은 기회가 생기게 되는 것은 외환규제와 자본통제, 조세규제 때문이거나, 또는 고정금리부채와 변동금리부채간에(금리스왑의 경우), 또는 서로 다른 통화로 표시된 부채간에(통화스왑의 경우) 시장가격이 차이가 나기 때문이다([표 5-1]).

예컨대 어떤 일본기업이 엔화표시의 부채가 필요하다고 하자. 이 기업이 엔화 부채를 가질 수 있는 방법은 첫째, 직접 엔화표시의 채권을 발행하거나, 둘째, 달러 부채를 발행하여 이를 엔 부채와 스왑하는 두 가지 방법을 생각할 수 있다. 그러나 첫 번째 방법보다 두 번째 방법의 예상비용이 오히려 저렴하다면 두 번째 방법으로 엔화 부채를 조달할 것이다. 이것은 이 기업이 차익기회를 활용하는 것이라 하겠다. 실제로 많은 일본 기업들이 스왑을 통해 일본 정부보다도 더 저렴한 금리에 엔화자금을 조달해 왔다.

마찬가지로, 고정금리로 부채를 조달하기를 원하더라도, 먼저 변동금리채를 발행한 후 이를 고정으로 스왑할 때 조달비용이 더 저렴한 경우가 있다. 예컨대 어떤 기업의 고정금리부채에 대한 시장가격과 다른 기업의 고정금리부채에 대한 시장가격의 비율이, 이 두 기업의 변동금리부채에 대한 시장가격의 비율과 서로 다른 수가 있다([표 5-1]). 고정금리계약과는 달리, 변동금리계약에서는 만기 이전의 예상치 못한 금리변동을 반영할 수 있기 때문이다. 이런 경우 이 두 기업은 스왑을 체결하여 시장에서의 가격왜곡을 유리하게 이용할 수 있다.

금리스왑시장이 발달하던 초기에 실수요자들의 중요한 동기는 자금을 조달하는 데 있어 서로 다른 비교우위를 활용하려는 것이었다. 예컨대 신용이 좋은 유럽 은행이 유로본드시장에서 고정금리자금을 조달하고, 신용이 뒤지는 미국 기업은 은행으로부터 변동금리로 조달하여, 서로 스왑을 하는 것이 전형적인

"플레인 바닐라(plain - vanilla)"스왑이었다. 여기서는 가격(즉, 금리)이 가장 중요한 동기이다. 각 차입자들은 자기들이 비교우위를 가지는 시장에서 자금을 조달하여 서로에게 유리하도록 스왑해 왔다.

채권시장을 통한 차입과 은행차입간에 비용이 차이가 나는 것은 여러 가지 이유로 설명된다. 채권시장에서는 상대적으로 위험회피성향이 높기 때문에 신용에 대한 위험할증이 크다는 것, 신용이 악화될 때 은행이 관리능력이 더욱 우수하다는 것, 이들 두 시장 간에 (기업의 신용에 대한) 정보가 서로 다르다는 것 등이다. 이러한 이유들은 시장 간의 구조적인 차이이기 때문에 지속적으로 존재할 것이고, 따라서 이들 두 시장의 차이를 유리하게 이용할 수 있는 기회가 있다는 것을 의미한다.

1980년대 초 스왑시장이 형성되던 초기에 초우량기업들은 세계금융시장에서 채권을 발행하고 이를 스왑함으로써 리보금리보다도 더 유리한 금리에 자금을 조달하기도 하였다. 그러나 스왑참여자들이 크게 늘어나고 스왑정보가 빠르게 유통되면서, 이 같은 차익기회는 이제 아주 짧게 지속되거나 점차 사라져가고 있다. 이에 따라 스왑의 이용은 자금조달과 관련해서보다는 위험관리의 목적으로 점차 많이 이용되고 있다.

스왑의 매력에 대한 또 다른 설명은 스왑이 기업의 재무관리자에게 차입시기에, 그리고 자산과 부채의 관리에 신축성을 더해 준다는 것이다. 당장 차입을 해야 하는 어떤 재무담당자가 금리가 곧 하락할 것이라고 믿는다고 하면, 지금 고정금리로 차입하여 변동금리로 지불하도록 스왑을 할 수 있을 것이다. 나중에 금리가 실제로 하락한 후, 역스왑(변동금리를 받고 고정금리를 지불하도록 하는 형태로)을 체결하여 저렴해진 고정금리로 묶어 둘 수도 있다.

또 다른 관점에서 보면, 통화스왑은 단기적인 특성을 가진 외환시장을 장기적으로 연장시키는 효과가 있다. 스왑은 미래의 여러 시점에 걸쳐 발생하는 일련의 선물환거래를 하나의 거래로 묶은 것으로 볼 수 있다.[12] 일반적으로 선물환시장은 1년 이내의 만기를 가지는 비교적 단기적 성격을 띠는 시장이나, 스왑

---

12) 스왑이 다만 여러 개의 선물환계약을 하나로 묶은 것에 불과하다면, 스왑시장의 존개가치는 무엇이고 왜 시장에서 그렇게 큰 호응을 받을 수 있었는가 하는 의문을 가질 수 있다. 스왑은 여러 개의 선물환거래로 대용하는 경우에 비해 거래비용을 절감해 준다. 뿐만 아니라, 앞에서 본 바와 같이 스왑거래에서는 법률적으로 거래상대방이 지불불능이 되는 경우, 반대쪽 거래 당사자의 상쇄권을 인정해줌으로써 위험을 줄여주는 이점이 있다.

의 도입으로 10년여까지의 장기외환거래가 가능하게 된 것이다. 장기성 외환시장의 성장과 이에 따른 유동성의 증대는 자본시장의 효율을 증대시킬 뿐만 아니라 금융거래의 활성화에도 기여하게 된다. 결론적으로 말하면, 스왑을 통해 기업의 재무관리자들은 기업의 자산과 부채관리에 있어 엄청난 융통성을 가질 수 있게 되었다.

그러나 스왑이 유리한 점만 있는 것은 물론 아니다. 시간이 지남에 따라 통화가치가 달라지거나(통화스왑의 경우) 또는 금리가 달라짐에 따라(금리스왑의 경우), 스왑거래의 한 당사자는 상대적으로 유리해지고 상대방은 불리해질 수 있고, 이에 따라 스왑거래의 계약불이행위험(default risk) 또 신용위험이 커지게 된다. 이 위험은 스왑거래에 있어 가장 핵심이 되는 중요한 요인이다.

제4절 ▶ 2차스왑거래

스왑은 20세기의 금융혁신 중 가장 성공적인 것으로 알려져 있고, 그 시장은 대단히 활발히 성장해 왔다. 시장의 이 같은 성장에 따라 국제적인 금융회사들 중 내부에 스왑거래를 전담하는 그룹을 두는 곳이 많아졌다. 기법도 다양화되고 고도화되었으며, 그 이용자들의 범위도 금융회사, 기업, 정부기관 등으로 다양해졌고, 점차 상대적으로 작은 규모의 이용자들에게까지 확산되고 있다.

스왑시장은 당초에 개별 거래를 하나씩 서로 매치시키는 형태로 시작되었고, 금융회사들도 위험을 최소화시키기 위해 거래의 당사자(dealer)가 되기보다는 거래 상대방을 찾아서 거래를 중개해 주는 역할(broker)에 그쳤다. 따라서 거래 조건도 독특한 경우가 흔하였고 문서의 양식도 표준화되지 못했기 때문에 시장의 발전은 지체될 수밖에 없었다. 그러나 오늘날에는 많은 금융회사들이 스왑거래의 당사자가 되고 있다. 또한 국제스왑딜러협회(ISDA)가 작성하여 점차 보편화시키고 있는 표준서식에서는 결제금액을 서로 상쇄시킬 것을 약정하고 있다.

문서가 표준화됨에 따라, 거래의 속도가 빨라지고 이미 체결된 스왑과 연관된 2차스왑을 거래하는 시장이 등장하게 되었다. 이 시장은 계속 발달하고 있기는 하지만, 거래상대방에 대한 신용위험이 제약이 되고 있다. 시장을 발달시키기 위해서 한때 스왑거래의 청산소(clearing house)를 설치하는 문제가 거론되기도 했으나, 청산소를 통해 결제를 하게 되면, 스왑이 선물과 너무 유사하게 될 것이고 또한 규제도 심해질 수밖에 없다고 하는 우려가 커지면서 이 논의는 사라졌다.

2차스왑거래는 세 가지의 형태로 구분되는데([그림 5-7]), 새로운 거래 당사자에게 스왑을 매도하는 형태, 자발적인 스왑종결(termination), 그리고 역스왑(reverse swap)의 형태이다. 이들 중 처음의 스왑매도형이 증권의 2차시장에 가장 유사한 형태이다.

스왑의 매도와 종결의 경우에는 매도자의 스왑의무가 완료된다. 스왑매도 또는 종결을 하는 목적은 일반적으로 스왑에서 자본이득(capital gain)을 취하려는 것이다. 이에 비해, 역스왑은 단지 현재의 스왑을 완벽하게 또는 완벽에 가깝게 상쇄하려는 목적으로 체결하는 새로운 스왑이다.

[그림 5-7]의 예에서, 1년 전 금리가 5%였을 때 5년 만기 스왑을 체결하여 고정금리를 수취하는 거래자(A)는 현재 4년 만기금리가 2%로 하락한다면, 이 스왑에서 자본이득을 얻게 된다(즉 in-the-money에 있게 된다). 그는 제3자(C)에게 권리를 양도하거나(매도형)[13] 또는 스왑의 상대방(B)에게서 보상을 받고 종결시킴으로써(종결형) 자본이득을 실현할 수 있다. 또 다른 방법은 앞으로 4년 간 2%의 고정금리를 지불하는 상쇄되는 스왑(역스왑)을 새로 하나 체결하여 이득을 확실하게 고정시킬 수도 있다.

스왑매도의 경우, 당초 스왑의 상대방(B) 입장에서는 스왑이 매도됨에 따라 스왑상대가 바뀌게 되는데, 새로운 상대방(C)의 신용위험(credit risk) 문제가 생기기 때문에 매도를 반대하는 경우도 있다. 또한 스왑을 양도받는 측(C)에서는 스왑매도자(A)에게 일시불로 현금을 지급하는 것이 일반적인데, 이것이 세금면에서 불리하거나 회계처리상 쉽지 않을 수 있다. 이런 이유 때문에 스왑매도는 크게 활발하지 못하다.

자발적 종결의 경우에는 현금지불(B가 A에게)의 문제는 있으나, 신용 위험문제가 없어서 간단하다. 종결시 지불될 대가를 계산하는 방법은 당초의 스왑계약서에 명시하는 것이 보통이기는 하나, 취소 수수료는 서로 흥정의 대상이 되고, 이것이 매우 번거로울 수 있다. 또한 A 입장에서는 앞에서 지적한 바와 같이 세

---

13) 이처럼 A-B간의 거래를 C-B간의 거래로 대체하는 행위를 "novation"이라고도 한다.

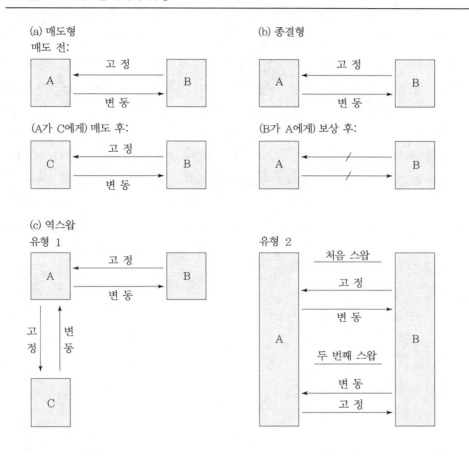

금부담의 문제가 있다. 이런 탓으로, 기존의 스왑에서 생기는 노출을 헤지하거나 또는 이득의 기회를 취하기 위해 2차거래를 하는 경우 가장 폭넓게 쓰이는 방법은 기존 스왑과 거의 동일한, 그러나 상쇄되는 새로운 스왑(역스왑)을 만드는 것이다.

스왑매도나 종결의 경우와는 달리, 역스왑에서는 일시에 현금지불을 하는 것이 아니다. 여기서는 단번에 이익을 실현하는 것이 아니라 스왑이 만기될 때까지의 잔여기간 동안 정해진 현금이 정기적으로 지불되는 것이고, 따라서 세금부담도 분산되는 효과가 있다.

역스왑은 시장에서 새로운 상대(C)를 찾아 하거나([그림 5-7] (c) 유형 1),

또는 당초의 스왑 상대방(B)과 하는(유형 2)[14) 두 가지 방법이 있는데, 나중 방법은 스왑 상대방이 대개 스왑딜러인 경우이다. 새로운 상대와 역스왑을 하는 것은 2차스왑거래 중에서는 기술적으로 가장 쉬운 방법이다.[15) 그러나 상대방(C)이 처음 스왑에서와 달라지면 신용위험이 문제가 된다. 또한 처음 스왑이 지불횟수, 가격 재조정 시기, 또는 변동금리의 기준 등의 조건에서 어느 하나라도 일반적인 것이 아니라면, 처음 스왑을 정확하게 상쇄시키기가 어려울 수 있다.

당초의 스왑 상대방과 상쇄되는 스왑을 체결하는 경우(유형 2)에는 이 같은 문제들이 거의 생기지 않는다. 처음 스왑에 의한 현금의 지불과 수취가 두 번째 계약에 의한 현금흐름과 상쇄되므로, 신용위험은 매우 적어진다. 또한 상대방이 같은 만큼 처음 스왑과 조건을 맞추는 데도 문제가 별로 없을 것이다. 따라서 이 방법이 현금을 일시에 지불해야 하는 스왑 종결의 대안으로 많이 쓰여지고 있다.

---

14) 이것을 "mirror swap"이라고도 한다.
15) 겉으로는 이 같은 스왑이 역스왑인지, 신규스왑인지 구별하기가 물론 어렵다.

리보금리의 대체

리보금리는 1980년대 이후 금융계, 특히 파생상품과 채권시장에서 중요한 지표금리로 광범위하게 사용되어 왔다. 2020년 말 기준 달러리보 시장은 대략 210조 달러 수준으로 알려져 있다.

그러나 이 금리는 실제 거래에 적용된 값이 아니라 대형은행들로 구성된 패널은행(금리제출은행들)이 제출하는 값을 이용해 산출된 금리인데다, 2010년 이후 몇 은행이 자기들의 영업에 유리하도록 이 금리를 조작한 사실이 밝혀져 신뢰를 크게 잃었다.

이에 따라 지표금리의 신뢰도와 투명성을 제고하기 위한 개혁이 시작되었고 2021년 말 이후 새로운 지표금리로 대체한다는 시한이 정해졌다. 미국은 달러 리보를 대체할 지표금리로 Sofr(the Secured Overnight Financing Rate)라고 하는 금리를 새로이 만들기로 했다.

그러나 이는 리보와 두 가지 점에서 큰 차이가 있다.

1) 리보는 미리 정해지는 무담보 금리여서 거래자들이 미리 적용금리를 아는 데 반해, Sofr은 담보부 금리고 사후적으로 해당 기간(tenor)의 하루 금리를 복리로 계산한 값이다. 그래서 기말에 가서야 적용할 금리를 알 수 있게 된다.

2) 리보는 은행간의 차입비용을 반영하는 값인데 반해, Sofr은 미국 재무증권의 리포(repo; repurchasing agreement)거래를 반영한 값이어서 무위험금리에 가깝다.

또 Sofr 같은 하루 금리는 리보에 비해 위기 시에 변동성이 작고 신용위험과 유동성 위험에 덜 노출된다는 연구도 있다. (Moody's report, 2020. 10. 12)

그러나 워낙 광범위하게 쓰여온 리보에 비해 Sofr는 유동성이 매우 낮다는 치명적인 문제가 있다. 결국 달러 리보의 대체는 일단 2023년 6월까지 연장하도록 변경되었다. 2021년 이후 거래에서 리보를 사용하지 않도록 하면, 그때까지는 달러 리보 계약은 거의 마무리될 것으로 추정하고 있다.

CHAPTER
05

연습문제

01 136쪽의 예에서 은행 B의 프랑화 총조달비용이 연율 5.56%임을 식으로 보여라.

02 통화스왑과 선물환간의 관계를 설명하라.

03 2차 스왑거래는 매도형, 종결형, 역스왑의 세 가지 유형으로 구분할 수 있다. 이들 각 유형을 비교하여 설명하고, 각유형의 거래에 따르는 위험을 언급하라.

04 스왑금융이 크게 각광받는 금융수단으로 성장할 수 있었던 근본적인 이유는 무엇이었다고 생각하는가?

05 [표 5-3]에서 10년만기 bid가격과 offer가격이 각각 어떤 거래에 적용되는 가격인지 설명하라.

06 다음 용어들을 간단히 설명하라.

> 1) 약정액(notional principal)   2) 쿠폰스왑
> 4) 베이시스스왑   4) 플레인바닐라스왑
> 5) 미러스왑(mirror swap)

환율결정 이론과 환율예측

제2차 세계대전 직후 미군정하에 놓였던 일본은 공장과 도시가 거의 초토화된 황무지에서 대미달러 환율을 정해야 했었다. 미군정 당국의 책임장교가 어디에다 환율의 기준을 두어야 할지 고민하던 끝에 '엔(円)의 뜻이 무엇이냐?'고 물었다. 영어로 원(circle)이라고 알려 주자, 그는 '그러면 지금부터 대미달러 환율을 360엔 대 1달러로 하라'는 지시를 내렸다.

출처미상

An economist and his friend was walking along the street. The friend points out a $100 bill lying on the pavement. The economist says "It isn't really there because, if it were, someone would have already picked it up."

Age – old joke

Only a brave man or a fool predicts exchange rates.

The Economist, April 1, 2006.

"Having endeavored to forecast exchange rates for more than half a century, I have understandably developed significant humility about my ability in this area, a sentiment that I suspect many in this room share."

미국연방준비은행총재A. Greenspan, 2002.

우리네 옛 어른들은 갈매기가 뭍으로 오르면 태풍을 예감했다. 비오기 전에 개미는 줄을 지어 높은 곳으로 향한다. 쥐는 지진뿐만 아니라 탄광에서 갱도의 매몰도 예측하기 때문에, 광부들은 도시락을 따라 쥐들이 갱도로 들어오는 것을 말리지 않는다.
옛 어른들은 또 서산에 해지는 것 보고 다음 날 날씨 맑을 것을 안다. 우리나라는 전통적으로 북서풍이 많아, 해가 맑게 진다는 것은 중국의 고기압이 몰려 올 징조임을 알기 때문이다. 또 별빛이 찬란하면 추위가 내릴 징조인데, 이것도 역시 기압의 변화 때문이다. 날씨가 흐리면 모기나 제비가 낮게 떠서 난다. 항구마다 독특한 예측방법들이 전수되어 오고 있는데, 예컨대 나폴리에서는 박쥐가 매달리는 모양을 보고 태풍을 예상한다고 한다.

사회의 모든 현상들이 그러하듯 거시경제변수들도 독립적으로 움직일 수 없고 서로 영향을 주고받으며 인과관계를 형성한다. 환율 역시 중요한 경제변수인 물가 및 금리와 깊이 연동되어 유기적인 관계를 맺고 있다. 이들 거시경제변수들이 어떤 상태일 때 균형을 이루는가 하는 문제도 환율의 성질을 이해하는 데 큰 도움이 될 것이다.

　자유변동환율제도하에서는 통화간의 환율이 시장의 힘에 의해 결정된다. 그러나 시장의 수요와 공급을 결정하는 요인들을 어디서 찾아야 할 것인가 하는 데 대해서는 지금까지 많은 이론들이 있어 왔다. 아직까지도 모든 사람들의 합의를 얻어낼 수 있는 하나의 이론이 존재한다거나, 어떤 하나의 이론으로 환율의 변동을 모두 설명할 수 있다고 믿기는 어렵다. 또 관점이 장기적이냐 단기적이냐에 따라서도 환율을 결정하는 적정모형은 달라질 수 있을 것이다.

　앞에서 편의상 선물환율이 미래의 현물환율에 대한 기대치를 반영하는 환율이라고 했는데, 환율결정이론에 대한 지식 그리고 환율과 거시경제변수들 간의 균형관계에 대한 지식이 선물환보다 더 나은 예측을 가능하게 할 것인가 하는 점도 매우 관심을 끄는 문제라 할 것이다.

　제2부에서는 외환시장에 대해 알아보았다. 제3부에서는 환율의 성질을 좀 더 깊이 살펴보기로 한다. 먼저 제6장에서는 외환시장이 어떤 조건하에서 균형을 찾아 안정될 수 있는가, 이런 조건에서 이탈되었을 때 다시 균형으로 돌아오게 만드는 시장의 힘은 무엇인가 하는 문제를 다룰 것이다.

　이어서 제7장에서는 환율을 결정하는 중요한 변수들을 살펴보고, 환율결정을 설명할 수 있는 중요한 모형들을 몇 가지 소개할 것이다. 제3부의 마지막 제8장에서는 앞의 두 장에서 살펴본 지식으로 앞으로의 환율을 미리 예측할 수 있겠는가, 있다면 어떤 방식으로 할 수 있으며 그 성과는 과연 어떠한가 하는 문제를 다루기로 한다.

환율, 물가, 금리간의 평가관계

　환율은 다른 거시경제변수들과 긴밀한 상호 연관을 유지하면서 변한다. 특히, 양국[1]의 상대적 물가상승률과 상대적 금리의 변화는 환율의 변화와 매우 높은 상관관계를 가진다. 이들 간의 평가관계(平價關係, parity relations)는 국제금융시장 구조의 골격을 이루는 것이어서, 외환과 국제금융의 여러 현상을 이해하고 분석하는 데 있어 기본적인 틀이 된다.

　변동환율제도하에서의 환율변동은 많은 변수들에 의해 영향을 받는다. 환율결정에 관해서는 제7장에서 체계적으로 살펴볼 것이나, 여기에서는 환율, 물가상승률 및 금리의 세 변수들이 서로 어떻게 연관되어 있는가를 설명하기로 하자. 이 평가관계는 인과관계, 즉 한 변수의 변화가 다른 변수의 결정에 영향을 미치는 관계라기보다는 국제간의 차익거래(差益去來, arbitrage)에 기초한 시장의 균형관계로 이해하기로 한다. 시장에서 평가가 성립하지 않아 균형이 깨어지면, 호시탐탐 기회를 노리고 있는 수없이 많은 차익거래자들의 시장 개입 때문에 결과적으로 다시 균형으로 돌아오게 된다는 것이다.

　[그림 6-1]에서 보는 바와 같이 물가변화와 이자율변화간의 관계는 피셔효과에 의해서, 환율의 변화와 물가의 변화간의 관계는 구매력평가에 의해서, 그리고 환율변화와 이자율변화간의 관계는 이자율평가와 국제피셔효과에 의해서 설명할 수 있다.

　이제 논의를 간단히 하기 위해 다음과 같은 이상적인 세계를 가정해 보자.

---

1) 여기서 '양국'이라 함은 환율의 두 당사국을 일컫는다. 예컨대 원-달러환율에서는 한국과 미국이 해당된다. 또한 '상대적 물가상승률'이라 함은 관련된 두 나라의 물가상승률의 차이를 뜻한다.

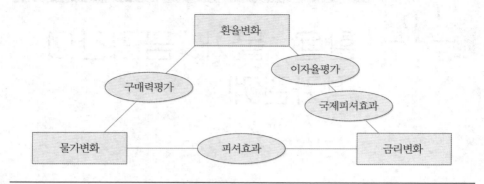

첫째, 상품시장이 완전하여 국제간의 상품이동이 자유롭고 즉각적이며, 운반비나 관세 등의 비용부담 없이 이루어진다. 둘째, 금융시장과 자본시장이 완전하여,[2] 자금과 외환의 국제적 이전에 대한 규제가 없고 거래비용과 세금이 없다. 셋째, 누구나 공통적으로 사용하는 소비재(a single consumption good)가 존재한다. 넷째, 미래를 확실하게 알 수 있다.

이러한 가정이 성립한다는 것은 물가상승률, 금리 및 환율을 연결시킴에 있어 화폐가 중립적임을, 즉 화폐는 실질변수들에 아무런 영향을 주지 않아야 한다는 것을 의미한다. 물론, 현실세계는 위에서 가정한 이상세계는 아니다. 그러나 이상에서 크게 동떨어진 현실도 존재하지 않는다. 이런 탓으로 위와 같은 가정하에서의 평가관계는 정당화될 수 있고, 또한 그 논리의 정연하고 명료함은 큰 매력을 가지고 있다.

아래에서는 위 가정을 전제로 각 평가관계를 먼저 설명하고, 다음에 현실세계에서의 실증적인 유효성과 한계를 덧붙여 검토해 보기로 한다.

---

2) 한 자본시장이 다음과 같은 조건을 갖추는 경우에 완전한 시장이라 할 수 있다.
  ① 마찰이 없는 시장: 거래비용과 규제 및 세금이 없으며, 모든 자산은 완전히 분할할 수 있고 판매할 수 있다.
  ② 완전경쟁: 시장에 참여하는 어느 누구도 가격에 영향을 미치지 못하고 시장에서 결정된 가격을 받아들인다, 즉 모두 가격인수자이다.
  ③ 시장의 정보효율성: 시장참여자들은 모두 동시에, 그리고 비용을 들이지 않고 정보를 취득하게 된다.
  ④ 모든 사람들이 합리적이며, 기대되는 효용을 극대화하려고 한다.

1. 피셔효과

피셔효과(Fisher Effect 또는 Fisher Closed)[3])는 명목이자율이 실질이자율과 예상물가상승률을 반영하고 있다는 내용이다.[4]) 즉, 투자자는 명목이자율이 상품 가격의 예상 상승률을 보상할 수 있을 만큼 충분히 높을 때에만 금융자산에 투자한다는 것이다.

$$(1 + i_n) = (1 + i_r)(1 + \pi^e) \quad \cdots\cdots\cdots (6.1)$$
$$i_n = i_r + \pi^e + (i_r \times \pi^e)$$
$$\fallingdotseq i_r + \pi^e \quad \cdots\cdots\cdots (6.2)$$

여기서, i_n = 명목금리, i_r = 예상실질금리, π^e = 예상물가상승률을 나타낸다.

피셔효과 ❶

어떤 주어진 시점의 명목이자율(i_n)은 실질이자율(i_r)과 만기시점까지의 물가상승률(π)에 대한 기대의 합과 대략 같을 때 균형을 이룬다.

예

물가상승률이 2%로 예상될 때 어떤 투자자(또는 자금의 대출자)가 3%의 명목금리로 투자(대출)했다면, 실질금리는 단지 1%에 불과하다.[5] 투자자는 원금보다 3% 더 많은 금액을 받기는 하나, 투자기간 동안 상품과 용역의 가격이 상승한 탓으로 실질적인 구매력의 증가는 단지 1%에 불과하게 된다.

---

3) '피셔효과'라는 명칭은 이 이론을 처음 제시했던 Irving Fisher(The Theory of Interest, New York: MacMillan, 1930)의 이름에서 따온 것이다.

4) 명목이자율은 금융거래에 적용되는 이자율로, 예컨대 1년 정기예금 금리가 2%라고 할 때의 2%이다. 실질이자율이란 부(富)의 순증가, 또는 구매력의 순증가분이라 할 수 있다.

5) 이자지불에 대한 세금공제효과 때문에 정확하게 이렇게 되는 것은 아니나, 기본적인 개념은 같다.

우리의 이상적인 세계에서는 국내에서 위와 같은 피셔효과가 성립할 뿐 아니라, 외국에서도 피셔등식이 성립할 것이다. 또한 우리는 완전자본 시장을 가정하고 있으므로, 만약 두 나라의 실질금리에 차이가 있다면 차익거래가 이루어져 실질금리가 높은 국가로 투자가 집중될 것이다. 다시 말하면, 실질금리가 국제적으로 차이가 있다면, 이 차이를 취하기 위해 국가 간 자본이 이동하게 된다.

국제자본 이동은 실질금리가 높은 국가로 집중되므로, 이 국가는 자본이 상대적으로 풍부해져 실질금리가 하락하게 된다. 반면, 실질금리가 낮았던 국가에서는 자본이 유출되어 상대적으로 자본이 귀하게 되므로 실질금리는 상승하게 된다. 그 결과 두 나라간 실질금리의 차이는 소멸될 것이고, 결국 실질금리의 수준이 국제적으로 동일하게 될 것이다. 국가 간에 실질금리가 동일하게 되면, 이러한 차익거래는 중단된다.

이제 식 (6. 2)를 국제적인 맥락에서 표시해 보자. 자국의 $i_n = i_r + \pi^e$와 외국의(*표는 외국변수임을 표시함) $i_n^* = i_r^* + \pi^{e^*}$에서(양국의 실질금리 차이가 소멸되면) i_r과 i_r^*이 동일해지므로, 두 식의 차이는 식 (6. 3)으로 표시할 수 있다.

$$i_n - i_n^* \fallingdotseq \pi^e - \pi^{e^*} \cdots\cdots\cdots\cdots\cdots\cdots\cdots\cdots\cdots\cdots\cdots\cdots\cdots\cdots (6.\ 3)$$

실질금리가 국제적으로 안정적이고 동일하다고 가정할 경우, 국가 간의(명목)금리 차이는 기본적으로 이 두 나라의 예상물가상승률의 차이와 같을 때 균형을 이루게 된다는 것이 피셔효과의 요지이다.

피셔효과 ❷

일정기간 동안 어떤 두 나라의 (명목)이자율의 차이($i_n - i_n^*$)는, 같은 기간 동안 그 두 나라의 예상물가상승률의 차이($\pi^e - \pi^{e^*}$)와 대략 같을 때 균형을 이룬다

그러나 자본시장이 완전하지 않은 현실세계에서는, 심지어 자본에 대한 규제가 없는 유로시장에서도 각 통화간의 실질금리가 미세하나마 차이가 있는 것으로 나타나고 있다.[6]

---

6) 여기서 일컫는 "유로통화" 또는 "유로시장"이라 함은 유럽의 단일통화인 유로(€)를 의미하는 것이 아니고, 유로달러나 유로엔과 같이 그 통화가 법정통화로 쓰이는 국가(각각 미국과 일본, 즉 onshore market)가 아닌 다른 나라(각각 미국과 일본 이외의 다른 나라, offshore market)에서 쓰이는 통화와 그 통화가 거래되는 시장을 뜻한다.

2. 구매력평가설

구매력평가설(PPP; Purchasing Power Parity Theorem)은 기본적으로 일물일가의 법칙(一物一價의 法則, LOP; Law of One Price)을 전제로 한다. 상품시장이 완전하다는 것을 가정하는 세계에서는 동일한 품질의 상품은 어떤 나라의 시장에서든 동일한 가격을 가지게 되므로, 국제적인 차익거래를 통해서 이익을 실현 할 수 있는 가능성은 없다는 것이다.

구매력평가설은 두 가지 유형이 있는데, 그 하나는 절대적 모형(absolute version)이고, 다른 하나는 상대적 모형(relative version)이다.

(1) 절대적 구매력평가설

절대적 모형에서는 양국의(공통된) 소비재의 가격비율이 바로 균형환율이라고 보는 견해이다. 절대적 구매력평가설은 다음과 같이 표시된다.

$$P_0 = S_0 P_0^*$$

또는 $S_0 = P_0 / P_0^*$ ·· (6. 4)

여기서 S는 환율, 즉 자국통화로 표시한 외국통화의 가격(예 1달러＝1,000원)이고, P와 P^*는 각각 자국과 외국의 가격수준이며, 0은 어떤 주어진(기준) 시점이다. 이는 환율을 정의하는 하나의 방법이기도 하다. 예컨대 어떤 대표적인 상품의 가격이 한국에서는 1,000원(P_0)이고 미국에서는 1달러(P_0^*)일 때, 구매력평가에 의한 균형환율(S_0)은 달러당 1,000원이고, 또한 이때에 국제적으로 일물일가가 성립한다.

> **절대적 구매력평가설**
> 어떤 주어진 시점의 환율(S_0)은 관련된 양국의 물가수준의 비율(P_0/P_0^*)과 같을 때 균형을 이룬다.

(2) 상대적 구매력평가설

상대적 구매력평가설의 요지는 환율의 변화가 양국의 물가상승률의 차이를 반영한다는 것이다. 어떤 주어진 기간 동안 한 나라의 물가상승률이 외국에서보다 높으면, 그 나라의 통화가치는 이를 반영하여 하락하게 된다는 것이다. 이렇게 되어야 국제적으로 차익 기회가 없어지고 국제적인 일물일가가 성립하게 된다는 것이다.

예

구매력평가설 ❶

한국과 일본에서 공통적으로 소비되는 어떤 대표적인 상품(또는 소비바스켓)이 있고, 이 상품의 가격이 한국에서는 1년 동안 3% 상승했고, 일본에서는 같은 기간 동안 단지 1% 상승했다고 하자. 그 1년 후 원화에 대한 일본 엔화의 가치가 이 두 나라의 물가상승률의 차이를 반영하여 약 2% 상승하여야 균형이 유지된다. 만약 엔화가 단지 1%만 상승하였다면, 한국에서 생산된 이 상품은 국제시장에서 경쟁력이 하락할 것이고, 따라서 일본에서 한국으로 이 상품을 수출하여 이익을 취하려는 차익거래가 생기게 된다.

따라서 상품시장의 완전성을 가정한다면, 환율이 양국의 물가상승률의 차이를 정확하게 상쇄시키게 될 것이다. 이를 식으로 표시해 보자. 균형시점 0으로부터 t시점간에 양국의 물가는 다음과 같이 변한다.

$$P_t = P_0(1+\pi) , \ P_t^* = P_0^*(1+\pi^*)$$

절대적 구매력평가식으로부터,

$$S_t = P_0(1+\pi) / P_0^*(1+\pi^*) \ \cdots\cdots\cdots\cdots\cdots\cdots\cdots\cdots \text{(6. 4)}'$$

(6. 4)와 (6. 4)′로부터,

$$S_t / S_0 = (1+\pi) / (1+\pi^*) \ \cdots\cdots\cdots\cdots\cdots\cdots\cdots\cdots \text{(6. 5)}$$

즉, $(S_t - S_0)/S_0 = (\pi - \pi^*)/(1+\pi^*)$

$$\fallingdotseq \pi - \pi^* \ \cdots\cdots\cdots\cdots\cdots\cdots\cdots\cdots\cdots\cdots \text{(6. 6)}$$

0시점으로부터 t시점까지의 환율의 변화율은 양국의 물가상승률의 차이와 대략적으로 같다는 것이다. 마지막 식은 $(1+\pi^*)$가 1과 큰 차이가 없다고 간주하는 근사식이어서, 만약 외국의 물가상승률이 매우 높다면 이처럼 단순화시키기 어려울 것이다.

앞 쪽 예에서 기준시점의 환율이 1엔당 10원(₩/¥ = 10.00)이었다면, 1년 후에는 원화의 가치가 하락하여 ₩/¥ = 10.20이 되어야 한다는 것이다. 예컨대 어떤 대표적인 상품의 가격이 기준시점에 한국과 일본에서 각각 1,000원과 100엔이었고, 이 가격에서 두 상품은 국제시장에서 경쟁적 균형에 있었다고 가정하자. 1년 후에 이 상품의 가격은 물가상승률에 의해 양국에서 각각 1,030원과 101엔이 될 것이다. 이때 환율이 10.20이 되어야 이 두 가격은 동일해지고(즉 1,030원 = 101엔 × 10.20), 국제 시장에서 경쟁적 균형이 유지될 것이다. 바꾸어 말하면, 이 환율에서 국제적 일물일가가 성립하게 될 것이다.

구매력평가가 성립한다는 것은, 금융거래에서는 동일한 어떤 자산에 대한 실질수익률(= 명목수익률 − 물가상승률)이 어느 나라의 투자자들에게나 모두 같음

예

구매력평가설 ②

영국의 어떤 자산이 파운드로 연 5%의 수익률을 나타내고 있으며, 물가상승률이 영국과 한국에서 각각 2%와 3%라고 하자. 또한, 양국간에 구매력평가가 성립하여 이 기간 동안 파운드화가 원화에 대해 약 1% 가치 상승하였다고 하자.

그러면 이 영국 자산에 투자한 한국 투자자에게 돌아오는 수익률은 파운드 표시의 수익률 5%와 파운드의 가치상승 1%를 더하여 대략 6%가 될 것이다.[7] 물가상승률을 감안한 실질수익률은 영국의 투자자에게나 (5% − 2%), 한국의 투자자에게나 (6% − 3%) 대략 3%로 같다. 이처럼 평가를 유지하도록 만드는 환율변동은 단지 양국의 물가상승률의 차이를 반영하여 양국간의 실질수익률을 동일하도록 만드는 데 불과하기 때문에 투자결정에 아무런 영향을 미치지 않는다.

---

7) 여기서는 대략적인 식(6. 6)을 이용하여 파운드의 가치상승이 약 1%가 될 것이라고 하였다. 보다 정확한 값은 식(6. 5)를 이용해서 구할 수 있다. 예컨대 투자시점의 환율이 파운드당 1,000원이라고 가정하고 한국 투자자가 1,000원(즉 1파운드)을 투자한다고 하자. 투자 만기 시점에서는 파운드당 1,010원(= 1,000원 × 1.01)이 되어 투자자들이 받게 되는 1.05파운드는 1,060.50원(= 1.05파운드 × 1,010)이 되어 한국 투자자들의 수익률은 6.05%가 된다.

을 의미하는 것이기도 하다.

물가상승률과 환율변화간의 이와 같은 관계는 환율결정에서도 널리 이용된다. 제1차 세계대전이 끝난 후 유럽의 각국들간에 중단되었던 무역이 재개되면서, 환율을 새로 결정하고 재정비해야 할 필요가 생겼을 때, 카셀(G. Cassel)은 바로 이 구매력평가설을 체계화시켜 환율결정의 근거로 제시한 바 있다. 구매력평가는 장기적으로는 유효하나, 단기환율의 변동을 설명함에 있어서는 큰 설명력을 가지지 못하는 것으로 알려져 있다. 환율의 결정이론과 관련하여 제7장에서 구매력평가설에 대해 보다 상세한 설명을 할 것이다.

3. 이자율평가설

구매력평가설이 상품시장에서의 일물일가법칙을 전제로 하는 데 반해, 이자율평가설(IRP; Interest Rate Parity Theorem)은 금융시장에서의 일물일가의 법칙, 즉 동일한 금융상품은 완전한 금융시장을 가정할 때 국제적으로 동일한 가격(즉 금리 또는 수익률)을 가지게 된다는 것을 전제로 한다. 여기서 동일한 금융상품이란 위험의 크기, 만기 그리고 유동성이 동질적임을 의미한다. 만약 동일한 금융상품에 대해 국가간에 가격이 서로 다르다면 차익거래가 일어날 것이며, 그 결과 금융상품의 가격과 환율이 변화하여 궁극적으로 차익이 발생하지 않는 균형을 이루게 된다는 것이다.

이제 어떤 투자자가 자국통화표시의 자산에 투자할 것인가, 아니면 외국통화표시의 자산에 투자할 것인가를 결정하기 위해, 이 두 경우의 수익성을 비교한다고 하자. 그리고 이 투자자는 해외자산과 국내자산간에 특별한 선호를 가지고 있지 않아, 둘이 서로 완전히 대체될 수 있다고 하자.

자금을 국내통화표시로 투자할 때의 수익률은 투자기간 후의 원리금에 의해 결정된다. 외국통화표시로 투자할 때의 수익률은, 자금을 외환시장에서 외국통화로 교환하여 투자하고, 그 투자기간 후에 받게 될 원리금을 자국통화로 다시 환전한 값에 의해 결정된다.

즉, 자금을 외국통화표시로 투자할 경우에는 두 가지 정보가 필요하다. 하나는 투자 또는 예금의 가치가 만기일에 어떻게 변화할 것인가(수익률 또는 이자율) 하는 데 대한 정보이고, 다른 하나는 환율이 투자기간 동안 어떻게 변화할 것인가(환율에 대한 예상치)에 대한 정보이다. 한국 투자자에게 있어 궁극적인 계산의 통화는 원화이기 때문에, 투자만기시 외화표시의 투자원리금을 원화로 환전할 때 적용하게 될 환율이 중요하다. 환율예상은 불확실한 것이고, 그 불확실성을 제거하고 현금흐름을 확실히 해 놓으려면 선물환계약을 미리 체결해 두는 것이 한 방법이다. 이처럼 선물환계약을 미리 체결해 거래에 따르는 외환위험을 없애는 행위를 보통 선물환으로 커버한다고 말한다.[8]

이자율평가설은 균형상태에서 이 두 투자안이 동일한 실질수익률을 가지게 된다는 것이다. 이를 식으로 표시해 보자. 어떤 균형시점에 i_n의 고정이자율로 자국통화표시의 금융상품에 투자한다면, 만기인 t시점에 투자액 한 단위의 가치는 $(1+i_n)$으로 표시할 수 있다.

이제 자국통화 한 단위의 투자를 i_n^*의 고정금리를 지불하는 외화표시의 금융상품에 투자하는 경우를 살펴보자.[9] 이 투자자는 0시점에:

(ⅰ) 먼저 외환(현물환)시장에서 자국통화 한 단위를 환전하여, $(1/S_0)$만큼의 외화를 가진다. 예컨대 달러표시 예금을 하려면 원화 투자금을 먼저 달러로 바꿔야 한다. 이 $(1/S_0)$이 외화로 표시한 투자 원금이다.

(ⅱ) 이를 투자하여, 만기에 $(1/S_0)(1+i_n^*)$만큼을 받기로 한다.

(ⅲ) 투자가 완료되는 t시점을 만기로 하는 선물환(F_t) 매도계약을 체결한다. 이 계약은 투자 만료시점에 외화로 표시된 투자원금과 수익금을 지불하고 그 대가로 자국통화를 받기로 하는 약속을 투자시점(0시점)에 미리 해 두는 것이다.

그 후 t시점이 되면, 이 투자자는 이미 체결해 둔 선물환계약에 따라 외국통화표시의 투자원금과 이자를 지불하고 자국통화를 수취하게 되는데, 그 가치는 $(1/S_0)(1+i_n^*)F_t$로 나타낼 수 있다.

완전금융시장에서 자국통화표시 자산에 투자한 수익률과 외국통화표시 자산

---

8) 1 커버(cover)라 함은 헤지(hedge)와 거의 동의어로 쓰이고 있는데, 이것은 위험노출로부터 수익 또는 현금흐름을 보호하려는 일체의 행위를 일컫는다. 헤지가 모든 종류의 노출에 관련된 것임에 비해, 커버는 거래적 노출과 관련된 경우에만 쓰인다고 하여, 이 둘을 구별하려는 이들도 있다.

9) 환율 S는 외국통화 1단위에 대한 자국통화의 가치를 표시한 비율이기 때문에 i는 자국의 금리를, 그리고 i^*는 상대국의 금리를 나타낸다. 만약 자국과 상대국으로 구분되지 않는 경우에도 S가 A국 통화/B국통화(즉, B국 통화 한 단위당 A국 통화의 수)로 표시되어 있으면, i는 A국의 금리를, 그리고 i^*는 B국의 금리를 나타내게 된다.

에 투자한 수익률은 같은 값을 가지게 된다. 왜냐하면 수익률 차이가 없어질 때까지 차익거래가 일어날 것이기 때문이다. 그래서,

$$(1+i_n) = (1/S_0)(1+i_n^*)F_t$$

$$F_t/S_0 = (1+i_n)/(1+i_n^*) \quad \cdots\cdots\cdots\cdots\cdots\cdots\cdots\cdots\cdots\cdots\cdots\cdots (6.7)$$

즉, $(F_t - S_0)/S_0 = (i_n - i_n^*)/(1+i_n^*)$

$$\fallingdotseq (i_n - i_n^*) \quad \cdots\cdots\cdots\cdots\cdots\cdots\cdots\cdots\cdots\cdots\cdots\cdots\cdots (6.8)$$

$$F_t = S_0\left[1+(i_n - i_n^*)\right] \quad \cdots\cdots\cdots\cdots\cdots\cdots\cdots\cdots\cdots\cdots (6.9)$$

식 (6. 8)의 왼쪽 항($(F_t - S_0)/S_0$)은 일반적으로 선물환 할증(+일 때) 또는 할인(−일 때)이라고 한다. 이것은 선물환율이 지금 현재의 현물환율로부터 변화하는 정도를 나타낸다.[10] 예컨대 100엔당 현물환율이 1,000원이고 3개월 선물환율이 1,010원이면, 엔은 원에 대해 연율 4%(= (1,010−1,000)/1,000×12개월/3개월×100)의 할증에 있다. 여기서도 외국의 금리가 매우 높아 원래 식의 분모항 $(1+i_n^*)$가 1과 많이 다른 경우에는 근사식은 큰 오차를 가지게 될 것이다.

> **이자율평가설**
>
> 일정시점 후(t)를 만기로 하는 선물환의 할증 또는 할인($[(F_t - S_0)]/S_0$)은 그 기간(0~t) 동안 두 당사국의 이자율의 차이($i - i_n{}^*$)와 대략 같을 때 균형을 이룬다. 이때 이자율이 상대적으로 높은(낮은) 나라의 통화가 상대국 통화에 대해 선물환 할인(할증)에 있게 된다.

이자율평가는 선물환의 할증 또는 할인이 그 선물환기간 동안의 양국의 금리 차이와 같게 됨을 보여 주는 것이다. 자본이동에 제약이 없다면 양국의 이자율의 차와 선물환율의 변동률이 같게 된다는 것이다. 왜냐하면 투자에 대한 의사결정을 할 때 투자자는 이자율의 차뿐만 아니라 환율변동에서 오는 환위험도 고려하기 때문이다.[11]

---

10) 이에 대해서는 '제2장 외환시장' 특히 53쪽을 참고하라.

11) 앞에서 가정(158쪽)한 바와 같이 미래를 확실히 알 수 있다면, 선물환계약을 체결할 필요는 없을 것이다. 그럼에도 불구하고 만약 선물환계약을 체결한다면, 이는 가격불확실성의 제거

이자율평가설은 단기자금시장과 외환시장이 서로 상충관계에 있음을 보이는 것이기도 하다. 상대적으로 금리가 높은 통화로 차입하여 금리가 낮은 통화에 투자하는 경우 단기자금시장에서는 금리차만큼 손실을 보게 되나, 외환시장에서의 선물환 할증에 의해 그 손실만큼 보상을 받게 된다. 반대로 금리가 낮은 통화로 차입하여 금리가 높은 통화에 투자하여 단기자금시장에서 상대적으로 높은 수익률을 얻게 되는 경우에는 외환시장에서 그만큼 선물환이 할인되어 상쇄된다. 단기자금시장과 외환시장이 균형관계에 있으면, 어느 통화에 투자하건 동일한 수익을 얻게 되므로 무관하게 된다. 이 두 시장이 균형상태에 있지 않으면, 차익거래가 발생하여 균형을 다시 찾게 된다.[12]

예

이자율평가의 균형

다음과 같은 경우를 생각해 보자.

금리차: 연율 3.00%   선물환 할인: 연율 2.00%

예컨대, 엔표시의 유로채권이 달러표시의 유로채권보다 연율로 3% 금리가 낮은데, 앞으로 1년 후 만기가 되는 선물환율에서 달러는 엔에 대해 단지 2% 할인되어 있다고 가정하여 보자. 이것은 엔 보유자들이 달러채권에 투자하는 것이 엔채권에 투자하는 경우보다 대략 1%(=3% – 2%)만큼 높은 수익을 얻게 됨을 뜻한다. 반대로 달러 보유자들이 엔화채권에 투자하는 경우 얻게 될 낮은 수익을 외환시장이 충분히 보상해 주지 않음을 뜻한다.

자연히 투자는 엔화채권을 기피하게 되고 달러채권에 집중된다. 그 결과 단기자금시장에서는 달러채권의 금리가 하락하게 되고($i^* \downarrow$) 엔화채권의 금리는 상승하게($i \uparrow$) 된다. 외환시장에서도 변화가 생기는데, 현물환시장에서는 달러수요가 증대되어 환율이 상승하는($S_0 \uparrow$) 반면, 선물환시장에서는 달러공급이 늘어남에 따라 선물환율이 하락하게($F \downarrow$) 된다. 이 같은 각 변수들의 변화로 인해 이자율평가를 회복하게 될 때 단기자금시장과 외환시장은 균형을 이루게 되고, 더 이상 차익거래가 발생하지 않게 될 것이다.

보다는 외환확보(availability)의 불확실성 제거)에서 의미를 찾을 수 있을 것이다.

12) 이에 대해서는 다음 절의 '커버된 금리차익거래'를 참조하라.

이자율평가관계는 국제적 자본이동 및 외환시장의 효율성과도 관련이 있어, 많은 실증분석의 대상이 되었다. 특히 유로통화시장에서는 각 통화별 증권들이 모두 위험이 거의 똑같이 낮기 때문에 이자율평가의 검증에 가장 이상적인데, 많은 연구들이 이 시장에서는 단기자본이 차익거래 기회에 매우 민감한 반응을 보여 이자율평가관계가 잘 유지됨을 입증하였다.[13]

이에 반해 각 국가의 자료를 이용한 연구들은 이자율평가관계가 유로통화의 경우만큼 정확하게 성립하지 않고 있다고 결론 짓고 있다. 특히, 장기채권이나 직접투자 등에 있어서 그렇다. 이에 대한 설명으로는 대체로 다음의 두 가지가 중요하다. 첫째, 이자율평가관계는 외환시장의 효율성을 전제조건으로 하므로 선물환 또는 현물환시장이 비효율적인 경우에는 성립하지 않는다. 둘째로, 서로 다른 국가의 시장간에 정치적 위험(political risk)이 상이한 경우, 이자율평가가 성립하지 않을 수 있다.

정치적 위험에는 외환시장에 대한 중앙은행의 개입가능성, 원금과 이자의 송금에 대한 제약 등의 자본 및 외환통제, 그리고 국내기업이 외국투자자들에게 지불하는 이자에 대한 세율변경의 가능성 등이 포함된다. 이와 같은 정치적 위험의 가능성이 있는 경우에는, 그에 대한 위험부담(risk premium)이 추가로 발생하여 이자율평가가 성립하지 않을 수 있게 된다.

4. 국제피셔효과

환율의 변화와 이자율의 변화 간의 관계를 설명하는 논리로는 앞에서 살펴본 이자율평가설 이외에 국제피셔효과(International Fisher Effect 또는 Fisher Open)가 있다. 앞의 이론에서 문제가 되는 환율이 현재의 현물환율과 장래 만기가 되는 선물환인 데 반해, 뒤의 이론에서 관련되는 환율은 현재의 현물환율과 미래의 현물환율이라고 하는 차이가 있다. 두 이론에서 사용하는 이자율은 차이가 없다.

---

13) 국가마다 여러 종류의 금리가 있는 만큼, 서로 위험의 크기와 만기가 같은 금융상품간의 금리를 비교해야 한다. 듀레이션이 동일한 유로통화시장에서의 예금금리를 가지고 비교하면, 이 식이 거의 정확하게 성립된다. 유로통화시장에서는 정치적 위험이 없기 때문이다.
국내에서는 통화안정증권 1년물을 대표적 국내금리로, 그리고 리보 1년물을 대표적 외국금리로 많이 이용한다.

국제피셔식은 피셔등식과 (사전적 형태인) 구매력평가식으로부터 다음과 같이 얻을 수 있다.[14]

$$(S_t^e - S_0)/S_0 \fallingdotseq i_n - i_n^* \quad \text{(6. 10)}$$

또한 이자율평가식인 식 (6. 8)에서도 국제피셔효과식을 구할 수 있다. 식 (6. 8)에서는 외국자산에 투자할 때 선물환(F_t)을 이용할 것을 상정하고 있으나, 그 대신 원리금을 받게 될 투자 만기시점의 현물환율(S_t)로 환전할 수도 있다. 이를 사전적인 형태로 표시하면, 식 (6. 8)은 식 (6. 10)과 같아지게 될 것이다.

국제피셔효과

일정기간 동안의 환율의 예상변화율$[(S_t^e - S_0)/S_0]$은 관련된 양국간의 이자율의 차이($i_n - i_n^*$)와 대략 같을 때 균형을 이룬다.

예컨대, i_n^*가 상승하고 i_n은 변하지 않아서 ($i_n - i_n^*$)의 크기가 전보다 작아졌다고 하자. 그러면 S_0와 S_t^e가 동시에 움직여서 $[(S_t^e - S_0)/S_0]$ 역시 전보다 작아져서 새로운 국제피셔효과의 균형을 찾아 가게 된다.

이것은 무엇을 의미하는가? 예상되는 환율의 변동률은 양국간의 명목 이자율의 차이와 같다는 것이다. 왜냐하면 국내자산에 이자율 i_n으로 투자했을 때에 발생하는 수익이, 해외자산에 이자율 i_n^*로 투자한 후 투자원리금을 국내통화로 교환할 경우에 발생하게 되는 수익보다 크거나 작은 상황이 생기게 되면, 곧바로 차익거래가 생기게 될 것이기 때문이다. 차익 거래는 전자와 후자의 수익이 같아질 때까지 계속될 것이고, 그 결과 시장의 균형은 다시 회복될 것이다.

여기서 i_n과 i_n^*는 표시통화를 제외한 다른 조건이 서로 유사한 금융상품들이어야 한다. 이 설명은 외형상 이자율평가설과 유사하다. 다만 식 (6. 8)이 선물환을 이용한 데 비해, 식 (6. 10)은 투자 만기시점에 예상되는 현물환을 이용하고 있는 점이 이 두 식의 차이이다.

선물환시장이 잘 발달되어 있지 않은 통화로 거래해야 한다든지, 투자기간이 장기여서 선물환거래가 활발하지 않다든지, 또는 선물환율이 기대치와 크게 차이가 있다든지, 이런 여러 가지 이유 때문에 선물환보다는 미래의 현물환에 대

---

14) 제1절 식 (6. 1)은 한 국가경제 내부에서의 균형관계식이고 식 (6. 10)은 국제적인 균형관계식이다. 그래서 전자를 Fisher Closed, 후자를 Fisher Open이라고 구분하기도 한다.

한 예상값을 이용하는 경우가 현실적으로 많이 있다. 그러나 투자시점에 예상했던 투자만기시점의 환율은 실제 환율과는 보통 다르기 때문에 위험이 있다.

이자율평가가 단기자금시장과 외환시장간의 균형을(투자시점에 정해지는 선물환 환율을 이용하는) 확정적인 관계로 설명하는 데 반해, 국제피셔효과는 이들의 관계를 사전적인 또는 (투자시점에는 확실하게 알 수 없는 투자만기시점의 예상환율을 이용하는) 불확정적인 관계로 설명하고 있다고 하는 차이가 있다.

국제피셔효과에서도 역시 단기자금시장과 외환시장간에 상충관계가 있음을 나타낸다. 다시 말하면, 단기자금시장에서의 금리 차이가 외환시장에서의 예상환율변화에 의해 정확히 상쇄된다는 것이다. 그렇지 않다면 금리 차이에서 이득을 보려고 하는 거래가 발생할 것이다. 이에 대해서는 다음 절에서 예를 들어 자세히 설명할 것이다.

5. 선물환율과 기대환율간의 평가

지금까지 살펴본 평가관계식들을 정리해 보면 다음과 같다.

- 피셔효과 : $i_n - i_n^* = \pi - \pi^*$ ··· (6. 3)

- 구매력평가 : $(S_t - S_0)/S_0 = \pi - \pi^*$ ······························· (6. 6)

- 이자율평가 : $(F_t - S_0)/S_0 = i_n - i_n^*$ ······························· (6. 8)

- 국제피셔효과 : $(S_t^e - S_0)/S_0 = i_n - i_n^*$ ······················· (6. 10)

피셔효과에 의해 마지막 세 식의 오른쪽 항들은 모두 같은 값을 가지게 되므로, 왼쪽 항들도 모두 같아야 할 것이다. 따라서

$$F_t = S_t^e = S_t$$

완전시장과 미래에 대한 확실성을 가정하는 세계에서는 틀림없이 이 등식은 성립할 것이다. t시점의 환율이 S_t(예컨대, ₩/U$ = 1,000)가 될 것을 0시점에 확신하는 시장참여자는 t시점에 인도하기로 하는 선물환율이 이보다 낮을 때(예컨대, ₩/U$ = 980) 선물환을 매입하는 거래를 체결하여, 차익을 얻으려고 할 것이기 때문이다. 이 거래자는 t시점이 되면 선물환매입한 달러를 그 자리에서 매도

하여 달러당 20원(=1,000−980)의 이득을 취하게 된다.

이 거래에는 0시점에 투자가 전혀 없고, 위험도 거의 없다고 할 수 있다. 이 같은 차익거래는 선물환율을 계속 상승시키게 되는데, 그 결과 선물환율(F_t)과 미래의 현물환율(S_t)이 같아지면, 더 이상의 차익거래가 발생할 소지가 없어진다.

불확실성의 세계에서는 어떻게 될 것인가? 이 경우에는 미래의 환율(S_t)은 사전에 알 수 없으므로 0시점의 예상환율(S_t^e)과 같다고 할 수 없다. 그러면 선물환율(F_t)은 (이자율평가설에서 규명한 대로) 이자율 차이에 의해서 결정될 것인가, 아니면 미래의 현물환율에 대한 기대치에 의해 결정될 것인가?

시장참여자들의 기대치가 단지 양국의 이자율의 차이에 의해서만 형성되어서 다른 변수들이 선물환율의 형성에 영향을 미치지 않는다면, 이 두 값은 같아질 것이다. 앞의 '3. 이자율평가설'에서 정부의 규제와 개입가능성이 없는 시장, 즉 유로시장에서는 이자율평가가 성립함을 보았다. 어떤 정보나 사건이 선물환율에 영향을 미칠 때는 함께 현물환율에도 영향을 미칠 것이고, 따라서 선물환할증이나 할인은 양국의 이자율의 차이와 같을 것이다. 이자율과 환율간의 불균형을 이용한 차익이 발생할 수 있는 여지는 없다.

유로시장이 아닌 각 국가의 시장(on-shore market)에서는 앞에서 본 바와 같이 정치적 위험이 존재하기 때문에 일반적으로 이자율평가가 정확하게 성립하지는 않는다. 정치적 위험 때문에 선물환거래에는 이자율 이외에 위험할증이 요구되고, 이 위험할증은 일정하지 않다. 일반적으로 단기환율은 같은 기간의 금리나 물가상승률보다 훨씬 크게 변동하기 때문에, 위험은 대단히 중요한 변수로 인식되고 있다.

지금까지 몇 가지의 엄격한 가정하에서 성립되는 평가관계를 살펴보았다. 완전시장을 가정하는 이와 같은 세계에서는, 환율은 중립적이어서 단지 국가간의 상대적 물가상승률 또는 상대적 금리를 반영하는 거울과 같을 것이다. 환율은 그 자체로서는 중요한 어떤 실체가 아니고, 단순히 회계적인 환산을 하는 수단에 불과한 것이라고 볼 수 있다.

앞 절에서 한 국가의 중요한 거시경제변수들이라고 할 수 있는 금리, 물가상 승률 그리고 환율이 서로 긴밀한 평가관계를 유지하고 있음을 보았다. 그리고 이러한 관계를 유지하도록 뒷받침해 주는 기둥은, 바로 그 평가관계가 무너지는 경우에 이익을 얻고자 기회를 노리는 수많은 차익거래자들이라는 것도 보았다. 그래서 세계시장이 통합되고 규제가 완화되면, 시장의 효율성이 증대되어 차익 거래에 의해 이익을 취할 수 있는 소지가 그만큼 작아지고 따라서 이 평가관계 는 더욱 공고해질 것이라고 생각할 수 있다.

그러나 변동환율제도하에서의 현실세계는 우리가 제1절에서 가정한 바와 같 이 이상적인 것은 아니기 때문에 균형에서의 이탈은 일상적이 되었으며, 따라서 환율이 균형관계식에 의해서만 설명할 수 있는 것은 아니다. 그런 이유로 시장 이 균형을 벗어났다고 믿는 이들이나, 시장에서 형성된 가격보다 더 정확하게 미래의 환율을 예측할 수 있다고 믿는 이들은 그 예상치를 근거로 하여 차익을 노리는 거래를 할 수 있다.

금리차익거래는 이자율평가를 이용한 차익 거래, 즉 '커버된 금리차익거래 (CIA; covered interested arbitrage)'와 국제피셔효과를 이용한 차익거래, 즉 '커 버되지 않은 금리차익거래(UIA; uncovered interest arbitrage)'로 나눌 수 있다. 전자는 위험을 선물환으로 커버하여 위험을 없앤 거래인 데 비해, 후자는 커버 하지 않아 위험이 따르는 거래이다. 이런 의미에서, 후자는 보다 엄격한 의미에 서 차익거래라기보다 투기거래라 할 수 있다.

이들 두 부류의 거래자들간의 상호 작용에 의해서 금리 차이와 선물환 간의 관계가, 그리고 선물환율과 미래에 기대되는 현물환율간의 관계가 유지되는 것 이다. 또 금리차익거래는 외환시장과 자금시장의 효율을 증대시키는 역할을 하 고, 결국 이 두 시장에서 이익을 취할 수 있는 기회를 해소하는 데 도움이 된다.

투기거래는 미래의 환율에 대해 시장보다 정확히 예측하여 이익을 구하고자 하는 거래이다. 완전히 헤지되지 않은 외환거래는 모두 투기적 요인을 내포하고 있다고 할 수 있다. 그러나 투기거래라고 할 때는 일반적으로 이익을 취하기 위 해서 의도적으로, 그리고 적극적으로 위험을 취하는 경우를 가리킨다.

전에는 외환투기거래는 주로 은행의 외환부서들이 주도했고, 타 금융 회사에 있는 포트폴리오 운용자들과 다국적기업들이 가세하는 정도였다. 그러나 통화선물(futures)시장이 개설되어 소액거래가 가능해지면서부터 개인들이나 비교적 소규모의 기업들도 투기를 용이하게 할 수 있게 되었다.

투기거래는 결과적으로 많은 외환사고를 발생시켰다. 소수의 선진국에서 변동환율제도를 처음 도입한 직후인 1974년 독일의 헬스타트은행(Bankhaus Herstatt)과 미국의 프랭클린내셔날은행(Franklin National Bank)이 외환투기로 도산하였다. 보다 최근에도 국내에서 1989년 광주은행 사건, 1994~95년 수산업협동조합 중앙회 사건, 2005~08년 키코(KIKO)사태, 그리고 해외에서는 1995년 베어링스은행(Barings Bank) 파산사건 등 수없이 많은 외환관련 사고들이 발생하여 왔다.

오늘날 소매외환시장에서 현물환을 이용한 대표적인 투기거래는 외환마진거래(retail forex trade)이다.15) 이는 ECN 브로커의 등장과 투자금의 높은 배율(leverage)16)로 거래할 수 있도록 허용하는 제도 탓으로 세계 각처에서 빠르게 확산되고 있다.

과거에는 각 ECN이 자기 네트워크 참가자들끼리만 거래하도록 하는 폐쇄형(closed book)으로 운영했으나 요즘은 거의 모두 다른 ECN이나 시장조성자들과 연계한 개방형(open book)으로 운영하므로, 주문이 즉각적으로 체결될 만큼 거래가 용이해졌다. 이들의 등장으로 외환시장에서 가격투명성도 커지고, 유동성이 늘어났으며, 거래비용도 크게 줄어들었다. 기술적 분석기능을 가진 인공지능을 장착한 자동거래시스템(EA; expert adviser)도 많이 개발되어 고객은 많은 편의와 혜택을 얻고 있다.

헤지거래는 위험을 떠안지 않으려고 하는 동기에서 이루어지는 거래이고, 그래서 개념적으로 투기거래와는 상반되는 개념이다. 기본적으로 기업은 위험을 회피하는 것이 바람직하고, 그래서 위험을 헤지하는 것이 당연하다. 그러나 현실적으로 대부분의 기업들은 앞으로의 환율변동 방향을 예측하려 들고, 그 예측

---

15) 외환마진거래를 우리나라 자본시장과 금융투자업에 관한 법률에서는 장내파생거래로 분류하고 있으나, 사실은 장외 현물환거래이다. 미국 판례에서 재판부는 상품선물거래위원회(CFTC)의 장내파생상품이라는 주장을 부인하였다(박철호, 2010 참고).

16) 우리나라에서는 투자금의 10배까지 허용하고 있고, 일부 선진국에서는 심지어 500배까지도 허용하고 있다. 배율이 높아지는 만큼 투자 위험도 커진다. ECN에 대해서는 제2장 제1절을 참고하라.

의 결과에 따라 헤지의 정도를 결정하는 경우가 많다. 그러나 사실은 예측을 전제로 하는 거래는 헤지가 아닌 투기거래이다.

보통 위험을 커버하지 않은 투자 또는 예측을 근거로 한 투자를 투기라 일컫지만, 현실세계에서는 투자와 투기를 구분하기 어려운 경우가 많다. 또 외환시장이 효율적으로 기능하기 위해서는 투기거래가 필요하다. 차익거래가 가격의 균형을 유지시킴으로써 시장의 효율을 증대시키듯이, 투기도 선물환, 통화선물, 그리고 옵션시장의 유동성을 증대시켜 이 시장들의 효율을 제고하는 데 기여하고 있다. 투기적 거래가 물론 모두 유익하기만 한 것은 아니지만, 투기거래가 없다면 외환시장에서 위험을 회피 하는 것이 매우 어려워질 것이다.

아래에서는 거래의 동기를 구분하지 않고 모두 차익거래로 부를 것이다. 먼저 평가관계가 완벽하게 이루어지지 않는 경우에 국제적으로 차익거래가 어떻게 발생할 수 있겠는가를 살펴본 뒤 차익거래의 기본적인 예를 몇 가지 들기로 한다.

(1) 삼각차익거래

삼각차익거래(triangular arbitrage)는 모든 환율이 서로 일관성을 가지도록 만들어 주는 하나의 과정이라 할 수 있다. '제2장 외환시장, 제2절 외환거래의 종류'에서 상세히 설명하였듯이 국제적으로 서로 다른 환율간에는 균형이 성립한다. 예컨대 어떤 세 통화간의 환율이 서로 일치되지 않는다면, 즉 식(6.11)이 성립하지 않으면 차익거래에 의한 이익이 발생하게 되기 때문이다.

$$S_{a/b} \cdot S_{b/c} \cdot S_{c/a} = 1 \quad\text{\dotfill} \quad (6.\ 11)$$

(여기서 $S_{i/j}$ = j통화 한 단위의 가치를 i통화로 표시한 환율)

또한 외환시장간의 환율이 서로 일치하지 않는 경우에는 공간적인 차익거래도 가능하다. 파운드화가 뉴욕에 비해 런던에서 저렴하다면, 런던에서 사서 뉴욕에서 매도함으로써 이익을 얻을 수 있다.

외환시장이 크게 발전해왔지만, 아직도 시장변동이 심할 때는 일시적으로 비효율적일 수 있다. 시장흐름이 빠르게 바뀌거나 매입 또는 매도거래가 한꺼번에 몰려 수요와 공급이 크게 변동할 때, 시장의 이런 빠른 변화에 환율 간의 조정이 즉각적으로 이뤄지지 않아 순간적으로 불일치(mispricing)하게 되어 차익거

삼각차익거래 ❶

1달러=2,000원이고 1달러=100엔일 때, 100엔=1,000원이라고 하자. 그러면 1달러를 가지고 먼저 2,000원으로 바꾸고, 이를 가지고 다시 200엔으로 바꾼 다음, 그 200엔으로 달러를 매입하면 2달러가 되어 1달러의 수익을 얻을 수 있게 된다.

삼각차익거래 ❷

어떤 시점에 각 시장에서의 환율이 다음과 같다고 하자.

• 뉴욕: £1.00 = $1.50
• 프랑크푸르트: €1.00 = $1.25
• 런던: €1.00 = £1.00

이제 1백만 달러를 가진 거래자는 다음과 같은 방법으로 거래를 하여 차익을 얻을 수 있다. 먼저, 프랑크푸르트시장에서 1백만 달러를 팔아 800,000유로를 받는다. 다음 런던시장에서 이 유로를 팔고 그 대가로 800,000파운드를 받는다. 마지막으로, 뉴욕시장에서 이 파운드화를 팔아 1,200,000달러를 얻게 된다. 결국, (거래비용을 무시할 수 있다면) 이 거래자는 아무런 위험 없이 20%의 순이익을 올리게 된 셈이다.

래의 기회가 생길 수 있다.

이런 기회는 삽시간에 사라지기 때문에 고빈도거래(HFT) 등 선진화된 기술과 전용 알고리즘을 갖춘 자동프로그램으로 빠르게 거래를 실행해야 한다. 이런 차익거래를 통해 환율이 조정되고 시장은 다시 균형을 찾게 된다.

(2) 커버된 차익거래(CIA)

앞 절 '이자율평가설'에서 설명한 바와 같이, 외환위험을 선물환으로 헤지한다면, 동일한 금융자산은 설사 다른 통화로 표시되었다 하더라도 국제적으로 실질수익이 같아야 한다. 그렇지 않다면, 한 통화로 차입하여 다른 통화로 대출함으로써 환위험을 부담하지 않고도 차익을 남길 수 있는 기회가 생기게 될 것이다.

이자율평가의 개념을 다시 한 번 생각해 보자. 국내에서 i의 이자율로 1년간 1원을 투자(또는 예금)한다고 하자. 1년 뒤에는 원금과 이자가 $(1+i)$가 된다. 이제 달러로 환전하여 투자하는데 그 이자가 i^*라고 하자. 그러면 투자원금은 $1/S$이며, 기간이 만료되었을 때의 원리금은 $[(1/S)(1+ i^*)]$가 된다.

원화 투자기회와 달러 투자기회를 비교해 볼 때, 결과적으로 어느 쪽이 더 클지는 투자를 결정할 당초에는 알 수 없다. 전자는 원화로 표시된 것이고, 후자는 달러화로 표시된 것인데, 투자 기간이 끝난 후 달러표시의 원리금을 원화로 환전할 때 환율이 얼마가 될지 알 수가 없기 때문이다. 그러나 투자 초기에 선물환계약을 체결해 두면, 이 같은 불확실성은 제거된다.

이때 적용된 선물환율을 F라고 하면 달러로 투자한 결과로 1년 후 얻게 될 투자원리금은 $[(F/S)(1+i^*)]$로 표시되고, 이것을 커버된 또는 헤지된 수익이라고 할 수 있다.

이것은 원화로 표시된 것이어서, 국내에 투자해서 얻게 될 원리금과 서로 비교할 수 있다. 이들 두 수익률간에 차이가 있으면 투자자들은 수익률이 높은 곳으로 자본을 이동시킬 것인데, 이러한 과정을 '커버된 금리차익거래(covered interest arbitrage)'라고 한다.

이런 금리차익거래가 많이 일어나면, 양국의 단기자금시장에서 금리가 변동하게 된다. 금리가 상대적으로 낮았던 시장에서는 자금이 해외로 유출되어 금리가 비싸지게 되고, 반대로 상대적으로 금리가 높았던 시장에서는 해외로부터 자금이 흘러 들어와서 유동성이 커져 금리가 떨어지게 된다.

동시에, 외환시장에서는 환율이 변동하게 된다. 금리가 높았던 나라의 통화에 대한 (외국투자자들의) 현물환 수요가 증대되어 현물환 가치가 상승하고, 투자가 끝 난 후 매각하려는 선물환 공급의 증대로 선물환 가치를 떨어지게 하는 힘이 시장에 가해질 것이다.

이러한 단기자금시장과 외환시장의 움직임에 의해, 결과적으로 이들 두 시장 간에는 금리차익거래 기회가 소멸되고 서로 균형이 유지되는 관계가 형성될 것이다. 즉, 커버된 금리평가, 식(6.7) 및 식(6.8)의 등식이 이루어질 것이다.

다음 예를 보면, 외환시장에서 엔화는 원화에 대해 연 4.00%의 선물환 할증에 있는 데 비해 단기자금시장에서는 양 통화간의 금리 차이가 연율 3.00%여서,

커버된 금리차익거래

- 외환시장: 현물환율 – ₩1,000/¥100
- 3개월 선물환율 – ₩1,010/¥100(즉, ¥ 선물환할증이 연 4.00%)

- 단기자금시장: 3개월 ¥이자 – 연율 1.00%
- 3개월 ₩이자 – 연율 4.00%

시장상황이 위와 같다면, 이것은 이자율평가가 성립되지 않고 있음을 의미하므로, 다음과 같은 거래를 통해 차익을 얻을 수 있다.

당일:
- ₩1,000,000을 연율 4.00%(3개월간 1.00%)에 차입
- 이 원화를 외환시장에서 ¥100,000으로 환전해서 3개월 만기로 예금
- 만기에 받게 될 원리금 ¥100,250을 3개월 선물환에 매도 계약체결[17]

3개월 후:
- 예금 ¥100,250을 회수하여 선물환계약을 이행: ₩1,012,525을 받음
- 차입원리금 ₩1,010,000을 상환
- 세금과 거래비용을 무시할 때, 이 거래의 결과 ₩2,525의 차익을 얻을 수 있다. 이는 연수익으로 ₩10,100(=₩2,525×12개월/3개월) 또는 투자원금 ₩1,000,000 의 약 1%에 해당하는 금액이다.

이들 두 통화가 균형을 이루고 있지 못함을 알 수 있다.

이런 경우, 금리가 높은 통화(원화)로 표시된 금융자산에 투자를 하면 금리가 낮은 통화(엔화)에 투자하는 경우에 비해 연율 3.00%만큼의 보다 높은 금리를 받게 될 것이나, 외환시장에서 연율 4.00%만큼의 손실을 입게 되므로 결국 순실질수익률은 대략 연율 –1.00%가 될 것이다.

반대로, 낮은 금리에 투자하면 높은 금리에 투자하는 경우에 비해 단기자금시장에서는 연율 3.00%의 절대 금리차이만큼 손해이나, 이 손실은 외환시장에서의 선물환 할증에 의해 연율 1.00%만큼 더 많은 보상을 받게 되므로 오히려

---

17) 이 중 ¥100,000은 앞의 현물환 매입과 함께 묶어 하나의 스왑거래로 체결할 수 있다. 스왑에 대해서는 '제2장 외환시장, 제2절 외환거래의 종류' 참조.

유리한 결과가 된다.

　외환시장이 활성화되기 위해서는 특히 단기자금시장이 잘 발달되어야 한다. 그리고 양 시장간 금리를 매개로 한 상호 연계성을 강화함으로써, 단기 원화 및 외화자금의 수급조절이 원활하도록 만들 필요가 있다. 우리나라의 단기자금시장은 그 발달이 아직 충분하지 못하여 외환시장과의 연계를 통한 균형된 가격형성의 기능을 원만히 수행하지 못하고 있다. 따라서 단기금융 수단인 상업어음, 은행인수어음, 재정증권, 통안증권, 양도성 예금증서, 환매채 등의 발행 및 유통체제를 활성화하여 은행, 증권 등 금융회사와 기업의 단기 원화자금 수급을 원활하게 할 수 있도록 하여야 하며, 이와 더불어 원화와 외화의 콜시장 발달도 더욱 도모해야 할 것이다.

(3) 커버되지 않은 차익거래(UIA)

예

커버되지 않은 현물환 차익거래

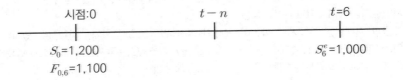

- S_0: 0시점의 현물환율
- S_6^e: 0시점에 예상한 6개월 후의 현물환율
- $F_{0,6}$: 0시점에 계약하여 6개월 후 만기가 되는 선물환율

　이제 커버되지 않은 차액거래의 간단한 예를 들어 보자. 어느 날 달러의 현물환율이 1,200원, 6개월 선물환율이 1,100원이라고 하자. 이제 어떤 거래자가 6개월 후의 현물환율이 1,000원이 될 것으로 예측하고 100달러로 거래를 시작한다고 하자. 달러의 가치가 하락하고 원화가치가 상승할 것으로 예상되는 상황이기 때문에, 이 거래자는 달러를 팔고 원화를 사는 전략을 펼 것이다. 즉, 현물환시장에서 100달러를 120,000원으로 환전하여 예금한다.

　먼저 이자를 무시하고 이 거래에서 생긴 이익을 계산해 보자. 6개월 후, 그의 예측대로 현물환율이 1,000원이 되면 예금은 $120가 되어 $20, 즉 20%의 세전 이익을 얻게 된다.

이제 이자를 고려하면 어떻게 될 것인가? 이 6개월간 원화와 달러화의 이자가 각각 연율 5%와 10%였다고 가정하자. 이 거래자는 처음 달러를 원화로 환전하여 예금하였기 때문에 원화 예금이자를 받게 된다. 달러를 그대로 보유했더라면, 그는 6개월 후 원금과 이자 $105($100×10%×6/12)를 가지게 되고, 6개월 후의 현물환율로 이는 105,000원이 되었을 것이다. 6개월 후 원화예금의 원리금 합계는 123,000원(120,000×5%×6/12)이 된다. 따라서 이 거래자의 세전 순 이익은 6개월 후 18,000원(123,000−105,000원)이다.

평가이론에서 본 바와 같이 자금시장거래와 외환시장거래는 항상 함께 고려해야 함을 잊어서는 안 된다. 달러의 가치가 원화에 대해 하락하고 있는 상황이기 때문에, 달러를 버리고 원화를 취하는 것이 쉽게 이득을 얻을 수 있는 것 같이 보이는 위와 같은 상황에서도 이자를 고려하는 것이 중요함을 알 수 있다. 이 거래자가 당초의 100달러를 은행에서 차입 한 것으로 가정하면, 이는 더욱 분명해진다. 달러화 이자가 원화 이자보다 많이 높으면, 원화로 환전한 이 거래는 순손실이 될 수도 있다.

궁극적으로 이 거래자가 가지게 되는 순손익은 6개월 후의 실제환율이 얼마가 되느냐에 따라 달라진다. 손익분기점이 되는 6개월 후의 환율은 국제피셔효과에서 알 수 있는 바와 같이 두 통화의 금리차이를 반영한 1,171.43원(= 1,200{1+0.05(6/12)}/{1+0.10(6/12)})이다. 6개월 후의 실제 현물환율이 미리 예상했던 값(1,000원)과 다르다 하더라도 이 손익분기점 환율(break-even exchange rate)보다 낮기만 하면, 이 거래자는 이익을 보게 된다.

오늘날 세계적으로 활발한 캐리 트레이드(carry trade)는 '커버되지 않은 금리차익거래'의 대표적인 예이다. 이는 금리가 낮은 통화를 빌려서 금리가 높은 통화에 투자하는 전략인데, 투자기간 동안 금리가 높은 통화의 가치가 낮은 통화의 가치에 대해 이자율의 차이만큼 하락하지 않을 것이라고 하는, 즉 국제피셔효과가 성립하지 않을 것이라는 기대에 근거한 것이다. 이는 위험이 대단히 큰 투자전략이다.

앞에서 든 예는 현재의 현물환시장과 미래의 현물환시장을 이용한 거래인 데 반해, 선물환시장을 이용한 차익거래도 가능하다. 이는 선물환율(F_t)이 만기될 때(t)의 현물환율(S_t)을 정확히 반영하지 않는다고 믿고, 그 차이를 취하려는 것이다. 전자는 지금 당장 현물환거래를 해야 하므로 자금이 필요한 데 비해, 후자는 선물환계약만을 체결하면 되기 때문에 당장 자금을 동원할 필요가 없다.

앞의 예를 계속해 보자. 어느 기준시점에 6개월 선물환율이 달러당 ₩1,100원에 거래되고 있다. 그러나 어떤 거래자가 그 통화의 가치를 분석한 결과, 6개월 후 현물환율이 1,000원이 될 것이라고 기대한다고 하자. 그 거래자는 6개월 선물환을 달러당 1,100원에 팔고 6개월 후에 자기 예상한 대로 되면 현물환율 1,000원에 사는 전략을 구사할 수 있다. 물론 거래를 시작하는 시점에 그가 달러를 보유하고 있거나, 선물환이 만기되는 시점에 달러를 지불해야 하는 상황이어야 할 필요는 전혀 없다.

현물환율이 정확하게 1,000원이 아니더라도 선물환율인 1,100원보다 낮기만 하면 그는 이익을 볼 수 있다. 그래서 투기적인 거래를 위한 예측에서는 환율변동의 방향성이 중요하다.

이익은 위험을 감수한 대가라고 할 수 있다. 이 거래자는 만약 6개월 뒤 현물환율(S_t)이 1,100원보 다 높으면 손해를 볼 수도 있는 위험을 떠안게 된다. 그러나 선물환시장에서의 차익거래는 처음에 자본을 투자하는 것이 아니므로 이 이익은 투자에 대한 수익이라고 할 수는 없으며, 또한 기회비용이 없으므로 양국의 금리차도 문제가 되지 않는다.

현물환 차익거래에서, 만기가 되기 n기간 전($t-n$)에 이 거래자가 어떤 이유로(예컨대, 환율의 변동이 당초의 예상과 다른 방향으로 진전되는 경우) 거래를 포기하려고 한다면, 보유하고 있는 원화를 이 시점의 현물환(S_{t-n})으로 단순히 매도해 버리면 될 것이다. 이 경우 현물환(S_{t-n})은 물론 당초의 현물환(S_0)과는 달라서 손실 또는 이익이 발생하는 것이 보통이다.

선물환 거래에서 이런 상황이 되면, ($t-n$)시점에 당초 선물환계약과 같은 날(t)을 만기로 하는, 그러나 반대방향의 선물환계약(위의 예와 관련해 보면, 달러를 매입하는 계약)을 다시 체결하여, 실질적으로는 거래를 마무리 지어 버릴 수 있다. 만기에 이 두 계약은 서로 상쇄되어 버릴 것이다. 물론, 이 경우에도 처음 계약의 선물환율($F_{0,t}$)과 두 번째 계약의 선물환율 ($F_{t-n,t}$)의 차이만큼 손익이 발생하게 된다.

헤지펀드, 특히 거시헤지펀드(macro hedge fund)들은 한 국가의 거시경제지표를 분석하여 차익거래를 하기 때문에 그 여파가 대단히 심각할 수 있다. 이들이 특정 통화에 대해 공격적인 거래를 할 때, 흔히 선물환을 공매도(short sale)하는 방법을 사용한다.[18] 따라서 이들이 반드시 그 통화를 미리 보유하고 있어야만 거래를 할 수 있는 것은 아니다.

국제금융계에서 문제로 삼는 것은 공격대상이 되는 통화의 시장규모가 작고, 이 거래자들의 영향이 상대적으로 큰 경우에는 그 통화국 경제의 기초여건에 관계없이 이 통화는 변동하게 된다는 점이다. 영향력이 큰 거래자들의 예측은 자기실현적인 것(self‑fulfilling prophecy), 즉 결과적으로 그가 예측한 방향으로 환율이 움직이게 된다는 것이다.

---

18) 공매도란 현재 보유하고 있지 않는 통화, 증권 또는 다른 금융자산을 매도하는 것을 일컫는다. 이는 보통 하락장세를 예상하여 가격이 하락한 후 시장에서 매입하여 인도하려는 것이다. 대표적인 사례로 조지 소로스(G. Soros)의 일화가 유명하다. 영국 파운드가 1992년 당시 유럽의 환율조정메카니즘(ERM)(제1장 중 "유럽통화제도" 참고) 제약하에서 환율을 버텨 내기 어려울 것으로 예상한 소로스의 헤지펀드(Quantum Fund)는 커버하지 않은 채 100억 달러 어치 이상의 파운드를 공매도했다. 소로스가 예상한대로, 영국 정부는 결국 ERM에서 탈퇴하고 파운드를 평가절하했으며, 소로스는 이 투자에서 10억 달러 이상의 이익을 남긴 것으로 알려졌다.

부록

빅맥지수

앞에서는 이자율평가와 관련된 차익거래를 살펴보았다. 금융자산이 아닌 실물자산을 대상으로 하는 구매력평가설에서는 어떤가? 물론 실물자산은 국제적으로 균형이 성립하지 않더라도 금융자산처럼 쉽게 차익거래를 하기는 어렵다.

현실적으로는 수없이 많은 예를 찾을 수 있을 것이나, 먼저 경제전문 주간지 The Economist가 1986년부터 매년 조사해서 발표하는 빅맥(Big Mac)지수를 보기로 하자([표 6-1]). 빅맥은 세계 80여 개 국가에서 동일한 조리법으로 만들어지는 햄버거이다. 이 조사는 일물일가 또는 구매력평가가 성립하는가의 여부를 빅맥을 대상으로 검증해 보려는 다분히 장난기 어린 호기심에서 출발한 것이다. 구매력평가가 성립한다면, 각국에서 상품가격의 차이와 환율이 서로 정확하게 상쇄되게끔 움직일 것이므로, 빅맥과 같은 동질적인 상품은 세계 각국에서 동일한 가격에 판매될 것이라는 가정이다.

이 표에서 빅맥 PPP라고 표시된 것은 현지의 햄버거 값이 미국 내 판매가격과 같도록 만드는 환율이다. 이 환율과 실제환율을 비교하면 (빅맥 기준으로) 각국의 환율이 과대평가되었는가, 아니면 과소평가되었는가를 알 수 있는 하나의 지표가 될 수 있다. 표의 첫 행은 빅맥 한 개의 현지가격, 두 번째 행은 실제환율을 사용하여 달러로 환산한 값, 빅맥 PPP, 다음은 실제 시장환율, 그리고 마지막 행은 빅맥기준으로 현지통화가 달러에 대해 고평가(+일 때) 또는 저평가(-일 때)된 정도를 나타낸다.

2020년 7월 한국의 원화는 달러당 788.08원일 때(빅맥기준으로) 구매력평가가 이루어지는데, 실제환율은 1,200.95원이어서 원화가 달러에 대해 34.4% 저평가되어 있음을 이 표는 보이고 있다. 빅맥가격은 러시아에서 가장 저가이고 스위스에서 가장 고가인데, 이것은 (빅맥 기준으로)러시아 루블이 가장 저평가되어 있고 스위스 프랑화가 가장 고평가되어 있음을 뜻하는 것이기도 하다. 표에 나온 대부분의 통화가 달러에 대해 저평가되어 있어, 달러가 전반적으로 고평가되어 있음을 보이고 있다.

	빅맥가격		빅맥	시장환율[3)]	평가[4)]
	현지가격	달러표시가격	PPP환율[2)]	(2020. 7.)	
미국[5)]	5.71	5.71	5.71	1	0
한국	4,499.96	3,747	788.08	1,200.95	-34.4
러시아	134.83	1.91	23.61	70.59	-66.5
스위스	6.50	6.91	1.14	0.94	21.0
아르헨티나	250.05	3.51	43.78	71.24	-38.5
영국	3.37	4.28	0.59	0.79	-25.0
유로	4.22	4.79	0.74	0.88	-16.1
인도네시아	34,066.60	2.36	5,954.47	14,435.00	-58.7
일본	390.50	3.64	68.39	107.28	-36.3
중국	21.72	3.10	3.80	7.01	-45.7

주 1) 원래 표의 일부임.
   2) 빅맥에 의한 구매력평가 환율(=현지가격/미국가격 5.71)
   3) 유로와 영국 파운드 포함 모두 1달러에 대한 현지통화값. 월 평균환율
   4) 달러에 대한 현지통화의 고(+)/저(−) 평가율(%)
   5) 뉴욕, 시카고, 샌프란시스코 및 애틀랜타 가격의 평균
출처: *The Economist*, 2020. 7. 15

빅맥을 구매력평가의 기준으로 삼는 데는 몇 가지 문제가 있다. 첫째, 구매력평가에서는 국제교역에 장애가 없다는 것을 가정하고 있으나, 햄버거의 원료(소고기, 채소 등)는 관세가 부과되거나 운반비가 높다. 또, 부가 가치세 등 국내의 세금이 높으면 가격이 높아지고, 이것은 그 나라의 통화가 실제보다도 더 저평가된 것처럼 보이게 한다. 뿐만 아니라, 빅맥가격은 단순히 햄버거라고 하는 한 상품의 가격이 아니라, 점포의 임대료와 인건비 등 국제적으로 교역이 이루어지지 않는 원가도 반영한다. 특히 서비스는 교역이 어려운 품목이고, 소득수준이 높은 선진국일수록 서비스 가격이 높기 때문에 빅맥 가격을 더욱 높게 만든다.

그 외에도 국가마다 빅맥의 대체재 유무, 식성의 차이, 그리고 경쟁상태가 다르다고 하는 것도 빅맥이 좋은 기준이 되기 어려운 이유가 된다. 이와 같은 방법상의 문제에도 불구하고 빅맥지수는 각국 환율의 적정수준을 측정하기 위해 보다 정밀한 방법을 이용하여 도출한 결과와 유사한 경우가 많고, 무엇보다도 참신하고 손쉬운 검증방법이라는 점에서 많이 인용되고 있다.

연습문제

01 실질금리란 무엇이며, 어떻게 계산할 수 있는가? 이것은 실세금리와 같은 말인가?

02 절대적 구매력평가설에서는 환율을 어떻게 정의하고 있는가? 환율을 정의할 수 있는 다른 방법들은 어떤 것이 있겠는가?

03 지난 1년간 영국의 소비자물가는 2.7% 상승하고, 프랑스는 4.2% 상승했다면, 현재의 구매력평가환율은 얼마인가?

04 구매력평가는 국내상품과 외국상품이 완전한 대체관계에 있다고 보는 것이다. 마찬가지로 국제피셔효과는 국내채권과 외국채권이 완전한 대체관계에 있다고 보는 것이다. 만약, 이와 같은 대체관계가 완전하지 않다면 구매력평가식과 국제피셔효과식은 어떻게 달라져야 되겠는가?

05 커버된 금리차익거래에는 위험이 따르는가? 만약, 위험이 존재한다면 구체적으로 어떤 위험이 있고, 그 결과 어떤 문제가 발생할 수 있겠는가?

06 한국과 미국의 이자율이 각각 5%, 3%(연율)이고 현재의 달러당 원화의 환율이 1,000원이면, 1년 후 이 환율이 어떻게 될 것이라고 기대할 수 있는가? 그 기대의 근거는 무엇인가?

07 "인플레이션율이 높을 때에는 자금을 차입하는 것이 유리하다"라는 것에 대해 피셔효과를 이용하여 설명하라.

환율결정이론

환율은 단순히 한 나라의 통화를 다른 나라의 통화로 표시한 가격이다. 다른 상품이나 재화의 가격과 마찬가지로, 환율은 시장에서의 수요와 공급의 힘에 의해 결정된다. 그러나 다른 상품이나 재화와는 달리, 외국통화는 그 자체의 매입에 목적이 있는 것이 아니고, 대개는 외국의 상품, 용역, 또는 증권의 매입을 위한 수단으로서 거래된다.

시간이 지남에 따라 외국의 상품이나 서비스는 가격이 변하고 또한 소비자들의 기호도 변하기 때문에 이에 대한 수요는 일정하지 않다. 마찬가지로 외국통화에 대한 수요와 공급도 달라지고, 그 가격 즉 환율도 변화한다. 이처럼 환율은 기초적인 경제력을 반영하는 것이기 때문에, 경제력의 변화를 예상할 수 없는 불확실성의 세계에서는 본래 불안정할 수밖에 없다.

현재의 변동환율제도 하에서는 통화간의 환율이 대체로 시장의 힘에 의해 결정된다. 그러나 시장의 수요와 공급을 결정하는 요인들을 어디서 찾아야 할 것인가 하는 데 대해서는 지금까지 많은 이론들이 있어 왔다.

변동환율의 초기에는 주로 국제무역흐름에 초점을 맞추어, 외환시장에서 통화의 수요와 공급이라는 측면에서 분석되었다. 그러나 환율의 단기적인 변동폭이 커지면서 이 방법으로는 충분히 설명할 수 없다는 회의가 지배적이 되었고, 그 후 환율의 결정을 국제자본의 이동과 자산 보유자들의 선택으로 설명하려는 자산시장모형(asset market model)이 새로이 부각되었다.

자산시장모형은 다시 그 주장하는 내용에 따라 통화모형(monetary model)과 포트폴리오 균형모형(portfolio-balance model)으로 크게 구분할 수 있다. 통화모형은 주로 양국의 통화량에 대한 수요와 공급의 변화를 통해 환율변동을 설명한다. 이 모형에 의하면, 어떤 통화의 가치가 하락한다는 것은 그 통화의 통화량이 지나치게 팽창한 것을 반영하는 것이다. 포트폴리오 균형모형은 통화모형보다 다양한 금융상품을 고려하고 있다. 이 모형에서는 자산보유자들이 금융 포트폴리오를 조정함에 따라 금리와 환율이 동시에 결정된다고 본다.

이 장에서는 환율의 결정에 영향을 주는 중요한 요인들을 살펴보고, 각 환율결정모형들이 이들 요인들을 어떻게 결합시키고 있는가를 분석할 것이다. 먼저 물가상승률, 실질소득, 금리 등의 변수들이 환율에 미치는 영향을 검토하고, 다음에 각 환율결정모형들을 설명한다.

제1절 ▶ 환율에 영향을 주는 요인들

환율의 결정에 관한 이론들을 살펴보기 전에, 일반적으로 환율에 영향을 주는 것으로 알려진 요인들을 먼저 살펴보는 것이 도움이 될 것이다. 이 요인들은 상대적(즉, 관련된 두 나라간의) 물가상승률, 실질경제성장률, 금리 그리고 투기거래 등이며, 이 변수들의 대부분은 궁극적으로는 상대적인 통화공급량에 의해 결정된다고 볼 수 있다. 각 환율결정이론들의 차이는 결국 이 요인들의 중요성에 대한 가정이 서로 다르기 때문이라고 볼 수 있다.

(1) 상대적 물가상승률

제6장의 구매력평가에서 본 바와 같이, 환율이 통화간의 적정한 교환비율이라면 이는 같은 물건을 양국의 어디에서고 같은 값으로 살 수 있어야 함을 뜻하는 것이다. 따라서 외국 상품가격에 대한 자국 상품가격의 변화는 환율에 영향을 줄 것이라고 생각할 수 있다. 만약 국내물가상승률이 거래상대국들보다 높은데 환율이 그대로라면, 국내상품에 대한 수요가 하락하고 외국상품에 대한 수요가 상승하게 될 것이다. 따라서 자국통화의 가치는 상대방인 외국통화에 대해 자연히 하락할 것이다.[1]

그러나 물가상승률의 차이에 대해 환율이 조정되는 정도와 속도에 대해서는 견해가 다양하다. 구매력평가설에 의하면, 환율은 즉각적으로 변하여 국가 간에

---

1) 여기서는 자국의 수출품과 수입품에 대한 가격탄력성의 절대치의 합이 1보다 크다고 가정한다.

상품의 실질가격이 변하지 않고 동일성이 유지된다고 한다. 이 이론에 따르면 국내물가상승률이 외국에 비해 더 높으면 국내통화가치는 곧 하락한다는 것이다. 그러나 과거자료를 분석한 실증연구들에 의하면 물가상승률과 환율간의 관계는 이 이론이 주장하는 것보다는 훨씬 느슨한 것으로 밝혀지고 있다.

(2) 상대적 실질성장

무역의 흐름에 영향을 주고 그래서 외환시장에서 통화에 대한 수요와 공급에 영향을 주는 또 다른 요인은 (외국에 비한) 자국의 실질소득의 신장률이다. 다른 조건이 일정하다면, 자국의 실질성장이 높으면 자국통화의 가치를 약화시킬 수 있다. 이것은 국내실질소득의 증가가 수입수요를 증대시키고, 따라서 외국통화에 대한 수요를 증대시키기 때문이다.

그러나 이것은 국내성장이 단지 경상계정에만 영향을 준다는 것을 가정하는 것이다. 만약 국내의 경제성장과 소득증대에 따라 자본수익률이 높아질 것으로 국내외의 투자자들이 기대한다면, 경상계정에서의 적자를 상쇄하고도 남을 만큼 자산의 순유입(즉, 유출액을 초과하는 유입액)이 있을 수 있다. 그런 경우에는 자국통화가치는 하락하지 않고 오히려 상승할 것이다. 국제간 증권투자에 대한 제약이 크게 완화되고 단기자본의 국제이동이 활발한 오늘날에는 일반적으로 성장이 높은 경제는 해외자본을 유치하게 되고, 이에 따라 통화가치가 강해지는 것이 보통이다. 우리나라의 원화 가치 변동이 이를 잘 보여주고 있다.

(3) 상대적 금리

엄격한 가정을 전제로 하는 평가이론과는 달리, 금리의 변화가 환율의 결정에 미치는 영향은 쉽게 단정하기 어렵다. 이제 투자자들이 해외자산과 국내자산을 완전히 서로 대체할 수 있다고 생각하는 경우를 보자. 이들의 포트폴리오는 각종의 투자대상 자산에 대한 (위험을 감안한) 기대수익률이 같아지는 경우에만 균형을 이루게 될 것인데, 해외자산에 대한 기대수익률은 외국의 금리와 예상되는 환율변화의 합이다. 따라서 완전대체적인 관계에 있다고 하는 것은 균형상태에서 양국의 금리차이가 환율의 예상되는 변화와 같다는 것을 의미한다.

다시 말하면, 단순히 금리가 올랐거나 국내와 외국 금리차이가 더 커졌다고 해서, 한국으로 외국자금이 밀려오지는 않는다. 시장이 평가관계에 의한 균형을 유지하는 한, 한국에 투자해서 전보다 많이 얻게 되는 이자 또는 수익률만큼 외환시장에서 더 많은 대가를 치르게 된다. 다만 금리가 변했는데도 불구하고 외환시장에서 선물환 할증이나 시장참여 자들의 기대환율이 이를 적절하게 반영하지 못하는 불균형상태에서는 커버된 차익거래(CIA) 또는 커버되지 않은 차익거래(UIA)가 이루어질 수 있다.

현재와 같이 자금시장과 외환시장이 잘 발달되어 있고 또 서로 잘 연계되어 있는 현실에서는 커버된 차익거래의 소지는 적지만, 커버되지 않은 차익거래는 위험이 상대적으로 크기는 하나 가능하다. 다른 말로 하면, 선물환율은 이 금리 변화를 즉각적으로 반영하겠지만, 시장참여자들의 기대환율은 다를 수 있다. 그러나 이와 같은 금리평가와 국제피셔효과의 논리는 선물환율과 현물환율간의 차이, 즉 선물환차(forward differential)의 결정을 설명하는 것이지, 금리의 변동이 현물환과 선물환의 수준에 동시에 미치는 영향을 설명하는 것은 아니다.

앞에서 언급한 대로, 금리의 변화가 환율에 미치는 영향은 단정적으로 설명하기 어려운데, 이에 대해서는 두 가지의 견해가 있다. 앞 제1절 피셔효과에서 본 바와 같이 명목금리는 실질금리와 인플레이션의 두 요인으로 구성되어 있는데($i = i_n + \pi^e$), 명목금리의 상승이 이들 두 요인들 중 어느 쪽에 의해 결정되느냐 하는 데 대해 서로 상반된 견해를 가지는 것이다.

하나는 완전시장이론으로, 실질금리는 소비시장과 투자시장을 청산하는 데 시간이 걸리기 때문에 느리게 반응한다는 것이다. 그러므로 (명목) 금리가 갑자기 상승한다는 것은 기대물가상승률이 상승했음을 의미하는 것이고, 따라서 국내통화가치가 하락하는 결과를 가져온다는 것이다.

이에 대해, 케인스학파로 대표되는 다른 하나의 견해는 물가와 기대물가상승률은 느리게 조정된다고 믿는다. 그래서 금리가 단기적으로 변동하는 것은 주로 실질금리에 통화면에서의 충격이 있었기 때문이라고 본다. 이런 이유로, 명목금리의 상승은 실질금리의 상승을 반영하는 것이고, 따라서 국내통화가치는 상승하게 된다는 것이 이들의 주장이다.

이 두 이론을 종합하면, 금리의 상승이 기대 인플레이션의 상승에 기인하는 것이면 국내통화가치는 하락할 것이고, 그렇지 않고 실질금리의 상승을 반영하는 경우에는 국내통화의 가치는 상승하게 될 것이라고 결론지을 수 있다. 실제로 미국 달러(현물환율)의 경우 1970년대에는 처음의 경우와 일치되어 움직였고, 1980년대 이후에는 대체로 나중의 경우에 해당하는 추이를 보였다.

(4) 투기

투기는 국내통화가치가 하락(상승)할 것으로 예상될 때 여기서 이익을 얻으려는 것이 외환을 매입(매도)하는 유일한 목적인 거래를 말한다. 흔히 투기는 환율을 불안정하게 만드는 중요한 요인으로 알려져 있다. 이 견해에 따르면 투기자들은 환율이 하락(상승)할 때 곧 더 하락(상승)할 것이라고 믿게 되고, 그래서 외환시장에서 외국통화의 매도(매입)를 더욱 촉진하여 환율의 하락(상승)을 가속화시킨다는 것이다. 이들은 또 투기는 변동환율제도하에서 변동을 증대시키는 불안정요인이어서 고정환율제도를 더 선호하게 만든다고 주장한다.

반대로, 투기를 안정에 기여하는 요인으로 보는 견해도 있다. 이윤을 얻기 위해서 투기자들은 환율이 균형수준 이하로 떨어지면 매입하게 되고 균형점 이상이면 매도하게 되기 때문에, 투기자들의 행동은 환율을 균형점에서 멀어지게 만드는 것이 아니라 균형점에 가까운 쪽으로 움직이게 만든다는 것이다.

(5) 중앙은행의 외환시장 개입

변동환율제도에서는 통화간의 환율이 원칙적으로 시장의 힘에 의해 결정된다. 기본적으로 환율은 외환시장에서 수요와 공급을 균형시키는 시장청산가격이다. 그러나 현실적으로는 개발도상국은 말할 것도 없고 대부분의 선진국에서도 환율은 정부의 개입 없이 시장의 힘에만 맡겨 두는 자유변동(clean floating)보다는 정부에서 계속 개입하는 관리변동(managed floating)환율제도로 운용해 오고 있는 실정이다.

이것은 외환정책이 국가의 경제목표를 달성하기 위한 중요한 정책조정수단으로 간주되어 왔기 때문이다. 정책적으로 바람직한 환율수준을 달성하거나 유지하기 위해 중앙은행은 외환시장에서 자국통화와 외국통화의 수요와 공급을 조정하려는 것이다. 고정환율제도하에서는 말할 것도 없거니와 변동환율제도로 이행한 후에도 이와 같은 중앙은행들의 외환시장 개입은 예외적이라기보다는, 일상적이고 당연한 관행으로 간주되어 왔다.

국제사회의 비난 대상이 될 수 있는 지속적 또는 대폭 개입은 어렵지만 외부충격을 완화시키려는 미세조정은 정부의 당연한 책임으로 받아들여지고 있다.

이상에서 언급한 요인들 외에도, 정치적 위험과 경제적 위험(그리고 이에 대한 기대)도 중요하다. 투자자들은 일반적으로 위험을 감안한 수익률이 높은 자산을 보유하려고 하기 때문에, 정치적으로나 경제적으로 안정적이지 못한 국가의 통화들은 그만큼 위험에 대해 높은 대가를 치르게 된다.

제2절 ▶ 전통적 환율결정이론들

전통적 이론에서는 환율의 가치가 두 통화에 대한 수요와 공급에 의해서 결정되고, 이 수요와 공급은 국제자금이 한 통화에서 다른 통화로 이동되는 과정에서 발생한다고 하는 논리에서 접근하는 것이다. 구매력평가 이론에 의하면, 두 나라간의 물가상승률 차이가 명목환율에 반영되지 않으면 한 나라의 상품은 다른 나라의 상품에 비해 세계시장에서 가격경쟁력이 뒤지게 되는데, 이것이 국제간의 자금흐름의 방향을 바뀌게 하고 결과적으로 환율을 변동시키게 한다는 것이다.

탄력성(彈力性)접근(또는 국제수지접근)에서는 자금흐름은 국제무역이나 자본거래 어느 쪽에 의해서도 생길 수 있다고 본다. 그러나 국제간의 자금흐름이 상품이나 서비스의 교역보다 더 큰 영향을 미치게 됨에 따라, 투자자와 투기자들이 외환시장에서 점차로 더 큰 역할을 하게 된다는 것이다.

1. 구매력평가설(Purchasing Power Parity)

환율의 결정에 대한 가장 오래된 이론 중 하나가 구매력평가설이라는 데에는 이론의 여지가 없다.[2) 제1차 세계대전이 끝난 뒤 각국 통화간의 환율을 적정치로 할 수 있는 근거로서 대두된 것이 구매력 평가의 개념이었다.

앞 장에서 보았듯이, 구매력평가에서는 환율이 순전히 물가의 함수라고 본다. 그래서 환율이 균형을 이룬 시점(이를 기준시점이라고 하자)으로부터 일정

---

2) 역사가들에 의하면, 스페인의 the School of Salamanca에서 16세기 중반에 구매력평가이론의 기초를 처음으로 가르치기 시작했다고 한다(Bernholz, 1982, p. 4).

기간이 지나는 동안 이들 두 나라에서 물가상승률이 같았다고 한다면, 두 통화 간의 상대적인 가치가 변하지 않았으며, 따라서 이론적으로는 이들 두 통화간의 환율이 변동해야 할 이유는 없다. 만약 이들 두 나라간의 물가상승률에 차이가 있다면 이들 통화간의 상대적 가치는 변하게 되고, 따라서 환율도 변동하여야만 새로운 균형을 이룰 수 있게 될 것이다.

구매력평가설은 기본적으로는 통화적 접근이라 할 수 있다. 통화수량설에 근거해서 보면 각국의 물가수준은 단기적으로 그 나라의 통화공급에 비례해서 움직이는 것으로 간주된다. 실질성장이 일정한 단기에 있어서는 통화공급이 10% 증대되면 국내물가는 10% 상승한다. 그 결과 외국물가가 일정한 경우, 국내통화의 외환가치는 양국의 구매력평가(平價, parity)를 유지하기 위해서 10% 하락하지 않을 수 없다.

개념적으로는 간단한 이 논리를 실증적으로 검증하는 데에는 여러 가지의 문제가 따른다. 이를 간단히 살펴보자.

(1) 물가지수 선택의 문제

구매력평가에서 말하는 물가란 자국에서 생산되는 모든 상품의 가중평균가격, 즉 물가지수를 뜻한다. 물가변동을 나타내는 지수에는 소비자물가지수, 생산자물가지수 등 여러 종류의 지수가 있으며, 수출입을 나타내는 통계도 다양하다. 따라서 상대가격을 비교할 때 어느 지수나 통계치를 사용하는 것이 타당한지 단정하기 어렵다.

설사 타당한 어떤 지수를 선정하였다고 하고 또한 각 상품들이 양국에서 유사하다 하더라도, 각국이 동일한 상품을 생산하거나 소비하는 것은 아니다. 따라서 물가변동을 나타내는 지수에 포함된 상품들의 내용과 그 가중치들이 국가에 따라 서로 다르게 되고, 이 때문에 구매력평가를 정확히 측정하기 어렵다. 일반적으로는 소비자물가가 폭넓게 쓰이고 있다.

(2) 기준시점의 선정

상대적 구매력평가에서 환율 변동을 논하려면, 먼저 이들 통화들이 균형을 이루었던 것으로 추정되는 가장 최근의 시점을 찾아내는 일이 필요하다. 통화가치가 지속적이고 심한 변동을 보이는 변동환율제도하에서는 이런 시점을 알아내기가 쉽지 않다.

실제로 어떤 환율이 적정수준의 환율인가를 둘러싼 논의를 흔히 볼 수 있는데, 그것은 바로 이러한 이유 때문이다. 기준시점이 서로 다르면 당연히 상대가격의 변화율도 달라지게 되므로 적정수준의 환율을 산출한 결과가 달라질 수밖에 없다. 일반적으로는 대외적 균형, 즉 경상수지가 균형을 이루었던 시점 또는 그 시점을 전후한 일정기간을 기준시점으로 잡는다.

(3) 무역장벽

구매력평가는 국가간의 무역이 자유롭게 이루어질 수 있는 세상을 가정하여, 동질의 상품에 대해서는 국제적으로 동일한 가격이 성립한다는 것을 가정하고 있다. 그러나 현실세계는 이와 달라서 세계무역기구(WTO) 체제에서도 수입물량 제한이나 수입관세의 부과, 또는 여러 형태의 수입품 규제가 존재하여 국내기업이 외국기업보다 유리한 상황이 많다.

그 결과 교역재의 규모가 비 교역재의 크기에 비해 상대적으로 작아지게 되어 가격변화의 왜곡은 더욱 커지게 된다. 상대적 평가에서는 기준시점 이후에 어떤 무역장벽이 새로이 도입되었다면, 평가로부터 이탈될 수 있다.

그 외에도 환율의 변화와 물가수준의 변화간의 인과관계도 문제가 된다. 두 나라간의 상대적인 물가수준의 변화가 환율의 수준에 영향을 미칠 뿐 아니라, 환율수준의 변화도 물가수준에 영향을 미친다. 엄격하게 말하자면 양국의 물가가 환율과는 독립적으로 결정되어야만 이 이론을 환율결정이론이라고 할 수 있다.

또한 환율이 물가수준의 차이를 반영하여 조정되는 데는 시차가 생기게 된다는 문제가 있다. 엄격한 형태의 구매력평가는 환율이 상대적 물가 수준의 변화를 즉각적으로 반영하는 것으로 가정한다. 그러나 현실적으로는 그렇지 못한 여러 가지의 이유가 있다. 예컨대 상품매매가격은 일정기간 동안 계약에 의해 묶일 수 있으며, 원가의 상승에도 불구하고 수요의 감소라든지 경쟁적인 제약 때문에 가격을 인상시킬 수 없는 경우도 있다.

환율은 한 나라의 큰 충격적 사건에 의해서도 영향을 받을 수 있다. 예컨대 영국의 북해유전 발견의 경우를 보자. 외국에서 북해석유를 구매하기 위해 파운드에 대한 수요가 급증하게 되었으며, 따라서 파운드에 대한 수요와 공급의 균형은 깨어지게 되었고 상당기간에 걸쳐 파운드의 대외가치는 상승하였다. 그러나 그동안 영국의 물가상승률은 대부분의 무역상대국들보다도 더 높았다. 구매력평가설로만 보면 이때 파운드는 하락했어야 될 것이다.

구매력평가는 이처럼 많은 약점이 있음에도 불구하고, 통화간의 관계를 평가하는 데 있어 중요한 역할을 하고 있다. 변동환율제도하에서는 단기적인 변동이 대단히 심하기 때문에 구매력평가는 설명력이 떨어지게 되나, 장기적인 추세를 포착할 수 있다는 점에서 구매력평가는 가치를 지닌다고 하겠다.

2. 탄력성접근(彈力性接近, Elasticities Approach)3)

오랜 역사를 가진 구매력평가설과는 달리 전통적인 탄력성접근(elasticities approach)은 제2차 세계대전 이후의 조정가능평가제도(adjustable peg system) 시대에 많은 호응을 받았던 이론이다. 이 이론은 처음 환율의 평가절하 또는 절상에 대해서 국제수지가 어떤 반응을 보이는가를 알아내려는 데서 시작되었으나, 그 후 상품 또는 서비스에 대한 수입수요와 수출수요에서의 교란에 대해서 환율이 어떤 반응을 보이는가를 조사하려는 방법으로도 널리 쓰여졌다.

탄력성접근이라는 이름은 환율이 국제수지균형을 유지하는 외환가격이기는 하나, 환율이 변화하는 정도가 상품가격의 변화에 대한 수입수요 또는 수출수요의 민감도 또는 탄력성에 전적으로 달려 있다고 하는 관점에서 유래된 것이다.4)

이제 미국 달러에 대한 수요는 미국 수출품에 대한 한국의 수입수요에 의해서 발생하고, 미국 달러의 공급은 한국 수출품에 대한 미국의 수입수요에 의해서 발생한다고 가정하자. 또한 한국의 국민소득이 변화하여 수입수요가 증대하였다고 하자.

양국의 수출과 수입이 처음에 균형을 이루고 있었다면 수입수요의 증대는 외환에 대한 초과수요를 가져오게 되고, 그 결과 한국의 국제수지는 적자가 될 것이다.5) 적자를 해소하기 위해서 환율은 오르게 된다. 환율이 오름에 따라서 국

---

3) 이는 국제수지접근(國際收支接近)이라고도 한다.

4) 탄력성은 어떤 변수의 1% 변화에 대한 다른 변수의 변화율을 나타내는 것이다. 예컨대, 수입품 가격이 1% 상승할 때 수입수요량의 변화율이 1보다 크면 수입수요가 가격에 탄력적이라고 하고, 1보다 작으면 가격에 비탄력적이라고 한다.

5) 여기서는 자본흐름이 무시되고 있기 때문에 국제수지와 무역수지는 동의어이다.

내에서는 수입품의 상대가격이 오르게 되고 미국에서는 수입품의 상대가격이 떨어지게 된다. 결과적으로 국내에서 수입수요량은 하락하고 이것은 외환수요량을 감소시킨다.

한편, 환율이 상승한 탓으로 한국 상품에 대한 미국의 수입수요는 늘어나고, 이에 따라 외환의 공급량이 늘게 된다. 수입수요와 수출수요가 가격에 대해서 비탄력적이면, 가격이 변화할 때 이들 수요량의 변화가 소폭이 된다. 따라서 국제수지 적자를 해소하기 위해서 환율이 크게 오르지 않으면 안 된다. 반대로 수입수요와 수출수요가 가격탄력적일 때는 그 변화가 큰 폭이 되고, 따라서 환율이 적게 변해도 국제수지가 균형을 이룰 수 있게 된다.

과거에는 경상계정이 환율에 주된 영향을 주었으나 오늘날에는 자본계정흐름이 훨씬 더 중요해졌다. 국경에 구애를 받지 아니하고 자유롭게 이동할 수 있는 자금, 즉 국제자본은 1970년대 초 이래 급속하게 증가해 왔다. 미국에서처럼 경상수지면에서 적자가 심화되고 있음에도 불구하고 그 나라의 통화가치는 오히려 상승하는 경우도 있는데, 이것은 자본수지가 절대적인 역할을 하기 때문이다. 이 같은 불균형상태가 오래 지속되고 있는 현실은 전통적 환율결정이론으로는 설명하기 어렵다.

단기환율은 구매력평가설이나 탄력성이론에 의해서 설명될 수 있는 것과는 다르게 변화해 온 것이 사실이다. 그러나 그렇다고 해서 이들 이론들이 이제 와서는 쓸모가 없다는 것을 의미하는 것은 아니다. 실질환율은 구매력평가설에 의해서 대부분 설명할 수 있고, 장기적인 환율추세는 경상수지의 불균형에 의해서 크게 영향을 받는 것이 사실일지도 모른다.

1970년대부터 발전해온 현대적 환율결정이론들도 장기환율결정에 있어서는 이들 이론들을 받아들이고 있다. 그러나 현대의 이론들은 단기환율의 변동이 구매력평가와 국제수지접근에 의한 균형점으로부터 이탈하는 현상을 설명하는 데 있어 금융자산에 대한 선호도 그리고 국제자금이동의 역할을 강조하고 있다.

자산시장모형

현대적 이론인 자산시장모형들(asset market approaches)은 앞에서 본 두 전통적 이론들과는 달리, 금융자산의 유입과 유출이 환율결정에 미치는 영향을 중시한다. 자산시장접근에서는 화폐를 하나의 자산이라고 간주한다. 환율은 일종의 자산가격이며, 다른 자산가격들과 같은 움직임을 보인다는 것이다. 자산에 대한 수요는 투자자 집단이 인식하는 미래의 기대가치에 의해서 결정된다. 이들이 가지는 미래의 기대치와 이들이 인식하는 위험에 따라 보유하려는 자산과 화폐의 양이 결정되기 때문이다.

기대가 환율변동에 절대적인 역할을 한다면, 환율결정이론은 기대가 어떻게 형성되는가를 설명할 수 있어야 할 것이다. 일반적으로 기대는 합리적인 것으로 가정(rational expectations hypothesis)한다. 이것은 미래의 환율에 대한 기대가 현재의 환율과, 환율에 영향을 미치는 모든 변수들의 가중평균치로 결정된다는 것을 의미한다. 그러나 현재의 환율은 기대환율과 긴밀하게 연계되어 있기 때문에, 합리적 기대가설에서는 기대치에 영향을 줄 수 있는 모든 드러난 정보들이 현재의 환율(즉 현물환율)에도 반영되어 있다는 것을 가정할 수밖에 없다.

환율변동과 관련된 여러 가지 변수들의 영향은 시간이 흐름에 따라 변할 수 있고, 또 그 종류도 달라질 수 있다. 실제로 대부분의 통화적 모형들이 새로운 정보가 환율에 미치는 영향을 계량화하는 데는 강하지 못한데, 많은 환율변동이 예기치 못한 새로운 정보의 발생 때문이라는 점을 감안하면 이것은 불가피할지도 모른다. 결국 합리적 기대가 의미하는 것은 예상된 모든 정보는 이미 알려져 있고, 모든 알려진 정보가 환율에 반영되어 있다는 것이다.

그러나 사전적인 기대치는 사후적인 결과와는 거의 항상 차이가 있게 된다. 설사 수익률이 가장 뛰어날 것으로 기대되는 어떤 자산이 있다 하더라도, 투자를 분산하는 것이 바람직하게 된다. 투자자들이 통화를 하나의 자산으로 간주하기 때문에, 통화에 대한 투자도 분산시켜 다수의 통화(portfolio of currencies)를 보유하는 것이 바람직하다는 것이다. 보유하는 통화의 구성을 어떻게 할 것인가, 또는 어떻게 변경 할 것인가는 각 통화의 미래가치에 대한 기대치에 의해서 결정된다.

자산시장이 이전의 환율이론들과 다른 중요한 점은 공급과 수요의 흐름(flow)을 무시하는 대신, 자산의 양(stock)과 투자자들이 이 자산을 보유하려는 의사, 그리고 이들이 원하는 가격을 중시한다는 데 있다. 이것은 물가상승률의 차이가 수출과 수입에 대한 상대적 수요를 변화시켜 경상계정을 조정하고, 이를 통해서 외환의 흐름이 달라진다고 하는 구매력평가와는 분명히 차이가 있는 것이다. 이 같은 현상이 기대치를 변화시키는 데 기여할 수는 있겠지만 그 자체가 완전한 답이라고 할 수는 없다는 것이다. 또한 자산시장접근은 국제수지요인들에 근거한 환율이론들과도 차이가 있다. 그러나 경상계정뿐만 아니라 자본계정까지 고려하면, 구별은 애매해진다.

자산시장접근이 환율결정이론에 크게 기여하는 것은 틀림이 없으나, 완전히 새로운 접근이라고 생각하는 것은 맞지 않다. 자산시장접근은 국제수지접근이

┃그림 7-1 주요 환율결정모형과 그 가정

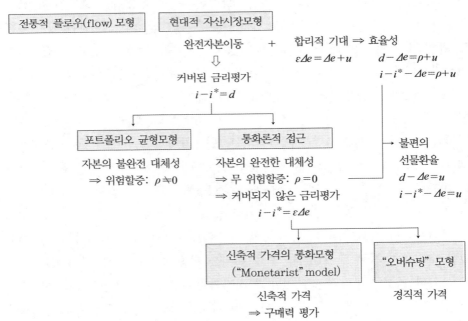

정의: $i-i^*$ =금리차; d =선물환 할인; Δe =실제 환율하락; $\varepsilon\Delta e$ =기대 환율하락; u =랜덤오차;
  $\rho=d-\varepsilon\Delta e$ =위험할증
출처: Frankel(1983), 80쪽.

자본계정의 중요성을 점차 강조함에 따라 발전된 논리라고 할 수 있다.

이 자산시장이론들은 다시 통화론적 접근과 그 외의 접근으로 구분할 수 있는데, 이들은 모두 단기적인 환율의 불안정성을 설명하려는 데 목적을 두고 있다. 여기서 불안정성 또는 변동성이라고 하는 것은 상품가격변화를 수반하지 않거나, 상품가격변화에 대한 비율보다도 더 큰 환율변화를 뜻한다. [그림 7−1]은 주요 환율결정모형을 가정에 따라 구분하여 제시한 것이다.

1. 통화론적 접근(Modern Monetary Approach)

통화론적 접근에서는 통화의 공급과 수요의 변화 원인을 자산의 매매에서 생기는 흐름(flow)이 아닌, 자산의 양(stock)에서 찾는다는 점에서 다른 이론들과 차이가 있다.

현대의 통화론적 접근은 다시 두 종류로 나뉜다. 그 하나는 국내화폐 공급이 한번 증가하면 앞으로 더욱 커질 것이라고 하는 기대를 하게 만들고, 그 결과 환율이 불안정하게 된다고 설명한다. 이 설명에서는 외환의 미래가치에 대한 기대가 상승하게 되어, 환율이 화폐공급의 증가에 상응하는 것보다 더 크게 상승하게 만든다는 것이다.

이에 반해 두 번째 이론은 이 같은 강한 가정을 전제로 하고 있지 않다. 환율 불안정이 발생하는 이유는 주로 상품시장이 금융시장보다 더 천천히 조정된다고 하는 시장조정 속도의 차이 때문에 발생한다고 주장한다. 단기적으로는 상품가격은 고정되어 있는 데 반해, 환율은 계속 변화하여 자본시장의 균형을 유지한다. 그러나 장기적으로는 환율과 국내물가 수준의 조정으로 구매력평가를 회복하게 된다는 것이다.

첫 번째 이론은 보통 신축적 가격의 통화모형(the flexible‑price 또는 "monetarist" monetary model)이라 부르고, 두 번째 이론은 경직적 가격의 통화모형(the sticky‑price 또는"overshooting" monetary model)이라 부른다.

(1) 신축적 가격의 통화모형

신축적 가격의 통화모형에서는 구매력평가이론이 자본시장을 설명하기 위해서 원용되고 있다. 절대적 구매력평가를 가정하면 현물환율은 외국가격수준에 대한 국내가격수준의 비율과 같다. 각국의 가격수준은 그 나라의 단기자금시장에서 결정되므로 현물환율은 양국의 상대적인 화폐공급, 상대적 실질소득 그리고 상대적 금리에 의해서 결정된다.

구매력평가와 화폐수량설을 이용하여 통화론적 접근을 하는 기본적 환율결정모형을 설명해 보자. 이제 다음과 같이 변수들을 표시하기로 하자.

- $M=$ 화폐량, $V==$화폐의 유통속도, $P=$상품가격, $T=$ 1년 동안의 거래량

화폐수량설에 의하면, 화폐의 공급은 화폐의 수요와 일치해야 한다.
즉, $MV = PT$ ··· (7. 1)

만약 거래 T가 실질소득 Y의 함수여서 $T=aY$라고 하면,
$M = \kappa PY$ 또는 $P = M/(\kappa Y)$ ·· (7. 2)

여기서 $k = a/V$이다.

마찬가지로 외국통화변수를 다음과 같이 표시할 수 있다.
$M^* = \kappa^* P^* Y^*$ 또는 $P^* = M^*/(\kappa^* Y^*)$ ·· (7. 3)

위 식들을 상대적 구매력 평가설, 즉 $(\dot{s} \cong \dot{P} - \dot{P}^*)$에 대입하면, 다음과 같이 환율의 변동에 대한 새로운 식을 얻게 된다.

$\dot{s} = (\dot{\kappa}^* - \dot{\kappa}) + (\dot{m} - \dot{m}^*) + (\dot{y}^* - \dot{y})$ ··· (7. 4)

식 (7. 4)은 양국의 동일한 세 변수들의 변화율을 각각 비교함으로써 환율의 변동률을 나타낼 수 있음을 보이고 있다. 이 식의 첫 번째 항은 화폐의 유통속도를 비교하는 것이고, 두 번째 항은 화폐공급량을, 그리고 마지막 항은 소득을 각각 비교하고 있다. 이제 이들 각 변수들이 환율의 변화율($\dot{s}$)에 어떤 영향을 주는가 살펴보자.

(i) 만약 $\dot{k}$가 상승하면, 이것은 국내에서 통화의 유통속도가 줄어 들어 물가상승률이 하락함을 의미하는 것이고(여기서 $\dot{P}^*$가 일정하다는 것을 전제로 함), 따라서 (국내)통화가치는 상승(즉, 환율이 하락)하게 되거나, 적어도 하락하는 속도가 완만해지게 된다.

(ii) $\dot{m}$, 즉 국내통화공급이 증가하면, 국내물가를 상승시키게 되어 자국의

통화가치를 떨어뜨린다(즉, 환율을 인상시킨다).

(ⅲ) y, 즉 국내의 실질소득이 증대하면 통화에 대한 수요를 증대시키게 되고, 통화공급이 일정하다고 가정하면 국내가격을 하락시켜 (구매력평가에 의해) 자국통화가치를 상승시킨다.

또한 국내금리의 상승은 통화보유의 기회적 비용을 증대시키게 되어 통화에 대한 수요를 감소시키고 따라서 자국통화가치를 하락시킨다. 외국에서도 마찬가지가 된다. 외국의 통화공급이 줄거나, 외국의 실질소득이 증대되거나, 또는 외국의 금리가 하락하면 국내통화의 가치는 하락한다.

그러나 이러한 설명만으로는 환율이 왜 불안정한가 하는 문제가 충분하게 설명되지 않는다. 다시 말하면, 경제적인 교란이 있을 때 환율이 왜 상품가격보다 더 크게 변하는가 하는 것은 설명되지 않는다. 이에 대해서는 단기자금시장과 기대의 형성이 결정적인 역할을 한다. 만약에 국내자본과 외국자본이 서로 완전히 대체적인 관계에 있다면, 완전한 국제자본 이동과 즉각적인 자본시장조정의 가정에 의해서, 국내금리가 외국금리에 자국통화의 예상된 하락률(상승률)을 더해(차감해) 준 것과 항상 같아질 것이다. 상품시장에서의 구매력평가와 유사한 이 같은 조건을 금리평가(보다 엄격하게는 국제피셔효과)라고 부른다는 것은 이미 앞에서 본 바와 같다.

그러면 환율의 기대치를 결정하는 것은 무엇인가? 학자들은 아직도 금융자산 가격의 미래가치에 대한 기대치가 어떻게 형성되는지에 대해서 확실한 결론을 얻지 못하고 있다. 그러나 합리적 기대가설이 하나의 보편적인 견해로서 환율불안정의 원인을 설명하는 것으로 일반적으로 인식하고 있다. 합리적 기대하에서는 금융자산의 보유자들은 (하나의 집단으로서) 경제의 구조에 대한 정확한 지식을 보유하며, 이 지식을 다른 알려진 정보와 결합하여 어떤 변수의 미래가치에 대한 기대치를 형성한다고 설명한다.

이 같은 틀에서는 현물환율은 통화공급의 증가에 대해서 불안정한 반응을 보일 수 있다. 국내통화공급이 1% 증가하면, 국내물가수준이 1% 상승하며 구매력평가를 통해서 환율도 1% 상승하게 된다. 또한 통화공급이 한번 증대되면, 이것은 환율이 앞으로 상승할 것이라는 기대를 형성하게 만든다.

환율에 대한 이 같은 기대치가 어떻게 현재의 환율에 반영되는가, 그래서 현재의 통화공급의 증가에 비례하는 것보다도 더 상승하게 만드는가? 이것은 국제자본시장을 통해서, 즉 금리평가를 통해서 이루어진다. 환율의 기대치가 상승한 다고 하는 것은 자국통화의 가치가 더욱 하락할 것으로 예상된다는 것을 의미한 다. 금리가 지속적으로 평가관계를 유지한다고 가정하면, 자국통화의 가치가 하 락할 것이라고 하는 예상은 자국의 금리가 외국의 금리에 비해서 상대적으로 상 승할 것임을 의미한다.

그러나 앞에서 본 바와 같이, 자국금리의 상대적 상승은 국내통화수요를 감 소시키게 되고, 국내물가수준을 상승시키며 구매력평가를 통해서 자국통화가치 를 더 하락하게(즉, 환율을 더 상승하게) 만든다. 따라서 통화공급은 구매력평가 를 통해서 환율을 최소한 비례적으로 상승하도록 만들며, 미래의 통화성장에 대 한 기대 때문에 금리평가를 통해서 현재의 환율을 더욱 상승하게 만든다. 이것 이 통화론적 접근의 첫 번째 이론인 신축적 가격의 통화모형의 주장이다.

이 이론은 개념적으로나 실질적으로나 몇 가지의 문제들을 안고 있다. 첫째, 이 이론은 단기적 환율의 결정을 설명함에 있어 구매력평가가 지속적으로 성립 한다는 가정에 근거하고 있으나, 앞에서 본 바와 같이 구매력 평가는 단기적 환 율변동을 설명하는 데는 효과적이지 못하다. 둘째, 이 모형에서 환율불안정이 발생하느냐의 여부는 기대가 합리적으로 형성되는가에 달려 있다. 더구나 국내 금리의 상대적 상승이 이 모형에서 지적하듯이 항상 국내통화가치를 하락시키 기만 하지는 않았다. 최근에는 금리상승이 그 나라의 통화가치를 오히려 상승시 키는 현상이 일반화되고 있다.

(2) 경직적 가격의 통화모형

현대의 통화론적 접근의 두 번째 모형인 경직적 가격의 통화모형에서는 이와 는 대조적으로 환율결정에 대해 동태적인 견해를 취한다. 이 모형에서는 환율이 금리평가와 구매력평가를 유지하면서 조정된다. 그러나 자본시장은 즉각적으로 조정되어 금융자산의 가격이 수요와 공급을 일치시키도록 끊임없이 조정되는 데 반해, 상품시장은 시차를 필요로 하여 가격이 상품의 수요와 공급을 일치시 키는 데 시간이 걸리는 것으로 가정한다. 따라서 환율은 금리평가를 지속적으로 유지하면서 즉각적으로 조정되나, 구매력평가를 유지하는 데에는 시차를 필요로 하게 된다는 것인데, 이러한 동태적인 측면이 이 모형에서 매우 중요하다.

시장의 조정속도가 환율을 불안정하게 만드는 데 얼마나 중요한가 하는 것은 통화공급의 증대가 환율에 주는 즉각적인 효과와 장기적인 효과를 비교해 보면 알 수 있다. 통화론적 접근의 처음 모형에서 본 바와 같이, 각국의 통화수요는 자국의 실질소득과 금리수준에 의해서 결정된다.

자산시장이 즉각적으로 조정된다면 통화공급은 통화수요와 계속적으로 일치되어야 한다. 상품시장의 조정이 완만하여 단기적으로 소득이 일정한 경우에는 통화공급이 1% 증가하면 (팽창된 유동성을 흡수하기 위해서) 즉각적으로 국내금리가 하락한다. 당초에 국내금리와 외국금리가 동일하였다고 가정하면, 지속적인 금리평가의 가정에 의해 국내금리의 하락은 외국금리와의 차이만큼 자국통화가치를 앞으로 상승시킬 것이라는 기대를 즉각적으로 형성하게 만들 것이다. 그러나 궁극적으로는 구매력평가에 의해 국내통화의 가치는 통화공급의 증가에 비례해서 하락할 것이다.

그렇다면,
(i) 국내통화가치가 상승할 것이라고 하는 금리평가에 의해서 형성되는 즉각적인 기대치와,
(ii) 구매력평가에 의해 궁극적으로는 1% 하락할 것이라는 서로 상반된 논리가 어떻게 절충될 수 있겠는가?

이것은 국내 금리의 하락으로 명목환율이 장기적 가치를 즉각적으로 오버슛(overshoot)함으로써, 즉 자국통화가치가 즉각적으로는 1% 이상 하락하여 장기적인 균형점을 이탈한 후, 국내물가수준이 상승함에 따라 점진적으로 (합리적으로 기대되었던 만큼) 가치상승함으로써 균형을 회복하게 된다는 것이다.[6]

이 이론에서는 국내 통화공급이 증대되면 이자율이 단기적으로는 하락하지만 장기적으로는 그렇지 않다고, 물가수준을 장기적으로는 상승시키지만 단기적으로는 그렇지 않다고 주장한다.

이제 기대에 대해 살펴보자. 단순히 생각해 보면, 기대미래환율은 기초변수들을 반영한다고 할 수 있다. 즉,

---

[6] 만약 변동환율이 그 균형환율에서 오버슈팅을 한다면, 이는 시장이 비효율적임을 의미할 수 있고, 이 경우 환율을 안정화시키기 위한 정부의 개입은 정당화될 수도 있을 것이다. 반면 시장이 효율적이라면, 오버슈팅은 상품가격이 환율보다 느리게 적응하는 탓일 수도 있다. 어느 경우든 오버슈팅은 환율이 구매력평가에서 단기적으로 이탈된 것을 의미한다. 오버슈팅을 설명하는 여러 가지 이론이 있기는 하나, 이 단기가 어느 만큼의 기간인지 아직 충분히 설명이 되지 않고 있다.

$$E_0(S_t) = E_0(R_t, \kappa_t^*/\kappa_t, M_t/M_t^*, Y_t^*/Y_t) \quad \cdots\cdots\cdots\cdots\cdots\cdots\cdots\cdots (7. 5)$$

여기서 R은 실질환율, k는 a/V이다. 이제,

$$\gamma = E_0(R_t\kappa_t^* Y_t^*/\kappa_t M_t^* Y_t) \quad \cdots\cdots\cdots\cdots\cdots\cdots\cdots\cdots\cdots\cdots\cdots (7. 6)$$

라 하고, 이것이 일정하다고 가정하자. 그러면,

$$E_0(S_t) = \gamma \cdot E_0(M_t) \quad \cdots\cdots\cdots\cdots\cdots\cdots\cdots\cdots\cdots\cdots\cdots\cdots\cdots\cdots (7. 7)$$

마지막으로, 식 (7. 7)을 국제피셔효과식, 즉 $S = [(1+i^*)/(1+i)] E_0(S_t)$에 대입하면 다음 식을 얻는다.

$$S = [(1+i^*)/(1+i)]\gamma \cdot E_0(M_t) \quad \cdots\cdots\cdots\cdots\cdots\cdots\cdots\cdots\cdots (7. 8)$$

이제 M이 증가하거나, 앞으로 증가할 것이라는 발표가 있다고 하자. 그러면 먼저 i가 하락하고 그 다음에 S가 상승하는데, 이것은 i의 하락과 M의 상승이라고 하는 두 가지 이유 때문이다. 즉, S는 M에 비례하는 이상으로 상승하게 된다. 그런 다음, i가 상승함에 따라 S는 S/M의 원래 비율이 회복될 때까지 하락한다.

동시에 물가는 느리게 반응한다. 그래서 단기에는 구매력평가에서의 이탈이 발생한다. 외국통화가격이 국내가격보다 더 많이 상승하기 때문에, 국내상품들은 당분간 외국상품에 비해 상대적으로 저렴하게 된다.

다시 말하면, 몇 가지의 가정하에서 화폐공급이 변동하면 환율은 오버슛하고 물가수준은 언더슛(undershoot)하는 경향이 있다는 것이다. 이것은 왜 환율이 그렇게 불안정한가, 그리고 왜 단기적으로 구매력평가를 이탈하여 심하게 변동하는가에 대한 하나의 설명이다.

다음 [그림 7-2]에서 보면 재화시장과 금융시장의 최초의 균형점은 S점인데, 통화공급의 증대 때문에 LL에서 $L'L'$로 이동하게 된다. 금융시장은 즉각적으로 반응하여 S''에서 균형을 이루지만, 단기적으로는 S'점을 거쳐가게 된다. S'점이 S''점보다 높으므로 환율상승폭이 오버슈팅된다. 이런 오버슈팅현상에 의해 환율변화폭이 커질 수 있다.

이 동태적 통화접근은 몇 가지 이유에서 설득력이 있다. 첫째, 국내가격과 외국가격이 일정할 때 국내통화의 공급증대는 국내통화가치를 단기적으로 급속히

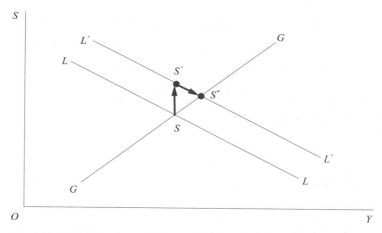

GG : 재화시장의 균형조건   S: 환율
LL : 금융시장의 균형조건   Y: 소득

하락시킨 후 점차적으로는 상승시키며, 국내물가수준도 상승하게 만든다고 하는
것은 실증적으로 실질환율의 단기적 변화와 일치한다. 둘째, 한 나라의 통화시
장은 그 나라의 상품시장보다는 국내금리의 변화를 통해서 즉각적으로 균형을
이룬다고 하는 이 이론의 전제는 금리의 불안정에 대한 실증적인 검증과 일치하
는 것이다. 셋째, 환율이 통화 공급의 변화에 대해 물가수준보다 더 민감하게 반
응한다는 것은 경험과 일치되는 것이다.

  그러나 현실적으로는 본절의 모형에서처럼 국내자산과 외국자산간에 완전한
대체관계가 성립한다고 가정하는 것은 현실적이지 않다. 국제적 조세제도의 차
이, 유동성에 대한 고려, 정치적 위험, 지불불능위험, 그리고 외환위험 등의 요
인들을 생각할 때, 국내자산과 외국자산이 완전대체적인 관계에 있다고 하는 가
정은 매우 비현실적인 것이라 하겠다.

  다음에서는 국내자산과 외국자산간에 완전한 대체관계가 존재하지 않는 경
우에 환율이 불안정해지는 이유를 살펴보자.

2. 포트폴리오 균형모형(Portfolio Balance Model)

포트폴리오 균형모형은 위험프리미엄이 존재하기 때문에 국내채권과 외국채권이 불완전한 대체관계에 있다는 가정을 함으로써 앞의 모형과 대조를 이룬다. 그 결과 포트폴리오 균형모형은 일반적으로 국내거주자들의 부(富, wealth; W)를 세 종류의 금융자산, 즉 국내통화(M), 국내채권(B), 그리고 외국채권(B^*)으로 구성되어 있다고 본다. 즉,

$$W = M + B + SB^* \quad\text{...} (7.\ 9)$$

포트폴리오 균형모형에서는 경직적 가격의 통화모형에서와 마찬가지로 상품시장은 서서히 조정되고 자산시장은 즉각적으로 조정된다고 가정하여, 환율결정의 동태적인 입장을 취하고 있다. 환율은 국내금리에 연동되어 즉각적으로 조정됨으로써 지속적으로 포트폴리오 균형을 유지하도록, 즉 위의 세 종류의 자산에 대한 수요와 공급이 일치되도록 하는 반면, 환율과 국내물가수준이 구매력평가를 유지할 수 있도록 조정되는 데는 시간적인 지체가 있다고 주장한다.

이 모형에서는 국내금융자산과 외국금융자산이 서로 불완전한 대체관계에 있다고 가정한다. 다시 말하면, 국내거주자들은 보통 국내금융자산과 외국금융자산 양쪽 다 보유하겠지만, 국내자산을 더욱 선호해서 이들의 포트폴리오는 주로 국내자산으로 구성된다는 것이다. 서로 다른 통화로 표시된 자산간의 대체성이 불완전한 이유로는 정치적 위험, 조세율, 유동성, 외국자산에 대한 정보의 비효율성, 그리고 외환위험 등을 들 수 있다.

국내채권과 외국채권이 불완전한 대체관계에 있다고 가정함으로써, 이 이론은 단기환율이 여러 가지의 통화정책적 그리고 조세정책적인 교란 요인들에 불안정한 반응을 보이는 것을 설명할 수 있다.

이제, 이 모형에서 상정하는 세 가지의 균형조건들을 고려해 보자.

(1) 화폐시장의 균형조건

이제 W = 명목가치의 부(富), i = 국내채권수익률, i^* = (국내통화로 환산한) 외국채권수익률[7]이라고 하자. 그러면 국내채권에 대한 수요는 부와 채권수익률

---

7) 외국채권수익률에는 기대환율변화율이 반영되어 있다.

의 함수라 할 수 있다.

국내통화수요 = ∅$(i, i^*)W$

= [(국내거주자들이 보유하고자 하는 통화량)/부]×부

여기서 ∅는 국내거주자들이 보유하는 부 중에서 화폐의 형태로 보유하려고 하는 부분을 나타낸다. 부가 증가하면 화폐보유도 증가하는 것이 보통이므로, 통화수요는 부의 함수라 할 수 있다.

이제 채권수익률이 통화수요에 어떤 영향을 주는지 살펴보기로 하자. 국내채권이나 외국채권의 수익률 어느 한 쪽이 증가하면, 사람들은 그 자산을 보다 많이 보유하고 화폐보유량을 줄이게 될 것이다. 따라서 국내채권과 외국채권수익률이 증가하면, 부에서 화폐형태로 보유하는 비율이 하락한다. 즉 ∅는 i와 i^*에 대해 감소함수이다.

화폐시장의 균형조건은 화폐공급과 화폐수요가 동일하게 되는 것이다. 즉,

$$M = \phi(i, i^*)W \quad \text{..} \quad (7. \ 10)$$

(2) 국내채권시장의 균형조건

국내채권에 대한 수요도 역시 부, 국내채권 및 외국채권에 대한 수익률의 함수로 표시할 수 있다.

국내채권에 대한 수요 = $\psi(i, i^*)W$

= [(국내거주자들이 보유하고자 하는 국내채권의 양)/부]×부

여기서 ψ는 국내거주자들이 부 중에서 국내통화로 표시된 채권으로 보유하고자 하는 비율이다. 국내채권에 대한 수요는 부의 증가함수여서, 부가 증가하면 국내채권의 매입도 늘어난다고 가정한다. 국내채권과 외국 채권의 수익률이 국내채권에 대한 수요에 어떤 영향을 미치는가? 국내채권수익률이 상승하면, 국내채권에 대한 선호가 커진다. 외국채권수익률의 경우에도 마찬가지이다. 따라서, 국내채권수요는 국내채권수익률(i)의 증가함수이고, 외국채권수익률(i^*)의 감소함수라고 결론지을 수 있다.

국내채권시장의 균형조건은 수요와 공급이 일치되는 것이다. 즉,

$$B = \psi(i, i^*) W \quad\text{(7. 11)}$$

(3) 외국채권시장의 균형조건

외국채권수요도 동일한 세 변수들의 함수로 나타낼 수 있다.

외국채권에 대한 수요 $= \rho(i, i^*) W$

$=$ [(국내거주자들이 보유하고자 하는 외국채권량)/부]×부

여기서 ρ는 거주자들이 외국자산으로 보유하기를 원하는 부의 일부이다. 외국자산에 대한 수요는 수익률의 증가함수이고, 부의 증가함수이며, 국내채권수익률의 감소함수이다.

균형조건은 외국자산(B^*)의 공급을 현재환율(S)로 환산한 가치가 이 자산에 대한 수요와 일치되는 것이다. 즉,

$$SB^* = \rho(i, i^*) W \quad\text{(7. 12)}$$

이 모형에서는 국내의 모든 부가 세 종류의 자산으로 구성되어 있어,

$$W = M + B + SB^* \quad\text{(7. 9)}$$

라고 가정하므로, 식 (7. 12)는 다음과 같다.

$$SB^* = (1 - \phi - \psi) W \quad\text{(7. 13)}$$

결국 포트폴리오 균형모형은 다음과 같이 요약할 수 있다.

$$S = S(i^*, M, B, B^*) \quad\text{(7. 14)}$$

$$S_i^* > 0,\ S_M > 0,\ S_B^* < 0,\ S_B \gtreqless 0$$

즉, 환율은 다음의 경우에 상승할 것이다. 첫째 외국채권수익률이 상승할 때, 그리고 둘째 국내통화공급이 증대될 때. 반대로 외국채권공급이 증대되면 환율은 하락하게 된다. 국내채권의 공급이 증대되면 환율에 미치는 영향은 분명하지 않다.

예컨대 국내통화, 국내채권 그리고 국내거주자들이 보유한 외국채권의 양(量)이 처음에 일정한 것으로 가정하자. 또한 이 세 자산에 대한 시장이 균형을 이루고 있고(그래서 자본의 이동이 발생하지 않으며), 경상수지가 균형을 이루고 있다고 가정하자.

이제 중앙은행이 국내채권을 매입하는 공개시장조작을 하여 국내통화 공급이 증대된 경우에 환율과 국내금리에 미치는 즉각적인 영향을 생각해보자. 국내통화가 국내채권과 교환되었기 때문에, 국내통화는 초과공급되고 국내채권은 초과수요가 발생한다. 그러나 국내금리가 하락함에 따라 통화 수요량이 증대되고 국내채권 수요량이 감소하게 되어 시장이 다시 균형을 찾을 것이다. 또한 국내금리의 하락으로 외국채권의 상대적 수익률이 상승한다.

국내에서 외국채권에 대한 수요가 증대됨에 따라 자본이 해외로 유출될 것이다. 그러나 자본의 해외유출은 상쇄되는 경상수지 흑자를 의미하게 되는데, 이것은 포트폴리오 균형이론에서는 단지 장기적으로만 성립한다. 그리고 자산보유자들이 포트폴리오 균형을 유지하기 위해서 즉각적으로 조정하는 것으로 가정하기 때문에, 외국자산의 국내통화가치는 국내수요의 증가를 만족시킬 수 있을 만큼 상승해야 한다. 따라서 국내통화는 하락하지 않을 수 없다.

시간이 지남에 따라서 환율은 장기적 균형가치에 접근한다. 경상수지가 당초에 균형을 유지하고 있었다고 가정하면, 자국통화가치의 즉각적인 하락은 수출을 증대시키고 수입을 억제하여 결과적으로 경상수지의 흑자를 초래하게 될 것이다. 변동환율제도하에서는 종합수지는 균형을 이루어야 하기 때문에 경상수지 흑자는 같은 금액만큼의 자본의 순유출, 즉 외국자산의 축적을 의미한다.

외국채권에 대한 국내수요가 일정할 때, 국내에서 보유한 외국자산의 증가(감소)는 외국자산의 국내통화가격이 하락(상승)하지 않을 수 없음을 의미한다. 그래서 국내에서 보유한 자산의 총가치가 수요와 동일하게 되도록 할 것이다. 이것은 국내통화가 시간이 지남에 따라 상승(하락)하게 된다는 것을 의미한다. 따라서 동태적 통화접근에서와 같이 환율은 장기적 균형가치를 일시적으로 오버슛할 수밖에 없다.

동태적 통화접근과는 달리 포트폴리오 균형접근은 경상수지균형과 환율간의 장기적인 관계를 설명한다. 경상수지 흑자는 국내통화가치의 상승을 초래하여 그 흑자를 점차 줄어들도록 만들며, 경상수지 적자는 자국통화의 가치를 하락하도록 만들어 적자를 줄이도록 한다는 것이다.

그러나 포트폴리오 균형이론에서는 단기적 환율이 국제수지균형을 유지하는 외환의 가격이라고 보는 전통적인 이론들과는 일치하지 않는 것 같다. 한 나라의 국제수지는 일정기간 동안에 발생한 상품, 서비스, 그리고 금융자산의 유입과 유출에 관련된 지불과 수취를 측정한 것이다. 그 기간 동안 모든 흐름의 순가치는 그 합계에 있어서 0이 되어야 한다. 그렇지 않으면 (순수한 변동환율제도하에서는) 환율이 조정되어야 한다. 그러므로 전통적인 이론에서는 단기자본이동은 국제수지 불균형을 초래할 수 있고, 또 이것은 결과적으로 단기환율이 변하도록 만든다.

그러나 현대의 포트폴리오 균형이론에 따르면 단기에 있어 금융교란(예컨대, 국내채권의 공개시장 매입)은 자본흐름이 없는 경우에, 즉각적으로 국내금리와 환율의 변화를 가져와 자산소유자들이 포트폴리오 균형을 이루도록 한다. 따라서 환율의 결정에 있어 상품, 서비스, 그리고 자본의 국제적인 흐름이 물론 장기적으로는 중요하지만, 단기적으로는 중요하다고 보지 않는다.

그러나 자본흐름을 배제한 이 가정은 매우 비현실적이다. 실제로는 국제간에 거액의 자본이 빈번히 이동하는데, 이것은 국제적인 수익성의 상대적 변화에 따르는 것이지 꼭 경상수지 불균형의 결과 때문이라고는 볼 수 없고 오히려 원인이라 할 수 있다.

제4절 이론의 종합

지금까지 살펴본 환율결정에 대한 전통적인 이론들과 현대적 이론들의 결론을 종합적으로 비교해 보면 [표 7−1]과 같다. 이제 이 이론들을 통합하여 조정해 보자. 앞에서 언급했던 몇 가지의 극단적인 가정들, 예를 들면 시장이 즉각적으로 조정된다고 하는 것과 같은 가정들은 포기하고, 그 반면 전통적인 이론에서 주장했던 몇 가지의 견해, 예컨대 외부교란에 따른 환율변화의 정도가 수요의 상대적인 가격탄력성에 크게 의존한다는 것과 같은 몇 가지 가정들은 여기서도 그대로 채택한다.

본절의 중요한 결론은, 근래에 볼 수 있었던 단기적 환율의 불안정성은 외국채권이 국내통화보다도 국내채권을 일반적으로는 더 잘 대체할 수 있다는 사실, 그래서 투기를 배제하더라도 국제적으로 자본이동이 클 수 있다고 하는 사실을 가지고 대체로 설명할 수 있다는 것이다.

▼ 표 7-1 각 환율결정모형에 내제된 회귀계수(mplied regression coefficients)

종속변수: 환율의 대수값	$(m - m^*)$	$(y - y^*)$	$(i - i^*)$	$(\pi - \pi^*)$	$(b - f)$
전통적 플로우모형		+	−		
현대적 자산시장모형					
통화론적 접근					
신축적 가격의 통화모형	+	−	+	+	
"오버슈팅"모형	+	−	−		
실질금리차 모형	+	−		+	
포트폴리오 균형모형			−		+
종합적 자산시장모형	+	−	−	+	+

정의: e = 환율의 대수값; $m - m^*$ = 상대적 통화공급의 대수값; $y - y^*$ = 상대적 소득의 대수값;
　　　$i - i^*$ = 명목금리차; $\pi - \pi^*$ = 기대 물가 상승률차; $b - f$ = 상대적 채권공급의 대수값
출처: [그림 7-1]과 같음. 단 103쪽.

시장이 즉각적으로 조정되지 않는다고 하는 가정의 의미는 작은 개방경제국의 예에서 살펴볼 수 있다. 초기에 모든 자산의 수요와 공급은 균형상태에 있고, 경상수지도 균형상태에 있다고 가정하자. 금융적인 측면에서 보면 국내통화는 세 가지의 목적, 즉 투기적 목적, 국내상품과 채권을 매입하기 위한 목적, 그리고 외국상품과 채권을 매입하기 위해 외환을 매입하려는 목적에 의해서 보유된다. 국내채권은 이자를 지불하는, 정부가 발행한 부채이다. 외국채권은 외국인에 대한 거주자들의 청구권이다.

금융적인 교란이 발생했을 때, 외환시장 그리고 국제수지에 어떤 영향을 미칠 것인가? 예컨대, 국내중앙은행이 국내채권을 공개시장에서 매입하여 국내통화공급이 1% 증가하게 되었다고 가정하자. 국내통화를 국내채권과 교환하였기 때문에 결과적으로 국내통화의 초과공급과 국내채권에 대한 초과수요가 발생하게 되었다. 환율, 자산가격, 그리고 상품가격에는 아직 아무런 변화가 생기지 않기 때문에 국제수지는 아직도 균형상태에 있다.

그러나 국내채권에 대한 초과수요는 그 가격을 상승하도록 만들고 국내금리가 하락하도록 만든다. 국내금리가 하락함에 따라 두 가지 효과가 발생한다. 첫째, 국내통화를 보유하는 기회비용이 하락하기 때문에 국내 통화수요가 증대된다. 둘째, 외국채권의 상대적 수익률이 상승하기 때문에 자본의 순유출(純流出)

이 발생한다. 자본의 유출은 외환시장에서 외국 통화를 매입하려는 국내통화의 공급을 증대시키게 되고, 이것은 국내통화가치가 하락하도록 만든다.

국내통화가치가 하락한다는 결론은 포트폴리오 균형모형에서 얻은 결과와 유사하다. 그러나 이 종합이론에서 통화정책의 충격(shock)에 의해 유도된 단기 자본유출은 결과적으로 국제수지 불균형을 초래할 수 있게 되어, 국제수지를 균형시키려면 환율이 변화해야 한다. 더구나 환율변화의 정도는 금융자산에 대한 수요의 상대가격, 즉 금리의 탄력성에 크게 의존하게 된다.

첫째, 외국채권에 대한 수요의 가격탄력성이 (절대적인 의미에서) 크면 클수록 자국통화가치의 하락은 커진다. 국내금리가 하락함에 따라 자본유출의 정도는, 그래서 국내통화에 대한 외환시장의 압력의 정도는 외국채권에 대한 수요가 얼마나 가격에 민감하냐에 달려 있다. 둘째, 국내통화 수요의 가격탄력성이 크면 클수록 국내통화가치의 하락은 작아진다. 마찬가지로 국내채권수요의 가격탄력성이 크면 클수록 국내통화의 가치하락은 작아진다. 왜냐하면 국내채권에 대한 초과수요를 제거하기 위해서 국내금리가 조금만 떨어져도 충분하기 때문이다.

단기환율이 불안정하냐의 여부는 외국채권수요와 국내통화수요의 상대적 가격탄력성에 전적으로 의존한다. 예컨대 이 두 탄력성이 동일하다고 가정하자. 그러면 국내금리가 하락함에 따라 외환을 매입하려고 하는 국내통화의 변화율은 투기적인 목적으로 보유하는 국내통화의 변화율과 같아진다. 그 결과로 발생하는 초과통화공급이 궁극적으로 제거되면 외환수요와 국내통화수요가 각각 1% 씩 증가하고, 이것은 국내통화가치가 1% 하락하게 만든다.

그러나 일반적으로 통화보다는 외국채권이 국내채권을 더 잘 대체한다고 생각할 수 있고, 이것은 외국채권수요의 가격탄력성이 국내통화수요의 가격탄력성보다 더 높다는 것을 의미한다. 이 같은 관점에서 보면, 외환을 매입하는 데 필요한 국내통화의 비율은 투기적인 목적을 위해서 보유되는 비율을 초과하게 될 것이다. 그 결과 자국통화의 가치는 단기적으로 통화공급의 증가보다도 훨씬 더 큰 폭으로 하락하게 된다. 자본이동의 정도가 크면 클수록 환율의 불안정이 더 커진다.

그러나 현실적으로는 외환시장에서 각 통화의 공급이 고정되어 있는 것은 아니다. 예컨대 외환의 국내통화가격이 상승함에 따라 외환시장에 공급되는 외국통화량이 증가하게 되고, 그래서 국내통화가치의 하락 정도는 완만해지게 된다.

그럼에도 불구하고, 국내통화수요와 외국채권수요의 상대적 가격탄력성이 환율변화의 정도를 결정하는 데 있어 중요한 역할을 한다는 사실은 간과할 수 없다.

요약하면, 전통적인 탄력성접근에서 상품시장 불균형에 대한 환율의 반응 정도를 상품가격탄력성으로 설명하는 것과 마찬가지로, 포트폴리오 불균형에 대한 단기환율의 반응 정도를 자산가격탄력성으로 설명하는 것이 환율결정에 대한 보다 종합적인 견해라고 볼 수 있다. 이 이론에서는 경상계정 불균형과 자본계정 불균형이 함께 강조된다. 이들 중의 어느 쪽이건 국제수지 불균형을 가져올 수 있고, 그래서 현물환율을 변화시킬 수 있기 때문이다. 환율은 전통적 탄력성접근에서 가정하듯이 자본계정 불균형과는 무관하고 경상수지 불균형에 대해서만 반응하는 것은 아니다. 또한 환율은 현대적 포트폴리오 균형접근의 주장과는 달리, 국제수지 균형을 유지하는 가격이기도 하다.

종합적으로 보면, 국제수지 불균형에 대해서 환율이 변하는 정도는 상품가격과 자산가격에 대한 수요의 탄력성과, 이에 더하여 상품시장과 자산시장의 상대적인 조정의 속도에 달렸다. 일반적으로 자산시장이 상품시장보다는 불균형에 대해서 보다 빠른 속도로 조정되는 것으로 간주되기 때문에, 단기환율은 자본시장 불균형에 대해서 더욱 민감할 것이라고 생각할 수 있다. 그러나 상품시장 불균형, 예컨대 오일쇼크 같은 사건은 중장기적인 환율의 추세형성에 결정적인 역할을 한다고 볼 수 있다.

제5절 ▶ 결론

환율의 결정을 설명함에 있어 먼저 전통적인 이론으로서 구매력평가설과 탄력성이론에 대해 언급하였다. 돌이켜 보면 변동환율제도를 지지했던 이들은 환율결정에 대해서 주로 상품의 가격과 상품시장에 초점을 맞추었고, 따라서 좁은 견해를 가졌던 것 같아 보인다. 지금까지의 변동환율 경험에 비추어 볼 때, 구매력평가설과 무역수지이론이 물론 환율의 장기적인 추세를 설명하려는 견해이기는 하나, 환율의 단기적인 변동은 제대로 설명하지 못했음을 알 수 있다.

다음, 환율의 단기적인 불안정 즉 환율이 구매력평가와 무역균형으로부터 지속적으로 이탈되어 온 현실을 설명하기 위해 1970년대 이후에 나타나기 시작한 자산시장모형들을 살펴보았다. 이 이론들은 장기적인 환율의 결정에 중요한 역할을 하는 상품시장에 초점을 두는 대신, 단기적인 환율의 변동에 영향을 미치는 자본시장의 역할에 초점을 두고 있다. 자본시장의 중요성은 실증적으로도 증명되고 있다.

마지막으로 국내와 외국의 금융자산수요에 대한 상대적 가격탄력성이, 수출상품과 수입상품의 수요에 있어서와 마찬가지로 환율결정에 있어 중요하다는 점을 강조하면서 전통적인 이론들과 새로운 이론들을 선택적으로 통합하려고 하였다. 실제로 자산보유자가 국내의 채권을 대체함에 있어 국내통화보다도 외국채권을 더욱 선호한다고 가정하면, 지금까지의 변동환율제도하에서 환율의 불안정성을 훨씬 더 잘 설명할 수 있게 된다.

지금까지 살펴본 환율결정이론의 변천은 그간의 국제금융시장, 특히 국제단기자금시장과 외환시장의 변천을 반영해 온 것이라고 할 수 있다. 국제외환시장이 초기의 무역거래와 서비스거래에 의해서 주도되던 상황에서, 점차적으로 국제금융시장의 발달에 따라 투자자들과 투기자들에 의해서 이루어지는 국제간의 자본거래와 금융거래에 의해 더 큰 영향을 받아 왔다는 것이다.

이 같은 상황적 변화를 반영하여 최근의 이론으로 등장한 자산시장이론은 투자자들이 통화를 자산으로 간주한다는 것, 그리고 이들이 통화 포트폴리오를 변경할 것인가의 여부를 결정하는 데 있어 통화에 대한 기대치를 근거로 한다는 것을 앞에서 살펴보았다.

외환시장이 플로우 시장이 아니고 자산시장이라고 하는 것은 과연 무엇을 의미하는가? 첫째, 환율이 소위 랜덤워크(random walk)로 움직인다는 것이다. 뒷부분(제8장 제1절)에서 설명하겠지만, 그것은 환율이 다음에 어떻게 움직이느냐 하는 것은 지금까지 어떤 움직임을 가져왔는가 하는 것과는 무관하다는 것이다. 이것은 환율이 장기적으로 구매력평가에 의한 균형을 향해 움직여 나간다고 하는 이론과는 배치되는 것이다.

또 이것은 환율에 영향을 줄 수 있는 모든 알려진 정보가 지금 현재의 환율에 전부 반영이 되어 있다는 시장효율성을 전제로 하는 논리이다. 새로운 정보란 그 자체가 랜덤하게 발생하므로, 환율이 이 새로운 정보에 의해 영향을 받게 되는 것도 랜덤할 수밖에 없다는 논리이다. 현재의 모든 정보가 과연 현재의 환율에 모두 반영되어 있는가 하는 것은 이 책의 다른 부분(제8장 제1절)에서 다루고 있다. 여기서 중요한 것은 통계적인 분석에 따르면 환율이 실제로 랜덤워크를 따른다는 것이다.

둘째, 통화가 다른 자산들과 같은 방법으로 가격이 매겨진다면, 두 통화간의 현재의 상대가격인 현물환율은 미래의 기대환율인 선물환율과 밀접한 관련을 가진다는 것이다. 두 통화간의 미래의 상대가격에 대한 인식을 변화시킬 만한 새로운 정보가 생기게 되면, 현물환율에도 이에 상당하는 변화가 생길 수밖에 없게 된다는 것이다.

이것은 실증적으로도 밝혀진 사실이지만, 선물환율의 결정을 가지고 설명하는 것이 더 쉽다. 앞(제4장 제2절)에서 설명하였듯이 선물환율은 현물환율과 선물환차(forward differential)의 두 가지 요인으로 구성되어 있다. 따라서 현물환율의 변동은 자동적으로 선물환율을 변화시킬 것이다. 선물환차는 대체로 양국의 금리 차이에 의해서 결정되고 현물환율이 변한다고 해서 따라서 변해야 할 이유는 없다. 따라서 현물환율의 변화는 선물환율에 중대한 영향을 미치며, 통화가치는 다른 자산과 마찬가지 방식으로 결정된다고 결론지을 수 있다.

환율의 불안정성이 자산시장이론에 의해 어느 정도 논리적으로 설명되었다고 할 수 있는데, 환율불안정이 바람직한 것이 아니라면 정책적으로 어떻게 이를 줄일 수 있을 것인가? 한 가지 방법은 단기자본이동을 억제시키는 것이다. 예컨대, 외환의 매입과 매도 거래에 대해서 과세(課稅)하는 것과 같은 정책은 환율을 불안정하게 만드는 단기자본이동을 크게 줄이게 될 것이다. 그러나 단기자본이동은 또한 국제수지의 균형을 유지하는 데 도움이 되기 때문에 안정적인 역할을 하는 측면도 있다.

환율불안정을 초래하는 단기자본이동을 억제할 수 있는 실질적인 수단이 많지 않은 현실에서는, 국가간의 통화정책과 조세정책면에서의 협조를 강화하는 것이 바람직한 것이라고 하겠다. 이 같은 협조에 의해서 상대적인 금리변화가 감소될 수 있을 것이고 따라서 불필요한 환율의 변화를 제거할 수 있을 것이다. 그 결과 국제적인 무역이 촉진되고 상호간의 투자가 증대되어 공동의 혜택을 증대시킬 수 있게 될 것이다. 그러나 국제적인 협조를 강화한다고 하는 것은 물가상승률이나 실업률의 억제와 같은 각국의 국내경제목표를 달성하는 데 필요한 정책적 수단들을 부분적으로 포기해야 하는 것을 의미하는 것이기도 하다.

연습문제

01 전통적 환율결정이론과 현대적 자산시장이론간에는 기본적으로 어떤 차이가 있는가?

02 이들의 견해는 서로 보완적인가, 아니면 상치되는가?

03 환율결정이론으로서 구매력평가설이 가지는 강점과 약점은 무엇인가?

04 자산시장이론은 다른 환율결정 이론들에 비해 어떤 특성을 가지는가?

05 통화론적 접근과 포트폴리오 균형접근은 어떤 차이가 있는가 ?

06 통화론적 접근은 다시 신축적 가격모형과 경직적 가격모형으로 구분할 수 있다. 이들의 가정이 어떻게 차이가 있으며, 결과적으로 결론이 서로 어떻게 다른가?

07 국내에서 임금이 상승하여 생산성이 다른 경쟁국에 비해 떨어지고 있다고 한다면, 원화의 가치는 어떤 영향을 받겠는가?

환율의 예측

정부나 기업, 또 개인들도 여러 가지 이유로 미래의 환율을 예측해야 할 필요가 있는 경우가 많이 있다. 그러나 불확실성의 세계에서 이것이 가능한가? 가능하다면 어떻게 예측을 할 수 있을 것인가? 예측이 어렵다면 미래의 현물환율을 가늠할 수 있는 대체변수를 어디서 찾을 수 있을 것인가?

효율성과 기대의 합리성이 외환시장의 특성이라고 한다면, 적어도 개념적으로는 미래의 환율을 체계적으로 예측하여 시장의 기대치인 선물환율을 능가할 수 있는 우월한 예측모형을 구축한다는 것은 어려울 것이다. 현재환율이라고 하는 주어진 값에 시간의 흐름에 따라 변할 수 있는 위험할증과 예측할 수 없는 뉴스의 두 변수가 더해져서 미래환율을 결정한다고 할 때, 이들 중 어느 하나도 쉽게 예측할 수 있다고 보기 어렵다. 그러나 현실적으로는 환율예측을 전문으로 하는 기관들이 여럿 존재하고 있고, 이들은 각기 수많은 고객들과 추종자들을 가지고 있는 실정이다. 이러한 현상을 어떻게 설명할 수 있을 것인가?

환율결정이론에 관한 제7장에서 본 바와 같이 변동환율제도하에서 환율은 (관련된) 양국의 상대적 물가상승률, 실질금리차, 상대적 경제성장률 그리고 그 통화의 기대가치 등 여러 요인들에 의해 크게 영향을 받는다. 이런 변수들의 분석을 통해 예측의 실마리를 풀어갈 수 있을 것이라고 생각할 수 있다. 그러나 사실은 미래환율에 영향을 줄 것으로 믿어지는 이 정보들은 이미 현재환율에 모두 반영되어 있음을 앞 장에서 보았다.

따라서, 환율을 예측한다고 하는 것은 시장이 아직 감지하지 못한 새로운 정보를 찾아내는 일이라 할 수 있다. 시장효율성을 전제하는 세계에서는 이것은 매우 어려운 일이 아닐 수 없다. 더구나 중앙은행의 개입도 많은 국가에서 빈번하게 그리고 예고 없이 이루어지고 있어, 환율예측을 더욱 어렵게 만들고 있다.

본장에서는 먼저 시장효율성과 랜덤워크모형이 환율예측에 어떤 의미를 가지는가 살펴본 후, 각종의 예측기법들을 차례로 알아보고자 한다. 예측을 위한 각종의 기법들을 먼저 시장에 반영된 예측과 모형에 의한 예측으로 구분하고, 후자를 다시 경제기초변수들에 대한 분석과 기술적 분석에 의한 모형들로 나누어 살펴보기로 한다. 그 다음 각종의 예측치에 대한 평가방법에 대해서도 언급하기로 한다. 마지막 제4절은 결론이다.

제1절 ▷ 시장효율성과 랜덤워크모형크

변동환율제도하에서 환율을 보다 잘 예측하기 위한 노력은 꾸준히 있어 왔다. 다른 모든 금융상품과 마찬가지로 외환시장에서도 위험이 따르는 포지션(open position)을 취하게 되면, 그 증가한 위험 때문에 당연히 기대수익률이 높아지게 될 것이다. 따라서 성공적인 환율예측이란 위험이 증가되었기 때문에 당연히 기대하게 되는 추가적인 이익을 능가하는, 보다 큰 이익을 지속적으로 가져올 수 있는 예측능력을 말한다.[1]

효율적 시장에서는 미래의 환율에 영향을 줄 수 있는 모든 정보가 누구에게나 똑같이 즉각적으로 알려지게 되고, 모든 시장참여자들이 합리적인 기대를 형성한다면, 이 기대치가 현물환율과 선물환율에 곧바로 반영된다고 한다. 이런 세계에서는 환율이 변동하게 되는 원인은 순전히 새로운 정보(즉, 뉴스)가 발생하기 때문일 것이다. 또 새로운 정보는 랜덤하게 발생하기 때문에, 환율변동은 랜덤워크를 따른다고 할 수 있을 것이다.[2]

이제 랜덤워크를 정의해 보자. 어떤 변수 X의 한 기에서 다음 기로의 변화가 순전히 랜덤할 때, 즉 아래 식과 같을 때, X_t의 시계열은 순수한 랜덤워크를 따

---

[1] 외환위험이 반드시 보상(즉, 보다 높은 수익)을 받는 것은 아니며, 더구나 외환위험에 대한 노출이 클수록 수익률이 더 높아지는 것은 아니다. 또한 균형상태에서는 환율이 실질현금흐름에 아무런 영향을 주지 않는다. 이 같은 탓으로 외환위험은 일반적으로 비체계적 위험으로 간주된다.

[2] 효율적 시장의 개념은 처음 재무관리 문헌에서 발전되어, 증권시장에서 시계열에 나타난 주식가격의 행태를 설명하는 데 쓰였다. 또 주식가격의 움직임은 랜덤워크 패턴을 따르는 것으로 널리 알려져 있다.

효율적 시장에서의 예측

우수한 예측기법을 개발한 사람은 자기의 정확한 예측치를 이용해서 선물환거래 등을 통해 이익을 낼 수 있을 것이다. 예컨대 이 사람이 6개월 후 환율을 달러당 1,000원으로 예측하였을 때, 6개월 만기 선물환율이 시장에서 1,010원에 거래되고 있다면 선물환 매도계약을 지금 체결해 두고, 6개월 후 자기의 예측이 맞아 현물환율이 1,000원이 되면 달러당 10원의 이익을 얻을 수 있게 된다.

그러나 시장에 참여하는 사람들이 이 우수한 예측가로부터 곧바로 예측정보를 얻을 수 있어서 선물환 차익거래에 나선다면, 6개월 선물환율은 시장에서 1,000원에 거래될 것이고 그렇게 되면 누구도 이익을 낼 수 없게 된다.

른다고 한다.

$$X_t = X_0 + u_t \quad\text{(8. 1)}$$

(여기서 u_t는 시계열에서 일정한 패턴을 보이지 않는 완전히 랜덤한 값임)

환율변동이 랜덤워크모형을 따른다는 것은 무엇을 의미하는가? 랜덤워크모형에서 다음 기의 현물환율에 대한 최상의 예측치는 지금 현재의 현물환율에 추세값(만약 추세값이 존재한다면)을 가감해 준 값이라는 것이다.[3] 추세치가 없다면, 다음 기의 환율이 현재의 환율과 같을 것이라고 하는 것이 최선의 예측이 될 것이다.

다른 말로 하면, 한 시점에서 다음 시점으로의 환율변화는 과거의 환율변화와 무관하고, 따라서 예측이 매우 어렵다는 것이다. 현물환율의 변화와 관련해서 보면, 순수한 랜덤워크모형은 합리적 기대를 하는 시장참여자는 다음 기에 환율이 하락할 확률과 상승할 확률이 동일한 것으로 예측한다는 것을 의미한다.

여기서 반드시 이해해 두어야 할 중요한 점은 시장이 효율적이고, 따라서 예상할 수 있는 모든 요소들이 환율에 이미 충분히 반영되어 있는 한, 이익의 기

---

3) 한 기에서 다음 기로 어떤 변수 X의 변화가 추세치(drift factor) d와 순수한 랜덤요소의 합과 같을 때, 즉 $X_t = X_0 + d + u_t$일 때, 시계열 X_t는 추세를 가지는 랜덤워크(random walk with drift)를 따른다고 말한다.
국제피셔효과, 즉 $s_t - s_0 = (i - i^*) + e_t$는 추세치를 가지는 랜덤워크모형이라 할 수 있다. 여기서 s_t와 s_0는 대수로 표시한 환율이며, i와 i^*는 자국 및 외국의 금리, 그리고 e_t는 사전에 예상하지 못한 오차항으로, 평균 0과 일정한 분산을 가지는 정규분포를 띤다.

회란 환상에 불과하고 거래를 통해서 지속적이고 반복적인 이익을 내기는 불가능하다는 것이다.

예컨대 투기거래자가 다음 기의 현물환에 대해 합리적인 기대를 하고 커버되지 않은 차익거래를 했을 때, 즉 기준시점에 커버하지 않은 채 현물환거래를 하고 다음 기에 반대거래를 했을 때, 그 이익은 실제로는 대부분의 경우 0이 아니겠지만 평균적으로는 0이 될 것이다.

위험의 중립성, 즉 위험할증이 없다고 가정할 때 랜덤워크의 세계에서는 커버된 차익거래도 성립하지 않을 것이다. 예컨대 어떤 합리적인 시장 참여자가 원화 및 다른 관련 있는 변수들의 과거시계열자료, 그리고 미래값에 대한 예측 등을 토대로 판단하여, 원/달러 환율이 앞으로 한 달 후에 1% 하락할 것으로 기대한다고 가정하자. 위험할증이 없다고 가정하고 있기 때문에 이때 원화의 선물환 할인은 1%가 되어 있을 것이다. 그래서 거래자가 선물환에 달러를 사서 다음 기에 현물환으로 팔아도 평균적으로는 이익을 얻는 게 없을 것이다.

외환시장 효율성에 대한 실증적 검증은 매우 폭넓게 이루어져 왔다. 검증에 사용된 통계적 기법, 통화와 대상기간이 매우 다양하여 종합적이고 일반적인 결론을 내리기는 어렵다. 그러나 환율이 새로운 정보를 즉각적으로 반영한다는 의미에서 효율적이라는 데에는 대체로 이의가 없는 것 같다. 랜덤워크가 추세치를 가지는가의 여부에 대해서는 이견이 있지만, 환율의 변동이 랜덤워크를 따른다는 실증검증의 결과도 역시 많이 있다.

제2절 ▶ 시장에 의한 예측

1. 선물환율

미래 환율에 대한 시장에서의 예측으로 대표적인 것은 선물환율이다. 어떤 시점에 선물환율이 투자자들이 기대하는 그 선물환 만기시점의 현물환율보다 낮으면 투자자들은 통화를 매입할 것이고, 반대 상황에서는 통화를 매도할 것이라고 생각할 수 있다. 그 결과 외환시장의 효율성은 증대될 것이고, 선물환율은 미래의 현물환율에 대한 시장 기대치를 반영하게 된다. 이로써 거래자들의 주관적 기대라고 하는 관찰할 수 없는 변수가 시장의 선물환율이라고 하는 관찰할 수 있는 변수로 바뀌는 것이다. 이 같은 논리를 투기적 효율가설(SEH; speculative efficiency hypothesis)이라고 한다.

만약 투기적 효율가설(SEH)이 성립한다면, 지금 현재까지의 알려진 모든 정보로 판단할 때 선물환율이 가장 좋은 예측치이고, 따라서 이보다 더 나은 예측이란 어떤 방법으로도 가능하지 않을 것이다. 실제로 미래의 기대 현물환율에 대한 대체변수로 선물환율이 널리 쓰여져 왔고 이보다 더 좋은 그리고 손쉬운 대안이 별로 없는 경우가 많다.

오랫동안 투기적 효율가설(SEH)은 성립하지 않는다고 하는 견해가 지배적이었는데, 그 이유로 다음 세 가지가 꼽혔다.

첫째, 투기자들이 완전한 정보를 가지는 것이 아니라는 것이다. 효율적 시장가설에서 주장하는 바와는 달리 정보를 수집하고 정확하게 해석하는 데에는 무시할 수 없는 비용, 시간 그리고 전문성이 필요하기 때문에, 정보가 환율에 즉각적으로 반영되지 않는다는 것이다.

둘째, 투기거래자들이 동원할 수 있는 자금의 규모가, 방대한 외환시장의 거래규모에 비해 크게 영향을 줄 수 있는 수준이 되지 못한다는 것이다.

셋째, 투기거래자들은 위험에 대해 중립적이지 않다는 것이다. 다시 말하면, 투기거래의 결과로 얻어지는 한 단위의 이익이 주는 효용이 한 단위의 손실이 주는 비효용과 같지 않다는 것이다. 따라서, 투기자들은 위험을 부담하는 데 대한 대가를 요구하게 되는데, 이를 위험할증이라고 한다.

오늘날의 정보통신기술 발달과 금융시장의 글로벌화를 감안할 때, 첫째 이유인 시장비효율성과 둘째 이유인 자금 제약은 크게 개선되었으리라 믿을 수 있다. 남은 것은 세 번째인 위험할증이다.

시장거래자들이 과연 투기적효율가설이 전제로 하듯이 예상되는 미래의 현물환율과 꼭 같아질 때까지 거래를 계속할 것인가? 선물환율이 어느 선에 도달하면 투기자들은 아직도 이익을 볼 수 있음직하기는 하나, 혹시 예측이 틀릴 수 있는 위험에 비해 그 대가가 이제 너무 작다고 느낄 수 있다. 다시 말하면, 선물환율과 만기시점의 현물환율에 대한 시장의 기대 사이에는 차이가 있을 수 있다. 이것이 위험할증이다.

만약 위험할증이 0이거나 적어도 일정하다고 가정할 수 있다면, 선물환율은 왜곡되지 않은 예측치라고 할 수 있을 것이다. 선물환율에 위험할증이 존재하는가, 또 존재한다면 그 값이 일정한가 아니면 시간이 지남에 따라 변동하는가 하는 문제는 매우 복잡한 이론적 문제이므로, 이 책에서는 다루지 않기로 한다. 다만 선물환율이 미래의 현물환율에 대해 좋은 추정치가 되지 못한다는 연구가 지배적이라는 점을 지적하는 것으로 그치려 한다.

그러면 선물환율과 그 만기시점의 현물환율간에 생기는 차이를 설명하는 요인들은 무엇인가? 이는 위험할증 그리고 랜덤오차의 합이라고 하겠다. 이 오차는 미래의 현물환율을 예측하는 데 있어 생기는 실수라고 볼 수도 있으나, 합리적 기대를 가정한다면 이것은 새로이 생기는 정보, 즉 뉴스의 탓이라고 할 수 있다.

만약 이 같은 이유에서 선물환율이 시장에서의 모든 정보를 이용하여 형성될 수 있는 합리적 기대치를 정확히 반영하는 값이 아니라면, 선물환율보다 더 좋은 예측을 하려는 노력은 어리석은 것이 아닐 것이다.[4]

2. 현물환율

선물환율 대신 현재의 현물환율(S_0)로 다음 기의 현물환율(S_t)을 예측하려는 시도도 흔히 있다. 어떤 경우에 미래의 현물환율이 지금 당장의 현물환율과 같을 것이라고 기대할 수 있을까? 환율이 어떤 과정으로 결정될 때 지금의 환율이 미래의 환율에 대한 최선의 예측치가 될 것인가? 앞의 제1절에서 이미 살펴본 바와 같이 이에 대한 대답은 랜덤워크모형이다.

환율이 추세치 없는 랜덤워크과정을 따르는 것이 사실이라면 현재의 현물환율이 다음 기의 현물환율에 대한 최상의 예측치 (즉 합리적 기대)라고 생각할 수 있기 때문이다. 실제로 랜덤워크모형에 입각하여 현물환율로 예측한 결과, 선물환율보다 훨씬 더 좋은 추정치를 얻었다고 하는 연구들도 있다.

이제 현물환율과 선물환율간의 관계를 다시 잠깐 돌이켜 보자. 시장에서 특

---

4) 선물환율이 설사 최선의 예측치라고 하더라도 심지어 외환시장에서 거래가 가장 빈번한 국제통화들 조차도 1년을 초과하는 장기선물환율은 단지 참고값 정도의 의미밖에 없다. 따라서 예측기간이 1년을 초과하는 경우에는 선물환율은 도움이 되기 어렵다.

정 통화에 대한 평가가 변할 때는 현물환율과 선물환율 모두 동시에 영향을 준다. 예컨대, 엔화가 갑자기 강세를 보일 때는 엔화의 현물환율과 선물환율 모두가 동시에 상승하므로, 선물환율에 절대적인 영향을 주는 바로 그 요인들이 현물환율도 결정하는 것이라고 할 수 있다. 앞에서 언급한 바와 같이 위험할증과 기대오차의 값은 단정하기 어려우므로 이 같이 단순화시켜 말할 수 있다.

이것은 선물환율이 만기가 되는 미래시점의 현물환율보다도 지금 당장의 현물환율에 더욱 긴밀하게 연관되어 있음을 나타낸다. 선물환율이 예측치로서의 내용은 부실하고 단지 사후적으로 현물환율을 뒤쫓는 데 불과하다는 주장이 여럿 있다. 이는 현물환율의 변화폭이 매우 큰 데 비해 선물환 할증과 할인은 크기가 항상 아주 작을 뿐 아니라, 이 둘간의 상관관계가 거의 없다는 사실로도 확인되고 있다. 이것은 현물환율의 변동이 대부분 사전에 예상되지 않았음을 나타내는 것이다.

현물환율이 순수한 랜덤워크를 따른다고 단정하기는 어려울지 모른다. 그러나 대략적인 랜덤워크모형을 이용한 예측치도 상당히 효과적인 경우가 많은데, 이는 현재의 현물환율이 선물환율보다 미래의 현물 환율을 더 잘 예측한다는 것을 의미한다. 그러나 현물환율의 예측우월성은 특히 단기적으로 현저하고, 예측대상기간이 길어지면 길어질수록 점차적으로 사라진다.

현물환율을 예측치로 이용함에 있어서는 합리적 거품에 대한 이해가 필요하다. 현물환율의 심한 변동성에 대한 한 가지 설명은 통화시장이 일시적인, 그리고 합리적 거품(rational bubbles)을 가지고 있을 가능성이 있다는 것이다.[5] 환율이 어떤 뉴스가 발표된 후, 또는 어떤 사건이 발생한 후에도 오랫동안 계속해서 상승하거나 또는 붕괴하는 경우가 더러 있는데, 이처럼 가격이 균형수준에서 점차 멀어지면서 더욱 그 흐름이 강화되는 현상을 거품현상이라고 한다. 거품은 시장의 기초변수에 의해 결정되는 균형에서 이탈된 것을 나타낸다.

아직까지 거품이 어떻게, 그리고 왜 생기는지에 대해 이론적으로 설명되지 않고 있다. 거품의 역할에 대해서는 두 가지의 견해가 있는데, 그 하나는 시장참

---

5) 환율에 대한 연구가 다른 금융자산, 특히 주식가격연구에서 끌어다 쓰는 것이 많은데, 거품이론도 그 한 예이다. 역사상 유명한 가격거품현상은 17세기 초 네덜란드에서 바이러스에 감염되어 독특한 색깔을 가졌던 튤립에 대한 투기, 18세기 초 수익성이 희박한 회사의 주식가격이 폭등했던 영국의 The South Sea Company거품, 같은 때 프랑스의 The Mississippi Company 거품, 2000년 전후 전세계적인 IT산업거품, 그리고 우리나라 주식시장에서는 1978년 전반기 건설회사주식에 대한 투기적 거품 등 많은 예가 있다.

여자들이 거품요소를 중요하다고 생각하면 그것으로 충분하다는 것이다. 왜냐하면 그렇게 생각하면 실제로 중요하게 될 것이기 때문이다. 즉, 거품요소가 중요하다는 생각이 시장 참여자들의 주관적 모형에 반영되면, 결국 시장의 객관적 모형에도 반영되어 환율을 그 방향으로 이끌어 나갈 것이기 때문이다. 또 다른 하나는 이 변수가 학자들에게는 보이지 않지만(또는 계량화할 수 없는 것이지만) 시장에 참여하는 사람들에게는 관찰되는지도 모른다는 것이다.

가격거품현상을 과거에는 군중심리나 투자자들의 비합리성 때문에 생기는 현상으로 간주해 왔으나, 근래의 연구들은 물론 그럴 수도 있으나 거품을 합리적 시장행태로 볼 수도 있다는 입장이다. 이론적으로 환율의 기초변수들을 규명하고 이에 따른 균형가격을 모색한다 하더라도, 또는 시장에서 현실적으로 거래 또는 투자를 하는 사람들이 설사 완벽하게 합리적이라고 하더라도, 일단 거품이 시작되면 이를 현실로 받아들이지 않을 수 없고, 거품이 지속하는 동안에는 현실의 가격은 이론적 균형과 무관하게 되는 것이다.

예컨대 많은 사람들이 1980년대 중반에 미국 달러화가 어떤 기준에서 보더라도 대단히 과대평가되어 있다고 믿고 있었다. 그럼에도 불구하고, 이처럼 높은 환율이 2년 이상이나 지속되었다. 그 이유를 단정할 수는 없으나, 분명한 것은 달러가 과대평가되었다고 믿는 사람이라 하더라도 이때 달러를 매도하는 것은 합리적인 것은 아니었다는 사실이다. 오히려 거품이 지속될 것이라고 믿는 한, 그리고 거품이 터질지도 모른다고 하는 위험에 대해서 적절한 보상이 기대되는 한, 달러화를 계속 보유하는 것이 합리적인 행동이었다고 하겠다.

3. 이자율

1년 이상의 장기환율에 대한 시장에서의 예측은 이자율에서 찾아볼 수 있다. 선물환율 같이 명시적인 것은 아니나, 유로통화시장에서의 기간 구조(term structure)에는 예측치가 함축되어 있다.

예컨대, 5년 만기의 유로달러와 유로엔 예금금리가 각각 4%와 1%라고 하고, 현재 1달러가 100엔이라고 하자. 오늘 1달러를 엔으로 투자하면 5년 후 $100(1.01)^5 / S_5$(여기서 S_5는 5년 후의 ¥/U\$ 환율만큼의 달러)가 될 것이다. 균형상태에서 이것은 같은 금액을 달러표시로 투자한 데 대한 요구 수익률과 동일할 것으로 간주할 수 있다. 따라서, $100(1.01)^5/S_5 = (1.04)^5$.

여기서, 이 이자율에 내재되어 있는 5년 후 달러환율(¥/U$)은 $S_5 = 86.39$임을 알 수 있다. 일반적으로, n년 후의 시장기대환율 S_n은 다음과 같이 구할 수 있다.[6]

$$S_n = [(1+i)^n / (1+i^*)^n] \times S_0 \quad\text{..} (8.2)$$

이것은 국제피셔효과와 일치되는 것이다.[7]

선물환율 또는 양국의 금리차이가 미래의 현물환율에 대해 왜곡되지 않은 추정치(unbiased predictors)라고 하더라도, 이것은 결코 이들이 미래의 각 시점의 환율에 대한 정확한 예측치임을 의미하는 것은 아니다. 다시 말하자면, 어느 특정 시점에는 예측치가 실제치와 정확하게 같아지는 경우는 매우 드물 것이다. 그러나 일정한 장기간 동안 평균값이 0이 된다는 것을 의미한다.

그러나 이자율의 변동과 환율의 변동간의 관계가 일반적으로 안정적이지 못하기 때문에, 현실적으로는 이 방법은 예측치로서의 유용성은 크지 않다고 할 수 있다. 변동환율제도가 채택된 이래 금리차가 큰 변동을 보였던 때가 가끔 있었다. 초기에는 이와 같은 금리차를 시장의 환율변동에 대한 기대치를 반영하는 것으로 간주하였다. 그래서 상대적으로 금리가 높은 통화가 하락할 것이라고 예상했다. 이런 시장의 견해가 정확한 것이라면 그리고 시장의 기대가 합리적이라면, 금리차는 추후의 실제 환율 하락률에 대한 편의(bias)가 없는 예측이라 할 수 있을 것이다. 1980년대에 이 가정에 대해 많은 검증이 이루어졌는데 결론은 추후의 환율 변동률이 금리차와 관련이 없거나, 오히려 금리가 높은 통화가 낮은 통화에 대해 가치가 상승하는 경향이 있다는 것이었다.

---

6) 이 계산은 단순화시킨 것으로 무이표채(zero-coupon bonds)를 가정한 것이다. 이표(coupon) 의 지불을 가정한다면, 이것이 만기시점까지 재투자되어야 한다고 가정해야 하므로 계산이 다소 복잡해진다. 따라서 이자율에 내재된 선물환율은 환율에 대한 예측이라기보다는 하나의 손익분기점(a break-even point)이라는 성격이 강하다. 투자자들이 스스로의 예측치를 저울질해 볼 수 있는 하나의 척도이다.

7) 위의 예에서는 환율을 ¥100/u$로 표시하였으므로 달러금리가 i^*에, 그리고 엔금리가 i에 해당된다.

제3절 모형에 의한 예측

앞 절에서 언급한 선물환율이나 현물환율, 또는 이자율은 시장에서 자연스럽게 형성되는 환율이며, 이것은 어떤 추가적인 비용이나 노력 없이 누구든지 쉽게 얻을 수 있는 손쉬운 예측치이다. 이같이 손쉬운 예측치가 있음에도 불구하고, 왜 별도로 환율을 예측할 필요가 있는가?

대표적인 시장예측치인 선물환율을 보자. 선물환율은 위험할증 등의 요인들을 내포하고 있어 미래의 현물환율에 대해 편의 없는 추정치가 되지 못한다는 것이, 많은 실증적 검증의 결과에 의해 오늘날 일반적으로 받아들여지고 있는 결론임은 앞에서 살펴본 바와 같다.

설사 선물환율이 미래의 현물환율에 대한 불편추정치라고 하더라도 이것은 곧 모든 시점에서 두 환율이 동일함을 의미하는 것이 아니라, 장기적으로 볼 때 두 값의 오차항의 평균값이 0이 됨을 의미한다. 따라서, 어떤 특정 시점의 환율이 기업의 현금흐름에 크게 영향을 미치는 경우에는 이 환율을 별도로 예측할 필요가 있을 것이다.

이와 같은 필요에 따라 다양한 예측기법들이 발전해 왔다. 모형에 의한 환율예측은 대체로 다음의 세 가지 유형으로 구분한다. 하나는 계량경제적(econometric) 예측, 또는 기초적(fundamental) 예측이라고 불리는 방법이다. 환율을 결정하는 중요한 경제 기초요인들을 수리적인 방법이나 통계적인 방법으로 처리하여 미래의 예측치를 얻어내려는 방법들을 통틀어 일컫는 것이다.

둘째는 기술적인(technical) 예측으로, 환율의 미래값은 단지 과거의 값의 연장이라고 보아 차트나 추세분석으로 예측할 수 있다고 보는 것이다. 세 번째 유형은 판단에 의한(judgemental) 예측으로, 경제의 기초적 요인들에 대한 분석과 외환시장의 거래동향, 그리고 중앙은행의 개입가능성 등에 대한 정보를 근거로 판단하는 것이다. 현실적으로는 이 방법들을 섞어서 사용하는 것이 보통이다. 예컨대, 계량경제적인 방법들을 근거로 예측한다 하더라도 정치적인 요인들과 중앙은행의 개입가능성을 완전히 도외시하기는 어렵다.

다음에서는 앞의 두 가지 유형을 설명한다.

1. 기초적 분석

이 기법은 미래의 환율을 예측하는 데 가장 흔히 쓰이는 방법이다. 환율결정이론으로부터 미래의 환율변동에 영향을 주는 변수들을 찾아내고, 이들 각 변수와 환율의 연관관계를 모델로 설정한다. 그 다음 이들 거시경제변수들, 즉 상대적 물가상승률, 상대적 금리, 경제성장률, 통화공급량 등과 이에 관련된 정부정책을 면밀히 검토함으로써, 모델의 각 변수들의 값을 추정하고 미래의 환율을 얻어내는 방법이다.

이 분석에서는 환율과 관련된 이론들 중 어떤 이론에 근거하여 예측을 하는가에 따라 그 방법과 결과가 차이가 나게 되는데, 이를 대략 다음과 같이 나누어 볼 수 있다.

(1) 전통적 flow모형에 기초한 예측

이것은 통화의 가치가 외환시장에서의 수요와 공급에 의해 결정된다고 보고, 구매력평가에 근거하여 양국의 상대가격변화를 분석하거나, 또는 거시경제변수들이 국제수지에 미치는 영향을 주로 고려하는 방법이다.

국제수지는 무역수지를 포함한 경상계정과 자본계정으로 구성되어 있으므로, 예측에서는 우선 이들 각 계정에서의 수요와 공급간의 강도를 예측한다. 이 두 계정을 합친 종합수지의 불균형의 방향과 크기를 예상해 봄으로써 특정 통화에 대한 수요와 공급을 추정해 보고, 그리고 이 수요와 공급을 일치시킬 미래의 환율을 예측해 보려는 방법이다.

경상수지의 변화는 경기와 양 국가간의 상대적 물가상승률에 의해 결정된다. 외국물가에 비해 국내물가가 상대적으로 빨리 상승하면 경상수지에 불리한 영향을 미칠 것으로 예측할 수 있고, 따라서 구매력평가설에서 주장하는 바처럼 국내통화가치가 하락하는 결과를 가져올 수 있다.

무역수지에 영향을 주는 또 다른 요인은 상대적인 (외국과 비교한) 국내실질소득의 성장률이다. 국내소득의 증가는 수입수요를 증대시키고, 상대적으로 외국의 소득이 보다 높으면 자국의 수출이 촉진된다. 따라서 상대적으로 높은 국내경제의 성장은 자국의 무역수지에 부정적인 영향을 준다. 이 같은 무역수지효과를 근거로, 전통적 모델은 상대적으로 높은 경제성장이 통화가치의 하락을 유도할 것으로 예측한다.

자본계정은 각국의 상대적 저축률과 투자율에 의해 결정되고, 이들은 또 상대적인 금리 차이에 의해 영향을 받는다. 금리 차이는 다시 통화공급의 증가, 물가상승에 대한 기대, 경기, 그리고 정부의 정책에 의해 영향을 받는다. 국제자본이동에 중요한 영향을 주는 것은 양국간 실질금리 차이의 변화이다. 국내의 실질금리가 상대적으로 높아지면 외국으로부터 자본이 유입되게 되고, 따라서 통화가치는 상승하게 된다.

(2) 구매력평가에 의한 예측

기초적 분석의 가장 단순한 형태는 구매력평가이다. 구매력평가설은 환율의 변화를 설명함에 있어 매우 유용한 도구임을 이미 "제6장 평가관계"와 "제7장 환율결정이론"에서 보았다. 이 논리에 따라 환율을 예측할 수 있을 것이라는 판단을 하는 것은 자연스러운 것이라 할 수 있다.

일반적으로 구매력평가는 단기적인 환율의 변동을 예측하는 데는 별로 효용이 없는 것으로 알려져 있다. 그러나 어떤 특정 통화가 장기적인 균형점으로부터 어느 쪽으로 이탈되어 있는가, 즉 고평가되어 있는가 또는 저평가되어 있는가를 파악하는 데 있어서 이 이론은 매우 강력하고 유용하게 이용된다. 예컨대, 어떤 통화가 지속적으로 높은 물가상승률에도 불구하고 여전히 안정적이거나 강세 환율을 유지하고 있다면, 앞으로는 점차 불안정해지고 약세를 나타내게 될 것이라고 예상할 수 있다.

그러나 장기적인 균형에서의 이탈이 상당기간 지속될 수 있기 때문에, 구매력평가는 앞으로 불안정해질 통화를 알아낼 수는 있지만, 그 통화가 약세로 돌아서게 될 정확한 시점을 포착하거나, 또 조정이 점진적으로 이루어질지 아니면 급속하게 이루어질지를 알아내기는 어렵다.

만약 예측의 대상이 되는 통화가 상대적 물가상승률의 변화를 반영함에 있어 일정한 시차의 패턴을 가지는 것으로 판단된다면, 구매력평가설은 환율예측에 매우 유용하게 쓰여질 수 있을 것이다. 예컨대, 과거의 정보로 판단할 때 물가상승률의 상대적 증가가 평균적으로 6개월 이후의 환율에 반영되는 경향을 보여왔고 앞으로도 그 관계에 영향을 줄 만한 특별한 변화가 없다고 판단된다면, 구매력평가는 6개월 후의 환율을 예측하는 데 대단히 유용한 수단이 될 수 있을 것이다. 그러나 만약 환율이 물가 수준의 변화를 시간적 지체 없이 즉각적으로 반영한다면, 구매력평가에 의해 환율을 예측하는 것은 불가능할 것이다.

다시 말하면, 이 이론이 환율을 예측하는 데 있어서도 과연 유용한가 하는 것은 물가의 변동과 환율의 변동간에 일정한 패턴을 가지는 시간적 지체가 있는가, 또 있다면 얼마나 큰가 하는 데에 달렸다.

(3) 자산시장접근에 의한 예측

자산시장모델에서는 환율이 단순히 시장에서의 수요와 공급만에 의해 결정된다고 보지 않는다. 이 모델에서는 통화는 주식이나 채권(bonds), 부동산과 같은 일종의 금융자산[8]이며, 환율은 단지 두 가지 서로 다른 자산의 상대적 가격이라고 본다. 따라서 환율은 다른 금융자산의 가격이 결정되는 방법과 동일한 방법으로 결정된다고 보는 것이다. 금융자산의 가격은 일반적으로 그 자산을 보유해서 얻을 것으로 기대할 수 있는 미래의 현금흐름 또는 효용의 가치에 의해 결정된다고 알려져 있다.

통화는 교환의 수단으로서, 그리고 가치의 저장수단으로서의 효용이 있으므로, 자산시장모델에서는 통화의 가치가 이 같은 효용의 미래가치에 영향을 줄 변수들에 대한 지금 현재의 기대에 의해 좌우된다고 보는 것이다. 이러한 변수들은 여러 가지가 있다. 금리나 물가상승률의 차이, 무역수지, 그리고 투자에 따르는 위험과 수익률간의 상충관계 등 여러 가지의 경제적 요인들뿐만 아니라 정치적인 요인들까지도 영향을 준다. 그리고 이들은 다시 각국의 미래의 통화정책과 조세정책, 그리고 정치적, 경제적 안정에 의해 결정된다. 이처럼 변수들이 다양할 뿐만 아니라, 이들이 가치를 형성하는 데 있어 각각 어느 만큼의 가중치를 가지는지도 알 수 없다.

또한 자산시장이론은 시장의 효율성을 전제로 하는 이론인 바, 효율적 시장에서의 자산가격결정이론에 의하면 환율과 같은 자산가격은 (증권이나 상품가격과 마찬가지로) 시장참여자들이 새로운 정보에 어떤 반응을 보이느냐에 따라 랜덤하게 변동한다는 것이다. 따라서 환율변동은 예견할 수 없는 것이다. 만약 그렇지 않다면, 차익거래가 가능할 것이다. 그러나 외환시장은 시장참여자들이

---

8) 실제로 통화는 정부가 발행한 무기명식 무이자채권이라 할 수 있다. 뿐만 아니라 통화가 외국 증권이나 상품을 거래하기 위해 필요한 수단이기도 하지만, 그 자체로서 하나의 금융자산(asset class)이란 점이 최근 크게 부각되고 있다.

자유롭게 거래를 할 수 있고, 차익의 기회가 있으면 거의 무한대의 자금과 시간이 동원될 수 있는 시장이기 때문에, 이와 같은 차익의 기회가 지속될 수 없다는 것은 분명하다. 그럼에도 불구하고, 이러한 논리가 통화예측에 어떤 영향을 주는지 분명하지 않다.

요약하자면, 자산시장접근에서는 투자자들이 특정통화(자산)를 보유하고자 하는 요구가 환율변동을 결정하는 것으로 보는데, 이들이 그 자산 보유를 원하게 만드는 기대가 어떻게 형성되는가를 알 수 없기 때문에 미래환율을 예측하기 어렵다는 것이다. 아마도 자산시장접근의 가장 중요한 공헌은 미래의 환율을 사전에 예측하는 것이 왜 본질적으로 어려운가를 설명해 준다는 데 있을 것이다.

(4) 현대적 계량경제모형에 의한 예측

앞에서 설명한 기초적 분석기법들은 특정한 환율결정이론에 근거한 비교적 단순한 기법들이어서 현실적으로 예측력이 부실하다. 이를 개선하기 위해 환율결정에 영향을 미치는 다양한 변수들을 통해 미래환율을 예측해 보려는 고도화된 예측기법들이 계량경제학의 발전에 힘입어 급속히 발전하고 있다.

이 모델들은 환율의 변동이 일련의 거시경제적 변수들에 의해 좌우된다고 본다. 또한 그 관계가 적어도 예측기간까지는 과거와 다르지 않기 때문에, 과거의 패턴에서 이들간의 관계를 유추하고 계량화하여, 그 결과로써 미래의 환율변화를 예측할 수 있다고 전제한다.9) 이 모델들은 최근 환율의 결정과 변화에 대한 학문적 이해의 폭이 커지고, 다른 한편으로는 컴퓨터 등 정보처리기술의 빠른 발전에 힘입어, 그 기법이 고도화되고 있으며 많은 개선이 이루어지고 있다.

계량경제적 모델을 개발하기 위해서는 먼저 환율의 변화에 상당한 영향을 미치는 외생적인 변수들, 예컨대 물가상승률의 차이, 금리 차이, 통화공급량의 상대적 증가율, 무역수지, 외환보유고 등을 찾아내야 한다. 이 변수들은 구매력평가설이나 자산시장이론 등과 같은 경제적 이론에 입각해서 선정될 수도 있고, 단지 예측가의 경험이나 직감에 따라 선정될 수도 있다. 그 다음, 과거의 자료를 이용하여 이들 변수들과 환율간의 관계에 대한 특성을 파악해 내야 한다. 이 관계는 일차함수나 지수 또는 고차함수일 수도 있으며, 변수들은 동시적인 것일

---

9) 과거의 자료와 패턴에서 미래를 예측하는 이와 같은 방법을 "백 미러(back mirror)를 보면서 차를 앞으로 모는 것과 같다"고 비판하기도 한다.

수도 있고 시차가 있는 것일 수도 있다.

이렇게 하여 얻어진 계량적 모델에 의해, 독립변수들의 값을 대입하여 예측하려고 하는 미래의 환율값을 산출할 수 있다. 이 값은 확률적인 값이며, 그 모델이 정확한 것이라면 수차의 반복적 시험의 결과로서 얻어지는 추정치의 평균값이 사후적으로 실제치와 같아지게 될 것이다. 그러나 평균값이 실제치와 같다는 것이 곧 개개의 추정치가 모두 실제치와 동일하다는 것을 의미하는 것은 물론 아니다.

계량경제적 모형을 이용하는 데서 오는 이점은 여럿 있다. 첫째, 이 방법에서는 환율결정에 영향을 줄 것으로 믿어지는 경제변수들과 경제에 관련된 여러 가지 가정들을 명시적으로 제시하기 때문에, 모형 속에 이론적인 근거가 내재해 있다.

둘째, 가정이나 변수들을 조정하거나 변경함으로써 시뮬레이션(simulation)을 다양하게 해 볼 수 있다. 환율의 변동궤적은 하나만 있는 것이 아니고, 정부나 중앙은행의 정책선택에 따라 여러 가지 있을 수 있다. 다양한 시뮬레이션을 통해 미래 환율변동의 가능성과 범위를 예측해 봄으로써 이를 보다 분명하게 이해할 수 있게 되는 것이다. 장기적으로 보면 환율만을 분리해서 예측할 수 없고, 환율을 경제체계의 한 부분으로 보아야 한다. 따라서 계량경제적 방법에서 다양한 시뮬레이션을 시도해 볼 수 있다고 하는 점은 특히 장기적인 예측을 할 때 많은 도움이 된다.

기업에서의 환율예측은 단기적인 위험관리를 목적으로 하는 경우도 있으나, 장기적인 안목에서 전략적인 계획을 수립하고(예컨대 생산입지나 원자재 조달처의 선정, 시장포트폴리오의 결정 등) 이를 집행해야 하는 경우가 많아 계량경제적 모형은 매우 유용하다고 하겠다.

반면, 이 모델은 독립변수들과 환율간의 관계를 과거의 자료에 근거하여 설정한 것이기 때문에, 만약 이들간의 관계에 심각한 영향을 미칠 만한 큰 변화가 발생한다면 이 관계가 구조적으로 바뀔 수 있고, 그렇게 되면 이 모델의 환율예측능력은 크게 저하될 것이다.

그 외에도 계량경제적 환율예측에는 몇 가지의 문제점이 있다. 첫째, 이 예측모형에는 기대값으로 표시되는 변수들이 포함되는데 기대를 정확하게 측정할 수 없다. 또한 기대가 형성되는 데 대해 만족스럽게 설명할 만한 이론이 아직 없다는 문제가 있다.

둘째, 계량경제적 모형에 내포되는 정보가 상당부분 이미 시장의 환율에 반영되어 있다는 문제가 있다. 이런 상황에서는 이 모형을 이용하는 거래자가 다른 시장참여자들에 비해 유리한 입장에 있다고 할 수 없다(물론 기술적 예측에도 이러한 문제는 마찬가지로 존재한다). 세 번째로 지적할 수 있는 문제는 환율을 결정하는 진정한 모형을 아직 알지 못하기 때문에 최적모형을 구축하기가 어렵다는 점이다.

마지막으로, 계량경제모형에 이용되는 자료가 수집의 어려움 때문에 시기적으로 부적당하거나 빈도가 부적절한 경우가 많다. 자료가 정확하지 못한 경우가 있음은 말할 것도 없고, 중앙은행의 개입이나 외화자금의 흐름과 같은 제도적인 요인은 반영할 수 없는 것이 보통이다. 이런 제도적 요인들은 장기적인 환율의 결정에 있어서는 중요하지 않을지 모르지만, 단기적으로는 매우 중요하다. 따라서 예컨대 어떤 기업이 어느 날 거액의 외화자금을 거래하려고 이 모형으로 예측을 한다면 결정적인 영향을 미칠 수 있다.

지금으로서는 계량경제적 모형이 단기적으로 또는 대략 한 5년까지의 중기적으로는 별로 유용한 환율 예측수단이 못 된다고 할 수 있다. 그러나 예측기간이 길어질수록 이 모형의 성과는 좋아진다.

지금까지 기초적 분석을 통한 환율의 예측방법들을 살펴보았다. 시장효율성에 대한 준강형(semi-strong form)가설에서는 현재의 환율이 일반에게 공개된 모든 정보를 반영한다고 가정한다. 그렇기 때문에, 기초적 분석을 이용하여 미래의 환율을 예측하고 이로써 이윤을 얻을 수 있다고 하는 것은 준강형가설에 위배되는 것이다.

2. 기술적 분석

기초적 예측방법에서는 환율을 결정하는 경제적 변수들에 대해 독자적으로 예측하여 이를 근거로 환율을 예측하는 데 비해, 기술적인 예측에서는 미래환율의 변동은 과거의 환율변동의 연장선상에 있다고 보는 것이다. 이 방법은 예측수단으로 가장 오래된 것이고 주식시장과 상품시장에서는 오래전부터 사용되어 왔으나, 환율과 관련해서는 비교적 근래에 와서야 관심을 끌기 시작하였다.

주식시장이나 상품시장에서는 이 기법을 사용하더라도 평균보다 높은 수익을 얻기 어려운 것으로 나타나고 있으나, 외환시장에서도 반드시 그러리라고 하는 법은 없다. 실제로 환율의 예측에 있어(특히 단기적 예측에 있어), 적어도 지금까지는 이 방법이 계량경제적 방법보다 지속적으로 우월했던 것으로 알려져 있다.

기술적 분석은 통화예측을 함에 있어 경제적인 또는 정치적인 논리에 근거하는 것이 아니라, 오직 외환시장에서의 과거환율과 거래량의 시계열 자료만을 이용한다. 과거의 환율 움직임의 패턴이 계속해서 반복된다는 것을 전제로, 과거의 시계열자료를 분석하여 환율 움직임의 일정한 추세를 찾아내어, 이로써 장래의 환율추이를 추정하려는 방법이다.

따라서 기술적 분석은 연속적인 환율변화가 상호간에 높은 상관관계를 가질 때 성공할 수 있는데, 환율변동이 실제로 정(正)의 상관관계를 가지는 것으로 볼 수 있는 근거가 있다. 가격변동이 사람들의 군중심리를 자극하는 경우, 그리고 새로운 정보가 느리게 확산되는 경우가 많기 때문이다. 또 중앙은행이 환율변동의 속도를 완만하게 되도록 조정하는 미세 조정정책을 채택하는 경우에도, 새로운 정보가 느린 속도로 확산되는 경우와 마찬가지의 효과가 있다.

예컨대 시장에서 환율이 10% 정도 변동하도록 하는 압력이 있는데, 중앙은행이 시장에 개입하여 이를 즉각적으로 변동하지 못하도록, 그래서 하루에 2% 이내에서만 변하도록 하는 경우를 생각해 보자. 단번에 10% 변동하는 경우에는 그 이후의 환율변화와 상관관계를 가져야 할 이유가 없지만, 이 소폭의 변화가 매일 일어나는 일정기간 동안은 환율의 변화가 서로 정의 상관관계를 가지게 될 것이다.

기술적 분석은 전용 소프트웨어와 플랫폼의 발달로 기관투자자뿐만 아니라 심지어 개인들도 자동거래(automated trading 또는 algorithmic trading)시스템으로 거래할 수 있게 되면서 빠르게 확산되고 있다. 이 프로그램들은 미리 입력된 일정한 법칙(trading strategies)에 따라 시장흐름을 분석하고 매매 시점과 방향을 포착하여 자동적으로 브로커나 대형은행에 주문을 내도록 만들어져 있다. 최근에는 클라우드(cloud)용 API(application programming interfaces)도 개발되어 이용되고 있다.

기술적 분석에는 차트기법(charting)과 추세분석(trend analysis) 기법이 널리 쓰인다. 먼저 차트분석의 예를 하나 들어보자. 머리-어깨(head and shoulders)

패턴은 바깥쪽에 두 개의 어깨가 엇비슷한 높이로 봉우리를 이루고 그 가운데에 더 높은 머리가 자리잡고 있는 모양이다([그림 8−1(a)]). 모양은 물론 완벽하지는 않고 머리와 양 어깨 사이에 오르내림이 더러 있는 것이 일반적이다. 이 모양은 상승추세가 다하고 하락추세가 시작될 것임을 미리 알려주는 것으로 가장 믿을 만한 예측신호 중 하나로 알려져 있다.

모든 차트모양이 그러하듯이 머리−어깨모양도 사자세력과 팔자세력간의 싸움을 보여준다. 첫 어깨봉우리와 이어지는 하락은 그때까지 지속되어 온 강세흐름이 약화됨을 보여준다. 상승세를 최대한 이어가려고 사자세력은 그 다음에도 환율을 밀어올려서 새로운 고점(머리)까지 끌어올린다. 여기까지는 사자세력이 시장을 지배한다.

그러나 다시 한 번 환율이 하락해서 첫 봉우리 (왼쪽 어깨) 아래로 떨어지면, 팔자세력이 점차 더 힘을 얻고 있음이 분명해진다. 사자세력은 한 번 더 값을 끌어올리려 하지만, 첫 봉우리 높이 정도가 고작이다. 이전 최고점(머리)까지 끌어올리지 못한다는 사실이 사자세력의 패배 그리고 팔자세력의 득세를 보여주는 신호이고, 이제 환율은 아래로 밀려서 심한 하락추세를 만든다.

왼쪽 어깨와 머리, 그리고 머리와 오른쪽 어깨 사이의 두 골을 잇는 선을 목선(neckline)이라고 부른다. 오른쪽 목선을 지나 환율이 계속 하락하는 때가 달러 매도시점이다. 그러나 거래를 서두르면 안 된다. 머리−어깨 모양이 다 만들어질 때까지 기다리지 않으면, 중간에 패턴이 바뀌어 낭패를 볼 수도 있기 때문이다.

추세분석기법은 수리적인 또는 통계적 방법을 동원하여 환율변동의 반복되는 추세 또는 변동의 방향을 파악하려는 방법이다. 널리 쓰이는 기법 중 하나는 단기이동평균(moving average)과 장기이동평균이 교차할 때를 매매시점이라고 보는 것이다.

이 방법에서는 일시적인 환율변동에서 생길 수 있는 교란을 제거하기 위해 일정기간 동안의 이동평균치를 쓰는데, 단기평균선이 장기평균선을 뚫고 올라가면 그 강세를 이용하기 위해 매입해야 하는 것으로 판단하고, 그 반대의 경우에는 매도하는 시점이라고 판단한다([그림 8−1] (b)). 단기 이동평균이 장기이동평균에 비해 최근의 변동에서 오는 영향을 더 크게 반영하기 때문에, 후자(장기이동평균)가 전자(단기이동평균)를 항상 뒤쫓아 가게 된다.

따라서 기준이 되는 외화(그림에서처럼 W/$ 환율인 경우 달러)의 가치가 하

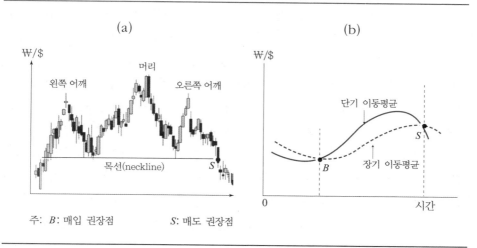

주: B: 매입 권장점　　　S: 매도 권장점

락하고 있을 때는 단기평균선은 장기평균선의 아래에 있게 되고, 반대로 상승할 때는 그 위에 있게 된다. 그러므로 단기선이 장기선을 아래로 또는 위로 교차해 나간다는 것은 시장흐름이 변하고 있다는 표시이다. 단기평균선이 장기평균선 위로 옮겨갈 때는 환율이 상승하고 있다는 표시이고, 반대의 경우에는 하락하고 있다는 표시이다.

이 방법에 의하면, [그림 8-1] (b)에서 B시점에 달러화를 매입하고, S시점 에 달러화를 매도한다. 이 기법을 이용할 때, 장기와 단기의 기간을 각각 며칠 또는 몇 달로 잡느냐에 따라서 환율추세의 변동에 대한 평균선의 민감도가 달라 지게 된다. 이와 같은 방법들은 어떤 이론적인 근거를 가지는 것이 아니므로 그 내용에 대한 상세한 설명은 여기서 생략하기로 한다.

기술적 예측방법을 이용한 투자가 장기적으로 계속해서 높은 수익을 올리기 는 어려울 수밖에 없는 내재된 모순이 있다. 만약 어떤 투자자가 환율의 과거 움직임에 대한 분석을 통해 지속적으로 높은 수익을 낼 수 있는 어떤 기술적 환 율예측방법을 개발했다고 하자. 시장이 비효율적이거나 여러 형태의 규제 때문 에 방해를 받지 않는다면, 이 정보가 외환시장에 참여하는 모든 사람들에게 알 려지게 될 것이다. 그래서 이들이 모두 같은 예측을 하게 되어 그 예측치가 시 장가격에 반영되어 버리면, 더 이상 이익을 낼 수 있는 여지가 없어지게 된다는 것이다.

세계 각 주요국의 경제정책이 점차 동질화되고 있고, 또한 기업의 재무관리자들과 투자자들이 점차 외환시장을 보다 경쟁적으로, 그리고 보다 효율적으로 만들고 있다. 이런 요인들은 또한 기술적 분석에 의한 환율의 예측으로 이익을 내기가 더욱 어려워질 것임을 의미하는 것이기도 하다. 그런가 하면 석유가격 파동이나 외환위기와 같은 충격은 심각한 부(富)의 이전을 의미하는 것이고, 그 결과 환율의 변동도 더욱 심하게 될 수 있다. 이는 또한 기술적 분석에 의한 환율예측의 효용성도 증대시키는 효과를 가져온다.

기술적 분석을 통한 환율의 예측은 시장의 효율성과는 서로 상치되는 것이다. 시장의 효율성에 대한 약형(weak form)가설에서는 현재의 환율이 과거의 환율 변동에 내포되어 있는 모든 관련정보를 이미 반영하고 있는 것으로 가정한다. 따라서, 과거의 환율 시계열자료에서 일정하게 반복되는 환율의 변동패턴과 추세를 찾아내어, 투자자들이 이익을 볼 수 있을 것이라고 가정하는 기술적 분석의 논리는 약형가설과 서로 상치된다. 왜냐하면 약형가설이 타당하다고 한다면, 과거의 환율은 미래의 환율을 예측하는 데 도움이 되지 않을 것이기 때문이다.

환율이 일반적으로 랜덤워크를 따른다고 하는 결론은 과거환율의 행태를 분석해서는 장래의 환율변동을 예측할 수 없다고 하는 약형 효율시장의 가설과 일치되는 것이다. 그럼에도 불구하고, 외환시장 참여자들이 기술적 분석에 대해 매우 높은 관심을 가지는 것이 사실이다. 기술적 분석이, 특히 단기적인 예측에 있어 계량경제적 모형에 비해 우월한 경우가 많기 때문이다.

3. 합성모형(composite models)

예측기관들의 예측치는 제각기 다른 것이 현실이다. 이것은 거래비용, 정보비용, 그리고 사용하는 모형이나 자료의 차이 등에 기인한다고 볼 수 있다. 이러한 이유 때문에 각 예측모형들에 내포된 정보를 모두 활용하려고 하는 시도가 이루어졌으며, 이와 같은 시도의 하나가 합성모형이다.

합성모형은 다른 예측기관들(i)이 발표한 과거의 예측치(P) 시계열자료에서 사후적인 실제환율(S_t)에 가장 가깝도록 하는, 즉

$$S_t = \sum W_{t,i} P_{t,i}$$ ··· (8.3)

가 되도록 하는 가중치의 평균값들($W_{t,i}$)을 계산하여, 이들의 예측치로부터 자기의 예측치를 계산해 내는 방법이다. 가중치는 보통 예측치와 실제환율의 시계열자료를 회귀분석(regression)해서 얻는다.

이 방법은 해당 기관들의 예측이 먼저 발표되기를 기다려야 하는 불리한 면은 있으나, 성과에 있어서는 다른 어떤 접근방법보다 우수한 결과를 보이는 경우가 많다. 모형에 포함된 각 예측기관에서 사용한 정보가 이 합성모형에 모두 반영되기 때문이다.

미국에서는 환율예측을 사내에서 하기도 하지만, 많은 기업들이 외부의 전문 예측기관들의 예측치를 구독하고 있다. 그러나 이때 두 가지의 문제가 생길 수 있다. 첫째, 이들 기관들의 예측성과가 안정적이지 못할 수도 있다는 점이다. 지난해에 뛰어난 예측을 했던 기관이 금년에는 크게 틀릴 수도 있다.

둘째로 이와 같은 예측치들은 일반적인 목적을 위한 것이므로, 특정 기업의 어떤 독특한 필요를 만족시킬 수 없다고 하는 약점이 있다. 이 합성모형기법을 씀으로써 개별 예측치들의 고유한 강점을 포착하면서도 동시에 분산을 통해 전반적인 예측오차를 줄일 수 있기 때문에 그 중 첫 번째 문제는 해결할 수 있다.

4. 예측치의 평가

환율예측은 앞서 지적한 바처럼 확률적이므로 그 모델에 대한 평가는 상대적으로 이루어질 수밖에 없다. 미래의 환율에 대한 시장에서의 예측치, 즉 선물환율이나 금리차 등이 대가 없이 손쉽게 얻을 수 있는 정보인 만큼 상당한 개발투자 또는 대가를 요구하는 모델에 의한 예측치는 적어도 이들 시장예측치보다 낮지 않으면 가치가 없다고 할 수 있을 것이다.

모델의 평가는 대체로 두 가지의 기준에서 이루어질 수 있다. 하나는 정확성이고, 다른 하나는 유용성이다.

예컨대, A와 B 두 예측기관이 있다고 하자.

- 현재의 현물환율(S_0) = ₩1,000/U\$, 1개월 선물환율(F_1) = ₩1,020/U\$
- 1개월 예측환율이 A($P_{1,A}$) = ₩1,015/U\$, B($P_{1,B}$) = ₩1,030/U\$이었는데,
- 1개월 후 실제현물환율(S_1) = ₩1,021/U\$이 되었다고 하자.

정확성을 기준으로 하면, A예측은 실제치와의 오차가 6원이고, B예측은 오차가 9원이므로, A예측이 우수한 예측이다.

정확성을 측정함에 있어서는 선물환율과 비교하여 평균절대오차(mean absolute error), 즉

$$\varepsilon_t = (\sum_t |P_t - S_t| / S_t)/n - (\sum_t |F_t - S_t| / S_t)/n \cdots\cdots\cdots\cdots\cdots\cdots\cdots\cdots (8.4)$$

또는 평균제곱오차(mean square error)를 측정하려는 것이다. 물론 여기서 $\varepsilon_t < 0$이라야 예측치로서의 가치가 있을 것이다.

유용성을 기준으로 하면 평가가 달라지게 된다. A예측을 근거로 하는 투자자는 선물환율이 너무 높게 평가되었다고 보고 1,020원에 선물환 달러 매도계약을 체결하여 매 달러당 5원의 투기이익을 겨냥할 것이다. 그러나 결과적으로는 이 선물환계약을 이행키 위해 달러를 1,021원의 현물환율로 매입해야 하므로 계약 달러당 1원의 손실을 보게 된다.

이에 반해, B예측에 근거하여 투자결정을 하는 투자자는 선물환율이 과소평가되었다고 판단하고, 10원의 투기이익을 노려 선물환 달러 매입계약을 체결할 것이다. 이 투자자는 결국 예상했던 만큼의 큰 이익을 얻지는 못하나, 달러당 1원의 이익은 확보하게 된다.

다시 말하면, 예측 B는 예측 A만큼 미래의 실제환율을 정확히 맞히지는 못하였으나, 투자자들이 올바른 방향으로 투자판단을 할 수 있는 유용한 정보였다고 평가할 수 있다. 이 두 가지 기준이 서로 항상 상치되는 것은 물론 아니나, 그 중 하나를 고른다면 어느 쪽이어야 할 것인가 하는 것은 예측의 목적과 예측치의 용도에 따라 다를 것이다. 위에서 보았듯이 투자결정이나 헤징결정에 있어서는 미래의 현물환율이 선물환율보다 더 높아질 것인가 아니면 낮아질 것인가 하는 방향성이 중요하다. 그러나 투자계획을 수립하거나 제품가격을 책정하는 데는 예측치의 정확성이 보다 유용한 기준이 될 것이다.

예측을 성공적으로 한다는 것은 이론적으로는 (시장효율성 때문에) 어려울 것으로 보이나, 실제로 검증을 해 본 바로는 일부 예측기관이 가끔 결코 우연이라고 볼 수 없는 우수한 예측을 하고 있는 것으로 나타났다. 그러나 누구도 지속적으로 우수한 예측을 하지는 못한다. 특히 정부의 통화정책, 조세정책, 환율정책 등에 구조적 변화가 있거나, 개인들의 자산수요(특히 국내자산과 외국자산

간)에 있어서의 선호도에 중대한 변화가 생기게 되면, 과거에 우수했던 예측모델들이 앞으로도 계속 우수한 예측을 하리라는 법은 없다.

제4절 ▶ 결론

외환시장은 수없이 많은 참여자들로 구성되고 그 규모도 방대하여 상당한 정도의 효율성을 갖춘 시장이라고 할 수 있다. 그러나 환율을 예측하고자 하는 시도는 끊임없이 이루어지고 있고, 그 중에는 가끔 유의적으로 선물환율을 능가해온 예측치들도 있다.

통화예측을 함에 있어 큰 어려움은 정부 당국의 외환규제와 외환시장 개입이다. 이 같은 규제와 개입이 많은 국가들은 대개 선물환시장이나 단기금융시장이 전혀 존재하지 않거나, 존재하더라도 역시 심한 규제를 받고 있어 환율변동 예측에 별다른 도움이 되지 않는 것이 보통이다.

고정환율제도에서와 마찬가지로 변동환율제도에서도 정부는 시장에 개입하여 환율에 영향을 미치려고 한다. 그러나 고정환율제도하에서는 정부의 시장개입시 목표환율이 분명한 데 비해, 변동환율제도하에서는 그 목표가 그렇게 분명하지 않다. 예컨대 시장개입의 가장 대표적인 예라 할 수 있는 1985년 9월 G-5 회담에 따라 미국 연방준비은행은 다른 선진국 중앙은행과 함께 달러화의 가치를 끌어내리기 위해 시장에 깊이 개입했다. 그러나 이들이 환율을 궁극적으로 어느 수준을 목표로하는지는 분명하지 않았다. 중앙은행들은 투기적 거래를 막기 위해 의도적으로 이를 분명히 하지 않기도 한다.

외환시장과 단기금융시장이 심하게 규제되는 상황에서 실세환율을 나타내는 하나의 지표가 될 수 있는 것이 암시장 환율이다. 암시장은 합법적인 외환시장에서 거래할 수 없거나 공식환율보다 더 유리한 가격에 거래하고자 하는 거래자들이 만드는 시장이다. 이 시장에서 거래되는 환율은 균형환율과 (불법적인 암시장거래를 하는 데 따르는) 위험할증의 합이라고 볼 수 있다.

만약 시장이 효율적이라면, 현재의 환율이 모든 정보를 이미 반영하고 있어서 기술적 분석은 효과가 없을 것이다. 그러나 최근 금융학계에서 큰 관심을 모으고 있는 행태적 금융학(behavioral finance)에서는 투자자들이 완전히 합리적이라고 간주하지 않으며, 따라서 이들의 심리적 편의 때문에 가격이 적정 수준에서 이탈할 수도 있다고 주장한다. 또한 외환시장이 거래량이 많고 투명한 시장이기는 하나, 중앙은행을 비롯한 많은 참여자들이 반드시 이윤극대화를 추구하는 것은 아니고,[10] 따라서 현재의 가격이 반드시 효율적이 아닐 수도 있다. 시장이 완전하게 효율적이 아닌 한, 환율을 보다 잘 예측하려는 노력은 가치 있는 일이라고 할 수 있다.

환율 예측은 기간별로도 차이가 있다. 단기환율, 예컨대 며칠 또는 몇 주일간의 명목환율은 랜덤워크모형에 따라 최상의 예측치가 오늘의 환율이라고 보는 것이 무방하다. 굳이 예측을 한다면 기초분석보다는 기술적 분석을 사용하는 것이 유리할 수 있다.

중기적(대략 3~5년)으로는 실질환율이 구매력평가 등에 의한 균형환율에 접근하고, 장기로 갈수록 점차 구매력평가의 설명력이 강해진다는 것이 지배적인 견해이다. 일반적으로는 그렇지만, 실증적 분석에 따르면 환율은 해당국가의 경제발전 정도, 해외자산의 추이, 상품의 가격 등에 크게 의존하는 것으로 밝혀지고 있다. 그럼에도 불구하고, 균형환율을 결정하는 요인들을 묶어서 이론적인 뒷받침을 받는 하나의 환율결정모형으로 만들려고 하는 시도는 아직 별로 성공하지 못하고 있다.

이 장에서 언급한 예측은 모두 명목환율의 예측이며, 이자율에 의한 예측을 제외하고는, 대부분 1년 이내의 단기예측이다. 따라서 선물환율의 매매와 같은 데는 도움이 될 것이다. 그러나 장기투자, 마케팅, 생산 등의 계획수립에는 별로 큰 도움이 되지 못한다. 이와 같은 목적을 위한 예측은 실질환율에 대한 예측이라야 한다. 실질환율에 대한 설명은 제10장에서 다루어질 것이다.

---

10) Deutsche Bank의 2007년 보고서에 따르면, 외환시장에서 이익을 추구하는 투기자들은 대략 10~30%의 소수이고, 나머지 70~90%에 이르는 대부분의 거래자들은 손해가 나도 별로 상관하지 않는 거래자들이며, 이는 거래의 목적이 이들 두 부류 간에 크게 차이가 나기 때문이라고 추정한다. 이런 탓으로 외환시장은 효율적인 시장이 아니라고 단정한다. 이 보고서는 또한 앞으로 국제적인 거래가 늘어날수록 이익을 추구하는 거래자의 비중이 더욱 낮아질 것이라고 전망하고 있다.

연습문제

01 외환시장이 효율적이라고 하는 것은 환율의 예측에 어떤 의미가 있는가?

02 선물환율은 미래현물환율에 대한 기대값이라고 일반적으로 말한다. 그럼에도 불구하고 선물환율이 만기시점의 현물환율보다는 현재의 현물환율과 상관관계가 더 큰 것은 무엇 때문인가?

03 '국제통화기금(IMF)'은 향후 5년간의 미국과 유로통화국들의 인플레이션율을 다음과 같이 추정하여 발표하였다고 가정하자.

> 미국의 인플레이션율 연평균 4%
> 유로통화국들의 인플레이션율 연평균 2%

현재의 환율이 U\$/€=1.20이라면 5년 후의 환율은 어떻게 될 것이라고 기대할 수 있는가?

04 환율예측기법으로서의 합성모형의 유리한 점과 불리한 점을 설명하라.

05 환율예측의 성과를 어떻게 측정할 수 있겠는가?

06 합리적 거품을 설명하라.

PART

04

외환위험의
관리

The revolutionary idea that defines the boundary between modern times and the past is the mastery of risk.

- Peter L. Bernstein, Against the Gods,
John Wiley & Sons, Inc., 1996.

고대철학자에 따르면 놀라움은 진리를 사랑하는 사람의 태도이며 철학의 모태가 된다.

- Charles E. Dyke, Philosophy of Economics,
Prentice-Hall Foundations of Philosopy Series, 1981

"If you can't measure it, you can't control it."

- Meg Whitman, eBay CEO

위험을 취하지 않는 것이 무엇보다도 제일 큰 위험이다.

- Bankers Trust은행의 Charles Sanford 회장
(The Economist, April 10, 1993, 특집 p. 14)

외환위험의 성질

국제통화제도가 변동환율제도로 이행한 후, 환율변동에 따른 위험은 국제적인 경쟁을 하는 모든 기업들에게 있어 끊임없는 관심의 대상이 되어 왔다. 이들은 환율변동이 기업수익성에 미치는 영향을 최소화하기 위해 상당한 자원과 노력을 투입해 왔다. 보다 효율적으로 이 위험에 대처하기 위해 환율변동을 예측하거나, 새로운 헤지기법을 개발하려는 노력도 끊임없이 해왔다.

우리나라에서는 전통적으로 대외의존도가 높은 탓으로 많은 기업들이 외환위험에 크게 노출되어 왔다. 그래서 이제 경영의 성과는 생산과 판매에 의해서뿐만 아니라, 환위험 관리의 효과에 의해서도 크게 좌우될 수 있다는 인식, 그리고 외환위험에 대한 관심이 일반화되었다. 환율의 변동을 더 이상 불가항력(force majeure)으로 돌려 면책을 주장하기는 어렵게 되었다.

그러나 외환위험 관리의 수준은 초보적인 단계에 머물고 있는 실정이다. 비단 우리나라 기업들뿐만 아니라 선진국의 다국적기업들조차도 외환위험의 관리라고 하는 문제에 대해 종합적이고 전략적인 경영정책을 건전하게 수행해 나가고 있는 예는 많지 않은 것이 사실이다.

전통적으로 외환위험의 관리는 예상하지 못한 외화가치의 변동에 대비한다는 것이었다. 여기서는 대체로 단기적인 안목에서의 노출, 즉 거래적 노출과 환산노출의 관리가 중요했다. 그러나 경제의 국제화와 개방화가 진전되어 기업들의 경쟁이 범세계화되면서, 환위험 관리의 성격도 변화하고 있다. 환율이 그 기업의 외화표시 수익의 가치뿐만 아니라 그 기업의 국제경쟁적 포지션에 영향을 준다는 점이 더욱 중요한 것으로 인식되었다.

이에 따라, 단기적인 외화가치의 보호뿐만 아니라, 경제적 노출의 관리와 장기적인 경쟁적 포지션의 관리가 훨씬 더 중요해졌다. 이의 관리를 위해서는 국제적인 기업인수합병, 생산시설의 해외이전, 즉 해외직접투자, 기업 내부조직의 혁신과 정비 등도 함께 고려해야 한다.

　본장에서는 먼저 외환위험의 성질과 정의를 분명히 하고, 외환위험과 관련된 기업경영상의 몇 가지 개념적인 문제를 논의하고자 한다.

제1절　환율변동과 기업경영

1. 국제피셔효과와 구매력평가

　환율이 변동한다고 해서 반드시 기업에게 위험이 되는가? 이 문제와 관련해서 국제금융시장에서의 균형관계를 나타내는 두 개의 가설, 즉 국제피셔효과와 구매력평가를 다시 음미해 보자.

　국제피셔효과에 의하면, 환율의 변화에 대한 예상은 자산에 대한 수익이나 부채에 대한 비용에 이미 반영되어 있다. 바꾸어 말하자면, 각국간의 이자율의 차이는 그 대출기간(또는 차입기간) 동안에 예상되는 환율변동과 같아지게 된다는 것이다.

　예컨대 한국의 1년간 이자율이 10%이고 이와 동일한 미국의 이자율이 7%라고 할 때, 국제피셔효과에 의하면 달러화는 원화에 대해 그 1년 동안 3% 정도 상승할 것으로 예상할 수 있다는 것이다. 국제피셔효과의 결론은 차입한 외화의 가치가 상승하여 발생하는 환차손은 그 외화의 낮은 이자율에 따른 이자비용의 절감으로, 그리고 반대로 차입한 외화의 가치가 하락하여 발생하는 환차익은 그 외화의 상대적으로 높아진 이자율 부담으로 상쇄될 것이라는 점이다. 이렇게 각국간에 국제피셔효과에 의한 균형이 성립한다면, 기업은 환율변동을 걱정할 필요가 없을 것이다.

　그러나 이와 같은 사전적인 기대치가 사후적인 실제 환율변화치와는 차이가 있는 것이 보통이다. 다시 말하자면 양국간의 이자율 차이만으로는 예측하기 어려운 환율의 변동분이 있다는 것이다. 이 변동분은 체계적으로 움직이는 것이 아니라 우연하고도 부작위적으로 나타나는 것이기 때문에, 이자율의 차이에 의해서뿐 아니라 합리적으로 추론할 수 있는 어떤 다른 변수에 의해서도 설명되지 않는다는 것을 앞(제7장과 제8장)에서 보았다.

환율의 변동이 기업에 주는 영향과 관련해서 빼놓을 수 없는 또 하나의 이론은 구매력평가설이다. 구매력평가설에 의하면 환율의 변화는 국내 물가와 외국물가간의 비율의 변화에 의해 상쇄되어질 것이기 때문에, 이들 국가의 통화간의 상대적인 구매력은 변함없이 유지된다는 것이다. 구매력의 평가가 정확하게 이루어지지 않는다 하더라도, 장기적으로 환율변동의 대부분은 국내물가수준의 변화에 의해서 상쇄된다는 것이다.

구매력평가설을 따른다면 외환위험은 존재하지 않고 따라서 외환위험을 관리할 필요도 없지 않은가? 그러나 이 논리에는 두 가지의 큰 문제가 있다. 첫째, 물가와 환율의 변화는 즉각적으로 서로 조정되어지지 않을 뿐 아니라, 설사 균형을 이루게 된다 하더라도 그때까지는 상당한 시간이 걸린다는 것이다. 따라서 만약에 어느 기업의 계획기간이 구매력평가가 성립하는 데 필요한 기간보다도 짧은 기간이라면, 그 기업은 환위험에 노출된다.

둘째, 구매력평가가 두 나라의 물가수준에 대해서 총체적으로는 성립된다고 가정하더라도, 모든 상품에 대해서 성립되어야 한다는 것을 의미하는 것은 아니다. 설사 미국과 한국 통화간의 환율이 일반적인 물가수준(소비자 가격지수 등)을 반영하여 구매력평가에 따라 움직였다 하더라도, 만약에 미국에서의 어떤 상품과 한국에서의 그 경쟁상품의 가격상승이 각국에서의 일반적인 물가수준 상승과 일치되지 않는다고 하면, 상대적인 물가위험이 존재하게 된다.

설사 구매력평가와 일물일가가 성립한다고 하더라도, 한 기업의 특정한 생산요소와 제품의 가격이 서로 상대적으로 변화할 수도 있으며, 그러면 기업은 위험에 노출된다. 이것이 예상하지 못한 환율변화에 의해서 발생한 것이라면, 환위험으로 보아야 할 것이다.

영국 롤스로이스회사의 경험을 통해 이를 살펴보자. 이 회사는 경영계획과 가격결정에 있어 한동안 구매력평가에 의존하는 정책을 써왔는데, 그 결과 1980년대에 막대한 손실을 보았다. 이 회사는 거대한 민수용 엔진을 생산하여 미국의 항공기에 대량 공급했고 이것이 전체 수출의 대종을 이루었다. 가격은 달러로 매겼으며, 양국의 물가지수에 따라서 조정했다.

양국의 물가상승률은 예상보다 훨씬 높은 추세를 보였는데, 미국에서보다 영국에서 더욱 급격하게 상승했다. 물가상승률의 차이를 반영하여, 달러는 파운드에 대해 상승해야 구매력평가가 이루어질 것이나, 오히려 지속적으로 하락하였다. 따라서 이 회사는 달러로 표시한 외상매출금과 예상판매수익에서 큰 손실을 입게 된 것이다.

설사 구매력평가에 의해서 예상대로 파운드가 하락하였다 하더라도, 하락폭이 롤스와 관련된 물가상승률을 정확하게 상쇄할 만큼 되었으리라는 보장은 없다. 영국에서 제트엔진을 생산하는 데 소요되는 비용이 영국의 일반적인 물가수준(예컨대 소비자물가지수)과는 다른 비율로 증가했을 수도 있기 때문이다. 따라서 롤스는 구매력평가에 의한 균형에 의존하는 대신, 균형으로부터의 이탈에 대처했어야 한다. 단기적으로 영업현금흐름을 보호하기 위해 달러를 선물환으로 미리 팔거나, 달러 표시의 부채를 도입했어야 한다.

장기적으로는 합당한 영업전략을 수립해 나가는 것이 바람직했다. 원자재를 미국에서 대폭 조달하거나 또는 생산시설의 일부를 미국으로 이전함으로써 영업경비의 일부나마 달러기준으로 만드는 방법을 강구했더라면 도움이 되었을 것이다. 이와 같은 기업정책에 대해서는 더욱 깊이 있는 분석이 필요하나, 여기서는 단지 구매력평가 때문에 외환위험의 관리를 소홀히 해서는 안 된다는 것을 보이는 것으로 그친다.

결론적으로, 정보비용과 거래비용이 없고 가격이 즉각적으로 결정되는 데에 아무런 장애가 없는 이상적인 세계에서는, 구매력평가설, 일물일가의 법칙, 그리고 국제피셔효과와 같은 여러 가지 균형조건이 성립하고 이 균형으로부터의 이탈은 발생하지 않을 것이며, 따라서 기업은 외환위험에 노출되지도 않을 것이다.

그러나 현실세계에서는 실물시장과 서비스시장 그리고 금융자산시장이 불완전하고 새로운 정보가 지속적으로 발생하기 때문에 기업은 외환위험에 끊임없이 노출된다. 또한 가장 효율적인 시장에서도 정보가 투자자들간에 서로 다르게 평가될 수 있다. 왜냐하면 같은 자산이라도 투자자에 따라 상이한 중요성과 위험을 가지기 때문이다.

효율적인 관리에 의해 환위험이 크게 감소될 수 있는 만큼, 사전에 예측된 변화량만큼은 일반적으로 위험이라고 하지 않는다. 환율의 예상된 변화는 선물환 할증과 양국의 이자율 차이에 이미 반영되어 있을 것이기 때문이다. 따라서 예상하지 못한 환율변동, 즉 명목환율이 국제피셔효과와 구매력평가에서 이탈되는 만큼이 실질외환위험이다.

2. 자가보험

기업이 외환위험을 관리하는 데는 한계가 있고, 따라서 그 효용이 의심스럽다고 하는 주장들이 있다. 그 대표적인 견해가 자가보험이다. 외환위험 관리의 효과적인 수단 중 하나가 선물환이지만,

외환거래가 빈번한 기업이 노출의 100%를 선물환으로 헤지하는 것은 전혀 헤지하지 않는 것과 효과가 같다는 것이다. 그것은 기업의 선물환 헤지가 (헤지하지 않은) 오픈 포지션을 유지하는 경우에 비해 어떤 때에는 유리하고 또 다른 때에는 불리하여, 장기적으로 보면 선물환헤지에 의한 이익과 손실이 서로 상쇄된다는 것을 의미하기 때문이다. 이 개념을 자가보험(self - insurance)이라 한다.

[그림 9-1]은 1개월 전 수출계약이 체결되어 당일 만기가 되는 선물환의 환율과 당일의 현물환 환율을 한 좌표 위에 표시한 그림이다. 옅게 표시한 부분은 수출대금을 선물환에 매도하지 않고 대금 수취일의 현물환에 매도했기 때문에 유리한 경우이고, 짙게 표시한 부분은 그 반대이다. 그러나 이와 같은 이익이나 손실은 장기간에 걸쳐서 서로 상쇄될 것이고, 따라서 외환거래를 빈번하게 하는 기업에게 있어서는 노출의 100%를 선물환으로 헤지한다면 그 결과는 전혀 헤지하지 않은 것과 같다고 할 수 있다. 오히려 빈번하게 선물환계약을 체결하는 것은 거래비용만 많이 지불하는 결과가 될 것이다.

이를 더욱더 장기적으로 생각해 보자. 외환노출을 관리하지 않고 내버려 두면, 결국 환율변동의 결과로 어떤 해에는 처음에 예상하지 못했던 외환이익이

┃그림 9-1 수출대금의 선물환거래와 현물환거래

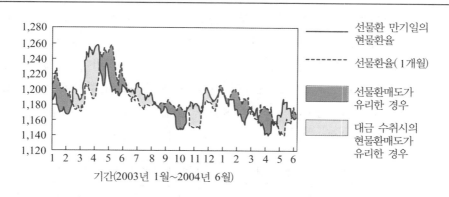

생기고 또 다른 해에는 손실이 생기게 된다. 여러 해가 지나서 돌이켜 종합해 보면, 각 연도의 외환이익과 손실이 결과적으로 서로 상당히 상쇄될 수 있다. 그렇다면 구태여 이를 관리할 필요가 있는가?

이 주장은 경영자가 수익의 변동성을 걱정하지 않고 평균적인 미래가치의 극대화만 중요시한다는 것을 전제로 한다. 즉 경영자가 위험중립적임을 가정한다. 그러나 경영자들은 기업수익이 큰 폭으로 변동하는 것을 원하지 않는다. 기업의 수익은 안정적인 것이 바람직하기 때문이다. 예상하지 못한 큰 이익이나 손실이 해를 걸러 엇갈려서 난다면, 설사 장기적으로는 서로 상쇄된다고 하더라도 기업경영에는 적지 않은 문제가 된다. 기업의 경영성과는 분기, 반기, 또는 연 단위로 평가되기 때문에, 이 기간 이상의 장기에 걸친 자가보험은 수익의 변동성을 관리해야 한다는 위험관리의 필요성을 부인하는 논리가 될 수 없다.

기업의 수익이 안정적이면 그 기업의 가치가 높게 평가되고 기업의 이미지가 향상되며 고객관계를 유지하기도 쉬워진다. 반면에, 수익이 불안정하면 그만큼 그 기업의 위험이 크다는 뜻이 된다. 따라서 자금시장과 금융시장은 이에 해당하는 위험할증을 요구하게 되어서, 예컨대 수익성이 불안정한 기업이 자금을 조달하려고 하면 위험할증만큼 조달비용이 높아진다. 그래서 위험을 잘 관리해서 수익성이나 현금흐름을 안정적으로 가지고 갈 수 있도록 하는 것은 기업의 가치를 키우는 데 적지 않은 도움이 된다. 이런 탓으로 기업경영자들은 외환위험을 관리하려고 노력하지 않으면 안 된다.

기업의 경영자들 이외에도 기업의 주변에는 외환변동 때문에 생기게 되는 기업수익의 분산을 줄이기를 원하는 이해 당사자들이 여럿이 있는데, 은행, 규제당국, 주주들, 그리고 채권자들이 대표적이라 하겠다. 정부는 은행의 파산위험을 줄이려고, 은행의 외환노출 관리에 대해 상당한 관심을 가지는 것이 일반적이다.

주주들도 수익의 변동폭이 크지 않은 기업을 더 좋아한다. 기업의 안정성이 주식가격에 도움이 되기 때문이다. 또 누진적인 기업 조세, 이윤의 크기에 따른 규제의 차이, 그리고 적자시 세금의 징수를 전기 또는 차기로 이월(carry forward, carry backward)할 수 있는 연한을 법적으로 제한하는 등의 여러 제도 역시 안정적인 기업에게 유리하기 때문이다.[1] 이런 이유 때문에 수익의 흐름이

---

1) 기업이 어떤 회계연도에 적자를 내면 그 적자 금액만큼 차기 회계연도의 과세금액에서 차감해주거나 (차기이월), 또는 지난 일정기간의 연도에 납부한 세금을 환급해주는(전기이월) 제도이다. 우리나라에서는 차기이월을 10년, 전기이월은 중소기업에 한해 제한적으로 1년간 인

안정적이 되도록 하는 것이 그렇지 않은 경우에 비해서 더 유리한데, 헤지는 이런 점에서 큰 도움이 된다.

또한 기업에 대한 정부의 규제수준도 이윤수준에 비례할 수 있다. 높은 이윤을 내는 경우에는 가격면에서나 또는 다른 면에서 보다 강한 정부 규제를 초래할 수 있기 때문에, 어떤 해에 갑자기 예외적으로 높은 수익을 내는 것은 불리할 수 있다. 수익의 변동폭을 감소시키는 것이 결과적으로 파산위험을 감소시키게 되고, 따라서 차입능력(debt capacity)을 증대시키게 되어 채권자들에게도 유리하게 된다. 현금흐름의 변동을 관리하는 중요한 목적 중의 하나는 이와 같은 자금면의 경색(financial distress)을 피하려고 하는 것이다.

헤지를 하지 않으면 기업은 앞으로 수취할 외화금액이 자국통화표시로 얼마가 될지 수취일이 될 때까지는 알 수가 없다. 반면 헤지를 하는 기업은 이를 미리 알게 되고, 따라서 그 정보를 기업의 현금운용 계획과 운전자금 결정에 이용할 수 있다. 따라서 일반적으로 기업의 계획기간과 활동기간이 선물환계약의 만기와 동일하거나 그보다 짧은 모든 기업의 경영활동에 대해서는 헤징이 도움이 된다.[2]

기업에 따라서는 외환노출을 측정해서 위험을 관리하는 비교적 단기적인 방법을 소홀히 하고, 비가격경쟁력 강화에 주력하기도 한다. 특히 일본 기업들과 이들로부터 영향을 받은 여러 국내기업들에서 이런 예를 많이 본다. 품질 향상, 신제품 개발, 제품 차별화의 강화 등 비가격경쟁력이 강화되면, 전가비율(pass-through ratio)을 높일 수 있다.

다시 말하면, 제품가격을 올려서 고객에게 환율변동 효과를 보다 많이 떠넘기는 것이 가능해진다. 그러나 이런 일은 환율의 변동과는 관계없이 기업이 지속적으로 추구해 나가는 기본적인 경영기능이다. 비가격경쟁력을 강화시키는 일은 쉬운 일도 아니고 단기적으로 이루어지는 일도 아니다. 외환위험을 단기적으로 관리하는 기능과 함께 이루어지는 것이 바람직하다.

정하고 있다.

2) 선물환헤지를 하지 않고 오픈 포지션 전략을 택하는 경우에도 물론 선물환 정보를 이용하여 재무계획 등의 경영의사결정을 할 수 있다. 이 방법의 유용성은 기업이 위험에 대해 얼마나 중립적인가, 그리고 선물환율이 사후의 현물환율에 대해 얼마만큼의 편의(bias)를 가지는가 하는 데 달렸다(제8장).

환율의 변동이 기업경영에 실질적으로 영향을 줄 수 있는 위험의 원천임을 앞에서 지적하였다. 그러면 그 영향이란 구체적으로 어떤 것인가?

기업이 국제적인 활동을 수행해 나가자면 자연히 외화표시의 자산과 부채, 그리고 수입과 지출이 생기게 된다. 환율이 변동하면 이 항목들은 가치에 영향을 받게 되는데, 영향을 받게 될 정도를 외환노출이라고 한다. 다시 말하면, 노출이라 함은 기업의 경영활동, 현금흐름, 수익성 또는 시장가치가 앞으로 환율의 변동에 의해 영향을 받게 되는, 즉 헤지되지 않은 외화금액의 크기이다.

기업들은 보통 외화표시의 자산과 부채, 현금유입과 현금유출을 동시에 가지게 되는데, 환율의 변동에 의해 실제로 영향을 받는 정도는 그 차이인 순노출(net exposure)에 의해 측정할 수 있다. 즉 순노출은 다음과 같이 결정된다.

$$순노출 = 노출(자산 + 현금유입\ 예상액) - 노출(부채 + 현금유출\ 예상액)$$

간단한 예로, 어떤 기업의 달러 포지션이 앞으로 3개월 동안 예금 100달러, 수출미수금 700달러, 그리고 원자재 수입미불금 200달러라고 하자. 또 이 기업이 수출 미수금의 60%를 선물환으로 헤지했다면, 앞으로 3개월 동안 이 기업의 달러 순노출은 180달러(= 100달러 + 700달러 × 40% - 200달러)이다. 선물환 계약분은 만기일에 받을 금액이 원화로 확정되어 있으므로 환율변동에 노출되지 않는다.

환율이 변동하면 이 외화표시의 노출에서 자국통화로 표시한 외환손익(foreign exchange gains or losses)이 발생하는데, 이는 개략적으로 다음과 같이 나타낼 수 있다.[3]

$$외환손익 = 순노출 × (예상되는)\ 환율변동액$$

이 예상손익이 (명목)외환위험이다. 앞의 간단한 예를 계속해서 보자. 현재

---

3) 한국채택국제회계기준(K-IFRS) 제1021호 8에서는 외환차손익과 외화환산손익을 합쳐 외환차이(exchange difference)라고 일컫는다. 이 책에서는 이 용어 대신 일상적으로 통용되는 "외환손익"을 그대로 쓸 것이다.

달러 환율이 1,000원이고, 3개월 후 예상환율이 60% 확률로 1,010원, 40%의 확률로 1,020원이라고 가정하자. 3개월 후의 달러 기대환율은 1,014원(=1,010원×60%+1,020원×40%)이고, 이 기업이 당면한 위험의 크기는 2,520원(=180달러×14원)이다. 지금 180달러의 외화표시 노출이 있고, 3개월 후에 여기서 2,520원의 가치변동이 예상된다는 것이다.

이로써 외환위험은 노출과 다르다는 것을 알 수 있다. 노출은 위험에 당면한 것이 무엇인가 하는 것으로 정의되는 데 반해, 외환위험은 미래 일정시점의 국내통화 또는 외국통화의 실제 구매력이 당초에 예상했던 값과 달라질 확률을 나타내는 통계량으로 정의된다. 기업이 거래하는 외국 통화가 여럿인 경우에는 각 통화별로 순노출을 계산하고, 위험을 계산할 때 각 통화 간의 상쇄효과를 반영하여야 한다.[4)]

여기서 외환위험이란 손실을 볼 수 있는 가능성뿐만 아니라 이익을 볼 가능성까지도 포함된다는 것을 유의할 필요가 있다.[5)] 또한 실질위험은 예상하지 못했던 환율의 변동에서 생기는 것으로, 명목위험과 다르다. 구매력평가 등으로 예상할 수 있는 변동은 거래가격에 미리 반영될 수 있기 때문에 실질위험이라 할 수 없고, 이는 사업을 수행하는 데 따르는 비용이라 할 수 있다.

외환포지션을 어떻게 정의하는가에 따라 회계적 노출(accounting exposure)과 경제적 노출(economic exposure)로 구분할 수 있다.[6)] 이에 대해서는 각각 제10장과 제11장에서 자세히 설명할 것이나, 여기서는 개념을 이해할 수 있도록 단순화시켜 설명해보자.

회계적 노출이라 함은 지난 결산시점(또는 보고시점) 이후 외화표시의 자산, 부채, 수입, 지출 그리고 이익과 손실을 자국통화로 환산함에 있어 외환이익과 손실을 발생시킬 수 있는 외환포지션의 보유 정도를 뜻한다. 이 외환이익과 손실은 장부상의 가치만을 변동시키는 것으로, 경제적 가치의 변동과 달리 진정

---

4) 이에 대해서는 338쪽 [표 12-5]를 참고하라.

5) "위험"은 일반적으로 기대한 것보다 불리한 결과가 발생할 가능성을 일컫는 것이 보통이다. 이에 반해 재무관리에서는 전통적으로 위험을 유리하건 불리하건 간에 기대한 값에서 이탈되는 분산을 뜻하는 것으로 정의하고, 이를 표준편차로 측정해왔다. 그러나 최근 위험값으로 널리 쓰이는 VaR는 손실가능성만을 나타내고 있다(제12장 제3절).

6) 외환노출의 분류는 매우 다양하여, 경제적 노출에서 거래적 노출을 별도로 구별하기도 하고, 또 회계적 노출과 경제적 노출에 덧붙여 세금노출(tax exposure)을 포함시키는 학자도 있다. 회계적 노출은 환산노출(translation exposure)이라고도 한다.

한 기업가치의 변동이라고 할 수는 없다.

외환위험의 경제적 노출, 즉 현금흐름 노출(cash flow exposure)은 사전에 예측하지 못한 환율의 변동에 의해 기업의 가치가 영향을 받게 되는 정도라고 정의할 수 있다. 기업의 가치는 예상되는 미래 현금흐름의 현재가치로 측정되고, 따라서 외환위험은 환율의 변동이 기업의 미래현금흐름의 예상되는 금액 또는 그 변동폭을 바꿔놓을 수 있는 가능성이라고 볼 수 있다.

환율변동에 따라 발생하는 손익도 그 성격에 따라 몇 가지로 구분한다. 외화 표시거래 중 실현된 손익은 외환차익 또는 외환차손(transaction gains or losses)이라 한다. 외화표시거래 중 아직 실현되지 않은 부분에 대한 손익을 산정하여 재무제표에 보고할 때, 그리고 해외지점이나 사무소의 (외화표시) 재무제표를 본사국의 통화로 환산하는 과정에서 발생하는 손익을 보통 외화환산이익 또는 외화환산손실(translation gains or losses)이라고 한다.[7] 이에 대해서는 제11장에서 자세히 설명할 것이다.

결제되지 않은 거래 중에는 외화표시의 부채나 외상매출금 등과 같이 기업의 재무상태표에 기장되는 항목들도 있으나, 선물환의 매매나 차입금의 상환 등과 같이 외화로 수취 또는 지불할 것이 예상되거나 그렇게 계약이 되어 있음에도 불구하고 재무상태표에 기장되지 않는 항목들도 있다.[8] 이처럼 재무제표에 나타나지 않는 거래들은 회계적 노출에는 포함되지 않으나, 앞으로 이 거래를 결제할 때 현금흐름이 환율변동에 노출되는 만큼은 거래적 노출에 포함된다.

거래적 노출이나 운용노출을 관리하면 결과적으로 회계적 손익이 발생할 수 있다. 예컨대 선물환으로 헤지하면, 만기일의 현물환과의 차이를 파생상품거래 손익으로 회계처리하게 된다. 경제적 논리로는 이 손익은 기업가치에 영향을 미치지 않기 때문에 중요하지 않다. 그러나 현실적으로는 주주들이나 이해당사자, 또는 감독기관에서 이런 점을 잘 알지 못해 문제를 삼을 수도 있고, 또 세금영향도 있어, 경영자들이 무시할 수 없는 경우도 있다.

경제적 노출에서 기업의 가치를 근거로 외환위험을 정의한다고 하는 것은 기업의 가치를 극대화하는 것이 경영의 목적임을 가정한다. 이 가정에 대해서는 많은 논란이 있는 것이 사실이고, 최근에는 기업의 사회적 책임, 지배구조, 직원

---

7) 자세한 설명은 제11장 제3절 "1.결제완료거래"와 "2.미결제거래"를 참고하라.
8) 이러한 항목들을 부외(簿外, off‑balance‑sheet)거래라고 하며, 이에는 선물환, 옵션, 선물, 스왑, 선도금리계약(FRA), 유로대출시장에서의 NIF약정 등의 거래가 포함된다.

복지 등 여러 요인들을 함께 목표로 해야 한다는 주장에 힘이 실리고 있다. 그러나 이런 각 요인의 개념을 확정하고, 그 집행계획을 정밀하게 측정하여 각 기업의 다양한 기존 목표와 조화시켜 경영의사결정의 틀을 정하기에는 아직 현실적인 어려움이 많다. 이 책에서는 고려하지 않기로 한다.

제3절   외환위험관리와 전사적 위험관리

우리는 앞에서 주로 외환위험을 중심으로 논의해 왔다. 그러나 기업이 일상적으로 경영활동을 수행하면서 당면하게 되는 금융위험은 매우 다양하다. 외환위험은 금리위험 및 유동성위험과 더불어 보통 시장위험으로 분류된다. 시장위험 이외에도, 신용위험과 운영위험이 기업의 중요한 금융위험이다.

신용위험은 대출과 관련된 차입기업, 주식이나 채권과 관련된 발행기업, 그리고 스왑거래의 상대방과 같이 거래상대방의 계약이행에 따르는 위험이 주가 된다. 운영위험은 내부절차의 준수와 관련해서 구성원이 끼칠 수 있는 손실발생 위험을 말한다. 그 외에도, 법률과 규제의 변경에 따르는 위험, 회사의 평판에 부정적인 영향을 끼칠 수 있는 위험, 경영전략의 미숙이나 실패에서 발생할 수 있는 위험 등 여러 종류의 위험이 있다.

기업에서 외환위험을 관리할 때, 외환위험만을 한정해서 관리전략을 수립할 수도 있다. 그러나 현실적으로는 외화자산과 부채에 관련된 금리의 변동을 환율의 변동과 함께 고려하면, 이 두 위험요인이 가지는 상관관계 때문에 회사의 전체적인 위험관리가 보다 효율적으로 이루어질 수 있다. 또 중요한 원자재나 상품의 가격변동위험을 함께 고려할 수도 있다. 예컨대 유가와 달러의 가치는 어느 정도 부(−)의 상관관계를 가지고 있는데, 유가변동위험이 중요한 항공사로서는 이 위험을 외환위험과 함께 관리하는 것이 현명한 방법이다.

이처럼 기업이 당면하는 다양한 위험요인들을 분리하여 각 위험을 별도로 관리하는 것보다는 성질이 비슷한 위험들을 묶어서 통합하여 관리하는 방법이 보다 효과적이다. 이러한 통합과정을 점차 확대하다 보면, 결국 회사가 당면하는 위험요인들을 모두 통틀어서 관리하는 방법을 생각할 수 있는데, 이를 전사적 위험관리(ERM; enterprise - wide risk management)라고 한다.

전사적 위험관리방법은 일부 선진기업들이 1990년대 중반에 도입하기 시작한 이래, 점차 확산되어 이제는 국내기업들 중에서도 이를 도입하는 기업들이 더러 있다. 여기서는, 기업이 성공적으로 전략을 수행하고 경영 목적을 달성하는 데 부정적 영향을 미칠 수 있는 모든 불확실성을 일반적으로 관리의 대상으로 삼는다.

전사적 위험관리로 대표되는 새로운 방식과 전통적인 방식의 차이를 [표 9-1]에 요약하였다. 전통적인 방식은 제한된 범위의 위험요인들에 대해 해당부서가 필요할 때 수시로 관리해 오는 식이었고, 새로운 방식은 모든 위험요인들을 조직의 모든 구성원들이 책임을 지고 체계적으로 관리하는 접근방법이라고 하는 차이가 있다.

그러나 위험관리에 있어 기업의 조직문화, 정보의 전달 및 공유체계 등이 대단히 중요하다는 점을 감안할 때, 전사적 위험관리제도를 도입하기에는 아직도 국내외의 대부분 기업들은 준비가 되어 있지 않은 것 같다. 더구나 중요한 어떤 특정의 위험요인, 대표적으로 환율변동위험 하나라도 집중적으로 관리하여, 위험관리에 대한 경험을 축적하고 위험관리에 대한 전사적인 높은 인식과 이해를 조직문화의 일부로 정착시키는 데 성공하는 과정을 거치는 것이 먼저 필요하다.

외국의 실제사례를 봐도, 이러한 단계를 거치지 않은 기업이 곧바로 전사적 위험관리제도를 도입하여 성공적으로 정착시킨 예는 아주 드물다. 반대로 특정한 위험요인을 선택하여 위험관리에 성공한 기업은 전사적 위험관리에서도 성공하고 있는 예가 많다.

다음 장에서는 거래적 노출과 운용노출 등 경제적 노출을 설명한다. 특히 환

▼ 표 9-1 새로운 위험관리방법의 특징

전통적 방법	새로운 방법
단편적 - 해당부서의 독립적 위험관리. 회계, 재무, 감사가 주로 담당	통합적 - 고위경영자 감독하의 위험관리. 조직의 모든 구성원이 위험관리를 자기 업무의 일부로 간주
필요시 - 위험관리를 담당 책임자들이 필요하다고 느낄 때만 수행	지속적 - 위험관리 절차를 지속적으로 수행
제한적 - 피보험 위험과 재무위험을 주대상	종합적 - 기업의 위험과 기회를 모두 고려

출처: Barton, T. L. et al., 2002, 5쪽.

율의 변동이 기업의 현금흐름과 경쟁적 포지션에 미치는 영향이 중요함을 밝히고, 이와 관련하여 실질환율의 개념을 설명할 것이다. 제11장에서는 외화환산의 문제와 손익의 회계처리방법 등 회계적 노출을, 그리고 이에 이어서 제12장에서는 외환노출을 측정하고 관리하는 방법을 살펴보기로 한다.

연습문제

01 외환위험을 회계적 노출과 경제적 노출로 구분하여 정의할 수 있다. 이들
을 각각 설명하라.

02 사전에 예측할 수 있는 환율변동은 왜 위험이라고 보지 않는가?

03 외환차손익과 외화환산손익은 어떻게 다른가?

04 ERM이란 무엇이고, 이를 성공적으로 도입하기 위한 전제는 무엇인가?

05 외환위험을 관리하는 방법은 최근 획기적인 발전을 하여 종래의 방법과 크
게 달라지게 되었다. 새로운 방법의 특징을 설명하라.

CHAPTER
10

경제적 노출

경제적 노출은 예상하지 못한 환율의 변동이 기업의 시장가치에 영향을 미칠 수 있는 가능성이라고 정의할 수 있다. 기업의 가치는 예상되는 미래 현금흐름의 현재가치로 측정되고, 따라서 외환위험은 환율의 변동이 기업의 미래현금흐름의 예상액 또는 그 변동폭을 바꿔 놓을 수 있는 가능성이라고 볼 수 있다.

경제적 노출은 다시 두 가지 유형으로 나눌 수 있다. 그 하나는 외화 표시로 이루어진 거래를 결제할 때 자국통화로 환산한 금액이 환율의 변화에 의해 영향을 받을 수 있는 가능성이다. 여기서 외화표시의 거래라 함은 수출입 등의 실물거래와, 투자나 차입 또는 예금이나 대출과 같은 금융거래가 외화표시로 이루어진 경우를 일컫는다. 이를 거래적 노출(transaction exposure)이라고 한다.

경제적 노출의 또 다른 하나의 유형은 명목환율이 이론적인 균형에서 이탈되었기 때문에, 기업의 미래수익과 비용의 흐름, 더 나아가서는 기업의 국제적 가

예

거래적 노출

어떤 한국 기업이 한 달 후 대금을 결제하기로 하고 중국 기업에게 2백만 달러어치의 상품을 수출한 경우, 원화로 표시한 그 수출대금은 결제일인 한 달 후에 달러와 원화간의 환율변동에 따라 달라지게 된다.

또 다른 예로 5년 만기의 1백만 달러 대출을 외국은행으로부터 받은 기업의 경우, 원화로 표시한 원금은 이를 상환하는 시점인 5년 후 원화의 대달러 환율에 따라 달라진다. 차입시 대달러 환율이 1,100원이었다면, 이 기업은 11억원의 자금을 차입한 것이다. 차입기간 동안 달러화가 원화에 대해 약세를 보여 만기에 환율이 1,000원이 되었다고 하자. 이 기업은 10억원의 원금을 상환하게 된다.

격경쟁력에 영향을 줄 수 있는 가능성이다. 이는 실질운용노출(real operating exposure)이라고 부른다. 다시 말하면 실질환율이 변동하면 실질운용노출이 발생한다. 장기적으로 보면, 외화환산노출이나 계약에 따른 거래적 노출보다 이 운용노출이 기업에게 훨씬 더 폭넓은 영향을 미친다.[1]

본장에서는 먼저 거래적 노출에 대한 설명을 하고, 몇 가지 현실적인 사례를 들어서 이해를 돕고자 한다. 다음에 기업의 경쟁력과 관련된 실질환율의 변화와 실질운용노출에 대해 예를 들어 살펴본다. 마지막으로 환율의 변동이 특정 기업의 현금흐름에 직접적으로 또는 즉각적으로는 영향을 미치지 않으나, 경쟁기업들과의 전략적인 포지션에 영향을 미침으로써 장기적으로 기업의 가치에 영향을 미칠 수 있는 경우를 살펴본다. 실질운용노출을 이와 같이 기업의 경쟁력이나 경영전략에 미치는 영향과 관련해서 언급할 때, 특히 경쟁력노출 또는 전략적 노출이라고도 표현한다.

제1절 ▶ 거래적 노출

1. 거래적 노출의 개념

거래적 노출은 이미 체결된 외화표시의 거래를 미래에 결제함에 따르는 외환차익 또는 차손의 발생 가능성을 말한다. 외화를 대가로 하는 상품의 수출계약을 체결한 수출업자는 수출대금을 받으면 이를 외환시장에서 자국통화로 환전할 것이며, 수입업자는 반대로 외화로 표시된 대금을 지불하기 위해 자국통화를 계약된 외국통화로 환전하게 될 것이다. 만약 계약시에 예상한 환율과 실제로 환전할 때의 환율이 다르게 되면 수출업자 또는 수입업자는 예기치 못한 이익(외환차익)이나 손해(외환차손)를 보게 될 위험을 부담하게 되는데, 이를 거래적 노출이라 한다.

---

[1] 기업조직은 지원업무부서(재무 및 회계관리, 전략기획, 인적자원관리, 연구개발관리)와 사업부서(구매조달관리, 생산관리, 판매관리)로 구성되는데, 운용(operation)이라 함은 사업부서가 수행하는 본원적 업무활동을 일컫는다. 또한 사업부서의 활동으로부터 발생하는 현금흐름을 운용현금흐름이라 부른다.

거래적 노출은 현금흐름에 영향을 주는 노출이며, 이런 의미에서 경제적 노출의 개념에 포함된다. 거래적 노출이나 실질운용노출을 측정하기 위해서는 기업의 거래와 운용에 관한 구체적 정보를 가지고 있어야 하며, 이들이 환율변동에 대해 어느 정도 민감한가를 알고 있어야 한다.

거래적 환노출이 발생하는 것은 수출업자 또는 대출자의 경우에는 구속력을 가지는 가격을 제시하는 행위가 있는 시점부터가 될 것이며, 수입업자 또는 차입자의 경우에는 대개 이를 수락하는 의사를 표시하는 행위 (계약서의 서명 등)가 있는 시점부터 시작된다고 할 것이다.

예컨대 국제입찰의 경우 응찰자는 외화표시의 입찰금액을 일단 제시하면 일반적으로 이를 변경시킬 수 없고, 따라서 이때부터 노출이 발생한다. 입찰을 행하는 구매업자는 낙찰자를 선정하는 시점, 즉 낙찰 받은 그 특정기업이 입찰 시에 제시한 조건을 받아들일 의사를 표시하는 법적 행위가 이루어지는 시점부터 노출이 발생한다고 볼 수 있다.

거래노출은 지불(또는 수취)조건이 외화로 표시된 거래를 결제할 때 발생하게 되는 이익이나 손해이다. 따라서 거래계약의 지불조건이 수출업자국 통화면 수입업자가, 수입업자국 통화면 수출업자가, 제3국의 통화면 (양측 모두가 환전해야 하므로) 양쪽 다 거래위험에 노출된다.

계약금의 표시가 엔화가 아니고 원화면, 수출상이 아닌 수입상이 외환위험의 부담을 지게 된다. 제3국 통화인 미국 달러화면 일본 수입상도 엔화를 달러화로 환전하여야 하고 한국 수출상도 달러화를 자국통화인 원화로 환전할 것이므로, 양측이 모두 환위험에 당면하게 된다.

거래위험은 반드시 상품의 매매와 관련해서만 발생하는 것은 아니다. 외화로 표시된 자금을 빌리거나 빌려 주는 경우에도 거래노출이 발생한다.

2. 거래적 노출의 예[2]

▌사례 1

㈜마띠는 2월 1일 원화로 표시된 상품가격 ₩100,000을 대금 수취일인 5월 1

---

2) 다음 사례들은 국내의 한 기업에서 제공해 준 것들이다. 여기서 그 이름을 밝힐 수는 없으나, 고마움을 표하는 바이다.

일의 선물환율(₩1,000/$)을 써서 달러로 환산하여 수출계약을 체결하고, 환위험을 헤지하려고 선물환 매도계약을 체결해 놓았다. 그러나 이 거래 자체가 파기될 가능성이 없지 않아 그럴 경우의 환차손 발생을 우려하고 있다.

(i) 정상적으로 수출거래가 이루어지는 경우

        2월 1일   수출계약 금액: $100, 원가: ₩90,000

                  선물환계약 환율: ₩1,000/$

                  목표이익: ₩10,000[= $100×₩1,000 − ₩90,000]

        5월 1일   결제시 환율: ₩1,010, 매출: ₩101,000,

                  매출원가: ₩90,000, 이익: ₩11,000,

                  선물환 거래손실: ₩1,000[= $100×(1,000 − 1,010)]

                  목표이익: ₩ 10,000

(ii) 선물환계약 후 수출계약이 파기되는 경우

이때는, 선물환계약만 남게 되므로 결제일의 환율과 선물환 계약환율간의 차이에 따라 이익 또는 손실을 입게 된다. 이 기업은 달러당 1,000원에 매도하기로 한 선물환계약을 이행하기 위해 5월 1일 현물환시장에서 달러당 1,010원씩 주고 100달러를 매입하게 된다.

           환차손: $100×(1,000 − 1,010) = ₩1,000

물론, 이 기업이 2월 1일 선물환으로 헤지하지 않고 달러 풋 옵션 등으로 헤지했더라면, (옵션가격 등의 헤지비용까지 포함한) 결과가 이와는 달라졌을 수도 있을 것이다.

▎사례 2

㈜마띠는 하반기 중 달러가 예상 외로 강세현상을 보이기 시작하여 달러의 대 엔화환율이 107에서 거의 110까지 치솟아, 그간 달러당 107엔 대에 사놓은 엔화가 손실을 입게 되었다([그림 10−1]). 110엔 정도를 정점으로 달러화가 하락할 것으로 전망한 이 회사에서는 11월 18일 100만 달러를 추가로 매각(즉 엔화를 매입)했다.

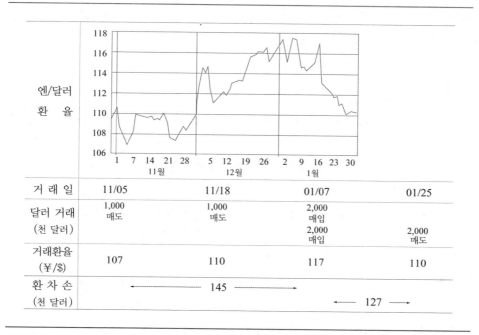

거래일	11/05	11/18	01/07	01/25
달러 거래 (천 달러)	1,000 매도	1,000 매도	2,000 매입 2,000 매입	2,000 매도
거래환율 (¥/$)	107	110	117	110
환차손 (천 달러)	←————— 145 —————→		←—— 127 ——→	

그러나 엔이 다시 117엔까지 떨어지며 시장의 일부 전문가들도 120엔~130엔까지 가리라는 전망을 하였다. 이를 믿고 기왕 매각한 달러(엔 매입)의 손실을 보상하고, 이에 더하여 추가적인 투기이익을 얻고자, 이 회사는 117엔에서 400만 달러를 다시 매입(엔 매도)하였다.

그러나 이번에는 달러가 반대로 110엔대로 폭락하게 되었다. 이때는 반대로 100엔대로 달러가 계속 더 약세가 되리라 믿고 117엔대에 산 달러를 110엔 수준에서 매각하여 손실을 확정하였다. 즉,

(i) 엔화 강세를 예상하여 엔화를 107엔대에 매입했으나, 107~117엔 사이에서 달러가 강세를 보이면서 손실[$145,299 = \$1,000,000(107 - 117)/117 + \$1,000,000(110 - 117)/117]이 발생하였고,

(ii) 또한 117~110엔 사이에서 달러가 약세를 보일 때도 달러를 매입 하여 손실[$127,273 = \$2,000,000(1 - 117/110)]이 발생하여 이중으로 환차손을 입었다.

이 기업은 운이 매우 나빴다고 할 수 있을지 모른다. 그러나 현실세계에서는

환율이 예측한 방향과 반대로 움직이는 경우는 허다하게 많다. 이것은 환율의 예측이 얼마나 어려운가를 잘 나타내는 것이며, 단기환율이라고 하여 장기환율보다 예측이 더 쉬운 것은 절대로 아니다.

┃사례 3

㈜마띠는 한국기업이지만 달러를 기준통화로 간주하여 달러 이외의 다른 통화에서 생기는 외환위험은 헤지해 버리고, 달러와 원 환율의 변동에서 생기는 위험은 헤지하지 않고 그대로 받아들이는 정책을 쓴다. 이 기업의 일본 현지법인은 본사로부터 달러화로 제품을 수입하여 6개월 후 대금을 지불하고, 현지판매는 엔화로 한다. 이와 같은 지급통화와 수취통화간의 차이로 인하여 발생하는 환위험 회피를 위해 본사와 계약시점에 엔매도 - 달러매입의 선물환계약을 체결하여, 영업에서의 이익마진 10%를 확보하는 정책을 취해 왔다.

8월경부터 엔화 강세가 지속되자 엔매도-달러매입의 선물환계약은 사후적으로 이 기업에게 불리한 결과가 되었다. 예컨대 선물환율은 달러당 110엔에 매입했는데 그 선물환 만기시점의 현물환율은 달러당 105엔이 되는 것이다. 선물환계약을 체결하는 시점에는 그 선물환이 만기가 될 때 환율이 얼마가 될지 알 수 없기 때문에, 선물환계약이 결과적으로 유리할지 또는 불리할지는 오직 그 선물환이 만기가 된 후에야 사후적으로 알 수 있는 것이다.

계속해서 환차익 기회를 놓친다고 생각한 현지 자금담당자는 11월부터 약 2개월간 대략 7천만 달러 상당의 수입거래분(평균 계약환율 100엔)에 대해 선물환을 체결하지 않았다. 그런데 이듬 해 2월경부터 엔화는 자금담당자의 예상과는 달리 하락세로 반전하였고, 결제가 도래한 5월 초에는 이미 환율이 110엔까지 오른 상태였기 때문에 1달러당 약 10엔의 손실을 입게 되었다. 이 손실은 7천만 달러 전액에 대하여 7억 엔에 해당하는 금액이다.

이 현지법인은 달러로 수입, 결제하고 엔화로 판매하는 구조에서 선물환계약을 체결하지 않아 영업이익 7억엔(= $7천만 × ¥100 ×10%) 전체와 같은 금액의 환차손을 입은 결과가 된 것이다.

앞의 예에서 보듯이 환율을 예측하는 것은 매우 어렵기 때문에, 실물 거래를 본업으로 하는 기업에서 외환노출을 헤지하지 않는 것은 대단히 위험한 일이라 할 수 있다.

명목환율의 변동이 실질구매력의 변동을 정확하게 상쇄하지 못하여, 해당 기업의 미래 수익과 비용, 즉 운용현금흐름을 변화시키고, 나아가 그 기업의 경쟁력에 영향을 줄 수 있는 가능성을 운용노출이라고 함은 앞에서 이미 언급하였다.

이 운용노출은 환산노출이나 거래적 노출보다 기업의 장기적인 건전성에 훨씬 중요하다. 경제적 노출을 측정하기 위해서는 환율의 변동이 기업의 수익과 비용, 그리고 가격경쟁력에 장기적으로 어떤 영향을 미치는가를 분석해야 하므로, 쉬운 일이 아니다. 관련된 양국의 상대적 물가상승률이 그 기업의 현금흐름에 미치는 영향을 명목환율의 변화와 함께 고려해야 하기 때문이다.

또한 환율의 변화가 얼마만큼 국내의 상대적 물가변화, 즉 어떤 특정 상품가격의 일반 물가수준에 대한 비율의 변화를 야기시키는가 하는 점도 반드시 고려해야 한다. 예컨대 어떤 해의 도매물가지수가 5% 상승한 데 비해 국내 유가는 원화가치의 하락 때문에 10% 올랐다고 한다면, 석유의 상대가격은 크게 상승한 결과가 된다.

물가상승과 상대가격의 변화는 모두 환율에 영향을 주나, 외환위험의 관리면에 있어서는 서로 대단히 다른 의미를 가지기 때문에 이들을 구분할 필요가 있다. 앞에서 구매력평가에 대해 설명한 바와 같이 명목환율이 급격하게 변화한다 하더라도 물가수준이 그만큼 함께 변한다면, 상대가격이 일정한 한, 진정한 현금흐름은 달라지지 않을 것이다. 그러나 환율의 변화에 따라 상대가격도 변하게 되면 외환위험에 대한 경제적 노출이 발생하게 된다.

국내에서 서로 다른 상품들간의 상대가격뿐만 아니라, 동일한 상품의 국제적인 상대가격도 문제가 된다. 통화가치가 상승하거나 하락하면 적어도 단기적으로는 양국의 상대가격에 영향을 주는 경향이 있다. 이런 의미에서 기업이 해외시장에 진출하기 위해 신제품의 개발, 판매망의 조직, 해외로부터의 납품계약, 해외생산시설 등에 대한 투자, 또는 해외원자재 또는 부품의 조달을 결정한다면, 그 순간부터 이 기업은 운용노출에 당면하게 된다고 할 수 있다.

이와 같은 논리를 요약하여, 실질운용노출과 관련된 중요한 문제로 거시적인 실질환율의 변화와 미시적인 상대가격의 변화를 설명해 보자.

1. 실질환율

통일과정에서 독일이 저지른 큰 실수 중 하나라고 스스로 인정하는 문제가 동서독 화폐간의 교환비율 결정이었다. 옛 동서독은 임금이나 복지 지출, 연금 저축 등에서 서로 상당한 차이를 보이고 있었다. 1989년 통일 당시 동독의 1인 당 생산성은 서독의 3분의 1에도 못 미쳤다. 이런 현상은 동독이 제2차 세계대 전 전에 만든 노후한 기계를 사용하면서 투자와 관리를 방치한 공산체제가 중요 한 원인이었다. 이를 감안하면 동독 마르크와 서독 마르크의 교환비율은 5대 1 이나 6대 1이 적절하다는 것이 일반적인 평가였고 당시 암시장 환율은 7대 1이 었다. 그러나 서독 수상과 독일중앙은행(Bundesbank)은 1대 1의 화폐교환을 결 정했다.[3]

이로써 옛 동독인들은 갑자기 소득과 부가 급증하게 되었다. 서독화폐를 손 에 쥐게 된 동독인들은 전에는 엄두도 내지 못하던 서방제품들을 살 수 있게 되 었다. 또한 동독 마르크화의 고평가로 구 동독기업의 자산가치는 높이 평가되고 동독의 복지수준이 서독과 동일해지는 긍정적인 효과는 있었으나, 시장에서의 가격경쟁력은 하루아침에 사라지게 되었다. 옛 동독의 인건비는 즉각적으로 급 등하였고, 수출가격이 인상되어 동독제품은 경쟁력을 잃게 되어 주고객이었던 소련, 폴란드 등 동구권뿐만 아니라 상품생산지인 구 동독국민들조차 자기네 상 품을 외면하는 상황이 벌어지게 되었다.

이것은 정부의 시장개입에 의한 명목환율변화가 실질환율을 변화시키고, 그 결과 기업의 실질운용위험과 가격경쟁력에 얼마나 치명적인 영향을 줄 수 있는 가를 잘 보여주는 좋은 예가 되고 있다.

기업의 진정한 경제적 노출을 파악하기 위해서는 명목환율 그 자체의 변동이 아니라, 명목환율이 구매력평가에 의한 균형으로부터 이탈된 정도를 고려하지 않으면 안 된다는 점을 앞서 강조했다. 명목환율을 일정기간 동안의 상대적 구 매력의 변화로 조정한 환율이 실질환율이다. 즉, 실질환율이란 구매력평가를 유 지시켜 주는 환율, 바꿔 말하면 두 통화의 실질구매력이 같아지도록 만드는 환

---

3) 실제로는 차등환율제도를 실시했다. 개인은 나이에 따라 일정금액까지 1대 1, 이를 초과하는 자산과 부채는 2대 1의 환율을 적용해 절반으로 줄여 주었다. 동독에 본거지가 없는 기업의 자산에 대해서는 3대 1의 환율을 적용했고, 금융자산에 대한 평균 환율은 1.6대 1이었다. 당 시에는 정치적으로 결정할 수밖에 없는 상황이었기 때문이다(한스 자이델재단). 여기서는 단 순화시켜 설명한다.

율이다.

실질환율은 다음 식으로 표시할 수 있다.[4]

(i) 절대적 구매력평가로부터, $R_t = (S_t P_t^*) / P_t$ ························· (10. 1)

(ii) 상대적 구매력평가로부터,

$$R_t = (S_t / S_0)\,[(1+\pi^*)/(1+\pi)] \times 100$$ ······························ (10. 2)

(이 식은 100을 기준으로 하는 지수로 표시한 것임.)

여기서, R_t : 외화 한 단위를 자국통화로 표시한 t시점의 실질환율
S_t : 외화 한 단위를 자국통화로 표시한 t시점의 명목환율
π^* : 기준시점부터 t시점까지의 외국의 물가변동률
π : 기준시점부터 t시점까지의 자국의 물가변동률

기준시점에서부터 비교시점까지의 기간에 설사 명목환율이 큰 폭으로 변화하더라도 양국의 상대적 물가수준도 이에 상응하는 만큼 변화했다면, 이 지수는 그대로 100이 된다. 이것은 실질환율이 변하지 않았음을 나타내며, 결과적으로 국내기업과 외국 경쟁자들간의 경쟁적 입장에, 그리고 이들의 실질현금흐름도 영향을 받지 않았음을 의미한다.

그러나 국내통화가 양국의 물가변동률의 차이보다 더 느리게 하락하면, 실질환율은 하락하여 $R_t < 100$이 된다. 반대로 국내통화가 양국의 물가변동률의 차이보다 더 빠르게 하락하면, 실질환율은 상승하여 $R_t > 100$이 된다.

기준시점의 환율(S_0)을 100이라고 할 때, 실질환율(R_t)은 다음과 같이 정의할 수 있다. 즉,

$R_t > 100$이면, 기준시점에 비해 상대국통화의 실질가치가 상승해 있고, 자국통화의 실질가치가 하락해 있는 경우이다. 즉 자국통화의 외국상품에 대한 상대적 구매력이 기준시점에 비해 하락한 것을 나타낸다. 이것은 자국상품의 수출경쟁력이 향상되었음을 뜻하는 것이기도 하다.

---

4) 국제무역에서 교역재와 비교역재를 구분하고 이로써 정의하는 실질환율도 있으나, 여기서의 논의와는 무관하다.

(a) 물가의 변동과 명목환율의 변동

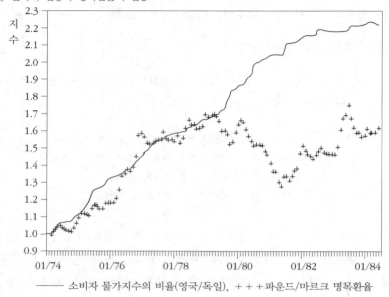

──── 소비자 물가지수의 비율(영국/독일), +++파운드/마르크 명목환율

(b) 명목환율과 실질환율

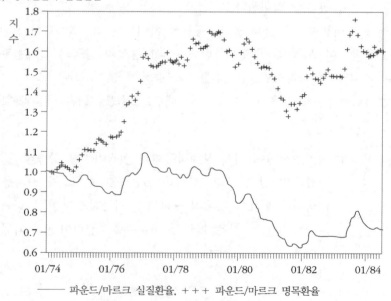

──── 파운드/마르크 실질환율, +++ 파운드/마르크 명목환율

출처: Flood, Jr. and Lessard, 1986, pp. 28~29.

반대로,

$R_t<100$이면, 기준시점에 비해 상대국통화의 실질가치가 하락해 있고, 자국
통화의 실질가치가 상승해 있는 경우이다. 즉 자국통화의 외
국상품에 대한 상대적 구매력이 기준시점에 비해 상승한 것을
나타낸다. 따라서 자국상품의 수출가격경쟁력은 악화되었음을
뜻하는 것이기도 하다.

　[그림 10-2]는 10년 동안 영국과 독일의 실질환율의 변화를 보이는 것이다.
그림의 (a)는 양국 소비자물가지수의 비율과 명목환율을 나타내고 있다. 대상기
간 동안 영국의 물가는 독일 물가의 2.2배가 되었으나, 마르크의 명목환율은
60% 상승에 그치고 있어 양국의 물가상승률 차이가 명목환율에 충분히 반영되
고 있지 않다. 결과적으로 그림의 (b)에서 보는 바와 같이 마르크의 파운드에
대한 실질환율이 .73(=1.6×(1.0/2.2))으로 하락한 것을 알 수 있다.
　명목환율이 상대적 물가상승률을 충분히 반영하여 구매력평가가 성립하였다
면, (a)에서는 두 선이 완전히 일치되었을 것이며 (b)에서는 실질환율이 기준시
점부터 수평으로 1.0을 유지하였을 것이다. 실제로 처음 5년간은 명목환율의 변
화가 물가상승률 차이를 비교적 잘 반영하고 있고, 따라서 (a)에서는 두 선이 비
슷한 움직임을 보이고 있고 (b)에서도 실질환율이 1.0의 수준에서 크게 벗어나
지 않았음을 알 수 있다.
　이처럼 실질환율이 변동해서 영국과 독일 두 나라의 기업들은 운용위험에 노
출된다. 여기서 이 위험을 관리해야 하는 기업의 입장을 한번 생각해 보자. 우선
이 위험은 장기적인 위험이라고 하는 특성을 가진다. 첫 5년 이후부터 명목 환
율은 구매력평가를 장기간 이탈하고 있으며, 더욱 곤란한 것은 언제까지 이러한
이탈 상태가 지속될 것인지, 언제 다시 평가수준으로 돌아갈 것인지 알 수가 없
다고 하는 점이다.
　영국기업과 독일기업이 당면하는 이 운용위험이 명목환율이 아닌 실질환율
의 변화에 기인하고 있다는 사실이 거래적 위험이나 회계적 위험과 차이가 있는
점이다. 또 다른 특징은 이 위험이 명시적 계약에 의해서 생긴 것이 아니고, 또
앞으로의 실질환율이 어떻게 변할 것인지 예측할 수 없기 때문에 위험의 크기를
측정하기 어렵다고 하는 점이다.

▼ 표 10-1 가상적인 환율과 물가상승률의 변동

	기준시점	비교시점	변화율(%)
현물환율(W/$)	1,000	1,050	5.00
한국 소비자 물가지수	195.4	203.2	4.00
미국 소비자 물가지수	160.2	163.4	2.00

마지막으로 (제12장에서 다시 설명하겠지만) 이 위험은 재무적인 기법만으로 는 관리할 수 없고, 기업의 모든 경영기능 담당 부서들이 함께 전사적으로 노력 해야만이 효과적으로 관리할 수 있는 위험이라는 것이다. 이런 점들이 실질운용 위험이 가지는 특징이라 할 수 있고, 동시에 실질운용위험의 관리가 왜 특히 어 려운가를 설명하는 이유라고도 할 수 있다.

이제 [표 10-1]을 살펴보자.

이 경우, 구매력평가에 의한 균형환율(S_t)은 $1,020[=S_0(1+\pi)/(1+\pi^*)]$이 되므로, 3%($=1,050/1,020-1$)만큼 달러는 고평가되어 있고 반대로 원은 저평 가되어 있음을 알 수 있다. 식 (10. 2)를 이용해서 계산해 보면, $103.00[= (1,050/1,000)(1+.02)/(1+.04)\times100]$이 되어 구매력평가로부터의 이탈이 3%가 됨을 알 수 있다.

다른 하나의 예로, (명목)환율이 양국의 구매력을 비교적 적정하게 반영했다 고 볼 수 있는 기준시점에 W/U$ 환율이 1,000이었다고 하자. 그 후 한국과 미 국에서 물가지수가 각각 10%와 7% 상승했다고 하자. 이제 환율이 $1,028[= (W1,000(1+0.10))/(\$1(1+0.07))]$이라고 하면, 실질환율은 변하지 않았기 때문 에 양국 기업들의 경쟁적 입장이 환율의 변동에 의해 영향을 받지 않는다고 할 수 있다.

그러나 만약 명목환율이 1,028원보다 높으면 한국 기업들의 제품이 달러로 표시되었을 때 상대적으로 저렴하기 때문에, 미국 기업에 대한 가격경쟁력이 강 화된다. 반대로 환율이 이보다 낮으면 미국 기업들은 한국 기업과의 경쟁에서 유리하게 된다. 개별 기업의 입장을 떠나 거시적으로 일반화시켜 말하면, 일정 기간 동안 실질환율이 변하지 않았다고 하는 것은 구매력평가가 성립하였다고 하는 것과 같다.

요약하면, 환위험을 발생시키는 것은 양국의 물가수준의 변동률의 차이 또는

환율변동과 기업경쟁력 ❶

한국에서 생산하여 미국시장에 수출하는 가나기업과, 이와 똑같은 원가 및 가격 구조를 가지는 미국 경쟁사 ABC기업의 경우를 비교하여 보자. 이들 두 기업의 가격과 원가가 모두 미국 및 한국의 일반물가와 같이 각각 7%와 10%씩 상승하고, 환율이 구매력평가에 의한 균형환율이어서 실질환율이 변하지 않았다고 하자.

	기준시점(₩/U$=1,000)		비교시점(₩/U$=1,028)	
	가나기업	ABC기업	가나기업	ABC기업
	원(달러)	달러	원(달러)	달러
가 격	1,000,000 (1,000)	1,000	1,100,000 (1,070)	1,070
원 가	800,000 (800)	800	880,000 (856)	856
이 윤	200,000 (200)	200	220,000 (214)	214

가정: 한국 물가상승률 10%, 미국 물가상승률 7%

이때는 명목환율은 변동하였으나, 이 두 기업의 가격과 원가, 그리고 이윤은 서로 모두 동일함을 알 수 있다. 즉 한국에서 생산하여 외화표시로 수출하는 가나기업이 실질운용위험을 가지지 않음을 알 수 있다. 이것은 실질환율이 변하지 않는다면 그 두 기업이 경쟁력에 영향을 받지 않음을 보이는 것이기도 하다(수출 부대비용 무시). 만약 비교시점에 한국 정부가 수출을 촉진시키고 수입을 억제하기 위해서 원화가치를 크게 하락시켜 환율, 예컨대 1,050으로 만들었다고 가정하자. 이제 실질환율은 1,021의 값을 갖게 되어 기준시점보다 상승하게 됨을 알 수 있다.

명목환율의 변동 그 자체가 아니라, 각 통화의 상대적 구매력의 변화, 즉 실질환율의 변화인 것이다. 회계적으로나 거래적으로는 명목환율이 변동하는 것이 위험이지만, 실질운용노출에서는 실질환율이 변동하지 않으면 위험이 아니다. 실질환율이 변동한다는 것은 구매력평가가 성립하지 않는다는 뜻이다.

2. 상대가격의 변화

실질환율이 변하게 되면 일반적으로 국내상품과 수입상품간의 평균적인 상대가격 (P/P^*)이 변하게 되고, 그 결과 한쪽은 가격경쟁력이 강화되고 다른 쪽

환율변동과 기업경쟁력 ❷

일정기간 동안 한국과 미국에서의 일반적 물가상승률이 각각 10%와 7%였고 환율도 이를 반영하여 앞에서와 같이 달러당 1,000원에서 1,028원으로 변하였다고 가정하자.

그러나 한국 가나기업의 경우, 원가가 일반 물가수준보다 더 높은 14%의 상승요인이 있었고, 미국의 ABC기업은 생산성 향상으로 원가가 일반 물가상승률보다 낮은 5% 수준에 그쳤다고 하자. 이제 ABC기업은 가격을 주도할 수 있는 입장이 되었다. 이 회사가 이윤율을 20%로 유지하도록 가격을 결정하고, 가나기업도 경쟁적인 가격으로 판매한다면, 그 결과는 다음 표와 같이 될 것이다.

이제 가나기업의 이윤율은 20.0%에서 15.5%로 줄어들었다. 만약 ABC기업이 극단적인 가격정책으로 경쟁을 배제시키기로 결정하고, 예컨대 가격을 887달러 이하로 밀어 붙인다면, 가나기업은 결국 미국 시장에서 견뎌낼 수 없게 될 것이다.

	기준시점(₩/U$=1,000)		비교시점(₩/U$=1,028)	
	가나기업	ABC기업	가나기업	ABC기업
	원(달러)	달러	원(달러)	달러
가격	1,000,000(1,000)	1,000	1,079,400(1,050)	1,050
원가	800,000　(800)	800	912,000　(887)	840
이윤	200,000　(200)	200	167,400　(163)	210
이윤율(%)	20.0　(20.0)	20.0	15.5　(15.5)	20.0

가정: 가나기업 원가 14% 상승, ABC기업 원가 5% 상승
　　　ABC기업은 이윤율 20% 유지하고 가나기업은 경쟁가격 유지

은 약화된다. 명목환율이 변하더라도 실질환율이 변하지 않으면 평균적으로는 국내물가 수준과 외국물가 수준의 상대적 비율이 달라지지 않아 양 국가의 기업들이 평균적으로는 실질운용노출을 가지지 않는다. 그러나 한 국가 내 모든 기업의 원가와 가격의 변동률이 그 나라의 평균적 물가상승률과 같은 것은 아니기 때문에, 설사 실질환율이 변하지 않더라도 개별기업들은 국내에서 상대가격이 변할 수 있고, 결과적으로 외국기업과의 상대적 경쟁력도 변할 수 있는 위험을 가지게 된다.

국내의 상대가격이라 함은 일반적 물가수준에 대한 개별 상품의 가격의 비율을 뜻한다. 예컨대 어떤 해 국내 소비자물가지수는 5.0% 상승했으나 개인용 컴

퓨터의 가격은 오히려 10% 하락했고 농산품은 평균 3.0% 상승했다고 하자. 그 결과 개인용 컴퓨터와 농산품의 가격은 다른 대부분의 국내상품보다 상대적으로 저렴한 제품이 되었다. 이와 같은 개별 상품가격의 상대적 변화에 따른 경쟁력의 변화를 앞의 예를 들어 살펴보자.

다음의 예는 개별 상품의 원가와 가격 상승률이 일반적인 국내물가수준의 상승률과 달라서 국제적인 상품간의 상대가격에 차이가 나는 것을 보인 것이다. 그러나 이 예에서 문제의 근본 원인은 환율의 변동이라기보다, 경쟁기업보다 높은 원가 상승률에서 알 수 있는 가나기업의 상대적으로 열악한 생산성, 경영효율 또는 경쟁력이다. 이처럼 경영성과가 부실한 경우에도 경영자는 환율의 탓으로 돌리는 경우가 많다. 일반적으로는 양국의 물가상승률과 환율간에 구매력평가가 성립하더라도, 개별기업간에는 원자재조달시장, 제품시장, 제품의 비가격 경쟁력, 기업경영 효율, 경쟁여건 등 다양한 기업 고유의 요인들 때문에 상대가격에 차이가 난다.

기업의 경제적 노출은 한편으로는 그 기업의 원자재, 주요 부품 및 중간재를 조달할 때 지불되는 통화와, 다른 한편으로는 생산된 제품을 판매할 때 수취하는 통화가 어떻게 구성되는가에 따라 달라지게 된다. 조달시 주로 사용되는 표시통화와 판매시 주로 사용되는 통화가 같으면, 환율변동의 효과는 그 만큼 서로 상쇄(match)되는 데 반해, 그렇지 않은 경우에는 환율의 변동에 노출된(민감한) 순포지션이 발생하게 되어 영향을 받게 된다.[5]

실질환율이 구매력평가에서 이탈되는 것은 일상적인 현상이며, 그 지속되는 기간이 상당히 오래될 수도 있고 그 폭이 매우 클 수도 있다. 1970년대 초 멕시코 페소화 경우는 대단히 유명한 예이다. 이 기간에 멕시코의 물가상승률은 96.1%였고 미국은 38.7%였으나, 달러에 대한 멕시코 페소화의 명목환율은 12.50으로 일정하게 유지되었다.

이것은 멕시코 정부가 환율을 낮게 유지함으로써 국내통화로 표시한 수입상품가격을 저렴한 수준에 묶어 두고, 결국 국가경제 전체의 물가상승률을 억제하려는 정책의 일환이었다. 멕시코 정부는 이처럼 왜곡된 환율을 오랫동안 계속 유지하려 들었기 때문에, 국제수지 적자가 계속 심화되었다. 외환보유고가 바닥

---

[5] 조달과 판매의 표시통화가 같은 경우, 포지션면에서는 그만큼 노출이 줄어 들 것이나, 그 기업이 독점기업이 아닌 한 다른 경쟁기업들과의 시장경쟁력은 환율변동의 영향을 받을 수 있다(제3절 참고).

이 나고서야 멕시코 정부는 어쩔 수 없이 페소의 가치를 크게 내렸다.

그 후에도 페소의 명목환율은 양국의 물가상승률 차이를 계속 부분적으로만 반영함으로써 과대평가되어 있다가, 1981년 말 26.20에서 1년 후 100.50으로 무려 73.93%나 가치가 절하(달러의 283.59% 절상)되었다. 이것은 1977년 이래 페소의 누적적인 과대평가를 단번에 시정하고도 남는 정도였다. 결국 1982년 멕시코의 물가상승률은 무려 57.0%에 달했다.

요약하자면, 환율의 변화가 기업에 미치는 경제적 영향은 거시적으로는 그 환율변화가 양국의 물가상승률의 차이에 의해서 충분히 상쇄되었는가, 그리고 개별기업의 입장에서는 그 환율변화가 기업의 원가 및 제품가격의 상대적 차이를 충분히 반영하고 있는가의 여부에 달려 있다. 이런 의미에서 외환위험은 물가상승률위험과 같다.

앞에서 환율의 변동이 기업의 현금흐름과 경쟁력에 영향을 줄 수 있는 노출들을 살펴보았다. 또 다음 장에서는 회계적 노출에 대해 설명할 것이다. 전통적으로는 이 둘을 외환노출이라 하였다. 그러나 경제적인 국제화가 심화되고 세계경제가 통합화되어, 자국시장에서도 외국기업들과 경쟁을 하지 않을 수 없게 된 것이 오늘날 세계적인 추세가 되고 있다. 이런 상황에서는 전통적인 외환위험의 인식과 이에 따른 관리기법만으로는 기업이 보유한 잠재적인 경쟁력을 충분히 발휘하기 어렵다.

외환위험과 관련해서 가장 흔한 오해는 외환위험이 외화표시의 거래에서 생기는 것이고, 따라서 외화표시의 거래가 없는 기업은 외환위험이 없다고 생각하는 것이다. 그러나 앞에서 본 바와 같이, 이는 회계적 위험과 거래적 위험에만 해당되는 것이고, 실질운용위험에는 맞는 말이 아니다. 비록 자국통화로 거래한다고 하더라도 그 거래금액이 환율에 의해서 영향을 받는다면, 이 또한 외환위험이라 할 것이며 특히 실질운용위험에 해당되는 것이다.

아래 예에 나온 서울기업은 해외수출거래에서나 국내판매에서나 결국 환율변동의 위험을 가지는데, 처음 경우에는 환율이 수출대금을 원화로 환전할 때 영향을 미치게 되고 두 번째 경우에는 가격결정 시 영향을 미친다고 하는 차이가 있을 뿐이다. 즉, 경제적인 측면에서는 원화로 거래하느냐 또는 달러로 거래하느냐 하는 거래통화에 의한 구분은 의미가 없다.

외화가 아닌 자국통화표시의 거래에 따르는 위험을 외환위험이라고 하는 것이 쉽게 이해가 되지 않을 수 있다. 그러나 서울기업이 가지는 가격위험을 다시 살펴보면, 이는 경기의 영향도 아니고, 마케팅이나 생산 등 운용의 영향도 아닌 환율의 영향 때문이라는 것을 부인할 수 없다. 그래서 순수한 외환위험이라 할 것이다.

거래적 위험이나 실질운용 위험이나, 환율이 기업경영에 영향을 미치기는 마찬가지이다. 범세계화의 진전으로, 거의 모든 기업이 국내시장에서도 외국기업과 경쟁해야 하는 상황에서 외화표시 거래에 의한 거래적 위험만을 외환위험이라고 간주하고 실질운용위험을 관리하지 않는다면, 그 기업은 외환위험을 충분

원화표시거래에서 발생하는 외환위험

서울에 있는 서울기업은 대구에서 사과를 사오고 미국에서 설탕을 수입하여 이를 원료로 사과주스를 생산하는 기업이다. 서울기업은 생산하는 사과주스를 국내시장과 미국시장에 판매한다.

이 회사의 외화표시 거래는 설탕수입 월 1백만 달러와 주스 수출 월 1백만 달러이다. 거래적 노출의 측면에서 보면, 달러표시의 비용과 매출이 매치되어 있으므로 위험이 없다고 할 것이다.

이제 국내시장에서는 서울기업의 유일한 경쟁기업이 사과주스 완제품을 미국에서 수입해서 판매하는 뉴욕기업이라고 하자. 또 뉴욕기업이 국내에서 높은 시장점유율을 가지고 가격을 선도하는 입장에 있다고 하자. 이 경쟁업체가 국내에서 판매하는 사과주스의 가격은 당연히 원-달러환율에 의해 크게 영향을 받을 것이고, 따라서 서울기업이 국내시장에서 판매하는 제품가격 역시 이 경쟁업체의 판매가격을 참작하여 결정하지 않을 수 없을 것이다.

환율이 상승하면, 뉴욕기업은 한국시장에서 원화로 판매하는 사과주스 가격을 인상할 것이다. 서울기업은 이를 따라 가격을 인상해서 이윤율을 높이거나 가격을 뉴욕기업보다 낮은 수준으로 유지하면서 매출과 시장점유율을 높이려는 전략을 쓸 수 있을 것이다. 반대의 경우에는 경쟁기업이 가격을 인하할 수 있고, 그렇게 되면 서울기업은 어려움을 겪게 된다.

결론적으로 보면, 서울기업은 국내에서 원화로 거래하는 데 있어서도 환율의 변동에 노출되어 있음을 알 수 있고, 환율의 변동에 의해 기업의 매출, 현금흐름, 수익성, 시장가치가 영향을 받게 되는 위험, 즉 실질운용 위험에 노출된다는 것을 알 수 있다.

히 관리한다고 할 수 없다.

위의 예에서 알 수 있는 또 다른 사실은 실질운용위험에서는 시장지배력을 누가 가지느냐 하는 것이 중요하다는 점이다. 시장지배력이 큰 기업은 그만큼 환율변동의 효과 중 많은 부분을 스스로 떠안지 않고 가격에 반영시켜 고객에게 떠넘길 수 있기 때문이다. 환율변동 효과를 가격에 반영시켜서 고객에게 전가시키는 이 비율을 전가비율(pass-through ratio)이라고 한다.

위의 예에서 가정한 바와는 달리 서울기업이 국내시장에서뿐만 아니라 세계시장에서도 가격선도적인 입장에 있다고 하자. 그러면 뉴욕기업이 아닌 서울기업이 한국시장에서의 사과주스 가격을 결정하게 될 것이고, 더 나아가 심지어 미국시장에서의 가격도 한국시장 가격에 의해 영향을 받게 된다. 다시 말하면,

실질운용노출은 원가 또는 제품가격이 어디서 결정되는가 하는 데 따라서도 달라진다. 이것은 실질운용노출의 관리에는 원자재 조달시장과 판매시장이 중요하고, 이러한 시장들을 다변화시키는 것이 실질운용노출을 가장 효과적으로 관리할 수 있는 방법이라는 것을 의미한다.

전통적인 외환위험의 관리에 있어서는 환율변동에 따른 이익과 손실, 또는 미래현금흐름의 수입과 지출의 단기적 변화가 문제된다. 그러나 범세계적인 경쟁하에서는 환율의 변동이 기업의 장부가격과 단기적 시장가격에만 영향을 주는 것이 아니라, 다른 경쟁기업들과의 상대적인 관계, 즉 경쟁적 포지션에도 중대한 영향을 미친다는 점이 중요하다.

물론 이와 같은 경쟁적 포지션의 변화가 장기적으로는 해당 기업의 현금흐름과 시장가치에 영향을 줄 것이고, 그런 의미에서 이를 전통적인 개념의 경제적 노출의 일부라 할 수 있을 것이다. 그러나 경쟁적 포지션의 변화는 즉각적으로 인식되고 대응해야 하는 근본적인 중요성을 가지는 것이어서, 여기서는 이를 특히 강조하고자 한다.

이제 [표 10-2]와 같은 가상적인 경우를 생각해 보자. 세 기업이 한국 시장에서 경쟁적인 균형을 유지하고 있는데, 한 기업은 미국 기업의 한국 자회사로 미국에서 생산된 완제품을 수입하여 국내시장에 판매하는 기업이다. 또 하나의 기업은 한국기업으로 국내에서 조달하고 판매하는 순수한 국내기업이다. 나머지 한 기업은 일본 기업의 자회사로 일본에서 생산된 완제품을 수입하여 국내시장에 판매하는 기업이다.

기준시점에는 이들이 모두 동일한 원가와 매출구조를 가지고, 따라서 원화로 표시한 순이익과 이윤율이 모두 같아, 경쟁의 균형을 이루고 있다고 하자. 기준시점(t_0)에서 비교시점(t_1)까지의 일정기간 동안 환율이 변화하여 달러는 원에 대해 5% 상승하고 동시에 엔에 대해 10% 상승하여, 엔은 원에 대해 5% 하락하게 되었다고 가정하자.

환율의 변동은 이들의 경쟁구조에 영향을 미치게 된다. 국내에서 조달하고 국내에서 판매하는 한국 기업은 환율의 변동에 의해 현금흐름이 직접적으로 영향을 받지 않고, 그런 의미에서 전통적인 환노출인 회계적 노출과 거래적 노출은 전혀 없다고 할 수 있다. 미국계 기업은 제조원가는 달러로 결정되어 전과 다름이 없고, 다만 원으로 표시한 매출가격은 다른 기업과의 경쟁 때문에 전과

▼ 표 10-2 가상적 명목환율의 변화와 기업의 경쟁력

가상적 환율

	기준시점(t_0)	비교시점(t_1)	변 화 율
₩/$	1,000	1,050	+5%
¥/$	100	110	+10%
₩/¥	10	9.5	−5%

미국계 기업(미국에서 수입, 한국 시장에서 판매)

	t_0		t_1	
	₩	$	₩	$
매 출	100,000	100.00	100,000	95.24
제조원가	(70,000)	(70.00)	(73,500)	(70.00)
기타비용	(20,000)	(20.00)	(20,000)	(19.05)
순 이 익	10,000	10.00	6,500	6.19
이 윤 율	10.00%	10.00%	6.50%	6.50%
이윤의 변화율				−38.10%

한국 기업(국내에서 조달, 국내 판매)

	t_0, ₩	t_1 , ₩
매 출	100,000	100,000
제조원가	(70,000)	(70,000)
기타비용	(20,000)	(20,000)
순 이 익	10,000	10,000
이 윤 율	10.00%	10.00%
이윤의 변화율		0.00%

일본계 기업(일본에서 수입, 한국 시장에서 판매)

	t_0		t_1	
	₩	¥	₩	¥
매 출	100,000	10,000	100,000	10,526
제조원가	(70,000)	(7,000)	(66,500)	(7,000)
기타비용	(20,000)	(2,000)	(20,000)	(2,105)
순 이 익	10,000	1,000	13,500	1,421
이 윤 율	10.00%	10.00%	13.50%	13.50%
이윤의 변화율				+42.10%

가정: • 기준시점부터 비교시점까지 관련된 세 나라의 물가상승률은 0이었음.

　　　• 미국계 기업은 경쟁 때문에 환율변동효과를 제품가격에 전가시키지 못함.

같은 수준에서 유지할 수밖에 없다. 그 결과 순이익이 10달러에서 6달러로 떨어져서 이윤의 변화율은 무려 38%나 하락하게 되는데, 이는 환율의 변동폭 5%에 비하면 엄청난 결과이다.

일본계 기업도 원가는 엔화로 결정되므로 원화표시의 원가가 크게 하락하게 되는데, 매출가격을 경쟁가격 수준으로 유지한다면 전보다 큰 이익을 남길 수 있게 된다. 엔의 원에 대한 변동이 5%인 데 비해 이윤은 무려 42% 증가한다. 이 세 경쟁기업이 매출가격을 전과 같도록 유지한다면, 한국 기업의 현금흐름은 달라지는 것이 없다. 그러나 중요한 것은 이 경우에도 한국 기업의 경쟁적 포지션은 변화했다는 점이다.

위의 설명은 시장에서 경쟁가격이 유지되는 경우이다. 그러나 일본계 기업이 공격적인 전략을 취하여 이윤율을 기준시점과 동일한 수준에서 유지하거나, 더 나아가 시장쟁탈적인 가격정책을 취한다면 먼저 미국 기업이 견딜 수 없게 될 것이고, 궁극적으로는 한국 기업도 버티기 어렵게 될 것이다.[6]

결론적으로 말하자면, 환율의 변동이 설사 어떤 특정 기업의 장부상의 이익률과 단기적인 현금흐름을 변화시키지 않는다 하더라도, 다른 경쟁기업들과의 관계, 즉 경쟁적 포지션에 영향을 줄 수 있다. 이것을 경쟁적 노출이라고 부를 수도 있을 것이다. 이런 의미에서 보면, 경쟁이 범세계화되는 상황에서는 세계적 독점기업이 아닌 한 외환노출에서 완전히 벗어날 수 있는 기업이란 없다.

이와 같은 전략적 노출을 효과적으로 관리하기 위해서는 가격정책, 제품정책, 원자재와 부품의 조달정책 등 기업의 운용정책을 변경할 필요가 발생할 뿐만 아니라, 심지어는 기업자산의 일부에 대한 소유권을 다른 투자자들에게 매도하거나, 생산공장의 재배치와 내부조직의 재구성 등이 필요할 수도 있다. 이러한 외환위험의 관리전략에 대해서는 제12장에서 자세히 살펴볼 것이다.

---

6) 이 예에서는 기준시점과 비교시점 사이에 명목환율은 변동하였으나 물가는 세 나라 모두에서 변동하지 않은 것으로 가정하고 있다. 이 가정은 물론 비현실적이나, 구매력평가가 현실적으로 거의 성립하지 않는다는 점에서 결론은 달라지지 않는다고 할 수 있다.

실질환율과 명목환율의 관계는 구매력평가를 통해 얻을 수 있다.[7]

(i) 절대적 구매력평가로부터: $S_t = R_t(P_t / P_t^*)$

즉, 명목환율＝실질환율×(국내물가수준 / 외국물가수준).

또는[8], $R_t = (S_t P_t^*) / P_t$ ··· (10. 1)

t시점에 구매력 평가가 이루어져 $S_t = (P_t / P_t^*)$가 되면, $R_t = 1.00$이 된다.

(ii) 상대적 구매력평가로부터: $R_t = S_t[(1 + \pi^* / (1 + \pi)]$

따라서, 만약 기준시점(0)부터 비교시점(t)까지의 기간 동안 구매력평가가 이루어져서 $S_t = S_0[(1 + \pi) / (1 + \pi^*)]$ 가 되면, $R_t = S_0$가 된다.

여기서 R_t는 환율의 절대값을 나타내고 있으므로, 비교를 쉽게 하기 위해 기준시점의 환율을 100으로 하는 비교식으로 수정하여 계산해 보면, 다음 식으로 표시할 수 있다.

$$R_t = (S_t / S_0)[(1 + \pi^*) / (1 + \pi)] \times 100 \text{ ·· (10. 2)}$$

여기서, R: 외화 한 단위를 자국통화로 표시한 실질환율

S: 외화 한 단위를 자국통화로 표시한 명목환율

π^*: 기준시점부터 t시점까지의 외국의 물가변동률

π: 기준시점부터 t시점까지의 자국의 물가변동률

---

7) 실질환율을 다음과 같이 구하기도 한다.
$R_t = P_t / (S_t P_t^*)$, 그리고 $R_t = [(P_t / P_0) / (P_t^* / P_0^*)](S_0 / S_t) = [(1 + \pi) / (1 + \pi^*)][1 / (1 + \delta S)]$
일반적으로, 환율의 표기를 자국통화표시법(direct quotation), 즉 외화의 가치를 자국통화로 표시하는 관례에 따라, 이 책에서는 위의 식과 같이 표기한다.

8) 이와 같이 정의한 실질환율, 즉 $(SP^*)/P$는 수출상품가격에 대한 수입상품가격의 비율로, 교역조건(terms of trade) 또는 한 국가의 산업경쟁력을 나타내는 것이기도 하다.

연습문제

01 외환차손익과 외화환산손익을 구별하라.

02 2000년 말 원-엔 환율은 11.00원이었다. 2000년을 기준연도로 한 소비
자물가지수가 2010년 말 한국은 140, 일본은 95이고, 명목환율은 13.00
이었다. 2010년 말 원-엔 실질환율은 얼마인가? 이 경우의 명목환율은
한국 기업의 경쟁력에 어떤 영향을 미치겠는가?

03 [그림 10-2]에서 이 기간 동안 구매력평가가 완벽하게 성립하였다면, (a)
와 (b)의 그 림은 각각 어떤 모습이 되겠는가?

04 환율의 변화가 기업의 경쟁력에 어떻게 영향을 미치는가?

05 전략적 노출에서 정의하는 외환위험은 전통적인 정의와 어떻게 차이가 있
는가? 그것은 왜 중요한가?

06 2005년 말, 1년 전에 비해 원-달러 환율은 1,038원에서 1,011원으로, 엔
-달러 환율은 104엔에서 118엔으로 변하였고, 원-엔 환율은 위 두 환율
의 교차환율로 정한다. [표 10-2]의 세 기업은 이와 같은 환율변화로 경쟁
력에 어떤 영향을 받았겠는가?

회계적 노출

회계적 노출은 지난 결산시점(또는 보고시점) 이후 환율의 변화에 의해 외화로 표시된 재무재표 항목을 환산함에 따라 이익과 손실을 발생시킬 수 있는 외환포지션을 뜻한다. 이 이익과 손실은 장부상의 가치만을 변동시키는 것으로, 앞 장에서 다룬 경제적 가치의 변동과 달리 진정한 기업가치의 변동이라고 할 수 없음은 이미 언급하였다.

그러나 외화환산 손익은 그 기업의 영업운용(operation)의 결과와 함께 경영성과로 보고되고, 따라서 경영자들은 환산손익의 효율적인 관리를 도모함으로써 경영실적을 보다 유리하게 보이려고 애쓰게 된다. 따라서 회계적 노출의 관리는 단지 미용적인 효과만 있는 것은 아니다. 또 환산이익은 과세하고 환산손실에 대해서는 세금을 절감시켜 주는 나라가 많다. 이런 경우, 회계적 노출관리의 결과가 세금노출(tax exposure)의 크기를 결정하게 되고, 이에 따라 현금흐름에 영향을 미치게 된다. 그 외에도 회계적 노출은 기술사용료(royalty)의 지불, 그리고 경영자에 대한 보상 등에도 영향을 줄 수 있다.

외환과 관련된 경영활동이 회계적으로 문제가 되는 것을 크게 두 가지로 나누어 볼 수 있다. 그 하나는 본사가 수행한 외화표시거래를 자국통화로 환산하여 기록하는 문제이고, 다른 하나는 해외에서 활동하는 지점 또는 현지법인(이하 '해외종속회사')의 외화로 표시되어 있는 재무제표를 본사국의 통화로 환산하는 문제이다. 이 중 본사 외화거래의 회계처리는 어느 국가의 기업이건 사용하는 방법이 대체로 별 차이가 없다. 이와는 달리, 해외종속회사의 외화표시 재무제표 환산회계에는 서로 다른 논리적 근거에 기반한 다양한 방법이 사용되어, 그간 외환회계 논의의 초점이 되어 왔다. 이런 까닭에 외환위험에 있어 회계적 문제라 함은 일반적으로 이 두 번째 문제를 일컫는다.

외화표시 재무제표의 환산문제는 해외에 영업활동 근거를 가지고 있는 다국적기업의 고유한 문제이다. 20세기 후반부터 다국적기업들이 크게 늘어났고, 자연히 해외종속회사의 외화표시 재무제표를 본사국 통화로 환산하여 다양한 내부 경영목적에 활용하게 되었다. 이에 따라 여러 가지 환산방법이 개발되었고, 재무보고에도 그러한 방법을 적용하게 되었다.

이런 다양한 환산방법과 재무정보를 세계적으로 통일된 기준에 따라 작성해야 한다는 요구가 점차 커졌고, 이에 따라 국제적인 차원에서 회계제도를 표준화시키려는 노력이 활발하게 진행되었다. 그 결과 2001년 국제회계기준이 채택되었고, 우리나라에서도 이를 수용하여 현재 적용하고 있다.

이 장에서는 이런 문제들을 하나씩 살펴볼 것인데, 이해를 쉽게 하기 위해 종속회사의 외환회계를 먼저 설명한 후 본사의 외환회계를 다룰 것이다. 먼저 제1절과 제2절에서는 해외종속회사의 외환회계에 따르는 몇 가지의 기본문제를 살펴보고, 다음에 이런 기본적인 인식을 바탕으로 환산방법을 구체적으로 설명한다. 제3절에서는 본사의 외환회계문제를, 그리고 마지막 제4절에서는 우리나라의 환산회계제도를 살펴본다.

제1절 ▶ 해외종속회사 외환회계의 기본문제

세계의 여러 나라에서 생산과 판매활동을 하는 기업그룹을 생각해보자. 이 그룹은 본사의 영업성과뿐만 아니라, 해외에 있는 모든 종속회사들까지 아우르는 그룹 전체의 포괄적인 영업실적을 파악해야 하는 경우가 흔히 있을 것이다. 해외종속회사의 재무상태와 영업성과는 일반적으로 그 종속회사 소재지의 현지통화로 표시될 터인데, 이를 본사국(home country)의 통화로 다시 측정하는 것을 외화표시 재무제표의 환산이라 한다. 환산을 하는 목적은 해외종속회사의 영업활동 결과를 본사에 보고하여 평가를 받거나, 또는 연결회계, 본지점합산회계 등의 작성과정에서 본사의 재무제표에 반영할 수 있도록 본사의 표시통화로 재작성하려는 데 있다.

본사의 표시통화란 본사 재무제표를 작성할 때 사용하는 통화로서, 보통 본사국의 통화가 된다. 환산은 환전과는 달라서, 단지 화폐적 표현만을 달리 하는 것이다. 예컨대 달러로 표시되어 있는 재무제표의 각 계정을 원화로 바꾸어 표시하는 것을 말하며, 이것은 마치 영문학 작품을 한국어로 번역하는 것에 비유할 수 있다.

우리나라에서는 1995년 12월 말 결산부터 해외현지법인들을 연결재무제표에 포함하도록 의무화하였으며, 2011년에 도입된 한국채택 국제회계기준(K - IFRS)도 연결을 기본으로 하고 있다. 따라서 외화환산의 문제는 우리나라의 많은 기업들에게 매우 중요한 문제가 되었다.

외화환산은 물론 환율을 이용해서 이루어진다. 환율은 현실적으로 매우 불안정할 수 있기 때문에 어느 시점의 환율로 환산하느냐에 따라 결과가 크게 달라질 수 있고, 따라서 이는 매우 중요한 문제가 될 수 있다.

외화환산의 회계처리에는 두 가지 문제가 핵심이 된다. 첫째, 외화표시 재무제표를 자국통화로 환산하는 데 어떤 환율을 적용해야 하는가? 둘째, 환산이익 또는 손실은 어떻게 회계처리해야 하는가? 이 문제들을 논의하기 전에 우선적으로 이해할 필요가 있는 몇 가지의 중요한 개념이 있다.

1. 환율의 선택

환산과 관련되는 환율은 대체로 다음 세 가지이다.

(i) 현행환율(the current rate): 이는 재무제표일 현재의 환율로 결산일 환율이라고도 한다. 예컨대, 한국기업들은 연말기준으로 재무제표를 작성할 때 12월 31일의 기준환율[1](달러인 경우) 또는 그 교차환율(기타 통화인 경우)을 현행환율로 쓴다.

---

1) 이는 그 직전 영업일의 가중평균환율이다. 따라서 이는 같은 날의 현물환율과는 다르다.

(ⅱ) 역사적 환율(the historical rate): 이는 외화표시 자산 또는 자본을 취득했거나 외화표시의 부채가 발생했던 날의 환율이다. 따라서 하나의 계정 속에도 여러 개의 역사적 환율이 있을 수 있는데, 이런 경우 각 환율별로 금액을 따로 합산하여 가중평균한 값을 적용하기도 한다.

(ⅲ) 평균환율(the average rate): 이는 현행환율 또는 역사적 환율을 단순평균 또는 가중평균한 값으로, 주로 손익계산서 계정의 환산에 사용된다. 손익계산서의 각 항목, 즉 수익과 비용, 그리고 손실과 이익은 거래가 빈번하고 아주 다양하여 일일이 거래발생 당시의 환율로 측정하는 것은 매우 번거로운 일이기 때문이다. 일반적으로는 회계기간의 매월 말 또는 매일의 환율을 합산하여 단순 평균한 값을 사용한다.

예

현행환율과 역사적 환율

어떤 한국 기업의 미국 자회사가 U\$1어치의 재고를 매입했고, 이때 환율이 ₩1,000이었다고 하자. 이 자산은 본사가 연결재무제표를 작성할 때 ₩1,000으로 기재될 것이다.

이제 환율이 다음 재무제표일에는 ₩1,100으로 변했고, 그 재고가 처분되지 않고 여전히 남아 있다고 하자. 현행환율을 적용하면 이 재고자산은 본사의 연결재무제표에 ₩1,100으로 표시되어 환율의 변동에 따라 값이 달라지게 된다. 그러나 그 자산을 취득했을 당시의 환율(즉 역사적 환율)로 환산하면, 본사의 재무제표에 ₩1,000으로 기록되어 그 취득원가를 원화로 나타낸 값이 바뀌지 않고 유지된다. 역사적 환율을 적용하는 한, 그 다음 기의 재무제표에서도 현행환율이 얼마가 되든 관계없이 이 재고자산의 값은 (만약 그때까지도 처분되지 않고 있다면) ₩1,000으로 같은 값으로 표시될 것이다.

이제 이 재고를 취득한 때서부터 재무제표일까지의 기간 동안 이 재고의 가격이 한국과 미국에서 각각 20%와 9% 상승하였고, 재무제표일의 현행환율인 ₩1,100은 이 물가상승률의 차이를 정확히 반영하는 구매력 평가환율이라고 하자. 이제 재고 취득원가 \$1를 취득시점의 환율(즉, 역 사적 환율)로 환산한 ₩1,000은 원화로 표시한 취득원가라는 의미가 있고, 반면 그 재고의 미국시장에서의 현재가치 \$1.09를 현재의 환율 ₩1,100으로 환산한 ₩1,200은 그 재고의 현재 한국시장에서의 가치 또는 구매력을 뜻한다. 이 두 값은 서로 다른 목적에서 의미 있는 수치이다. 그러나 취득원가(U\$1)를 현행환율(₩1,100)로 환산한 값(₩1,100)이나, 현재가치(U\$1.09)를 역사적 환율(₩1,000)로 환산한 값 (₩1,090)은 그 의미가 분명하지 않게 된다.

환율의 선택이 재무제표의 환산에 어떤 영향을 미치는가? 역사적 환율은 변동하지 않기 때문에, 이로 표시하면 해외종속회사의 현지통화로 표시되었던 원래 값이 본사의 표시통화로 환산된 재무제표에서도 잘 유지된다.

이처럼 환산되는 재무제표 항목의 값이 역사적 환율을 적용할 때는 영향을 받지 않고, 다만 현행환율을 적용할 때만 영향을 받게 된다. 다시 말하면, 재무제표 항목 중 역사적 환율에 의해 환산된 항목들은 환율변동에 노출되지 않고, 따라서 환산이익 또는 손실이 발생하지 않는다. 이에 반해, 현행환율이나 평균환율처럼 계속 그 값이 변동하는 환율로 환산하는 항목들은 환산위험에 노출되고 따라서 외화환산손익이 발생한다는 것이다. 여기서 외화환산손익이라 함은 지난 환산일과 이번 환산일간에 (환산에 적용되는) 환율이 달라, 외화표시 재무제표를 본사국 통화표시로 환산한 값이 증가되었거나(환산이익) 또는 감소된 금액(환산손실)을 말한다.

모든 환산대상 항목은 환산 이전의 측정과정, 즉 현지통화로 표시된 재무제표 작성과정에서 이미 결정된 속성이 있어서, 원칙적으로 이 속성이 변하지 않도록 환산을 하는 것이 중요하다.[2] 그래서 해외종속회사의 재무상태표 항목에서 현재의 시장가치로 계상된 항목들은 현행환율을 적용하고, 역사적 원가로 계상된 항목들은 역사적 환율로 환산하는 것이 합리적이라 할 수 있다. 이에 대해서는 다음 제3절에서 자세히 살펴본다.

2. 해외종속회사의 관점과 본사의 관점

외화표시의 재무제표를 자국통화표시로 환산하는 데는 일반적으로 두 가지 방법이 쓰여지고 있는데, 하나는 해외종속회사의 입장을 중요시하여 하나의 환율로 모든 재무제표 항목들을 환산하는 것이고, 다른 하나는 본사의 관점을 중요시하여 복수의 환율을 사용하는 것이다. 이는 기업 해외활동의 목적과 환산의 의의에 대해 서로 다른 입장을 취하기 때문이다.

---

2) 속성이라 함은 회계적 목적으로 측정하는 어떤 항목의 계량화할 수 있는 특성을 말한다. 예컨대, 역사적 원가(historical cost)와 대체원가(replacement cost)는 자산의 속성이다.

(1) 해외종속회사의 관점

여기서는 해외종속회사의 재무제표를 본사의 입장이 아닌 해외종속회사의 입장에서 보는 것이다. 다시 말하면, 이 관점에서는 해외종속회사를 외국통화로 영업을 하는 독립된 단위로 보고, 그 외국통화를 적절한 측정 통화라고 인식하는 것이다.

그러므로 현지 여건하에서 종속회사의 입장과 경영성과에 주된 관심을 가지고, 모든 외화항목들, 즉 자산과 부채 그리고 수입과 지출을 모두 현행환율로 환산한다. 또한 이 방법에서는 모든 계정과목들이 단순히 하나의 상수(현행환율)에 의해서 곱해지는 것이므로, 외화 재무제표에서의 당초 재무비율들이 환산 후에도 변경되지 않는다. 따라서 이 방법에 의한 환산은 외화표시 회계의 본질에는 영향을 미치지 않고 단지 표시통화만 바꾸어 놓는 것이라고 할 수 있다.

해외종속회사의 관점을 가지는 경우에는, 환산에 따르는 손실 또는 이익을 당기손익에 반영시키는 것은 외화표시 재무제표에서의 비율을 그대로 유지시킨다고 하는 취지에 위배되는 것이다. 더구나 환산이익 또는 손실은 현금흐름과 관련이 없는 것인데, 이를 순이익에 포함시키면 그 기업의 배당지불능력에 대해 그릇된 인상을 줄 수 있다. 따라서 당기순이익이 아닌 주주지분(stockholders' equity)에 반영시켜 조정하는 방식이 일반적으로 선호되고 있다.

(2) 본사의 관점

본사의 관점을 전제로 할 때는 해외종속회사를 독립된 단위로 보지 않고 단지 본사의 연장으로 간주한다. 여기서는 현지의 자금이 현지에서의 효용보다는 본사에 송금했을 때의 효용에 주된 관심이 있다.

따라서 환산의 목적은 현지국 통화로 표시된 해외종속회사 재무제표를 보고통화인 본사국 통화로 환산하고, 해외의 재무제표를 본사국의 일반적인 회계원칙과 일관성을 가지도록 하는 데 있다. 본사국에서 역사적 원가주의를 원칙으로 한다면, 종속회사의 외화표시자산 역시 역사적 환율로 환산하여야 할 것이다. 그래야 연결재무제표에서 자산이 역사적 원가(즉 취득원가)를 반영하게 될 것이다. 그렇지 않고 현행환율로 환산한다면 외화자산을 역사적 원가와는 거리가 먼 다른 값으로 표시하도록 만드는 결과가 될 것이다. 그런 이유에서 여기서는 역사적 환율과 현행환율을 함께 쓰는 복수환율법을 택한다. 복수환율방법으로는

대체로 유동성－비유동성 구분법과 화폐성－비화폐성 구분법이 있는데, 전자는
오늘날 거의 사용되지 않으므로 나머지 두 환산방법에 대해 다음에서 설명한다.

제2절 ▶ 해외종속회사 외화환산의 방법

해외종속회사의 재무제표를 어느 쪽의 관점에서 작성할 것인가, 그리고 어떤
환율을 사용하여 환산하며, 여기서 발생한 환산손익을 어느 시점의 손익에 어떻
게 반영해야 하는가에 대해서는 상충되는 여러 가지 의견이 있다.

여기서는 일반적으로 인정된 회계원칙에서 제시한 두 가지 환산방법, 즉 단
일환율방법인 현행환율법(the current‐rate method), 그리고 복수환율방법인
화폐성－비화폐성 구분법(the monetary/nonmonetary method)에 대해 설명한다.

1. 현행환율법

이 방법은 해외종속회사의 관점을 중요시하는 입장으로, 외화표시 재무상태
표의 자산과 부채에 속한 모든 항목을 현행환율로 환산하는 단순한 방법이다.
외화로 표시된 수익과 비용항목들은 인식된 시점에서의 환율로 환산하도록 하
고 있으나, 편의상 기간 중의 현행환율을 적정하게 가중평균하여 환산하는 것이
보통이다.

이 방법에서는 외화표시의 자산이 외화 표시의 부채보다 많은 기업은, 외국
통화의 가치가 하락할 때 환산손실을 보게 되고, 반대로 가치가 상승할 때 환산
이익을 보게 된다(294~5쪽 [표 11－1]). 이렇게 환산하는 것은 환율변동이 해
외종속회사의 개별 항목에 미치는 영향이 아니라, 해외종속회사에 미치는 종합
적인 영향을 두루 보고하기 위해서이다.

---

3) 하이퍼 인플레이션의 최근 예로 짐바브웨를 들 수 있다. 짐바브웨는 2006년 이후 두 차례 화
폐개혁을 하면서 농장을 몰수하고 외국자본을 쫓아냈다. 화폐를 계속 발행하여 인플레가 심
해지자, 물자가 시장에서 퇴장하여 물자부족이 극심해졌다. 정부는 총칼을 들이대 강제로 물
건을 내놓게 했고, 결국 일정 가격 이하로만 물건을 팔라는 명령까지 내렸다. 그 결과 기업이

예

인플레이션과 함께 사라진 공장

어떤 기업이 물가상승률이 매우 높은 남미의 한 나라에 직접투자를 하여 현지에 생산시설을 가지는 자회사를 설립하였다고 하자.[3] 본사에서 현지의 공장건설에 투자한 금액은 4억원이었다. 이때 현지통화의 가치는 1페소당 4원이었고, 따라서 이 투자원금은 현지통화로 1억 페소였다.

그 후, 한국과 현지국간의 물가상승률의 차이로 환율은 크게 변화하여 이듬 해에는 1페소가 0.25원이 되었다고 하자. 이제 현지자회사의 장부에 표시 된 1억 페소의 현지공장의 가치는 본사국의 통화로 환산할 때 2천 5백만 원에 불과하게 되었다. 설사 이 공장이 현장에서는 정상가동을 하고 상당한 수익을 실현하고 있다 하더라도, 장부상으로 보면 이 공장은 투자한 지 1년 만에 투자원금의 94%를 상실한 결과로 왜곡되어 나타나게 된다.

	투자 시점	평가 시점
환율(원/페소)	4	0.25
자회사의 가치	4억원	2천 5백만원

이 예에서 보듯이, 해외사업장의 재무제표가 역사적 원가주의의 기준으로 작성되어 있는데 이를 현행환율로 환산하게 되면, 환산결과로 나타난 회계수치(2천 5백만원)가 역사적 원가와 유사한 것도 아니고 현재가치와 유사한 것도 아닌 무의미한 수치가 될 우려가 있다.

이러한 문제가 발생하는 이유는 현지의 높은 물가상승률이 장부상의 자산가격에 반영되지 않았음에도 불구하고 이를 현행환율로 환산하였기 때문이다. 이 문제를 해결하는 데는 두 가지 방법이 있다. 첫 번째 방법은 현재의 시장가치를 반영시킨 후 현행환율로 환산하는 것이다. 자산재평가에 의해 이 공장의 현재가격이 물가상승률만큼 오른 것으로 현지 자회사의 재무제표에 나타나 있고, 환율의 변동이 그만큼의 물가변동을 반영하고 있다면, 이 공장의 가치를 현행환율법에 따라 원화로 환산한 값은 그 공장의 현재 시장가치를 원화로 표시하는 의미 있는 정보라 할 수 있다.

또 다른 방법은 역사적 가치를 그대로 쓰고 역사적 환율로 환산하는 것이다. 다시 말하면 (재평가하지 않은) 장부상의 가치인 1억 페소를 역사적 환율인 1페소당 4원으로 환산해야 한다는 것이다.

줄도산하면서 그 나마의 공급마저 끊어졌다.
2008년 7월 정부는 공식적으로 물가가 연 2억 3천 1백만 %라고 발표하였다. 다음 해 1월 정부는 공식통화인 짐바브웨 달러를 포기하고, 미국 달러와 남아프리카 란드 등 다수의 외국통화를 공식통화로 지정하였다. 그제서야 물가가 점차 안정되기 시작했다.

역사적 원가를 현행환율법으로 처리한 경우

또 다른 예로, 달러에 대한 원화환율이 ₩1,000일 때 미국 자회사가 다른 회사의 주식(장기투자이며, 따라서 비화폐성 자산 항목) 1주를 $100에 매입하면, 이 투자의 역사적 원가는 ₩100,000이다. 만약 그 자회사가 원가주의를 견지한다면, 이 투자를 비화폐성 항목으로 취급하여 이를 역사적 환율로 환산할 것이다. 그러나 현행환율법에 따르면 이를 현행환율로 환산하여야 하는데, 그렇게 하면 결과가 이상하게 된다.

이제 현지시장에서 그 투자의 가치가 $150로 상승하고 현재의 환율이 ₩1,100으로 변했다고 하자. 취득가격인 $100를 현행환율로 환산하면 ₩110,000이 되는데, 이것은 원화로 표시한 현재가치(즉 $150×₩1,100=₩165,000)에 근사한 값도 아니고 원화로 표시한 역사적 원가(즉, ₩100,000)에 근사한 값도 아니다.

환산의 결과로 발생하는 이익 또는 손실은 당기순이익에 포함시키지 않고, 해당 해외종속회사에 대한 순투자를 완전히 매각처분하거나 청산할 때까지 자본금의 조정항목으로 누적시키거나 연결포괄손익계산서에 표시한다.

현행환율법은 이와 같이 간단하다는 장점은 있다. 그러나 이 방법은 해외종속회사의 관점을 중요시하기 때문에, 본사의 주주들을 위해 본사와 해외의 종속회사들을 모두 통틀은 하나의 기업으로서의 영업활동의 결과와 재정상태를 제시하려고 하는 연결재무제표의 핵심적 취지에 위배된다고 하는 약점을 가지고 있다.

또한, 현지통화로 표시된 자산과 부채가 모두 환위험에 노출되어 있다고 보는 것도 잘못이다. 해외에 있는 재고자산과 고정자산의 가치는 현지의 물가상승률에 의해 가치가 변동될 것이고, 이것은 환율의 변동에 따른 위험을 (구매력평가가 성립하는 만큼) 상쇄해 줄 것이다. 따라서 환산이 이루어지기 전에 현지가격수준에 따른 조정(자산 재평가 등)이 없다면, 환산된 자산의 가치는 별 의미를 가지지 못하게 된다.

2. 화폐성-비화폐성 구분법

이 방법에서는 재무상태표의 각 항목을 구분하여, 환산환율을 달리 적용한다. 자산 항목과 부채 항목들을 화폐성 항목과 비화폐성 항목으로 구분하여, 전자는 결산일 현재의 환율, 즉 현행환율로 환산하고, 후자는 원가주의에 입각하여 역사적 환율로 환산한다.

화폐적 자산과 부채는 일정액의 외화(현지통화 등)를 수취할 권리와 지불해야 하는 의무를 나타내며, 현금, 외상매출금, 외상매입금, 장단기부채 등이 이에 속한다. 비화폐적 항목에는 실물자산과 실물부채가 여기에 해당되며, 재고자산, 고정자산, 장기투자 등이 이에 속한다.

손익계산서 항목은 기간 평균환율로 환산하는데, 다만 비화폐성 자산 또는 부채와 관련된 수입 및 지출 항목들(주로 감가상각비와 제품원가)은 예외적으로 관련된 재무상태표 항목들과 동일한 환율, 즉 역사적 환율로 환산한다.

이 환산법에서는 자산의 성격이 화폐성이냐 아니냐에 따라 환위험이 달라진다. 또한 외화장기부채처럼 화폐성인 부채를 자국통화로 환산할 때 발생하는 손익도 이 환산방법에서는 해당기간에 바로 반영한다.

화폐성-비화폐성의 구분만으로 환산의 포괄적인 원칙을 유도해 내려고 하는 것은 무리라는 비판도 있다. 비화폐성의 자산과 부채는 여러 가지 다른 상황에서 다른 가격(예컨대 과거의 가격 또는 현재의 가격)으로 측정되어 있어서, 과거의 환율로 환산하는 것이 항상 타당한 것은 아니라는 것이다. 비화폐성 항목을 과거의 환율로 환산하는 것은, 해당 항목이 현재의 시장가격이 아닌 역사적 원가로 기록되어 있는 경우에만 타당하다고 할 수 있다(284쪽 [예] 참고).

또한 이 방법에 따르면 재고자산이 역사적 환율로 환산되어 당기손익을 왜곡시킬 수 있다. 매출은 현재가격을 현행환율로 환산하고, 판매된 제품의 원가는 취득원가를 역사적 환율로 환산하기 때문에 왜곡이 생긴다는 것이다.

현행환율법에서 보았던 문제와 비슷한 것으로, 해외사업장 재무제표의 어떤 항목이 시가기준으로 작성되어 있는데 이를 역사적 환율로 환산하게 되는 경우가 있고, 또 그 반대의 경우도 있을 수 있다. 이때는 환산 결과로 나타난 회계수치가 역사적 원가와 유사한 것도 아니고 현재가치와 유사한 것도 아닌 무의미한 수치가 될 우려가 있다.

앞(289쪽)에서 든 $100 주식투자의 예를 다시 보자. 주식투자는 장기투자이고 따라서 비화폐성 항목으로 간주되어 역사적 환율로 환산하게 된다. 이 투자의 현재 시장가치가 $150이고, 현행환율이 ₩1,100이면, 역사적 환율 ₩1,000을 써서 ₩150,000으로 환산하는 것은 원화로 측정한 현재의 시장가치($150×₩1,100 = ₩165,000) 또는 원화로 표시한 역사적 원가($100×₩1,000＝₩100,000), 그 어느 쪽도 보여주지 못한다.

이 환산법의 중요한 약점으로 지적되는 또 하나의 문제점은 화폐성과 비화폐성으로 구분하기가 어려운 항목들이 있다는 것이다. 예컨대 현지자회사가 전환사채에 투자한 경우, 그 목적이 주식전환에 있으면 비화폐성으로 간주되고 채권의 원리금 수취에 있으면 화폐성으로 간주된다. 또 유가증권에 투자한 경우에도 가격상승에 의한 자본이득(capital gain)이 목적이면 비화폐성이나, 배당금 및 원리금의 수취에 목적이 있다면 화폐성 항목이다. 이처럼 양면을 동시에 가지고 있고 외형상 구분이 어려운 항목들의 환산을 어떻게 할 것인가 하는 것이 문제가 된다.

3. 환산방법의 비교

위에서 각 환산방법에 대한 개략적 설명을 하였는바, 이를 간단히 요약해 보자. 두 환산방법이 각기 장단점을 가지고 있어, 어느 한 방법이 절대적으로 우월하다고는 하기 어렵다. 이 중 어느 한 가지 방법이 어떤 상황에서나 어떤 환산의 목적을 위해서나 항상 가장 적절한 것이라고 할 수는 없기 때문이다.

우선 외화환산이 이루어지는 상황이 매우 다를 수 있다. 안정적인 통화를 불안정한 통화로 환산하는 경우가 불안정한 통화를 안정적인 통화로 환산하는 경우와 같을 수 없다. 마찬가지로 단순한 수출입거래의 환산과 장기적인 전략적 가치를 가지는 해외종속회사의 재무제표 환산간에는 큰 차이가 있을 수밖에 없다.

유능한 국제기업 경영자라면 자국의 통화 이외의 통화로 표시된 회계정보를 근거로 해서도 상황을 평가하고 의사결정을 내릴 수 있는 능력이 있어야 한다. 따라서 (연결재무제표를 작성하기 위한 것이 아니라면) 외화표시 재무제표라고 하여 무조건 환산이 필요한 것은 아닐 수도 있다. 반대로 각 계정들을 다른 환율로 환산한 결과를 한 표에 작성하는 것이 바람직할 수도 있다.

둘째로 환산의 목적도 다양하다. 해외종속회사의 계정을 본사의 재무제표와 연결시키기 위해 환산하는 경우와 여러 종류의 이해당사자들을 위해 독립된 해외기업의 계정을 환산하는 경우는 그 목적이 크게 다르다.

앞에서 본 바와 같이, 환산의 목적은 환산이익 또는 손실의 회계처리방법과 밀접하게 관련되어 있다. 현지통화의 관점을 취하면, 환산의 목적은 외화로 기재된 당초의 재무제표에 나타난 재무비율을 그대로 유지하는 것이 바람직하고, 그러기 위해서는 현행환율법에 의해 환산을 해야 한다. 이 경우 환산이익 또는 손실을 당기순이익에 반영하는 것은 타당하지 않다. 당기순이익이 환산손익에 의해 증감된다면 당초의 재무비율이 유지될 수 없고, 따라서 이 회계정보의 이용자들을 오도하는 결과를 가져올 수 있게 된다. 환산이익 또는 손실은 주주지분에 조정해 주는 것이 바람직하다.

이에 반해 본사의 관점을 취해서 화폐성－비화폐성법으로 환산한다면, 환산손익을 당기순이익에 인식해 주는 것이 바람직하다. 또한 이 관점에서 보면, 본사가 해외종속회사에 대해 보유하는 (자국통화로 표시한) 주주지분을 극대화시키는 것이 가장 큰 관심거리이다. 따라서 환산손익은 해외투자(종속회사)에 대한 자국통화표시의 지분이 증감되는 금액을 나타내는 것이고, 따라서 이 금액은 연결재무제표의 순익에 반영되어져야 한다고 주장한다. 다시 말하자면, 환산손익은 실현 여부에 관계없이 이연시키지 않고 당기손익에 반영해야 한다는 것이다.

이제 가상적인 한국기업의 예를 들어 보자. [표 11－1]의 (a)는 먼저 현지통화의 가치가 상승하는 경우, 각 환산방법에 따른 차이를 보이고 있다. 역사적 환율은 앞에서 설명한 바와 같이 당연히 각 항목별로도 차이가 있고, 심지어는 같은 항목 내에서도 여러 건의 거래가 있어서 다양한 환율이 있을 수 있다. 예컨대 원자재를 여러 차례에 걸쳐 서로 다른 환율로 수입하여 현재 재고자산으로 남아 있는 경우를 생각할 수 있다. 이런 경우 엄격하게는 이들을 모두 가중평균해서 구한 환율이 재고자산의 역사적 환율이 될 것이다. 이 예에서는 편의상 재무상태표의 모든 항목의 역사적 환율이 FC1.00＝₩1.00이라고 가정하고 있다.

표에서는 먼저 한국기업 해외종속회사의 현지통화단위(FC)로 측정한 연말 재무상태표가 주어져 있고, 그 다음 행에 역사적 환율로 환산한 자국통화(₩) 값이 나타나 있다. 이제 현지통화가치가 20% 상승하여 재무제표일의 현행환율이 FC1.00＝₩1.20이 되었다고 하자.

현행환율법에서 노출된 자산 FC1,600(모든 자산)과 노출된 부채 FC800(＝외상매입금 FC300＋장기부채 FC500)의 차이인 FC800의 "회계적 순노출"이 있고,

현지통화의 가치가 상승함에 따라 "환산이익"(₩160)이 생긴다. 화폐성 – 비화폐성 구분에 의한 환산에서는 노출된 자산 FC300(= 현금 FC100 + 외상매출금 FC200)이 노출된 부채 FC800(= 외상매입금 FC300 + 장기부채 FC500)보다 적어 순노출은 –FC500이고, 현지통화 가치의 상승결과 ₩100의 환산손실이 발생했다.

[표 11 – 1]의 두 번째 표(b)는 현지통화 가치가 하락한 경우의 환산결과이다. 여기서는 순노출이 큰(FC800) 현행환율법에 의한 환산결과 ₩160의 손실이, 그리고 순노출이 작은 화폐성 – 비화폐성 구분법에 의한 환산에서는 ₩100의 이익이 발생하고 있다. 환산방법에 따른 이 같은 손익의 차이는 자본금의 규모(₩500)에 비해 대단히 큰 값이라 아니할 수 없다.

▼ 표 11-1

(a) 환산방법에 따른 손익의 예(재무상태표, 현지통화 가치 상승의 경우)

	역사적 환율(FC1.00=₩1.00)		현행환율(FC1.00=₩1.20)	
	FC	₩	현행 환율	화폐성- 비화폐성
자산				
현금	100	100	120	120
외상매출금[1]	200	200	240	240
재고	500	500	600	500
고정자산	800	800	960	800
총계	1,600	1,600	1,920	1,660
부채와 자본				
외상매입금[1]	300	300	360	360
장 기 부 채[1]	500	500	600	600
자 본 금	500	500	500	500
이익잉여금	300	300	460	200
총계	1,600	1,600	1,920	1,660
회계적 순노출(FC)[2]			800	(500)
환산이익(손실)(₩)[3]			160	(100)

주: 1) 이 중 원화표시 금액과 선물환 등으로 헤지된 금액은 노출되지 않는다.
　　2) FC로 표시된 값(=FC표시 노출자산-FC표시 노출부채)이다.
　　3) 편의상 환산손익은 모두 당기손익으로 처리하는 것으로 가정한다.

(b) 환산방법에 따른 손익의 예(재무상태표, 현지통화 가치 하락의 경우)

역사적 환율(FC1.00=₩1.00)			현행환율(FC1.00=₩.80	
	FC	₩	현행환율	화폐성-비화폐성
자산				
현금	100	100	80	80
외상매출금[1]	200	200	160	160
재고	500	500	400	500
고 정 자 산	800	800	640	800
총계	1,600	1,600	1,280	1,540
부채와 자본				
외상매입금[1]	300	300	240	240
장 기 부 채[1]	500	500	400	400
자 본 금	500	500	500	500
이익잉여금	300	300	140	400
총계	1,600	1,600	1,280	1,540
회계적 순노출(FC)[2]			800	(500)
환산이익(손실)(₩)[3]			(160)	100

주: (a)의 주 1), 2), 3)과 각각 같다.

이 단순화시킨 예에서, 외화환산이익 또는 손실＝순노출×환율변동액임을 알수 있다. 환산방법의 선택에 따라 ₩160의 환산이익(현행환율법)에서 ₩100의 환산손실(화폐성－비화폐성)에 이르기까지 큰 차이가 생긴다.

▼ 표 11-2 환산방법에 따른 손익의 예(손익계산서, [표 11-1] (b)의 경우)

	역사적 환율(FC1.00=₩1.00)		현행환율(FC1.00=₩.80)	
	FC	₩	현행 환율	화폐성- 비화폐성
매 출 액	1,000	1,000	800	800
매출원가	500	500	400	500
감가상각[1]	100	100	80	100
기타비용[2]	200	200	180	180
세전이익	200	200	140	20
소득세(20%)	(40)	(40)	(28)	(4)
환산이익(손실)[3]	–	–	(160)	100
순이익(손실)	160	160	(48)	116

주: 1) 고정자산의 예상 내용연수가 8년이고 정액상각하는 것으로 가정한다.
2) 재무제표 기간의 평균환율이 ₩.90이라고 가정한다.
3) 환산손익이 당기손익에 즉각 반영된다고 가정하고, [표 11-1] (b)에서 옮겨왔다.

일반적으로 환율변동에 따른 환산손익은 순노출의 정도에 따라 다음과 같은 결과를 가져온다.

순노출 포지션

		+	−
환율	상승	환산이익	환산손실
	하락	환산손실	환산이익

[표 11-2]는 현지환율의 가치가 20% 하락한 것을 가정한 앞의 표와 관련해서 손익계산서의 환산을 각 환산방법별로 예시하고 있다. 재고자산의 측정과 환산손익의 처리에 관해서는 편의적으로 가정하여 당기손익이 보고되는 모양을 보이고자 하였다. 환산이익 또는 손실에 대한 세금제도도 국가에 따라 차이가 있으나, 여기서는 설명을 쉽게 하려고 세금효과는 고려하지 않았다.

표에서 보는 바와 같이, 재무상태표 항목과 연계된 항목들은 해당 재무상태표 항목의 환산방법에 따른다. 예컨대 매출액은 현금 또는 외상매출금과, 그리고 매출원가는 재고와 대체되는 경우가 많으므로, 재무상태표에서 사용한 이들의 환산방법에 따른다.

앞의 예에서는 해당 종속회사의 재무제표를 구성하는 항목들이 모두 한 가지의 현지통화(FC)로만 이루어져 있다고 가정하고 있다. 그러나 해외 종속회사는 영업활동을 하는 과정에서 다양한 통화로 거래를 하는 경우가 많고, 이 통화들은 각각 노출의 정도가 서로 다르다고 할 수 있다. 따라서, 이와 같은 복수통화의 환위험을 표시하기 위해, 외화자산과 외화부채 노출보고서를 표시통화별로 작성하게 되는 경우도 많이 있다. 이에 대한 자세한 논의는 생략한다.

4. 국제회계기준

경제가 글로벌화되어 많은 기업들이 다국적화된 현상은 기업의 회계제도에 큰 영향을 미쳤다. 당초에는 외화거래 및 외화환전에 대한 각 기업 또는 각 국가의 기준이 서로 달라 다양한 회계방식으로 이루어졌지만, 이는 역설적으로 기준을 표준화시킬 필요성을 더욱 강하게 만들어 주기도 했다. 앞서 다룬 현행환율법과 화폐성－비화폐성 구분법은 당시 가장 활발하게 사용되었던 방법들이다.

환산방법의 기준을 세계적으로 표준화시키는 작업은 국제회계기준위원회(IASB)가 주도하여, 2001년 국제회계기준서 제21호(IAS 21)를 채택하였다. 이를 기초로 하여 우리나라에서도 한국채택국제회계기준(K－IFRS)에 '환율변동효과'로 규정하여 2008년 이래 적용하고 있다. 이에 따르면, 회사의 영업활동이 이루어지는 경제환경에 따라 먼저 회계적 측정을 하기 위한 통화, 즉 기능통화(functional currency)를 지정하고, 이에 따라 현행환율법과 화폐성－비화폐성 구분법 중 하나를 특정 해외종속회사 재무제표의 환산에 적용하게 되어 있다.

기능통화에 대해서는 다음 절에서 자세하게 살펴볼 것이므로, 여기서는 개략적으로 설명하고자 한다. 이는 미국재무회계기준위원회(FASB; Financial Accounting Standards Board)에서 처음으로 도입한 개념인데, "기업이 활동하는 주된 경제환경의 통화, 즉 통상 해당 기업이 현금을 창출하고 소비하는 환경의 통화"라고 정의하고 있다. 예컨대 미국에 본사를 둔 기업의 멕시코 현지법인이 본사에서 원료와 부품을 구입해서 현지에서는 단순조립만 한 후 다시 미국으로 수출한다면, 이 현지법인의 주된 거래통화는 미국 달러이고 따라서 달러가 기능통화가 될 것이다.

외화환산 회계가 이처럼 표준화됨에 따라, 기능통화에 준거하여 현행환율법과 화폐성 – 비화폐성 구분법 중 회계기준이 규정한 방법을 해외종속회사 재무제표의 환산에 적용하게 되었다. 다시 말하면, 기업은 환산방법을 선택할 수 있는 것이 아니고 다만 규정에 정해진 대로 적용해야 한다는 것이다. 환산손익의 회계처리 역시 기능통화가 본사의 표시통화와 같은지 여부에 따라 달라진다.

해외종속회사의 영업활동이 이루어지는 주된 경제 환경의 통화인 기능통화가 바로 본사가 재무제표를 작성할 때 사용하는 표시통화와 같을 때는 화폐성 – 비화폐성 구분법으로 그 종속회사 재무제표를 환산한다. 화폐성 외화항목은 결산일의 환율(마감환율)로 환산하고, 비화폐성 외화항목은 거래일(혹은 공정가치 측정일)의 환율로 환산한다. 본사의 관점을 중요시하는 입장에서 수행하는 환산이다. 그리고 이에 따라 발생하는 환산손익은 대부분 상황에서 당기손익으로 인식한다.

이에 반해, 해외종속회사의 기능통화가 본사 표시통화와 다른 경우는 현행환율법으로 환산한다. 해외종속회사의 관점을 중시하는 입장에서, 외화표시 재무상태표의 자산과 부채에 속한 모든 항목들을 현행환율로 환산한다. 그리고 자본에 속한 항목들을 거래발생시 환율(일정 조건하에서는 평균환율)로 환산하면 환산손익이 분리된다. 이 외화환산손익은 결산과정에서 '해외사업환산손실' 또는 '해외사업환산이익'과 같은 별도의 자본항목으로 처리한다.

제4절에서 한국의 외화환산제도를 살펴볼 것인데, 앞서 언급한 바와 같이 이는 이제 살펴본 국제회계기준을 채택한 것이어서, 그 내용이 크게 다르지 않음을 알게 될 것이다.

제3절 본사의 외환거래회계

기업이 외화표시로 상품이나 용역을 사거나 파는 경우, 그리고 외화를 차입 또는 대여해 주거나, 투자를 하거나 받는 행위를 통틀어 외화거래라고 한다. 이 외화거래는 본사가 수행한 거래라는 점에서 해외종속회사의 영업활동을 다루는 환산의 문제와 차이가 있다. 외화거래회계는 다시 재무제표일 이전에 결제가 완료되었는가의 여부에 따라 다음 두 가지로 나누어 설명할 수 있다.

1. 결제완료거래

외화로 거래를 하는 경우에는 거래일의 환율로 이 거래를 환산하여 장부에 기록한다. 그러나 거래가 발생한 시점의 환율은 그 거래가 결제되는 시점의 환율과는 다른 것이 보통인데, 애초의 장부상 금액과 실제로 수취 또는 지급한 금액과의 차이는 외환차익 또는 차손(transaction gains or losses)으로 기록하게 된다.

예컨대 달러에 대한 원화 환율이 1,000원일 때 기업이 1달러를 차입하여, 1,000원으로 환전하고 이 거래를 장부에 부채로 기록한다. 이 부채를 상환할 때의 환율이 1,200원이 되면, 이 기업은 1,200원을 지불해야 한다. 따라서 200원의 손실이 발생하는데, 이를 외환차손이라고 한다.

환차손익(즉 외환차익과 외환차손)은 실제로 현금흐름이 발생한, 즉 실현된 손익이며, 따라서 이를 결제일이 속하는 연도의 당기순이익에 반영시켜야 한다는 견해에는 이론이 없다. K-IFRS에서는 외환차손익과 외화환산손익을 합쳐 외환차이(exchange difference)라고 일컫는다.

2. 미결제거래

결산일에 잔액이 존재하는 외화표시 항목은 다음과 같이 환산한다.

(ⅰ) 화폐성 외화항목은 결산일의 현행환율로 환산한다.
(ⅱ) 비화폐성 외화항목은 역사적(혹은 공정가치) 환율로 환산한다.

결산일 현재 화폐성 외화항목인 외화채권이나 외화채무 등의 거래가 결제되지 않고 남아 있는 경우, 거래일의 환율과 결산일의 환율이 서로 다르면 그 차이를 외화환산손익으로 처리한다. 다시 말해, 화폐성 외화항목의 순 잔액은 환율의 변동에 의해 영향을 받는 회계적 노출이다. 이 기준은 앞에서 본 해외종속회사의 외화환산 중 기능통화가 표시통화와 같을 때 적용하는 기준과 대체로 같음을 알 수 있다.

앞의 예에서 결산일의 환율이 1,500원이고, 이때까지 그 부채가 상환되지 않았다고 하자. 이제 1달러의 부채는 1,500원으로 재무제표에 기재되어 500원의 외화환산손실이 발생한다. 화폐성 외화항목에 따른 외화환산손실은 현금으로 실현될 가능성이 높아 당기순이익에 반영시킨다.

비화폐성 외화항목에는 외화표시 재고자산과 같이 역사적원가로 측정하는 항목도 있고, 해외주식 소액투자와 같이 공정가치로 평가하는 항목도 있다. 먼저, 재고자산은 (편의상 저가법 적용을 무시하면) 역사적(즉 거래일) 환율로 환산한다. 환율변동이 무시되므로, 외화환산손익 역시 발생하지 않는다. 다음으로 투자주식은 공정가치 측정일, 즉 결산일의 환율로 환산한다. 환산손익이 발생하지만 다른 손익과 함께 측정되므로 따로 금액을 확정하기는 어렵다. 바꾸어 말하자면, 별도의 회계처리가 필요하지 않다.

제4절 ▶ 한국의 외화환산제도

한국 기업의 환산방법은 주로 기업회계기준에 의해 규정되어 왔다. 1997년 말의 외환위기를 겪은 후 정부는 회계감독을 보다 엄격히 하고 제도를 개선하는 작업을 강화했다. 당시 기업의 재무상황은 일반적으로 건전하지 못했고 불법적인 분식회계처리가 보편화되어 있어 기업회계가 불투명하고 신뢰하기 어려웠는데, 이것이 위기 발생에 일단의 원인이 되었다고 판단한 탓이다. 또한 회계처리 기준이 국제회계기준과 달라 외국인이 한국기업의 회계정보를 정확히 이해하기 어려웠던 이유도 있다. 국제회계기준을 국내에 도입하여 국내의 글로벌 기업들이 국내회계기준에 따라 작성한 재무제표를 국제자본시장에서 그대로 사용할 수 있도록 하려는 목적도 있었다.

앞에서 언급하였듯이, 국제회계기준은 '국제회계기준위원회(IFRS)'가 2001년 국제회계기준서 제21호(IAS 21)를 채택함으로써 표준화되었고, 여러 다른 나라와 마찬가지로 우리나라도 이를 국내회계기준으로 수용하여, 한국채택국제회계기준(K-IFRS) 제1021호 '환율변동효과'를 2008년부터 적용하고 있다.

한국이 채택한 K-IFRS는 연결재무제표 중심의 공시체계이므로, 해당기업은 의무적으로 개별재무제표와 함께 연결재무제표를 작성하여 공시해야 하고, 기말뿐만 아니라 분기, 반기 등 연중 상시적으로 연결중심의 공시를 해야 한다. 또한 비재무사항도 연결기준으로 공시하도록 하고 있다. 연결의 대상은 기본적으로 모든 주식회사뿐만 아니라 조합이나 파트너십, 특수목적회사 등을 망라하여 모든 종속기업이 전부 포함된다.

연결재무제표란 법률적으로는 2개 이상의 독립된 회사이나 경제적으로는 하나의 중심적인 의사결정체제의 지배하에 있는 회사들을 경제적 단일체로 보고 지배회사와 종속회사의 재무제표를 결합한 것이다. 즉 지배회사가 일정한 회계기준에 의거하여 연결대상에 속하는 모든 기업의 재무상태나 경영성과를 종합하여 작성하는 것이다. 지배회사란 다른 회사 발행주식 총수의 과반수를 소유하거나 실질적인 지배력을 행사하는 방법 등으로 다른 회사의 경영권을 지배하는 회사를 이르며, 종속회사는 지배회사에 의해 종속당하는 회사를 말한다.

우리나라의 환산제도를 설명하기에 앞서, 한국채택국제회계기준의 중요한 특징인 기능통화제도를 먼저 소개한다.

1. 기능통화

2008년 금융위기가 세계적으로 확산되자, 원화를 비롯한 신흥시장국들의 통화가치가 큰 폭으로 하락하였다. 한국에서는 기업들의 어려움을 덜어주기 위해 기업회계기준의 일부를 수정하였는데, 그 중 주요한 내용 중 하나가 국내기업이 외화를 기능통화로 지정할 수 있도록 한 것이었다. 당시 이미 K-IFRS를 조만간 도입할 예정으로 있었고 기능통화방식이 이에 포함될 것이었지만, 기능통화 개념의 일부를 우선적으로 도입하여 2008년 12월 말이 속하는 회계연도부터 적용할 수 있도록 한 것이다.

K-IFRS의 특징 중 하나가 표시통화와 기능통화를 구분했다는 것이다. 재무제표를 작성할 때 사용하는 통화를 표시통화라고 하는데, 원칙적으로 어떤 통화라도 무방하지만, 세법 등 다른 법규를 고려할 때 한국기업들에게는 자연히 원화가 될 것이다. 기능통화는 회계적 측정을 수행하기 위한 통화인데, 영업활동이 이루어지는 주된 경제환경의 통화로 규정한다. 기능통화는 표시통화와 같을

▼ 표 11-3 기능통화 결정시 고려할 지표

주요지표	보조지표
• 재화와 용역의 공급가격에 주로 영향을 미치는 통화 • 재화와 용역의 공급가격을 주로 결정하는 경쟁요인과 법규가 있는 국가의 통화 • 재화를 공급하거나 용역을 제공하는 데 드는 노무원가, 재료원가, 그 밖의 원가에 주로 영향을 미치는 통화	• 재무활동으로 조달되는 통화 • 영업활동에서 유입되어 통상적으로 보유하는 통화

출처: 기업회계기준서 31110호 "환율변동효과" 문단 9와 10

수도 있고 다를 수도 있다. 해외사업소, 지점 또는 종속법인은 물론이고, 본사도 다른 나라의 통화를 기능통화로 할 수 있다. 그래서 외화거래가 현금흐름의 주를 이루는 기업들, 예컨대 다국적기업, 항공사, 외항해운사 등은 국내에 있는 본사도 기능통화를 원화 이외의 통화로 할 수 있다.

기능통화 이외의 다른 통화는 모두 외화이다. 예컨대 어떤 한국기업의 본사가 미국 달러를 기능통화로 정하면, 원화도 외화로 취급되어 환산의 대상이 된다. 기능통화로 외화거래를 최초로 인식하는 경우에 거래일의 외화와 기능통화 사이의 현물환율을 외화금액에 적용하여 기록하고, 매 보고기간 말에 외화를 환산하여 재무제표에 표시하게 된다.

한국채택국제회계기준에서는 기업의 경영자가 [표 11-3]에 제시하고 있는 주요지표와 보조지표를 고려하여 기능통화를 결정하여야 하고, 종속기업, 지점, 관계기업, 합작투자법인 형태로 해외사업장을 갖고 있는 기업은 이들 해외사업장에 대한 기능통화도 결정해야 한다고 규정하고 있다. 해외사업장의 기능통화를 결정할 때는 추가적으로 영업활동의 독립성, 거래비중, 현금흐름, 재무활동의 독립성 등의 보조지표를 추가적으로 고려해야 한다.

기능통화 회계제도 아래에서 경영자는 기업의 영업활동이 주로 이루어지는 경제환경의 통화를 기능통화로 결정하게 되고, 이를 기준으로 주요거래를 기록하고 외화거래를 기능통화로 환산하여 재무제표를 작성하게 된다. 대체로 기업의 주된 현금흐름을 창출하는 통화가 기능통화로 되기 때문에, 회계상 외화거래의 비중이 감소하게 되고, 결과적으로 환율변동이 기업의 경영성과와 재무상태에 미치는 영향도 줄어들게 된다.

본사가 외국통화를 기능통화로 선택한 경우

국내 항공사 V는 항공기를 구입할 때, 미국 달러표시 자금을 많이 차입한다. 이 금액이 매우 크기 때문에 이 회사의 외화부채 비율은 매우 높다.

이런 상황에서 화폐성-비화폐성 구분법으로 환산하고 원화 기준으로 회계처리를 하면, 비행기는 비화폐성 자산이어서 (취득 당시의 환율을 적용하게 되어) 환율변동에 노출되지 않는 데 반해, 달러 부채는 화폐성 항목이어서 (현행환율을 적용하므로) 환율변동에 노출된다. 이러한 불일치 때문에, 환율변동이 클 때는 외화환산손익이 당기손익에 크게 영향을 미치게 된다. 이러한 결과는 V사의 재무제표를 왜곡시키고 자금조달 비용을 높게 만드는 등 여러 가지 불이익을 겪게 한다.

V사는 영업활동의 현금흐름도 주로 미국 달러로 이루어지므로, 이를 기능통화로 사용할 수 있다. 달러를 기능통화로 삼으면, 달러는 외화가 아니므로, 달러로 표시된 비행기 가격이나 달러부채는 더 이상 환율변동에 노출되지 않게 된다.

2. 한국의 환산제도

(1) 표시통화와 기능통화가 같을 때

대부분의 기업은 기능통화를 따로 정하지 않는데, 이처럼 표시통화와 기능통화가 같을 때, 한국채택국제회계기준(K-IFRS)에서는 외화자산 및 부채의 환산에 있어 화폐성-비화폐성 구분법을 따르도록 하고 있다. 그래서 외화(기능통화 이외의 다른 통화)거래를 거래일의 현물환율을 사용하여 인식하고, 보고기간 말에는 다음과 같은 환율을 적용하여 환산하도록 하고 있다. 즉, 화폐성 외화항목은 현행환율을, 비화폐성 외화항목은 역사적 환율을, 그리고 공정가치(公定價値, fair value)로 측정하는 비화폐성 외화항목은 공정가치가 결정된 날의 환율을 적용하도록 하고 있다.[4]

---

4) 국제회계기준에 따르면 '공정가치'라 함은 합리적인 판단력과 거래의사가 있는 독립된 당사자 사이의 거래에서 자산이 교환되거나 부채가 결제될 수 있는 금액, 즉 시장가격에 준하는 가격을 뜻한다. 기업회계기준서 제1029호에서는 '시장가치'라는 표현으로 사용했으나, 한국채택국제회계기준과 용어를 일치시키기 위해 '공정가치'로 변경하였다.

> **외화환산: 표시통화와 기능통화가 같을 때**
>
> - 외화거래의 인식: 거래일 현물환율
> - 환산: 화폐성 – 비화폐성 구분법
>   환산환율: 화폐성 항목 – 현행환율
>   비화폐성 항목 – 역사적 환율
>   공정가치 비화폐성 항목 – 가치결정일의 현행환율
> - 환산 결과: 외화환산손익으로 당기손익 처리

환산과정에서 발생하는 차액은 미실현손익인데, 영업외손익항목인 외화환산손실 또는 외화환산이익의 과목으로 당기손익에 처리한다. 또 해당 보고기간 동안에 실제로 수취하거나 지급이 이루어진 거래에 대해서는, 그 금액과 직전 회계연도 말 장부상의 외화자산 및 외화부채의 환산액과의 차액을 영업외손익항목인 외환차손익으로 처리한다.

(2) 표시통화와 기능통화가 서로 다를 때

예외적으로 기능통화와 표시통화가 다를 경우, 즉 원화 이외의 통화가 기능통화인 본사의 회계처리에 있어서는, 현행환율법을 따르도록 하고 있다. 그래서 재무상태표의 자산과 부채는 현행환율을, 그리고 손익계산서의 수익과 비용은 해당 거래일의 환율을 사용하거나 환율변동이 심하지 않은 경우에 평균환율을 적용할 수 있도록 했다. 환산에서 발생하는 외환 차이는 표시통화환산이익 또는 표시통화환산손실 과목의 자본항목으로 처리하도록 하고 있다.[5]

연결재무제표의 작성 등을 위해 해외지점, 해외사업소 또는 해외종속회사의 외화표시 자산·부채를 원화로 환산하는 경우에도 원칙적으로 현행환율법으로 환산하고, 환산에 따른 미실현손익을 해외사업환산손실 또는 해외사업환산이익 과목의 자본항목으로 처리한다.

---

5) 엄밀하게는 이러한 미실현손익을 일단 포괄손익계산서의 기타포괄손익으로 처리한 후, 재무상태표의 자본항목으로 마감한다.

> **외화환산: 표시통화와 기능통화가 서로 다를 때**
>
> - 환산: 현행환율법
>   환산환율: 자산, 부채 – 현행환율
>   수익, 비용 – 역사적 환율 또는 평균환율
> - 환산 결과: 표시통화환산손익 또는 해외사업환산손익 등의 과목으로
>   자본항목 처리
> - 예외: 초인플레이션 경제하의 기능통화
>   모든 항목(자산, 부채, 자본금, 수익, 비용) – 현행환율

  기능통화와 다른 표시통화로 환산하거나 혹은 해외사업을 연결하기 위하여 표시통화로 환산하고자 하는데, 그 기능통화가 초인플레이션 경제의 통화인 경우가 있다. 이렇듯 기능통화가 초인플레이션 경제의 통화인 기업의 재무제표는 역사적 원가에 기초하여 작성하였든지 현행원가에 기초하여 작성하였든지 관계없이, 모든 금액(자본금 포함)을 보고기간 말 현재의 현행환율로 표시해야 한다. 이렇게 하면 순노출이 0이 되므로, 즉 재무제표의 차변과 대변 금액이 같기 때문에 보고기간 중에 환율이 변동하더라도 환산손익이 생기지 않는다.

  초인플레이션 경제에서는 화폐의 구매력이 급속히 저하되므로, 상이한 시점에 발생한 거래와 사건의 금액을 비교하는 것은 그러한 거래와 사건이 설사 동일한 회계기간에 발생하였더라도 재무제표 이용자에게 오해를 줄 수 있기 때문이다. 3년 동안의 누적 인플레이션율이 100%에 근접하거나 초과하는 국가는 초인플레이션 경제의 좋은 예이다.

  해외사업환산손실 또는 이익은 차기 이후에 발생하는 해외사업환산손익과 상계하여 표시하고 그 누적금액을 관련지점, 사업소 또는 종속회사가 청산, 폐쇄 또는 매각되는 회계연도에 손익으로 처리한다.

  지금까지 회계적 노출을 살펴보았다. 환율변동의 실질적 영향은 기업의 현금흐름에 미치는 영향, 즉 경제적 노출에 의한 것이므로, 회계적 노출에 의해 외환위험을 정의하는 것은 기업의 현실적 운용(operation)의 성과와는 관계가 없다. 회계적 노출은 환율의 변동이 재무제표에 미치는 영향에만 초점을 맞추는 것이다. 재무제표는 기업의 재정상태를 나타내는 훌륭한 정보이기는 하나, 미래의 기업 현금흐름을 모두 반영하고 있지는 못하다. 따라서 노출을 측정하는 데 있

어서 회계적 접근보다는 현금흐름접근이 필요한데, 이에 대해서는 제10장에서 설명하였다.

연습문제

01 본사가 수행한 외화거래중 재무제표일을 기준으로 결제완료된 거래와 그 렇지 못한 거래는 회계처리상 어떻게 차이가 있는가?

02 해외에서의 재무성과를 본사의 입장에서 파악하는가, 아니면 해외종속회사 의 입장에서 파악하는가에 따라 회계적인 접근이 다르게 된다. 이를 설명 하라.

03 외화환산에 쓰이는 방법으로는 현행환율법과 화폐성-비화폐성 구분법이 있다. 그 내용을 서로 비교하고 장단점을 분석하라.

04 우리나라의 외화환산제도를 설명하라.

05 다음 용어들을 간단히 설명하라.

> 1) 해외사업환산손익   2) 표시통화와 기능통화
> 3) 한국채택국제회계기준(K‐IFRS)

외환위험의 관리전략

국제 금융환경의 급속한 변동은 이제 일상적인 일이 되었고, 이에 대한 적정한 대응전략을 수립하고 실행하는 일이 기업의 최고경영자들에게는 중요한 업무가 되고 있다. 특히 기업의 수익성과 경쟁력에 막대한 영향을 미치는 환율이 끊임없이 변동하고 있음에도 이를 예측할 수 없어, 기업경영자들은 큰 어려움을 겪고 있다.

기업은 한편으로는 환율의 변동에 따른 현금흐름의 변화를 관리해야 하고, 다른 또 한편으로는 환위험 때문에 발생하는 경쟁력의 변화를 관리해야 한다. 이 두 번째의 문제가 미묘하면서도 근본적인 중요성을 가진다는 사실은 앞에서도 누차 강조한 바 있다. 환율변동이 심할 때는 기업의 손실이 일시적인 환율의 변동에 기인하는 것인지 그래서 환율변동의 방향이 바뀌면 수익성이 다시 회복이 될 수 있을 것인지, 아니면 환율변동과는 무관한, 보다 근본적인 경쟁력의 약화에 기인하는 것인지 구분하기가 매우 어렵다. 그래서 위험을 정확히 측정하고 적절한 대응을 하는 일이 대단히 중요하다.

앞에서 외환위험의 개념을 설명하고, 환율변동이 기업경영에 미치는 영향에 대해 살펴보았다. 그러면 이와 같은 위험에 대해 기업들은 어떻게 대응할 수 있을 것인가? 이것은 아주 간단한 문제같이 느껴질 수도 있다. 예컨대 원화로 표시되어 있는 가격을 수출상담시 선물환율을 써서 외화표시가격으로 환산하여 제시하고 거래계약이 이루어지면 이를 선물환계약으로 헤지하여 불확실성을 제거해 버릴 수 있다.[1]

---

[1] 헤지(hedge)란 환율의 변화에 의해 발생할 수 있는 이익이나 손실의 위험으로부터 방어하려는 계약이나 조처를 말한다. 다시 말하자면, 외환노출과 반대되는 또는 상쇄되는 계약이나 조처를 취해 놓음으로써, 한 쪽에서의 손실이 다른 쪽에서의 이익으로 보상되도록 하여 기업의 현금흐름이나 해외자산의 환산된 가치가 안정되도록 하려는 것이다.
이와 비슷한 용도로 커버(cover)라는 말도 많이 쓰인다. 이 두 용어는 서로 구분 없이 쓰이기도 하나, 구태여 구분하려는 경우에는 커버는 거래적 노출에 한정해서 좁은 의미로 쓰고, 헤

그러나 예컨대 어떤 기업에서 달러의 가치가 단기적으로 선물환율보다 더 상승할 것으로 전망하는 경우, 달러표시의 수출대금에 의해 생긴 노출을 선물환으로 헤지할 것인가, 아니면 예측치를 근거로 투기적 이익을 도모해 볼 것인가? 또는 하루에도 수십 건씩의 거래가 매일같이 발생하는 규모가 큰 무역회사를 생각해 보자. 이 회사에서도 각각의 거래에서 생기는 노출을 모두 선물환이나 다른 어떤 방법으로 헤지해 두는 것이 바람직할 것인가?

현실적으로 기업의 입장에서는 환위험의 관리가 절대로 간단하지 않다. 어떤 위험을 관리할 것인가, 거래적 노출만 관리할 것인가, 아니면 환산노출과 운용노출(또는 전략적 노출)도 관리할 것인가? 어느 정도까지 관리하고 어느 만큼의 위험은 감수할 것인가? 위험관리에 따른 이익과 손실에 대해서는 어떻게 측정하고, 누가 책임을 지며, 이에 따른 상벌은 어떻게 할 것인가? 구체적으로는 많은 문제들이 따른다.

이런 문제들을 상황적으로 그리고 사후적으로 접근해 나간다면 많은 시행착오와 대가를 치르게 될 것이므로, 환위험 관리를 위한 전략을 미리 수립할 필요가 있다. 본장에서는 주로 기업이 외환위험 관리를 어떻게 전반적인 경영전략에 반영해 나가야 할 것인가 하는 문제를 살펴보고자 한다.

제1절에서는 기업이 위험관리에 대해 어떤 태도와 전략을 취하는 것이 바람직한가, 그래서 관리전략을 적극적으로 구사할 것인가, 아니면 소극적으로 구사할 것인가 하는 기본적인 문제를 다룬다.

제2절에서는 회사내부와 시장을 통해 사용할 수 있는 각종의 헤지수단들을 개략적으로 구분해서 설명하기로 한다. 제3절에서는 기업이 현실적으로 어떤 하부구조를 구축해야 하고, 어떤 절차를 거쳐서 위험을 관리해야 하는가를 구체적으로 살펴보기로 한다. 마지막 제4절에서는 종합적인 결론을 도출한다.

지는 노출의 종류에 상관없이 모든 위험에 대해 쓰는 것이 보통이다.

기업이 기본적으로 어떤 위험관리전략을 추구할 것인가를 결정함에 있어 기업의 외환위험에 대한 태도가 중요하다. 극단적으로 위험을 무조건 피하려는 기업은 모든 노출을 헤지하는 소극적인 전략으로 대응할 것이다. 그렇게 함으로써 환율변동에 따르는 이익을 취하는 것을 포기하는 대신, 외환손실도 최소화시키고자 한다. 반대로, 적극적인 전략을 추구하고자 하는 기업은 장래의 환율 움직임을 미리 예견하여 ("take a view") 이익을 취하려고 한다. 혹시 환율이 예상한 바와 달리 움직여서 생길 수 있는 손실도 감당하겠다는 태도이다.

실제로 기업들이 어느 한 쪽으로 치우친 극단적인 전략을 채택하지는 않으나, 개념적으로는 이처럼 적극적 전략과 소극적 전략이라고 하는 두 개의 기본적인 전략으로 구분할 수 있을 것이다. 특별한 정보나 예측능력을 요구하지 않고, 모든 조달수단의 가격이 적정하다는 가정하에서 차익거래와 헤징을 포함하는 방어적인 관리전략만을 구사하는 것을 소극적 전략이라고 할 수 있다.

이에 반해 시장이 비효율적이며 왜곡되어 있다고 인식하고, 특별한 정보 또는 예측능력을 가지고 위험을 부담하려는 전략을 적극적 전략이라 할 것이다. 적극적 전략을 구사하기 위해서는 금리나 환율예측에 있어 체계적으로 시장을 능가할 수 있어야 하며, 기회를 포착하고 투기적인 포지션을 취함으로써 기회를 적극적으로 활용할 수 있는 능력과 기민성을 갖추어야 한다.

전략의 선택은 기업이 얼마나 전문성과 예측력을 갖추었는가 하는 문제에 못지않게, 경영자의 철학, 관리능력, 위험에 대한 태도, 기업의 경쟁적 입장 등에 따라 달라질 수 있다. 여기서 중요한 관건이 되는 것은 외환의 손실 가능성을 최고경영층이 얼마만큼 중요하게 인식하는가 하는 것이다.

적극적 전략과 소극적 전략의 차이는 수출을 하는 기업의 경우를 예로 들어 설명하면 쉽게 알 수 있을 것이다. 적극적인 수출업자는 자국의 통화에 비해 가치가 상승할 것으로 예상되는 통화로 거래대금을 계약하려 할 것이다. 이 기업은 또한 선물환율이 결제일에 예상되는 현물환율보다 더 유리하다고 판단하는 때에만, 이 수출대금을 선물환계약으로 매도하려고 할 것이다. 따라서 환율예측이 거래대금의 표시통화 결정과 선물환계약의 여부를 결정함에 있어 매우 중요한 역할을 한다.

이에 반해, 소극적인 기업은 수출판매대금을 자국통화로 표시하여 외환위험의 소지를 아예 없애려 할 것이다. 만약 그렇게 할 수 없는 경우에는 미래의 환율변동 전망에 관계없이 노출된 거래대금 전액을 자동적으로 선물환계약으로 커버하려 할 것이다. 이 기업의 헤지정책이 자동적인 만큼, 환율의 예측은 큰 관심거리가 되지 않을 것이다.

국제적인 경영활동을 영위하는 기업의 입장에서 외환노출 관리전략의 기준으로 위의 두 유형 중 어느 쪽에 더 큰 비중을 두는 것이 바람직한가? 여기서 가장 중요한 요인은 그 기업이 환율을 예측할 수 있는 능력, 특히 선물환율보다 뛰어난 환율예측을 할 수 있는 능력이 있는가 하는 것과 최고경영층이 얼마만큼의 위험을 허용하는가의 문제이다.

이때 환율의 예측은 선물환율과 같은 손쉽게 구할 수 있는 공개적인 예측치보다 우월하여야 하며, 그 우월성이 우연의 결과로 볼 수 없을 만큼 반복적으로 가능해야 할 것이며, 또한 그 예측에 근거하여 얻을 수 있는 수익이 이에 따른 부수적인 위험과 거래비용을 상쇄하고도 남을 만큼 큰 것이어야 한다.

환율의 예측은 대체로 쉽지 않고, 이를 근거로 경영의사 결정을 내리는 것은 상당한 위험이 따르게 되므로, 제조업체들은 소극적인 전략을 추구하는 것이 일반적이다. 환율을 예측하여 이윤을 취하려는 것은 헤징이 아니라 투기이다. 헤지를 하려는 기업은 자기가 아는 만큼은 시장도 알고 있다고 가정하는 것이 현명하다.

그러나 노출을 모두 헤지한다는 것은 현실적으로 쉽지 않을 수 있다. 빈번하지 않게 간혹 한 번씩 수출을 하는 기업은 이를 그대로 쉽게 헤지할 수 있다. 이에 반해, 종합상사와 같이 빈번하게 무역을 하는 기업들이나, 해외에 여러 현지법인들과 지사들을 가지고 있는 다국적기업들의 외환노출은 그 측정에 있어서나 관리에 있어서나 매우 복잡할 수밖에 없다.

이들에게 있어서는, 노출의 발생을 모두 헤지하는 것이 거래비용이 많이 들고 불편하며 현실적으로 어려운 문제이기도 하다. 그래서 설사 환율의 변동에서 이익을 얻으려고 하는 의도를 지니지 않은 소극적 기업이라 하더라도, 어느 정도의 위험을 감수하지 않을 수 없는 것이 현실적인 제약이다. 뿐만 아니라, 뒤 제3절에서 자세히 설명하겠지만, 외환거래가 빈번한 기업은 모든 노출을 전부 헤지하는 것이 바람직하지도 않다. 위험관리의 목적을 바람직한 일정수준의 위험을 부담하고, 그 대신 이에 상응하는 만큼의 수익을 얻으려는 데 두는 것이 현실적이다. 궁극적인 기업경영의 목적(예컨대 이윤극대화)을 달성하기 위한 하나의 하위목적으로서 기업의 경쟁력 또는 비교우위를 강화하려는 것이다.

기업이 변화에 잘 적응하려면, 더 나아가 변화를 잘 이용할 수 있는 능력을 키워 경쟁력을 강화시키려면, 전문성과 예측력을 구비하기 위해 노력해야 한다. 그래서 환위험의 관리에 있어서도, 초보적인 단계에서는 방어적이고 소극적인 전략을 취하다가, 전문성이 구비됨에 따라 점차적으로 위험포지션을 늘려나가는 적극적 전략을 융통성 있게 구사해 나가는 방법이 바람직하다고 하겠다. 그러나 제조업체들은 그 본연의 업무나 비교우위가 환위험의 인수에 있는 것이 아님을 유의하여, 위험포지션의 한도를 운용의 규모에 비해 낮은 수준으로 한정해 두는 것이 현명한 전략이라 할 수 있다.

제2절 ▶ 헤징기법의 종류

외환시장이 발전하고 기업의 위험관리도 활성화됨에 따라, 다양한 종류의 헤징기법들이 개발되어 사용되고 있다. 여기서는 먼저 기업의 내부적인 기법과 외부적인 기법으로 나누고, 다음에 재무적 기법과 비재무적 기법으로 나누어 설명하려고 한다. 내부적 기법은 기업내부에서 자체적으로 구사할 수 있는 기법들이고, 외부적 기법은 기업의 외부, 즉 시장에서 독립된 거래자와 계약을 체결함으로써 기업의 위험을 시장에 전가시키려는 기법이다.

1. 내부적 기법과 외부적 기법

내부적 기법은 일반적으로 순노출의 크기를 줄이거나, 더 이상 늘어나지 않도록 막으려는 것이다. 여기에는 상계(相計; netting), 매칭(matching), 리딩(leading)과 래깅(lagging), 자산과 부채 관리, 가격조정, 거래 표시통화의 조정

▼ 표 12-1 대표적인 외환위험 관리기법

회사내부의 관리기법	시장을 이용하는 기법
• 상계(相計; netting) • 매칭(matching) • 리딩과 래깅 • 통화 분산 • 가격 조정 • 결제통화 변경 • 생산전략	• 선물환 • 통화선물 • 통화스왑 • 통화옵션 • 단기자금시장(money market) 헤지 • 국제팩토링 • 외화차입 • 수출환어음 매도 • 환율변동보험

을 통한 헤징기법들, 그리고 거래통화의 다양화를 통한 위험분산기법 등이 있다([표 12-1]).

일반적으로, 기업에서 노출 관리를 함에 있어 외부적인, 즉 시장과 관련된 기법들이 지나치게 강조되고 있는데, 이것은 크게 잘못된 것이다. 기업의 위험관리 담당자들이 영업부서로부터 노출보고서를 받아서, 단순히 (선물환시장이나 단기자금시장에서) 커버를 할 것이냐 말 것이냐를 결정하는 경우를 흔히 본다. 이와 같은 방법으로는 원자재의 조달지를 변경하거나, 제품판매대금의 통화를 바꿈으로써 현금의 유입과 유출되는 표시통화를 매치시키는 것과 같은 내부적인, 영업거래를 통한 방법들을 고려할 여지가 없게 된다. 비용면에서도 시장을 이용하는 외부적 기법들은 거래비용이 무시할 수 없을 만큼 드는 데 비해, 내부적 기법들은 그렇지 않다. 여러 가지 이유로, 내부적인 노출 관리기법들이 강조되어야 할 필요가 있다. 우선적으로 내부적 기법을 이용하고, 이로써 헤지되지 않는 나머지 노출을 외부적 기법으로 헤지하는 것이 기본적인 원칙이다.

얼마나 다양한 내부적 기법들을 이용할 수 있는가 하는 것은 그 기업의 국제적인 경영활동 수준과 관련된다고 할 수 있다. 국제경영 활동의 정도를 대략적으로 수입과 수출만을 하는 무역회사와 해외에 자회사를 가지고 있는 다국적기업으로 구분한다면, 후자가 전자에 비해 위험에 훨씬 더 복잡하게 노출되어 있지만, 이와 동시에 내부적 노출 관리기법도 다양하게 구사하고 선택할 수 있다고 하겠다.

외부적 기법은 위험을 헤지하기 위해 외환시장 또는 금융회사와 거래계약을 체결하는 방법이다. 여기에는 수없이 많은 방법들이 있으나, 대체로 선물환, 통화선물, 통화스왑, 통화옵션, 단기자금시장 헤지, 환율변동보험 또는 환위험보증제도 등이 비교적 널리 이용되는 기법들이다. 그 외에도 외상수출대금 청구권을 매도하는 국제팩토링계약이나, 외상수출환어음을 만기 전에 금융기관에 매도하는 방법도 많이 쓰여진다.

여기에 언급한 기법들 중에는 국가에 따라 이용할 수 없는 것들도 있을 수 있는데, 이는 주로 시장에서의 제약과 규제 당국에 의한 제약 때문이다. 전자의 예로 많은 개발도상국가의 통화에 대해 선물환시장이 존재하지 않으며, 후자에 속하는 예로 상계(특히 다자간 상계)를 여러 나라에서 허용하지 않고 있다는 점을 들 수 있다.

근래 국제금융시장에서는 통신기술과 정보처리기술의 발달, 그리고 자산가치평가기법 등 고도의 재무관리기술들이 개발됨에 따라, 환위험을 관리하기 위한 새로운 수단들이 다국적기업들과 은행들에 의해 다양하게 개발되어 왔다. 특히 통화선물, 옵션, 스왑 등 파생(derivatives)시장들이 큰 관심을 끌고 있고, 이들 시장의 성장이 괄목할 만하다. 이에 따라, 위험헤지가 자동적으로 이 시장들과 연관되어 거론되는 예를 흔히 보게 된다.

그러나 앞에서 지적한 바와 같이 외부적 기법들을 이용하는 데는 무시할 수 없을 만큼의 거래비용을 부담하게 되므로, 우선적으로는 내부적인 기법들을 이용하는 것이 바람직하다는 것을 기억할 필요가 있다. 다만 내부적인 방법들에 의해 헤지되고 남은 잔존노출에 대해서만 외부적 기법들을 이용하는 것이 경제적이고 효율적이다.

다음에서는 이 기법들을 보다 상세히 설명하고자 한다. 다만 설명의 편의상 내부적 기법과 외부적 기법으로 구분하지 않고, 재무부문에서 독자적으로 수행할 수 있는 기법들과 그 외의 부서, 즉 마케팅부서와 생산관리 부서 등 운영부서의 협조조정하에서 구사할 수 있는 기법들로 구분한다.

2. 재무적 기법과 비재무적 기법

일반적으로 외환위험의 관리는 재무관리자의 고유한 기능인 것으로 생각되는 경향이 있으나, 이것은 잘못이다. 경제적 노출이나 전략적 노출의 관리는 오히려 마케팅관리자와 생산관리자들이 주도하고, 이로써 관리되지 못한 부분만을 재무관리자가 담당하는 것이 바람직하다. 또 현금흐름의 노출이 매우 크고 기업 내부에서의 관리로써 커버가 되지 않는 잔존 노출이 있는 경우, 재무관리자는 선물환시장이나 또는 다른 시장의 이용을 고려해 볼 수 있다.

기업의 조직형태에 따라서도 재무관리자가 책임지게 되는 외환관리 책임의 정도는 다른 것 같다. 제품별 조직인 기업에서는 각 제품별 영업본부(예컨대 전자사업부, 철강사업부 등)에서 자체적으로 외환위험을 관리하고, 재무관리부서는 전 기업 차원의 외화표시 금융거래의 노출만 관리하는 곳도 있다.

그런가 하면, 어떤 기업에서는 재무관리부서에서 기업의 모든 노출을 통합하여 관리하고 있다. 이 방식이 기업내부에서 환위험을 상당부분 흡수할 수 있을 뿐만 아니라, 관리면에서도 규모의 경제효과를 거둘 수 있어 효율적인 방법이라 할 수 있다.

실제로는 어떤 특정 통화의 변동이 그 기업의 전체 현금흐름에 미치는 영향을 측정하기도 쉽지 않고, 따라서 헤징전략을 수립하는 일이 간단하지 않다. 그렇기 때문에 제조업체에서는 앞서 언급하였듯이 소극적인 전략을 흔히 취하게 되는 것이다.

외환위험은 기업경영의 모든 측면에 영향을 준다. 특히 환율변동이 장기적으로 영향을 미치는 현금흐름의 노출을 관리하는 데는 재무관리자의 기능보다는 오히려 마케팅이나 생산부서를 책임지는 관리자들의 기능이 훨씬 더 중요하다. 이들의 전문적인 능력 여하에 따라 그 기업의 현금흐름, 나아가서는 기업의 경쟁적 우위가 결정되므로, 이들은 기업의 전반적인 목적을 추구하는 데 있어서 뿐만 아니라 외환위험을 관리하는 데 있어서도 제일차적인 중요성을 가진다고 할 수 있다.

기업에서 환위험을 관리함에 있어 재무적 헤지기법들을 많이 사용하지만, 사실 재무적 기법에는 두 가지의 중요한 문제가 있다. 하나는 재무적 기법이 장기적 노출관리에는 큰 도움이 되지 않는다는 것이다. 예컨대 통화스왑은 장기선물환을 만들어낼 수 있는 방법이기는 하지만, 이를 사용하려면 미래의 현금흐름을 비교적 정확히 예상할 수 있어야 하는데 이는 쉬운 일이 아니다. 다른 하나의 문제는 재무적 헤지가 명목환율에서 생기는 위험은 헤지할 수 있지만, 실질환율에서 생기는 위험을 헤지하는 데는 효과적이지 못하다는 점이다. 따라서 기업이 환율변동에서 생기는 위험에 효율적으로 대처하려면 재무적 기법 이외에도 마케팅관리와 생산관리 등 운용기능에서도 대응을 해야 한다.

재무관리자는 마케팅과 생산 등의 현업부서에서 외환노출이 일차적으로 관리될 수 있도록 계획을 세우고 지침을 정해 주며, 환율변동에 대한 고려가 경영의 모든 의사결정 과정에 포함되도록 준비하고 확인하는 일이 중요하다.

아래에서는 내부적인 기법과 외부적 기법들 중 재무관리부서에서 독자적으로 수행할 수 있는 상계, 매칭, 자산과 부채관리, 리딩과 래깅 등과 같은 전략, 그리고 재무관리부서 외의 현업부서에서 수행할 수 있는 기법들을 상세하게 설명하고자 한다. 그러나 먼저 선물환을 이용한 헤지에 대해 다시 한 번 살펴볼 것이다. 이어서 비재무적 기법이라 할 마케팅관리전략과 생산관리전략에 대해 설명한다.

(1) 선물환

선물환거래는 외환위험관리에 있어 가장 효과적인 수단이고 또 가장 많이 쓰여지는 기법이다. 이미 선물환의 헤지 용례를 제2장 제2절에서 여럿 살펴보았고, 이에 더해 제8장 제2절에서는 선물환의 예측 효용에 대해서 논의하면서 그 성질에 대해서도 살펴보았다. 따라서 여기서는 이에 대해 더 이상 설명하지 않기로 한다.

다만, 그 효용에 대해 회의적인 시각이 있으며 그게 잘못된 것임을 다시 한 번 역설하는 것으로 그치려고 한다. 대표적인 것이 투기적 효율가설(제8장 제2절)과 자가보험(제9장 제1절)이다. 그 주장이 무엇이고 왜 잘못된 것인지를 다시 한번 확인해볼 필요가 있다.

특히 자가보험에서는 기업이 외환거래를 빈번하게 하고 100%의 노출을 헤지하는 제한적인 경우를 전제로 한다. 이런 경우, 기업 입장에서는 선물환 위주의 헤지를 하더라도 큰 거래 중심으로 선별적 헤지를 하는 방법을 강구할 수 있을 것이다. 그러나, 보다 더 나은 방법은 개별거래 위주의 헤지전략보다는 아래 제3절에서 다룰 통합적 위험관리전략을 구사하는 것이 바람직하다.

(2) 단기자금시장(money market)

이 헤지방법은 노출되어 있는 통화를 단기자금시장으로부터 차입하고 현물환시장에서 자국통화로 환전하여 예금(또는 투자)해 두거나, 자국통화를 차입하고 노출되어 있는 통화로 환전하여 예금(또는 투자)해 두어 만기일 또는 결산일까지의 외환노출을 제거하는 방법이다.

단기자금시장을 통한 헤지는 선물환시장 헤지와 원리가 비슷함을 알 수 있다. 전자가 양국의 이자율의 차이에 의해 비용이 결정되는 데 비해, 후자는 선물환율에 따라 비용이 결정된다는 것이 중요한 차이이다.

예

단기자금시장을 이용한 헤지 – 수출

1백만 달러를 3개월 후에 대금을 받는 조건으로 연불수출한 한국 기업의 입장을 보자. 외화표시의 수출대금 수취일인 3개월 후의 원/달러 현물환율이 얼마가 될지 알 수가 없다고 하는 불확실성이 거래적 노출의 원인이 되고 있다. 따라서 이 기업은 단기자금시장에서 다음과 같은 거래를 체결하여 환위험을 헤지할 수 있다.

• 오늘: 달러를 3개월간 차입한다. 이때, 3개월 후의 원리금 합계가 1백만 달러가 되도록 빌린다.
   이 달러자금을 현물환시장에서 원화로 환전하여 환위험을 제거한다.
   원화자금을 3개월간 예금한다.

• 3개월 후: 수출대금 1백만 달러를 받아, 같은 금액의 은행 원리금을 상환한다.
   원화예금을 회수한다.

만약 외환시장과 단기자금시장에서의 가격 움직임이 이론적인 균형을 이루어 이자율평가가 성립되는 경우에는, 선물환율이 양국의 금리차이를 정확하게 반영하기 때문에, 선물환 헤지와 단기자금시장 헤지의 결과는 같아진다(166쪽 식 6. 8 참고). 위의 수출 예에서 3개월 후에 단기자금시장에서 회수할 원화자금과 달러 차입금 지불의 차이, 즉 $S_0(i_\text{₩} - i_\$)$는 오늘 선물환계약을 체결하여 3개월 후에 받게 될 원화자금 $F_{0,t}$와 금액이 같아질 것이다.

수입의 예에서 보면, 이 수입업자는 수입대금을 지불해야 하는 시점보다 3개

단기자금시장을 이용한 헤지 – 수입

위의 예와 반대로 3개월 후 대금을 지불하기로 한 수입업자의 경우를 생각해보자. 이 수입업자는 3개월 후 대금을 지불해야 하는 시점의 현물환율이 얼마가 될지 모른다고 하는 불확실성에 당면하게 된다. 그러나 오늘의 현물환율은 시장에서 거래되는 환율이므로 지금 당장 주어져 있는 값이고 따라서 불확실성이 없는 확실한 값이다.

• 오늘: 수입업자는 원화를 준비하여 현물환율에 달러를 매입한다.
         이 달러를 예금하여 3개월 후 원리금의 합계가 수입대금과 같도록 한다.
• 3개월 후: 외화예금을 인출하여 수입대금을 결제한다.

수입대금 지불 시점의 현물환율이 얼마가 되건 이 수입업자의 수익에는 관계가 없다. 왜냐하면 이 수입업자는 이미 달러를 확보해 두었기 때문이다.

월 앞서 원화를 지불하고 달러를 확보했다. 따라서 그 3개월간 원화를 은행에 예금했더라면 받았을 이자를 받지 못해 기회적 손실이 발생한다. 만약 이 자금을 은행에서 차입했다면, 이 3개월간 이자를 부담해야 한다. 반면 그는 이 3개월간 달러를 예금하고 있었기 때문에 달러 이자 수입이 발생한다. 그래서 이 수입업자가 단기자금시장을 통해 3개월간의 외환위험을 헤지한 대가는 (원화) 지불이자와 (달러화) 수입이자의 차이가 된다.

이 기간 동안 이자율평가가 성립한다면, 이 차이가 바로 오늘 외환시장의 3개월 선물환율 할증(53쪽 식 2. 2 참고)과 같고, 따라서 위에서 보인 단기자금시장을 이용한 헤지와 선물환을 이용한 헤지가 결과적으로 같게 된다.

수출대금의 표시통화가 장기적으로 약세를 보일 것으로 전망될 때는 선물환으로 헤지하는 방법이 매우 제한적인 효용을 보일 수밖에 없다. 선물환율도 계속 하락할 수밖에 없기 때문이다. 이럴 때는 해당 통화로 차입하여 매치시키는 방법이 대단히 효과적이다.

수입통화가 강세 추이를 보일 것으로 예상되는 때에는 반대로 미리 그 통화를 예금 또는 투자해서 헤지할 수 있을 것이다.

(3) 상계(相計; netting)

상계라 함은 한 다국적기업의 본사와 특수관계법인 간 또는 자회사들 간(이하 '특수관계법인 간'이라 함)의 거래에서, 일정한 기간마다 지불할 금액과 수취할 금액을 서로 상쇄하고, 그 차액만을 지불하거나 수취하는 방법을 말한다. 이로써 특수관계법인 간의 거래에 따른 지불금이나 수취액의 총액이 서로 상쇄되는 것이다. 그 중 간단한 형태는 쌍방간 상계인데, 이것은 각 쌍의 회사들이 서로간의 포지션을 서로 상계하는 방법이다. 따라서 현금의 흐름은 상계를 하는 상대방에 대한 구매액 또는 판매액이 작은 쪽의 거래액만큼 감소하게 된다.

상계 방법을 실제로 운용하는 데는 두 가지 중요한 문제들이 있는데, 그 하나는 어떤 통화로 차액을 송금할 것인가 하는 문제이고, 다른 하나는 서로 상쇄하고 상계할 스케줄을 결정하는 것이다. 쌍방 상계에서는 중앙집중적인 통제기구를 설치하지 않고 관련된 양 당사자가 이런 문제들을 합의하여 결정하는 것이 보통이다.

쌍방간 상계는 두 회사간에 상호적인, 즉 쌍방간의 현금흐름이 있는 때에만 가능한 데 비해서, 다자간 상계는 동일한 기업군 내에 있는 회사들이 어느 일방적으로라도 자산과 부채, 또는 미수금과 미불금을 가지고 있을 때는 언제든지 이용할 수 있다. 현금의 흐름은 자회사들 중에서 총구매액이나 총판매액이 작은 회사의 금액만큼 감소하게 된다.

다자간 상계방법에 있어서 가장 중요한 초점은 그룹 내의 각 기업들로부터 정보를 수집하고 상계거래의 집행을 통제하는 중앙통제기구의 역할인데, 보통 본사(또는 지역본부)의 재무팀이 이 역할을 수행한다. 참여업체들은 일정한 기간의 말에 모든 기업간 포지션을 중앙기구에 보고하고, 이에 따라서 그 기구가 각 기업들에게 정해진 날짜에 수취하거나 지불해야 할 금액을 통보하게 된다. 그러므로 다자간 상계는 중앙통제기구가 있어야 하고, 참여하는 단위들이 이에 따를 수 있는 체제가 잡혀 있어야 한다.

정부가 수출대금의 회수를 의무화해서 상계를 규제하는 경우도 있는데, 그 내용은 주로 사전에 미리 허가를 요구하거나, (금융거래가 아닌) 실물거래만을 상계의 대상으로 제한하거나, 또는 각 다국적기업 내의 회사 간 거래에 대해서만 상계를 허용하는 것 등이다.

상계의 중요한 이득은 은행비용을 절감할 수 있다는 것과 본사가 자회사간의

쌍방상계

서울의 행당기업이 뉴욕 자회사인 행당뉴욕에게 1백만 달러의 부채를 가지고 있고, 또한 행당뉴욕이 서울행당에게 2백만 달러에 해당하는 만큼의 영국 파운드화 표시의 부채를 가지고 있다고 하자. 상계의 결과, 실제 현금결제는 행당뉴욕이 서울행당에게 단지 1백만 달러에 해당하는 파운드(또는 쌍방이 서로 합의한 어떤 다른 통화)를 지불하면 된다. 상계에 의해 기업 전체로서 1백만 달러만큼의 현금흐름을 생략할 수 있게 되었고, 이에 관련된 외환과 송금비용을 절약할 수 있게 되었다.

다자간 상계

서울행당기업의 그룹내부간 거래는 다음과 같다(표 12-2). 서울행당은 행당동경으로부터 매월 1백만 달러를 구매하고, 행당뉴욕에게는 월간 2백만 달러를 판매한다. 행당동경은 행당뉴욕으로부터 월간 3백만 달러를 구매한다. 이와 같은 거래 상황에서 상계는 [표 12-2]에 나타난 바와 같이 이루어질 수 있다. 이 경우에 쌍방간의 상계는 이루어지기 어려우나, 상계표에서 보는 바와 같이 다자간 상계에 의해서 그룹내 회사들간의 월간 지불액 중에서 총 4백만 달러만큼의 지불은 감소될 수 있을 것이다. 다자간 상계를 하고 나면 기업간의 지불총액은 행당동경으로부터 서울과 뉴욕에 월간 각각 1백만 달러씩 총 2백만 달러의 지불에 불과하게 된다.

결제에 대해 통제를 강화할 수 있다는 데 있다. 결제의 빈도와 총액의 감소로 외환비용, 즉 현물환이나 선물환시장에서의 매매차익과 은행의 송금수수료가 있는 경우에는 그 수수료를 절약할 수 있게 된다. 또한 상계제도를 도입함으로써 노출관리와 유동성관리, 그리고 조세관리가 용이해지는 이점도 있다.

그러나 상계를 함에 있어 상계기간까지 수입과 지출이 지체된다고 하는 점과 실제 거래시의 표시통화와 상계에서 기준이 되는 통화가 서로 다를 수 있다는 점이 기업 외부적으로나 내부적으로 문제가 될 수 있다. 중앙통제기구에 있는 재무관리자는 조세와 이자율의 국제간 차이를 분석하여, 각 자회사와 본사의 환산노출과 경제적 노출에 미치는 영향을 충분히 감안해야 한다.

▼ 표 12-2 행당기업(주)의 상계표

(백만 달러)

수취 \ 지불	동경	서울	뉴욕	총수취액	순수취액	상 계 액
동경	-	1	0	1	-	1
서울	0	-	2	2	1	1
뉴욕	3	0	-	3	1	2
총지불액	3	1	2	6	-	-
순지불액	2	-	-	-	2	-
상 계 액	1	1	2	-	-	4

(4) 매칭(matching)

상계와 매칭은 서로 구분하지 않고 쓰기도 한다. 그러나 엄격한 의미에서 전자는 동일한 그룹 내의 기업간에 또는 다국적기업 내부의 본사와 자회사간, 또는 자회사들간에 수취할 금액과 지불할 금액을 서로 상쇄시키는 것을 일컫는다. 이와는 대조적으로 매칭은 독립적인 제삼자와의 거래에 대해서도 적용할 수 있으며, 따라서 다국적기업에서뿐만 아니라 수출입기업에서도 쓸 수 있는 기법으로 자산과 부채관리(asset and liability management) 또는 대차대조표헤지(balance sheet hedge)라고도 한다.

매칭은 외화표시의 현금유입(inflow)과 유출(outflow) 또는 외화표시 자산과 부채를 금액면에서나 시간적으로 가급적 일치시키려는 절차를 말한다. 그리하여 어떤 특정 통화의 자산과 부채가 서로 상쇄되거나, 같은 통화의 수취가 그 통화의 지불에 쓰여지게 하여, 결과적으로 순노출을 감소시키려는 것이다. 총노출 중 매치되고 난 나머지가 순노출이 된다.

기본적으로 매칭기법을 사용하기 위해서는 한 기업이 동일한 외국통화의 유입과 유출이라고 하는 현금흐름을 양쪽 방향으로 가져야 한다. 이것을 자연스런 매칭(natural matching)이라고도 부른다. 동일한 통화를 매치시키기 어려운 경우에는 비슷한 움직임을 가지는 서로 다른 통화를 거래의 표시통화로 하여 유사하게 매치시키는 방법을 강구할 수 있다.

예컨대 유로와 스위스 프랑이 나란히 움직일 것으로 전망되면 이 두 통화를 매치시키는 방법인데, 이 같은 기법을 평행적 매칭(parallel matching)이라고 부른다. 평행적 매칭에서는 예상과 달리 두 통화가 서로 다르게 변동하여 유입과

디즈니랜드의 매칭

미국의 디즈니랜드 프로덕션은 1983년 일본의 오리엔탈랜드와 합작으로 총사업비 1천 8백억 엔을 투자, 동경만 매립지 25만 평에 동경 디즈니랜드를 건설하였다. 전체 시설물이나 프로그램은 미국 디즈니랜드의 복제품에 가까우나 최신의 공법과 일본특유의 분위기를 다소 첨가시킨 것이다.

미국 디즈니회사는 이 투자에서 발생하는 엔화 수입, 즉 장기적인 외환노출을 헤지하기로 결정하고, 일본 투자자들을 상대로 엔화표시의 채권(Samurai bond)을 발행하였다. 이 채권에 대한 이자는 엔화로 지불되므로 동경 디즈니랜드의 엔화 수입금과 상당 부분 서로 상쇄되도록 매칭시킨 것이다.

폭스바겐의 매칭

중요한 수출시장의 수익이 환율변동으로 받게 되는 영향을 줄이기 위해서는 그 나라 통화표시의 부채를 가지는 것이 좋은 방법이 된다. 1970년대 초의 독일 마르크화 강세로 폭스바겐은 미국 시장에서의 수입자동차시장 점유율이 70%에서 25%까지 위축되었다. 미국의 수입자동차시장에서 폭스바겐의 주된 경쟁자들은 일본 자동차회사들이었다. 당시 일본 엔화도 미국 달러화에 대해 강세였으나 상승폭은 마르크화에 미치지 못하는 수준이었다. 더구나 일본 기업들은 미국 달러화표시의 부채를 상당액가지고 있어 영업수익의 감소가 부채비용의 감소로 상쇄되고 있었음에 비해 폭스 바겐은 부채가 모두 마르크화표시여서 상대적으로 불리한 상황이었다.

폭스바겐이 취한 여러 가지의 대응책 중 하나는 이 회사로서는 처음으로 유로본드시장에서 1억 5천만 달러어치의 미국 달러화표시 채권을 발행한 것이다. 이로써, 달러의 가치 하락에서 생기는 매출과 수익의 손실이 달러 부채의(마르크로 환산한) 부담이 가벼워지는 데서 생기는 이익과 서로 상쇄되는 효과가 있어 외환위험이 훌륭하게 헤지되었다. 자산쪽에서의 수익흐름의 변화가 적어도 어느 정도까지는 부채쪽의 변화에 의해 상쇄되도록 한 것이다.

유출 양쪽에서 모두 외환손실(또는 이득)을 보게 되어 헤지가 되지 않을 수도 있다.

수출업자나 수입업자같이 외환노출이 비교적 단순한 기업에서도 동일한 통화의 현금흐름이 양쪽으로 있는 경우에는 매칭이 된다. 기업에서 흔히 볼 수 있는 예로서, 상품의 수출과 원자재 수입을 같은 통화를 사용함으로써 매치시킬 수 있다. 그러나 다국적기업의 국제적인 활동에서는 거래량도 크고 배당금이나 이에 유사한 흐름이 많기 때문에, 매칭을 할 수 있는 여지가 더욱 크다. 통화흐

▼ 표 12-3 현금흐름(flow)과 자산/부채(stock)의 매칭

름의 폭이 클수록 매칭의 범위도 커지며, 외환관리의 조직이 많이 중앙집중화되어 있을수록 그 기업의 매칭은 효과적으로 이루어진다.

소극적인 외환위험 관리의 목적은 환율변동에 의해서 생기는 현금유입(영업수익 등)에서의 어떤 변화가 현금유출(이자 비용 등)에서의 반대적인 변동에 의해서 가급적 많이 상쇄되도록 자산과 부채를 구성하는 것이다. 이렇게 하려면 때에 따라서는 영업활동이나 금융활동을 조작할 필요도 생긴다. 영업 측면에서는 각 통화별 현금흐름의 패턴을 매치시킬 수 있도록 마케팅활동과 생산활동을 관리해야 하는데 이에 대해서는 뒤에서 설명할 것이다. 그러나 영업부문이 대체로 기업내부적인 요인들과 외부적인 시장요인들 때문에 운용에 많은 제약이 있으므로, 자연히 비교적 제약이 적은 금융부문을 통해 외환위험을 관리하게 되고, 따라서 자산쪽보다는 부채쪽을 조정해서 매치시키는 경우가 많다.

폭스바겐의 예에서 보듯이, 매칭은 반드시 현금의 유입을 현금의 유출과 매치시키거나 자산을 부채와 매치시켜야 하는 것은 아니고, 현금의 유입과 자산의 합계를 현금의 유출과 부채의 합계와 매치시키려는 것이다([표 12-3]). 매칭방법은 경제적 노출의 관리에 있어서뿐 아니라 환산노출의 관리를 위해서도 매우 유용하게 사용될 수 있다. 환산노출의 관리에서는 재무상태표상의 노출된 자산과 노출된 부채간의 차이, 즉 순환산노출을 최소화시키려는 것이다. 그렇게 되면 환율의 변화에 따른 환산이익 또는 환산손실도 최소화될 것이다.

어떤 경우든 자금조달은 외환노출 관리에 있어 가장 강력한 수단이 될 수 있다. 영업활동에서 발생하는 자산이나 현금유입의 외환노출은 동일한 (또는 유사한 움직임을 가지는) 통화표시의 부채나 현금유출에 의해 중화될 수 있는 것이다[2].

매칭을 수행하는 데 있어 현실적으로 중요한 문제는 수취와 지불이 과연 예정대로 이루어지느냐 하는 문제와, 정확히 예정된 시점에 이루어지느냐 하는 발생시점의 문제이다. 예상하지 못한 지연이 생기면 매칭에 차질이 생기고, 결과

---

[2] 외화표시통화의 장기차입이 운용노출을 상쇄하기 위해 흔히 쓰이는 방법이기는 하나, 이것은 정확한 헤지는 아니다. 왜냐하면, 운용노출은 실질환율의 함수인 데 반해, 외국통화차입은 명목환율의 변화를 따르기 때문이다.

▼ 표 12-4 적극적 관리하에서의 기본적인 불일치(mismatch)전략

	자산	부채
강세통화	증대	감축
약세통화	감축	증대

적으로 수취와 지불을 모두 외환위험에 노출시키게 된다. 예컨대, 통화지불은 예상된 날짜에 이루어졌으나 수취가 연기되었다고 하면, 그 기업은 필요한 통화는 지불일의 현물환율로 사고 상쇄되는 수취통화는 그 이후 상이한 환율에 판매하게 된다. 따라서 그 기업은 지불일로부터 수취일까지의 기간 동안에 외환 위험에 노출된다.

자산과 부채를 적극적으로 관리한다는 것은 기본적으로 강세통화, 즉 가치가 상승할 것으로 예상되는 통화표시의 자산을 증대시키는 반면 그 통화표시의 부채는 감축시키고, 약세통화, 즉 가치가 하락할 것으로 예상 되는 통화로 표시된 자산은 감소시키는 반면 그 통화표시의 부채는 증가시키도록 하는 불일치(mismatch)전략이다([표 12−4]).

적극적 자금조달 관리전략에서는 (납세 후) 실효이자비용이 가장 저렴한 통화로 차입하는 것이다. 여기서 비용이라 함은 세 가지 요소로 구성된다. 첫째는 명목이자비용이다. 이 명목이자비용은 대체로 그 나라의 실질이자(real interest)와 물가상승률로 구성된 것이다. 둘째는 원금과 이자의 상환에 따르는 외환이익 또는 손실이다. 만약 어떤 기업이 연율 1% 이자의 일본 엔화와 연율 4% 이자의 미국 달러화 중에서 선택하여 차입결정을 하려고 하며, 일본 엔화가 원화에 대해 차입기간 동안 달러보다 연율 5%만큼 더 많이 상승할 것으로 예상한다고 하자. 그 기업은 달러로 차입하는 것이 결과적으로 실효이자비용을 연율 2%(=4%−(1%+5%)) 절약하는 것이 된다.

셋째 요소는 세금이다. 세금은 외화표시부채의 원금상환과 이자지불, 그리고 이와 관련된 헤징에서 발생하는 외환이익 또는 손실에 모두 관련되는 문제이다. 원금의 상환에 따르는 외환이득(약세통화, 즉 차입통화의 가치가 하락한 경우)은 과세하지 않고 손실(강세통화, 즉 차입통화의 가치가 상승한 경우)도 세금공제를 해주지 않는 국가들이 많아, 이 세금문제는 대단히 중요하다. 따라서 상대적으로 강세인 외국통화 차입의 납세 후 실효비용은 더욱 비싸지게 되고, 약세통화 차입의 납세 후 비용은 더욱 저렴하게 된다.

(5) 통화분산

기업이 동시에 여러 통화의 외환위험에 노출되어 있으면, 각 통화의 환율변동이 서로 상쇄되는 효과가 있어 외환위험이 자연스럽게 감소될 수 있다. 변동환율제도하에서 각종 통화에 대한 환율은 서로 변동하는데, 모든 외환의 가격이 같은 방향으로 일제히 상승하거나 하락한다는 것은 있을 수가 없고, 각종 통화 사이의 상대가격이 계속 변화한다.

따라서 여러 외국통화로 표시된 자산이나 부채를 가지고 있는 경우에는 어떤 특정 통화에서 발생하는 환율변동이 다른 통화의 반대방향으로의 움직임에 의해 서로 상쇄되는 효과가 있으므로, 환위험의 총계는 개별 외환이 가지는 환위험의 절대적인 합계보다 적게 된다. 이론적으로는 환위험에 노출된 외국통화의 수가 많으면 많을수록, 그리고 이들간에 환율변동의 상관관계가 낮을수록 전체적인 환위험의 회피는 보다 쉬워지게 된다.

여러 국가의 통화로 구성된 특별인출권(SDR) 같은 복합통화들은 그 자체가 하나의 통화바스켓(basket)이다. SDR은 5개 통화(미국 달러, 유로, 영국 파운드, 중국 위안, 일본 엔)로 구성된 복합통화이다. 이는 그대로 여러 국가의 통화를 가중치만큼씩 포함하는 하나의 포트폴리오(portfolio)라고 할 수 있다.

따라서 다른 통화에 대한 복합통화의 환율은 이를 구성하는 각국 통화들의 가치변화가 상호간의 상관관계에 의해 부분적으로 상쇄되기 때문에, 그 변화의 진폭이 크지 않고 안정적으로 된다. 예컨대 SDR을 구성하는 통화들 중 일부는 일정기간 동안 비교적 강세인데 나머지는 약세일 수 있다. 그래서 SDR은 기업들이 헤징비용을 물지 않고도 이용할 수 있는 좋은 헤징수단이라 할 수 있다.

SDR은 주로 정부간의 거래에서 쓰이는 통화여서, 기업들이 사용하기에는 현실적으로 어려운 실정이다. 그러나 기업들은 여러 통화를 자산이나 부채로 동시에 보유하여 SDR 같은 복합통화를 사용하는 것과 같은 위험분산효과를 얻을 수 있다. 예컨대 외화표시의 부채만 있고 이를 상쇄할 만한 외화표시의 자산이나 현금유입이 전혀 없는 기업의 경우, 앞으로 서로 반대방향으로 움직일 것으로 예상되는 통화들을 부채로 가짐으로써 위험을 분산시킬 수 있다. 만약 환율예측이 어려운 경우에는 차입통화를 가능한 한 다양화시킴으로써 역시 분산효과를 도모할 수 있다.

(6) 리딩과 래깅(leading과 lagging)

이것은 거래기업간의 신용기간(외상 매출입기간 또는 자금 차입기간)을 조정하는 것으로, 리딩은 기업의 자산과 부채를 당초의 약정일보다 앞당겨서 수취 또는 지불하는 것이며, 래깅은 약정일보다 지체해서 수취 또는 지불하는 것을 의미한다. 외화로 수취 또는 지불해야 하는 자금을 시기적으로 조정함으로써 기업은 외환에 노출되는 기간을 늘리거나 줄일 수 있다.

상계와 매칭이 순수하게 소극적인 수단인 데 비해서, 이 리딩과 래깅은 위험을 최소화시키려는 소극적인 전략으로나 예상된 외환이득을 최대화시키려는 적극적인 전략으로나 다 사용할 수 있다.

기업이 리딩 또는 래깅을 하려면 상대방의 협조가 있어야 한다. 그러나 상대방의 입장에서는 재무상태표에 미치는 영향 때문에, 약정일 이전의 자금수수를 원하지 않을 수 있다. 따라서 독립된 기업간에는 당초 약정일까지의 이자 또는 환율변동의 기대치 등을 감안한 보상이나 분담금을 요구하는 경우도 많이 있다. 상대기업에게 이자로 보상해주려면, 보상 후의 순비용이 해당기간 동안의 선물환율차(즉 선물환 마진), 또는 그 기간 동안의 양국간 이자율 차이가 되도록 하는 것이 서로에게 공평한 방법이 될 것이다.

이 기법은 독립된 기업들간에서뿐만 아니라 다국적기업의 자회사들간에도 널리 이용되고 있다. 리딩과 래깅전략을 자회사간 거래에 이용하는 경우에는 상대방에 대한 보상이 없는 것이 일반적이다. 따라서 이 기법을 사용하면, 해당 자회사의 노출이 변동할 뿐 아니라 수익성도 영향을 받을 수 있다. 따라서 효율적으로 사용하려면, 본사에서 각 자회사의 수익성을 평가하는 방법을 조정해서, 해당 자회사나 경영자의 실적 평가에 영향을 미치지 않도록 해야 할 것이다. 일반적으로는 중앙의 정보 및 통제센터가 존재해서 자회사간의 결제시점이 한 자회사의 지엽적인 관점에서보다는 다국적기업 전체의 관점에서 효과적이 되도록 독려한다.

자회사 소재국의 현지정부가 신용통제나 외환통제를 하여 리딩과 래깅에 제약이 되는 경우도 많다. 리딩과 래깅이 외환과 국제수지에 영향을 미치기 때문에 그 신용기간에 상한을 정해 일정한 범위 내에서만 허용하는 국가들이 많기 때문이다. 예컨대 미국에서는 특수관계법인 간 자금 대출에 대해서는 적절한 이자를 지불하도록 규정하고 있으나, 특수관계법인 간 외상거래는 이자부담 없이 6개월까지 허용한다. 만약 무이자 신용기간이 6개월을 초과할 때는 이자소득을 추정하여 과세하기 때문에, 미국 기업들은 해외자회사와의 래그를 6개월로 한정시키고 그 후에는 차입으로 전환시키는 경향이 있다.

(7) 국제팩토링(factoring)

팩토링이란 전문 금융회사인 팩토링회사(은행, 여신전문회사 등)가 상품의 판매자로부터 매출채권을 할인하여 매입하는 무역금융의 한 형태를 말한다. 팩토링회사는 상품판매자로부터 매출채권을 매입함과 동시에 채무자의 신용위험을 전적으로 부담하게 된다. 팩토링은 국내거래에서도 이용될 수 있으나 외환이 문제되는 것은 국제팩토링거래이다. 신용장 없이 거래되어 상대방(수입상)의 지급능력이 문제되고, 또 대금지불방법이 연불조건인 수출거래에서 이용된다.

팩토링회사는 후에 수입상으로부터 채권회수를 하지 못하게 되더라도 수출기업에게 대금의 상환청구를 할 수 없다. 다만, 채무자인 수입기업의 대금지급 거절 사유가 수출기업의 매매계약 불이행에 기인하는 경우에는 그렇지 않다. 따라서 팩토링회사는 해외수입기업에 대한 신용조사력을 바탕으로 외상거래를 지원하는 서비스를 제공하는 금융회사라 할 수 있다.

┃ 그림 12-1 국제팩토링의 절차

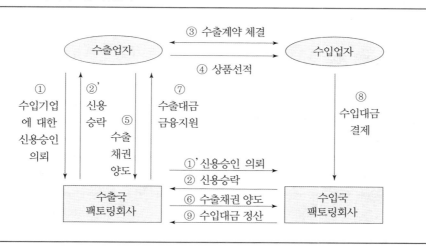

외국에 있는 수입기업의 신용정보를 얻기 위해, 각국의 팩토링회사들은 상호간 협력체제를 구축하여 수입업자에 대한 신용조사를 해주고, 신용이 승인되어 팩토링거래가 이루어지면 신용위험을 떠맡고 수출대금을 추심해 주는 서비스를 수출업자들에게 제공한다([그림 12-1]). 수출업자는 수출품을 선적한 후 수출채권을 수출국의 팩토링회사에게 양도하고 대금을 할인받아 거래를 종결한다. 그 결과 수출기업은 외화표시의 매출대금을 회수하는 데 대한 신용위험과 거래대금을 환전하는 데 따르는 외환위험에서 벗어나게 된다.

(8) 수출환어음 매도

이는 기업이 수출거래와 관련하여 발행한 환어음을 금융회사에게 만기일 전에 매도하는 제도이며,[3] 여기서 환어음은 수출신용장 또는 수출계약서를 근거로 발행된 어음을 일컫는다. 무역대금의 지불조건이 일시불(at-sight) 조건이 아니고 연불(延拂, deferred payment) 조건일 때, 이 기법을 쓸 수 있다.

보통은 신용장에 의해 수입상 측의 대금결제가 보증되고 있어 신용위험이 낮은 경우에 이용된다. 수출기업의 입장에서는 수출대금을 미리 받음으로 환어음의 만기일까지 기다리지 않아도 되고, 따라서 그 기간 동안의 환율변동에 의한 영향을 받지 않게 된다. 예외적으로 수출업자에게 책임이 있는 어떤 사유로 인하여 추후에 자금을 상환해야 하는 경우에는 상환시의 환율로 계산하여 지급해야 하기 때문에 환차손익이 발생할 수 있다.

예

수출환어음 매도

㈜행당은 미국 뉴욕소재 수입상 마순 앞으로 U$1,000어치의 전자제품을 수출하고, 신용장에서 요구한 선적서류를 구비한 후 신용장 발급은행인 뉴욕은행을 지불인으로 하는 90일 연불환어음을 발행한 후, 거래은행인 서울은행에 매도하여 원화로 예금하였다.
이 거래에 적용된 환율은 거래 당일의 90일 연불환어음 매입률(은행 입장)이었으며, 이에 따라 행당은 환어음 만기일인 90일 후의 환율을 염려할 필요가 없게 되었다.

---

3) 국내에서는 이 행위를 보통 "환어음을 네고(negotiation)한다"고 말한다.

(9) 환율변동보험

한국무역보험공사가 2000년 2월부터 도입한 이 제도는 보험 형식을 취하고 있으나, 실제로는 선물환(특히 차액결제선물환)과 동일하다. 공사가 수출입기업에게 일정환율("보장환율")을 보장해 주고, 결제시점의 환율과 비교하여 차액을 보상하거나 환수하여 정산하는 방법이다. 즉, 수출의 경우

- 보장환율 > 결제환율: 기업이 공사로부터 차액을 수취
- 보장환율 < 결제환율: 기업이 공사에게 차액을 지불

수입인 경우에는 반대이다.

결국 기업으로서는 보장환율에 선물환계약을 체결한 것과 같은 효과가 되는데, 보장환율이 선물환 계약환율이고 결제환율은 선물환 만기시점의 현물환율이다. 선물환을 이용하려는 경우 은행에 담보나 예치금을 제공해야 하는 데 비해, 환율변동보험은 수수료(즉 보험료)를 지급하게 된다. 기업 입장에서는 후자가 부담이 적어, 특히 중소기업들이 이를 널리 쓰고 있다.

(10) 마케팅관리전략

환율의 변동은 기업의 마케팅관리에 여러 가지 형태로 영향을 준다. 그럼에도 불구하고 마케팅 담당자들이 외환위험 관리를 소홀히 하고, 다만 사후적으로 환율변화에 맞춰 계획을 조정하는 일반적인 관행은 문제가 있다고 하겠다. 환율의 변동에 대한 마케팅전략은 대체로 가격, 제품, 결제조건, 그리고 시장선택과 관련된 것들이다.

노출관리와 관련해서 가격전략은 두 가지가 문제되는데, 그 하나는 가격을 변경시킬 것이냐 하는 문제이고, 다른 하나는 거래를 어떤 통화로 표시할 것이냐 하는 문제이다. 물론 현실적으로는 기업의 가격결정에 있어 위험은 여러 고려사항 중 하나에 불과하다. 그러나 여기서는 노출관리 지향적인 가격결정을 염두에 두고, 다른 변수들은 극복할 수 없을 만큼 중요한 장애는 아니라고 가정한다.

여기서는 가격변경과 시장전환 또는 결제통화의 변경에 대해 살펴본다.

1) 가격변경

기업으로서는 환위험으로부터 보호하기 위해서 가장 분명한 방법은 가격을

인상하여 환율변동의 불리한 영향을 고객에게 전가(pass-through)시키는 것이다. 실제로 이 방법이 노출 관리방법 중 사용할 수 있는 유일한 경우도 많다. 특히 개발도상국에서는 다른 내부적인 기법들은 외환통제에 의해서 심각하게 제약을 받고, 외부적 기법을 이용할 수 있는 시장은 잘 발달하지 않았거나 거래비용이 지나치게 비싸서 위험을 관리하는 데 큰 장애가 되는 경우가 많다.

가격을 조정할 필요가 있는가 하는 문제와 관련해서 보면, 명목환율의 변화 그 자체보다는 이 변화가 물가상승률의 차이를 잘 반영했는가, 다시 말하면 실질환율이 변했는가 하는 것이 중요한 문제가 된다. 또 실질환율의 변화에 대한 대응은 그 변화가 얼마나 오래 지속될 것인가 하는 기간에 따라 달라진다.

예컨대 자국통화 가치가 실질적으로(즉 양국의 물가상승률 차이보다 더) 상승하였을 때, 수출업자가 외화표시가격을 인상할 것인가의 여부, 또 인상한다면 그 폭을 얼마로 할 것인가를 결정해야 한다고 하자. 실질환율이 장기적으로 지속될 변화라면, 당분간 수출이 감소하더라도 외화표시의 가격을 인상하는 것이 현명할 것이며, 만약 그 변화가 영구적이고 구조적인 것이라면 해외직접투자를 하는 것이 좋을 수도 있다. 만약 그 변화가 단기적일 것으로 기대되는 경우에는 이윤이 일시적으로 감소하더라도 수출시장에서의 가격을 현재수준으로 유지하는 것이 좋을 것이다.

가격선택에 있어서 항상 제기되는 의문은 만약 그 기업이 지금 가격을 인상할 수 있는 입장이라면, (노출의 발생과 관계없이) 왜 이전에 인상하지 않았느냐 하는 것이다. 일반적으로 기업들이 경쟁 때문에 가격을 인상시키는 일이 쉽지 않다는 점을 감안하면, 환율변동 이전에 이미 가격을 올릴 수 있는 여지가 있었거나, 그렇지 않다면 환율변동의 결과로서 경쟁조건이 달라진 경우(예컨대 환율변동으로 경쟁기업들이 상대적으로 더 불리해진 경우)에만 가격인상이 가능할 것이다.

2) 시장 전환과 결제통화의 변경

주된 수출시장국의 통화 가치가 하락하면 (자국통화로 환산한) 수출액과 이윤이 감소하게 되고, 반대로 자국통화에 대하여 가치가 상승하는 통화국 시장으로 수출하면 그 반대가 된다. 따라서 환율이 불리하게 변동할 때는 시장(또는 거래 표시통화)을 전환하려는 노력을 시도해 볼 만하다.

국내시장에서는 외국통화로 거래하지 않기 때문에 외환위험도 직접적으로는 없을 뿐 아니라, 해외시장에서의 치열한 경쟁이나 보호장벽을 피할 수 있어 경제적 위험도 적은 경우가 많다. 따라서 환율이 급변하는 경우에는 많은 기업들이 해외시장에서 국내시장으로 전환해 간다. 그러나 일단 수출시장에서 철수하거나 점유율을 낮추어 놓으면, 시장이 다변화되지 못하여 장기적으로는 위험이 높아지고, 후에 전략을 변경할 필요가 있는 경우 시장을 회복하는 데 많은 비용과 시간이 필요할 수 있으므로 신중을 기해야 한다.

일본은 비교적 예외이나 대부분의 선진국에서 수출은 자국통화로 표시하는 예가 압도적이어서, 미국은 물론이거니와 그 이외의 국가에서도 자국통화표시의 수출이 매우 높은 비중을 차지한다. 그러나 우리나라의 통화는 아직 충분히 국제화되어 있지 못하고, 전통적으로 수출입거래에서 미국 달러화표시의 비율이 관행적으로 높은 수준을 유지해 왔다. 그런 탓으로 당분간은 국제무역거래에서 원화표시를 함으로써 환위험을 거래 상대방에게 전가시키기는 어려울 것이다.

결제통화전략은 적극적일 수도 있고 소극적일 수도 있다. 적극적 전략은 수출거래를 모국통화에 비해서 상대적으로 강세인 통화로, 그리고 수입은 상대적으로 약세통화로 결제하려는 것이다. 여기서 그 기업은 외환손실을 피하려고 하는 동기에서보다는 외환이득을 얻으려고 하는 기대에서 외환위험에 대한 노출을 증대시키는 것이다.

그러나 결제통화를 수시로 바꾸는 것은 고객들에 대한 신용을 상실할 수 있을 뿐만 아니라, 가격표 조정에 따른 시간적인 지체가 생기게 되므로 바람직한 것은 아니다. 다국적기업에서는 결제통화를 바꾸려면 고객들뿐만 아니라 현지의 자회사 경영자들까지도 설득을 시켜야 된다는 문제가 있다. 수입을 많이 하는 자회사는 약세통화로 결제하는 것이 수익성에 유리하기 때문에, 본사가 강세통화로 결제하라고 지시하기가 어려울 수 있다.

그러므로 자회사간의 결제통화전략에서 현실적으로 중요한 문제는 조직이라 할 수 있다. 거래표시통화를 조정함으로써 거래노출을 그룹 내의 전문화된 부서에 집중되도록 조직할 수도 있다. 예컨대, 어떤 미국 기업이 해외에 있는 마케팅 자회사들에게 달러표시로 수출을 한다면, 이 자회사들은 외국통화(즉, 달러)로 표시된 외상매입금의 노출을 관리해야 하는 부담을 안게 된다. 이에 대한 대안은 각 자회사가 자국통화로 결제하도록 만드는 것이다. 이렇게 함으로써, 해외자회사들은 외상매입금의 노출에서 면제되고, 외환위험은 모두 본사의 외상매출금 노출문제로 집중된다.

(11) 생산관리전략

환율이 변동하면 자연히 외국으로부터 조달하는 원자재와 부품의(자국 통화로 표시한) 비용이 달라지게 된다. 국내통화의 가치가 하락하는 경우에는 수입품의 가격은 상승하게 될 것이며, 따라서 부품과 원자재를 해외에서 조달하던 기업들이 국내의 공급처를 물색하게 될 것이다. 환율 움직임이 반대인 경우에는 수입원자재와 부품의 가격이 (자국통화 표시로) 하락하게 되어, 조달처를 국내에서 해외로 바꾸려고 할 것이다.

또한 환율의 변동에 의한 상대가격의 변화로, 지금까지의 조달원이던 외국보다도 제3국으로부터의 조달이 가격면에서 더욱 유리할 수도 있을 것이다. 따라서 환율이 끊임없이 변동하는 변동환율제도하에서 기업관리자는 각국의 원자재와 부품의 조달비용에 대해 지속적인 관심을 가져야 할 것이다.

특히 수출시장의 통화가치가 하락하면 이 시장에서 원자재 또는 부품을 수입함으로써 원가를 절감시킬 수 있는 기회가 있는가를 연구해야 한다. 가치가 하락하는 수출국 통화로 표시된 원자재를 생산공정에서 사용할 수 있다면, 수출액과 원자재 구입액이 서로 매치되어 그만큼 원가절감에 도움이 될 것이다. 이것이 가능한가의 여부는 개별적인 상황에 따라 달라질 것이나, 분명한 것은 재무관리자와 생산관리자가 이와 같은 기회를 추구하기 위한 노력을 해야 한다는 것이다. 이와 같은 노력의 결과에 따라서 기업이 당면하는 외환위험의 크기는 많이 달라지게 된다.

통화의 실질가치가 장기적으로 고평가되는 경우 그 나라의 기업은 해외시장에서 가격경쟁력이 당연히 약화된다. 반면 수입국 통화가 상대적으로 하락함에 따라, 현지국의 경쟁기업들은 가격면에서 유리하게 된다.

오늘날 현대자동차를 비롯한 많은 외국자동차업체들이 미국시장과 중국시장 수요를 만족시키기 위해 현지에서 생산하는 것은 외환위험을 효율적으로 관리하려는 이유가 크다. 물론 입지적 우위요인에 따라, 제3국에서 생산하여 수출시장에 우회적으로 접근하는 것도 생각할 수 있다. 특히 상품주기가 성숙단계에 있어 가격이 경쟁력을 좌우하는 상품인 경우, 생산요소를 저렴하게 조달할 수 있는 입지를 선택하는 것은 매우 중요하다. 한국의 섬유업체들이 카리브해안국, 남미국 또는 베트남 등지에서 생산하여 세계시장으로 수출하는 것은 그 좋은 예라 하겠다.

직접투자는 기업의 부담과 위험이 크고 일단 투자하면 철수가 쉽지 않은 만큼, 투자대상지가 입지적 우위를 얼마나 오래 유지할 수 있는가를 신중히 검토한 후 투자결정을 해야 한다. 또한 생산입지 결정에 환율변동위험에 대한 고려가 차지하는 중요성을 충분히 감안해야 할 것이다.

제3절 위험관리의 절차와 조직

외환위험의 관리는 계량경제학 특히 시계열분석기법의 발전에 힘입어 최근 획기적인 발전을 해왔다. 과거 실무자들의 감에 주로 의존하던 방식에서, 이제는 확률적이고 과학적인 접근방법을 많이 사용하게 되었다. 특히 위험을 측정하는 방법으로 VaR(value at risk)가 폭넓게 사용되면서 위험관리는 새로운 전기를 맞게 되었다. 또 여러 선진 외국기업들이 자기들이 사용하고 있는 위험관리방법을 공개하고, 외환시장에서는 위험관리에 도움이 되는 다양한 금융상품들이 소개되어 위험관리의 발전을 더욱 가속화시키고 있다.

금융회사나 자산관리회사에서는 투자, 대출 등 일상적인 경영활동을 수행하기 이전에, 그 활동이 회사에 미칠 수 있는 위험을 먼저 측정하여 그 결과를 의사결정에 반영하는 일이 이제 하나의 관행으로 정착되고 있다. 국제적인 규제 탓으로 금융회사들이 위험관리에 있어 앞서 가고 있지만, 제조업이나 광업, 무역업 등 비금융기업들도 위험관리에 매우 적극적 이어서, 일부에서는 최고위험관리자(CRO; chief risk officer)를 두기도 한다.

위험관리방식이 이처럼 크게 발전해서 생긴 중요한 하나의 새로운 변화는, 위험관리를 거래 건별로 또는 거래되는 상품별로 관리하던 종래의 방법을 버리고 일정기간 동안의 모든 현금흐름을 합쳐서 하나의 포트폴리오(portfolio)로 묶어서 관리한다는 사실이다. 이로써 각각의 거래 또는 상품의 노출 상호간에 존재하는 상쇄효과를 감안할 수 있고, 그래서 위험 관리를 보다 효율적이고 경제

적으로 할 수 있게 되는 것이다.[4)]

또 다른 하나의 중요한 변화는 위험관리를 사후적인 관리에서 선제적 (proactive) 인 관리로 전환하고 있다는 사실이다. 종래에는 해외영업부서에서 거래 건별로 또는 일정기간 동안의 거래실적을 정기적으로 위험관리 담당인 재무부서로 보내고, 재무부서가 이 노출을 관리하는 식이었다. 새로운 방식에서는 향후 일정기간 동안 예상되는 외환노출을 추정해서, 이를 재무 부서뿐만 아니라 회사 내의 여러 부서들이 협조해서 관리하는 형태로 바뀐 것이다. 위험관리가 명실상부하게 미래지향적으로 이루어지게 된 것이다.

위험관리를 위한 여건도 많이 달라졌다. 위험관리가 회사 내의 여러 부서에서 아래로는 실무자로부터 위로는 최고경영자에 이르기까지 조직 전반에 걸쳐서 관리되는 방식으로 바뀌면서, 위험관리 담당자를 전문가로 양성하기 위한 노력도 중요하지만, 회사 내에 훌륭한 정보와 보고체계를 구축하는 일이 위험관리와 관련해서 매우 중요해졌다. 다시 말하자면, 훌륭한 위험관리를 위해서는 우수한 위험관리전략을 설계하고 내부전문가를 양성하는 일뿐만 아니라, 이와 관련된 경영의사결정 지원체계를 전자시스템으로 잘 구축하는 일 역시 대단히 중요해졌다는 사실이다.

이러한 최근의 발전에도 불구하고, 위험의 관리는 과학(science)으로 접근하기 어려워 기교(art)로 해결해야 하는 부분이 많이 존재하고, 또 기업과 산업의 특성에 따라 어느 정도 달라질 수밖에 없다고 하는 근본적인 제약이 있다. 그래서 현실 적용에 있어서는 여전히 쉽지 않은 것이 사실이다. 여기서는 모든 기업에 적용할 수 있는 일반적인 위험관리방법과 절차를 간략하게 소개하고자 한다.

1. 위험관리의 기대효과

외환위험의 관리를 성공적으로 잘 하면, 그 결과는 어떻게 나타나는가? [그림 12-2]에서 보는 바와 같이, 성공적으로 헤지를 하면 장차 발생할 현금흐름이나 수익에 대한 예상되는 분포가 기대값도 높아지고 분산도 작아진다. 현금흐름이

---

4) 여기서 일정기간이라 함은 기업의 현금흐름 또는 제품(서비스)의 생산주기에 따라 달라진다. 예외적으로 조선회사의 선박 수주에 따른 현금흐름처럼 드물게 발생하는 경우에는 별도의 위험관리 방식이 필요할 것이다.

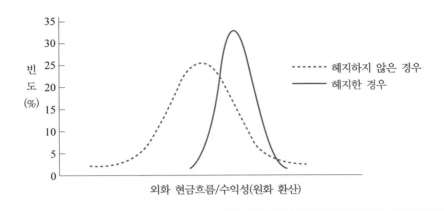

나 수익이 아주 낮은 값이 될 확률이 훨씬 줄어들게 됨을 이 그림은 보여 주고 있다. 이것이 위험관리를 통해서 얻고자 하는 바람직한 결과이다.

기업의 현금흐름이 개선되고 수익이 증대될 뿐만 아니라 이러한 현금흐름이나 수익이 안정적으로 발생하게 된다고 하는 것은, 그 기업의 위험이 작아지고 시장가치가 높아진다는 것을 의미하는 것이기도 하다. 따라서 그 기업이 재무적인 곤경(financial distress)에 처할 가능성이 낮아져서, 자본시장과 신용시장을 이용할 때도 유리해지고, 회사의 이해에 관심이 있는 감독기관, 주주, 종업원, 거래처 등으로부터도 더 높은 신뢰를 받을 수 있게 된다. 이로써 위험관리는 기업의 가치를 증대시키는 데 도움을 줄 수 있다는 사실을 잘 알 수 있다.

2. 위험관리 목적의 설정

외환위험관리는 복잡하고 반복되는 일련의 절차로 이루어진다([그림 12-3]). 그 중 우선적으로 결정해야 할 것이 관리하는 목적을 어디에 둘 것인가 하는 문제이다. 기본적으로 기업의 위험관리는 재무적 곤경을 피하는 데 그 목적이 있다. 외환위험의 관리에 있어서도 흔히 당기순익의 변동폭을 줄여 안정화시키려는 것이 목적이 되는 경우가 많지만, 경영층이 어느 정도의 위험을 감당하더라도 환율변동에 따르는 이익을 증대시키는 것을 선호한다면, 경영층이 제시한 수

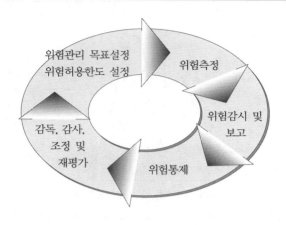

준의 위험과 수익을 최적으로 결합시키는 것이 목적이 될 것이다.

기업들이 흔히 설정하는 위험관리의 목적은 세 가지이다. 즉, 예상하지 못한 외환손익을 최소화시키겠다는 것, 회계적 손익을 최소화시키겠다는 것, 또는 현금흐름을 최적화시키겠다는 것이다. 목적을 어디에 두느냐에 따라 (거래적, 회계적, 실질운용위험 중) 어떤 위험을 관리의 주된 대상으로 할 것인가 하는 문제와 다음에 설명하는 허용한도, 헤지기간, 헤지 수단 등 위험관리의 전반적인 전략이 결정되고, 위험관리의 성과를 판단하는 기준이 결정된다. 목적이 그만큼 중요하다.

기업의 위험관리 목적과 직접 연결되는 문제가 위험 허용한도(risk tolerance level)이다. 이에 대해서는 제1절 위험관리의 기본전략에서 이미 많이 설명한 바와 같다. 기업에 따라서는 위험을 전혀 떠안고 싶어 하지 않는 기업이 있는가 하면, 또 상당한 위험을 떠안으려는 기업도 있다. 마치 자동차보험에 가입할 때, 작은 수리비용까지도 보상을 받고 싶어 하는 가입자가 있는가 하면, 작은 비용은 자기가 부담하고 비용이 큰 사고만 보험에서 보상을 받도록 하려는 사람이 있는 것과 같다. 보상의 범위가 큰 경우에 보험료가 비싸지듯이, 위험관리에서도 위험 허용 한도가 낮아서 위험을 많이 헤지해야 하는 기업이 당연히 높은 헤지비용을 부담하게 된다.

앞에서 언급했듯이, 현대적인 위험관리는 거래 건별로 관리하는 것이 아니라 앞으로 일정기간 동안 그 기업이 환율의 변동에 노출되어 있는 위험량을 모두 합산해서 종합적으로 관리한다. 총위험량 중 헤지하는 위험량의 비율을 헤지비율(hedge ratio)이라고 하는데, 이 헤지비율은 위험관리의 목적과 위험 허용한도에 따라 결정한다.

전혀 헤지를 하지 않는 기업이 실제로는 없듯이, 모든 위험을 다 헤지하는 기업 역시 아주 드물다. 노출의 100%를 모두 헤지하면 완벽한 헤지라고 생각하기 쉽다. 그러나 만약 헤지거래가 이루어진 시점이 유감스럽게도 (그때는 몰랐지만, 사후적으로 볼 때) 환율이 기업에게 아주 불리한 시점에 이루어져서, 헤지거래 이후 환율이 유리하게 반전되더라도 손을 쓸 수 없는 경우가 생길 수 있다.

물론 반대인 상황에서는 결과적으로 잘 되었다고 할 것이고, 위험관리란 이처럼 사후적인 환율불확실성에 대비하는 것이라고 하는 원론적인 관점에서 정당성을 주장할 수도 있을 것이다. 그러나 경영활동에서는 추후에 손을 쓸 수 없는 경직적인 결정보다는 신축성을 유지할 수 있도록 하는 결정이 기업의 옵션가치를 높여 주는 현대적인 경영방식이다. 이런 관점에서 보면 노출의 100%를 헤지하는 것은 결코 현명한 방법이 아니다.

어느 정도의 위험을 제거하고 어느 정도의 경영신축성을 유지하는 것이 바람직한가 하는 문제가 헤지비율 결정의 핵심이다. 헤지기간에 관계없이 일정비율(예컨대 70%)을 헤지비율로 고정하는 기업도 있지만, 이보다는 기간에 따라 차등화시키는 기업이 많다. 예컨대, 헤지기간을 12개월로 잡아 관리하는 기업에서는 지금부터 3개월 이내의 위험은 100%, 3~6개월 위험은 70%, 6~12개월 위험은 50%로 하는 식이다.

회사가 적정하다고 판단할 수 있는 적정 헤지비율을 찾아내기 위해서는 예상되는 환율변동성 자료와 그 회사의 현금흐름 또는 수익 자료를 가지고 수없이 많은 시뮬레이션을 해서 결정하는 방법이 많이 쓰여진다. 이러한 확률적 접근방법이 과거 담당자들의 감에 의해서 결정하던 관행과 특히 차이가 나는 현대적 접근방법이다.

기업들이 많이 쓰는 또 다른 방법은 환율을 전망해서 환율이 불리한 방향으로 움직일 것 같으면 헤지비율을 높이고, 반대의 경우에는 이를 낮추는 방법이다. 그러나 문제는 환율을 지속적으로 반복적으로 전망하면 아무리 잘해도 맞을 확률이 틀릴 확률보다 높지 않다는 점이다. 그래서 이 방법은 환율변동위험을 줄이기보다는 오히려 키우는 수가 많고, 따라서 좋은 방법이라고 하기 어렵다.

헤지비율은 헤지기간과 연계해서 결정하게 된다. 헤지기간(hedge horizon) 은 어떻게 잡을 것인가. 즉 앞으로 얼마만큼의 기간을 위험관리 대상 기간으로 잡을 것인가? 이 기간도 외환위험관리전략을 결정하는 데 중요한 변수이다. 기 간이 길수록 각종 변수가 미치게 될 영향이 증폭되고, 위험관리가 그만큼 어려 워진다.

적정 헤지기간을 결정하는 문제는 기업의 특성 또는 산업적 특성에 많이 달 렸다고 할 것이다. 제품의 생산에서 판매가 이루어질 때까지의 한 주기를 적정 헤지기간이라고 볼 수도 있다. 기업에 따라서는 헤지기간을 전략적으로 정하여 만기가 1년 이내인 노출만 관리의 대상으로 하기도 한다.

3. 위험의 측정-VaR를 중심으로

앞으로 닥칠 위험을 어떻게 측정할 수 있는가? 환율변동이 기업의 수익성과 경쟁력에 미치는 영향을 정확하게 측정하고 파악하여 그 변동추이를 세밀하게 관찰하는 것이 위험관리의 가장 기본이고, 그 다음 과학적 분석이 가능하도록 이를 상시적으로 파악할 수 있는 체계를 구비하는 것이 위험관리의 출발이다.

오늘날 거래적 노출에 대한 위험측정의 글로벌한 표준은 VaR(value at risk) 라고 불리는 방법이다. 이 방법은 1990년대 초, 미국계 투자은행인 JP Morgan 에 의해 개발되었다. 당시 이 은행의 최고경영자는 심각한 문제를 일으킬 수 있 는 부정적인 상황이 발생할 위험을 미리 감지할 수 있어야 한다고 판단하고, 이 를 위해 위험의 크기를 정확하고 체계적으로 파악할 수 있는 방법을 고안하도록 지시했다. 이렇게 해서 위험측정 결과를 한 개의 숫자로 나타낼 수 있도록 만든 것이 오늘날 금융회사들뿐만 아니라 비금융기업들까지도 널리 사용하고 있는 VaR기법이다.[5]

VaR는 정상적 시장상황을 전제로 할 때, 일정기간 동안 일정한 신뢰수준 (confidence level)하에서 통계적으로 예상할 수 있는 최대 손실금액이라고 정 의할 수 있다. 그래서, 원화로 표시한 VaR값은 다음과 같이 산출할 수 있고, 또

---

5) JP Morgan은 1994년 VaR를 추정하는 방법을 RiskMetrics™라고 이름지어 공개했고, 결국 이 방법을 사용하는 위험관리 컨설팅회사(Risk Metrics)를 설립하였다.

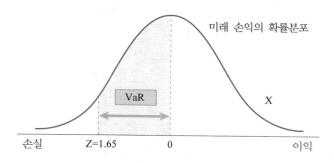

미래 손익의 확률분포

VaR

손실   Z=1.65   0   이익

X

가정: 미래 손익이 정규분포를 따른다고 가정함.

한 [그림 12−4]로 나타낼 수 있다.

VaR＝노출규모×외화 1단위당 예상되는 최대 환율변동폭
$$= N \cdot \alpha \cdot \sigma \cdot \sqrt{T} \cdot S$$

여기서, N: 예상 노출규모, α:신뢰수준의 확률계수, σ: 하루 평균 환율변동성,
T: 포트폴리오 보유기간 또는 위험측정기간, S: 현재 환율

VaR를 구성하고 있는 요소들을 하나씩 살펴보자. 노출규모(N)는 기업 내부
자료를 분석해서 산정할 수 있고, 환율(S)은 시장에서 얻을 수 있다. 신뢰수준
(α)은 경영진의 위험 허용한도에 따라 결정하지만, 95% 내외(90~99%)를 쓰는
기업이 많다. 신뢰수준을 95%로 잡는 경우 VaR값이 의미하는 것은, 정상적인
시장여건하에서 이 회사가 현재 보유한 포트폴리오 또는 노출에서 앞으로 T일
동안 VaR값보다 더 큰 손실을 입을 확률은 5%(＝100% − 95%)를 넘지 않을
것으로 예상된다는 뜻이다.

T는 헤지기간을 나타내는데 금융회사에서는 위험관리의 대상인 포트폴리오
의 보유기간을 쓰기도 한다. 금융회사는 위험을 관리하는 기간이 매우 짧아서,
하루 단위로 관리하는 것이 보통이나, 비금융기업들, 특히 제조업은 헤지기간이
이보다 훨씬 길다. 일반적으로는 일일변동성(α)을 추정한 뒤 기간의 제곱근을
곱해서 기간변동성을 얻는다. 예컨대, 원−달러환율의 일일변동성(σ)이 0.1%라
면, 10일간의 변동성은 0.1%×$\sqrt{10}$으로 구할 수 있다. 여기서 주의해야 할 점
은 10일은 영업일만을 뜻하는 것이기 때문에 달력 날짜로는 2주에 해당되는 기

▼ 표 12-5 간단한 VaR 계산의 예

	달러(USD)	엔(JPY)	유로(EUR)
보유 포지션	-100만	50만	30만
Risk Factor(환율)	1,150원	11원	1,400원
기간 변동성(2주)	$0.35\% \times \sqrt{10}$	$0.7\% \times \sqrt{10}$	$0.8\% \times \sqrt{10}$
상관계수 USD	1	0.44	0.40
상관계수 JPY		1	0.53
상관계수 EUR			1
신뢰구간	95%(정규분포 시 확률계수=1.65)		

↓

VaR(USD)	$= USD\ 100만 \times 1,150원 \times 0.35\% \times \sqrt{10} \times 1.65$	= 약 2,100만원
VaR(JPY)	$= JPY\ 50만 \times 11원 \times 0.7\% \times \sqrt{10} \times 1.65$	= 약 21만원
VaR(EUR)	$= EUR\ 30만 \times 1,400원 \times 0.8\% \times \sqrt{10} \times 1.65$	= 약 1,800만원

↓

상관관계를 고려한 VaR

$$= \sqrt{\begin{array}{l}(-2,100만)^2 + 21만^2 + 1,800만^2 - 2\times2,100만\times21만\times0.44 \\ - 2\times2,100만\times1,800만\times0.40 \\ + 2\times21만\times1,800만\times0.53\end{array}}$$

= 약 2,151만원 ↓

USD 포지션이 short이므로 상쇄효과가 큼

출처: 한국외환연구원

간이다. 그래서 한 달 변동성을 구하려면 20일을, 그리고 1년 변동성을 구할 때는 250일을 쓰는 것이 보통이다.

환율의 변동성은 과거 환율자료의 분석을 통해서 구하는 표준편차인데, 현재 환율을 기준으로 해서 변동할 것으로 예상되는 값이다. 일반적으로 미래의 환율 수준을 예상하는 일은 거의 불가능한 데 반해(제8장 참고), 환율의 변동성을 예측하는 데는 최근의 확률이론의 큰 발전에 힘입어 어느 정도 신뢰할 수 있는 새로운 기법들이 개발되어 있다.[6]

현실적으로는 기업이 노출되어 있는 외국통화가 달러, 엔, 유로, 위안 등 여럿인 경우가 많은데, 이런 때는 이 통화들 간의 변동이 서로 상쇄되는 효과가 있고, 그래서 VaR값을 계산할 때도 이 통화들 간의 상관관계를 고려해야 한다.

---

6) 이에 대한 보다 구체적인 내용은 최생림과 형남원(2004)을 참고하라.

상관관계는 최근 일정기간(**예** 1년 또는 3년) 동안의 환율자료를 분석해서 구한다. 그렇게 계산하면 관련통화를 각각 계산해서 합한 위험값 보다 많이 줄어들게 된다([표 12-5]).

VaR로 정의한 위험을 다시 한 번 살펴보자. 일반적으로 재무관리에서 위험의 측정단위로 쓰이는 표준편차(σ)는 예상하는 기대값에서 (유리하거나 불리하거나) 벗어나게 될 확률적인 크기를 나타내고, 따라서 방향성은 무시된다. 그러나 VaR에서는 유리한 변화는 위험이라고 보지 않고, 불리한 변화만 위험이라고 정의함으로써([그림 12-5]), 일상적인 의미에서의 위험과 뜻을 같이하고 있다. 다시 말하자면, VaR는 손실위험(downside risk)을 측정한 값이다.

VaR방법론은 개발된 후, 빠르게 확산되었다. 특히 환율, 금리 및 주가의 변동성이 심화되고, 파생금융상품의 거래가 급속히 증가하였으며, 또 국제결제은행(BIS)이 시장위험에 대한 자기자본 규제를 강화하면서, 이 방법론은 시장위험 관리기법으로서 더욱 각광을 받게 되었다. VaR는 이제 금융회사에서 시장위험뿐만 아니라 신용위험과 운영위험 등의 관리에도 적용되어, 금융회사의 전체 위험을 통합관리하는 방법론으로 발전하였다. 더욱 나아가 제조업 등 비금융기업에서도 이를 위험관리의 표준으로 삼고 있다.

금융기업과 비금융기업 간에는 VaR방법을 사용하는 데 있어 약간의 차이가 있다. 금융회사에서는 주로 포트폴리오(또는 운용자산)의 가치변화위험(VaR)을 측정의 대상으로 삼고, 따라서 측정기간이 일간 또는 주간으로 비교적 단기이다.[7] 이에 비해, 비금융기업에서는 주로 외화수지 변동위험(CFaR; cash flow at risk)과 수익성 변동위험(EaR; earnings at risk)을 관리하는데, 기본적인 접근방법은 위에 설명한 VaR방법과 큰 차이가 없고 다만 위험의 측정대상이 가치가 아닌 외화현금흐름 또는 수익성이라고 하는 차이가 있다. 측정기간은 월간, 분기간 또는 연간으로 비교적 장기가 된다. 그 외에도 비금융기업에서는 보유 외화자산과 부채에 대한 환산손익위험(TaR; translation at risk)과 외화부채에 대한 이자율 변동위험(IaR; interest at risk)도 측정하는 경우가 많다.

VaR방법론이 이처럼 널리 확산될 수 있는 것은 당연히 유용한 기법으로 여러 가지의 장점을 가지고 있기 때문이다. VaR의 가장 큰 장점은 개념적으로 매

---

[7] 예컨대 투자회사에서는 어떤 포트폴리오의 과거 100일 단위의 기간 평균수익률을 낮은 순서대로 나열한 후 5번째 최악의 수익률을 95% 신뢰수준에서의 VaR 수익률로 볼 수도 있다.

우 간단하고 또 모든 위험에 대해 적용할 수 있기 때문에, 전사적인 위험 측정 및 관리가 가능하다는 것이다.

이 방법론은 동시에 단점도 여럿 가지고 있다. 과거 시계열자료를 바탕으로 산출하기 때문에 미래의 위험을 적절히 예측하지 못할 가능성이 있고, 일반적으로 수익성이 정규분포를 따른다고 가정하고 있지만 실제로는 이와 다른 분포일 가능성도 있고, 또 정상적인 상황에서의 최대손실액을 의미하므로 비정상적 상황에서 발생할 수 있는 손실규모는 제시하지 못한다고 하는 점이 중요한 단점으로 지적된다.

VaR기법이 가지는 이와 같은 단점에 대한 보완책으로 위기상황분석(stress testing)과 사후검증(back‐testing)방법이 널리 이용된다. 위기상황분석은 비정상적인 상황에서 발생할 수 있는 손실 가능규모를 살펴보기 위해, 역사적인 사건 등(예 미국 9.11사건, 아시아 외환위기 등)을 바탕으로 극단적인 시나리오를 상정하여 예상손실 규모를 추정하는 방법이다. 또 사후검증방법은 일정 대상기간 동안의 과거자료를 분석하여 실제 혹은 가상손익이 모형의 가정대로 VaR 수치 이내에 있었는지를 검증함으로써, 모형의 유효성을 확인하려는 것이다.

4. 위험의 통제

이처럼 계산된 VaR값이 기업이 허용할 수 있는 위험의 한도를 넘어선다면 그 초과분의 위험은 헤지해야 한다. 그래서 다양한 헤지수단들을 이용해서 잔존위험이 허용한도의 범위 이내에 들어오도록 해야 한다.

앞 절에서 살펴본 바와 같이, 헤지수단은 여러 가지가 있다. 회사 내부에서 동원할 수 있는 기법들을 먼저 써서 최대한 위험을 줄인 후, 남은 위험을 시장거래를 통해서 줄여야 한다. 시장거래를 통해 헤지하는 상품들은 모두 유형, 무형의 비용이 든다. 그래서 비용을 감안한 헤지효과를 최대한 크게 할 수 있는 여러 가지 기법들을 선택하는 데 도움을 줄 수 있는 시뮬레이션을 미리 시행해 볼 필요가 있다.

헤지비용에 대한 인식도 새로이 할 필요가 있다. 원화는 아직 국제화의 정도가 낮아 국내에서만 주로 거래된다. 또 국내 외환시장은 발달이 미진하고, 우리 경제규모에 비춰볼 때 거래량도 불충분할 뿐만 아니라, 거래되는 외환상품도 다양하지 못한 편이다. 그래서 헤지거래에 따르는 거래비용이 비교적 높다. 그러나 헤지가 기업에게 유익한 효용을 제공한다면 결코 비용을 들이지 않고 거저 얻을 수는 없다. 다만 헤지전략에서는 항상 비용에 대비한 효과성(cost-effectiveness)을 감안해야 한다. 또 사전에 헤지비용을 예산에 책정하고 이를 나중에 제품(또는 서비스의) 원가로 반영하는 것이 현명하다.

기업은 위험을 헤지한 결과를 정기적으로 평가하여 처음에 설정한 위험관리의 목적을 어느 정도 달성했는지, 그리고 또 얼마나 효과적으로 달성했는지 확인하여, 이를 지속적으로 개선해 나가야 한다. 그래서 외환위험관리가 체계적으로 회사에 자리 잡아 나가도록 정착시키는 것이 좋다.

5. 위험관리 조직

위험관리는 담당자의 인식과 노력만으로는 성공하기 힘들다. 최고경영자(CEO)와 최고재무담당자(CFO)의 역할이 대단히 중요하다. 이들이 위험관리에 대해 비상한 관심을 가지고, 더 나아가서는 상당한 정도의 이해와 지식을 가져 실무 담당자와 인식을 공유해야만 효율적인 위험관리가 가능하다.

반면, 위험관리 업무를 담당자와 최고경영자의 재량이나 열정에만 맡겨둘 수도 없다. 위험관리의 각 기능이 과학적으로 이루어지도록 노력해야 하는 만큼 이 업무를 체계화시켜서 조직적으로 관리하는 일이 중요하다. 그래서 많은 기업에서는 최고경영자나 최고재무담당자가 주재하는 위험관리위원회를 구성하여 위험관리에 관한 중요한 일들을 심의, 결정하고 감독하도록 한다.

위험관리를 위한 회사 내의 조직구조는 기업의 경영전략에 따라서, 또는 산업적 특성에 따라서 크게 차이가 있어서 공통된 규범이 많지 않다. 그러나 위험관리를 위한 조직구조를 얘기할 때, 빠트릴 수 없는 것이 엄격한 내부통제제도의 중요성이다. 국내외에서 발생한 많은 금융사고의 근원에는 내부통제가 제대로 기능하지 않았다고 하는 공통점을 가지고 있다.

외환거래(front office)업무와 후선(back office)업무(즉 거래확인, 결제, 신용위험관리, 헤지 포지션관리 등)를 같은 부서의 과장과 대리가 나누어 맡고 있다면, 내부통제가 제대로 이루어져 있다고 할 수 없다. 이 두 업무를 철저하게 독립된 부서 간에 분담해야 한다. 이는 담당직원 간의 신뢰 문제가 아니고, 기업의 규율과 존망에 관한 문제로 봐야 한다.

회사 내 각 부서에서 발생하는 노출을 재무부서 등 한 곳에 집중해서 관리하면, 매칭의 기회가 많고 외부기법을 사용하더라도 대량거래에 따르는 가격할인 등의 혜택이 있어서 유리하다. 하지만 앞에서 여러 번 지적한 바와 같이, 외환위험을 재무부서 혼자서 관리하는 것보다는 전사적으로 관리하는 것이 효과적이고, 특히 실질운용노출의 관리에서는 더욱 그러하다. 따라서 운용업무, 즉 생산, 구매, 판매업무 등을 담당하는 부서와 협력해서 위험을 관리하도록 해야 한다.

위험을 체계적으로 관리하려면, 내부자료를 수집하고 분석해서 위험을 측정하고 각종의 보고서를 작성하여 의사결정을 지원할 수 있는 정보시스템을 구축하는 일이 중요하다. VaR를 산정하는 일이라든지, 적정 헤지전략을 탐색하기 위해서 필요한 각종의 시뮬레이션 작업을 수행하는 일은 정보기술(IT)의 뒷받침 없이는 불가능하다. 현재 대부분의 기업들이 사내자원관리프로그램(ERP)을 갖추고 있어, 위험관리 정보시스템도 이에 연결하여 자료를 교환하고 처리할 수 있도록 구축하는 것이 효과적이다.

회사 내에 형성되는 위험관리에 대한 사원들의 태도 또는 문화도 중요하다. 조직원들이 위험에 대해 얼마나 민감한가? 사원들이 마케팅, 기획 등의 업무와 동일한 열성을 가지고 위험관리에 임하는가? 이러한 위험문화를 형성하는 데 있어 특히 최고경영층의 역할이 중요함은 앞에서 이미 언급한 바와 같다.

정보시스템과 함께 회사의 위험관리를 지원하는 중요한 하부구조가 위험관리규정이다. 이 규정에는 위험관리전략의 중요한 부분, 특히 목적, 위험 허용한도, 위험 측정방법, 헤지기간과 헤지비율, 허용하는 헤지기법의 종류, 위험관리의 성과에 대한 평가방법, 그리고 위험관리와 관련된 각종 업무의 담당부서와 조직 등을 세부적으로 명시해야 한다. 이 규정은 최고경영자와 이사회의 승인을 받아 제도적 장치로 마련해둘 필요가 있다.

특히 이 규정에서 위험관리의 성과측정 기준과 사후적 책임의 문제를 명시해두어, 담당자들에게 지침을 제공해야 한다. 그리고 사후적인 평가의 기준으로는 이 규정을 제대로 준수했는가의 여부가 핵심이 되는 것이 마땅하다. 앞에서 언급한 바와 같이, 성과측정 기준은 위험관리의 목적과 연계되어 있어야 한다.

예컨대 위험을 최소화시키는 데 목적을 두고 관리를 했다면, 외환손실이 최소화되는 것과 함께 외환이익도 최소화될 것이라고 각오해야 된다(옵션으로 헤지하는 전략에서도 옵션가격이 공정한 시장가격으로 형성되어 있다면, 장기적으로 볼 때 마찬가지라고 할 수 있다). 설정된 목적에 비춰볼 때 외환이익이 크지 않은 것이 위험관리를 성공적으로 수행한 것인데, 이를 오히려 질책한다면 그 회사의 위험관리 체계는 무너질 수밖에 없다.

특히 위험관리의 성과를 사후적인 기준에 의해 평가하면 담당자는 위험을 관리하기가 어려워진다. 예컨대 선물환 헤지를 그 선물환거래 만기시점의 현물환율과 비교해서 평가하는 것이 대표적으로 잘못하는 예이다. 이러한 평가방법은 투기적인 거래에서는 적정한 방법이 되겠지만, 헤지거래에서는 절대로 피해야 하는 방법이다.

6. 결론

국제기업활동을 수행하는 데는 여러 가지 불확실성이 따르게 되는데, 그 중 미래의 환율 불확실성은 매우 중요한 변수가 아닐 수 없다. 또 환율 변동 위험을 어떻게 관리하느냐가 기업의 수익성에 치명적인 영향을 미치는 경우도 많다.

기업이 기본적으로 우수한 기술과 제품품질로 국제적인 경쟁을 해야 함은 다시 말할 필요가 없다. 신제품 개발, 생산성 향상, 구조조정 등 기업의 비가격 경쟁력을 제고시키기 위한 노력은 그 대표적인 것이라 할 수 있다. 그러나 이것은 외환위험의 관리에 고유한 기법이라기보다는, 기업의 경쟁력을 향상시키기 위한 일반적인 방법이다.

바꾸어 말하면 외환위험의 관리와는 독립적으로 이루어지는 기업의 상시적인 노력이라는 것이다. 이와 함께 단기적으로는 위험을 잘 관리해서 가격경쟁력을 강화시킬 필요가 있다. 특히 경영의 책임을 맡고 있는 이들이 이 점을 인식하고, 위험관리에 대한 이해와 지식을 갖추어 적극적인 역할을 해야 한다.

위험관리에 필요한 하부구조를 갖추는 일도 중요하다. 위험관리업무 수행을 위한 조직체계와 정보기술시스템을 구축하고 해당규정을 제정해야 한다. 이 규정에서는 위험관리의 성과에 대한 적정한 평가방법을 명시하고 있어야 한다.

위험을 헤지하지 않는 것은 투기이다. 국내기업의 글로벌한 경영활동이 활발해지는 추세를 감안할 때, 외환위험관리의 중요성을 강조하지 않을 수 없다. 효율적인 위험관리를 통해 환율이 어떻게 변동하더라도 이익을 낼 수 있는 위험관리체계를 갖출 필요가 있다.

선물환계약으로 헤지를 하는 목적은 만기시점의 현물환율이 얼마가 될지 모르는 위험이 있고 그 위험을 제거하려는 데 있는 것이기 때문에, 사후적인 현물환율을 기준으로 선물환계약을 평가하는 것은 합리적이지 못하다. 선물환 헤지의 효용을 사후적 손익이 아닌, 사전적 불확실성 제거에서 찾아야 할 것이다.

연습문제

01 앞에서 살펴본 각종의 환위험관리기법들은 회계적 노출과 경제적 노출 모두를 헤지할 수 있겠는가? 그렇지 못한 기법들은 어떤 것들인가?

02 내부적 기법을 우선적으로 적용하고, 이로써 헤지되지 못하는 잔존 노출을 외부적 기법으로 헤지해야 한다는 주장의 근거는 무엇인가? 그럼에도 불구하고 외부적 기법들이 강조되는 잘못을 흔히 보게 되는 것은 무엇 때문이라 생각하는가?

03 "환산노출을 선물환으로 헤지하는 것은, 만약 그 선물환계약 만기일에 동일한 금액의 외환이 정말 현금으로 이용할 수 있는 경우가 아니라면, 커버되지 않은 헤지가 될 것이다." 이를 논평하라.

04 VaR의 개념과 장단점을 설명하라.

05 VaR를 이용한 위험관리절차를 간단히 설명하라.

06 316쪽의 예에서, 이자율평가가 성립하면 단기자금시장헤지와 선물환헤지의 효과가 같음을 보여라.

참고문헌

박경호 외 (2009), K−IFRS에 근거한 기능통화 회계제도의 도입효과: 외항해운기업사례, 회계저널, 18:1, 87−112.

박철호 (2010), FX마진거래제도 개선방안, 조사보고서 10−2, 자본시장연구원

박진순 (2009), 키코(KIKO) 소송의 법률적 쟁점, 증권법학회 발표자료, 23.

이승호 (2003. 6.), 역외 NDF거래가 국내 외환시장에 미치는 영향 분석, 한국은행 외 환국제금융리뷰, 1−12.

최생림, 형남원 (2003. 6.), 환율 변동성 예측 모형의 실증분석, 국제경영연구, 14:1, 95~109.

한국거래소, *http://open.krx.co.kr/contents/OPN/01/01040601/OPN01040601.jsp*

_____ 파생상품시장본부 (2009. 5.), 통화선물시장 거래제도 개선.

한국은행 (2010. 8.), 우리나라 외환자유화의 현 주소와 향후 과제.

한국회계기준원 회계기준위원회 (2010. 8.), 기업회계기준서 제1021호 환율변동효과.

Akram, Q. F., D. Rime and L. Sarno (2008), Arbitrage in the foreign exchange market: turning on the miscroscope, *Journal of International Economics*, 76, 237−53.

Allaynnis, G. J. Ihrig and J. Weston (2001), Exchange−rate exposure hedging: Financial versus operational hedges, *AER papers and proceedings*, 91, 391−95.

Allen, Steven (2003), *Financial Risk Management: A Practitioner's Guide to Managing Market and Credit Risk,* John Wiley & Sons.

Atanasov, V. and T. Nitschka (2014), Currency excess returns and global downside market risk, *Journal of International Money and Finance*, 47, 268−85.

Baba, N and F Packer (2009), Interpreting deviations from covered interest parity during the financial market turmoil of 2007-08, *Journal of Banking and Finance,* November.

Bank for International Settlements (2019), *Triennial Central Bank Survey of Foreign Exchange and Derivatives Market Activity*, Basle, December 2019.

Barker, William (2007), The Global Foreign Exchange Market: Growth and Transformation, *Bank of Canada Review*, Autumn, 4–13.

Barroso, P. and P. Santa–Clara (2015), Beyond the carry trade: Optimal currency portfolios, *Journal of Financial and Quantitative Analysis,* 50:5, 1037–56.

Barton, T. L. et al (2002), *Making Enterprise Risk Management Pay Off*, FT Prentice Hall.

Bayoumi, T., H. Faruqee, and J. Lee (2005), A Fair Exchange? Theory and Practice of Calculating Equilibrium Exchange Rates, *IMF Working Paper* WP/05/229.

Berg, A. and Y. Miao (2010), The Real Exchange Rate and Growth Revisited: The Washington Consensus Strikes Back? *IMF Working Paper* 10/58.

Bernholz, P. (1982), *Flexible Exchange Rates in Historical Perspective*, Princeton Studies in International Finance, No. 49,

Bilson, J. F. O. (2013), *Adventures in the Carry Trade*, CME.

Bodnar, G. M., B. Dumas and R. C. Marston (2002), Pass–Through and Exposure, *The Journal of Finance*, 57:1, 199–231.

Borio, C. E., R. N. McCauley, P. McGuire and V. Sushko (2016), Covered interest parity lost: understanding the cross–currency basis, *BIS Quarterly Review* September.

Burnside, C, M Eichenbaum, I. Kleshchelski and S. Rebelo (2006), The returns to currency speculation, *NBER Working Paper*, no 12489.

_____ (2011), Do peso problems explain the returns to the carry trade? *Review of Financial Studies*, 24:3.

Chaboud, A., B. Chiquoine, E. Hjalmarsson (2009), and Clara Vega, Rise of the machines: Algorithmic trading in the foreign exchange market, *Working paper*, Federal Reserve System.

Chernov, M., M. Dahlquist, L. Lochstoer (2020), *Pricing Currency Risks*, Centre for Economic Policy Research.

Crouhy, M., et al (2001), *Risk Management,* McGraw–Hill.

Culp, C. L. (2001), *The Risk Management Process*, John Wiley & Sons.

Curcuru, S, C. Vega and J. Hoek (2010), Measuring carry trade activity, *Irving Fisher Committee Bulletin,* no 34, Bank for International Settlements.

Dowd, K (1998), *Beyond Value at Risk*, New York, N.Y.: John Wiley.

Eichengreen, B. (2008), The Real Exchange Rate and Economic Growth, *Commission on Growth and Development Working Paper* No. 4.

Engel, C. (2016), Exchange Rates, Interest Rates, and the Risk Premium, *American Economic Review,* 106:2, 436−74.

Fama, E. F. (1984), Forward and spot exchange rates, *Journal of Monetary Economics*, 14:3, 319−38.

Flood, Jr., E. and D.R. Lessard (1986), On the Measurement of Operating Exposure to Exchange Rates: A Conceptual Approach, *Financial Management*, Spring, 25~36.

Frankel, J. A. (1983), Monetary and Portfolio−Balance Models of Exchange Rate Determination, in J. S. Bhandari, B. H. Putnam(eds.), *Economic Interdependence and Flexible Exchange Rates*, Cambridge, Mass., 84~115.

Froot, K. A. and J. A. Frankel, (1989), Forward discount bias: Is it an exchange risk premium, *The Quarterly Journal of Economics,* 104:1, 139−61.

Galati, G, A Heath and P McGuire (2007), Evidence of carry trade activity, *BIS Quarterly Review,* September.

Galí, J. (2020), Uncovered Interest Parity, Forward Guidance, and the Exchange Rate, *NBER Working Paper* No. 26797, February.

Harris, R. and J. Shen (2004), *Hedging and Value at Risk, Mimeo*, The Centre for Finance and Investment, University of Exeter.

Itskhoki, Oleg (2020), The Story of the Real Exchange Rate, NBER WORKING PAPER 28225, National Bureau of Economic Research.

Jorion, Philippe (2001), *Value at Risk*, McGraw−Hill.

_____ (2003), *Financial Risk Manager Handbook*, Global Association of Risk Professionals.

Karnaukh, N, A. Ranaldo and P. Söderlind (2013), Understanding FX liquidity, *Working Papers on Finance*, no 1315, University of St Gallen, School of Finance.

King, M, C. Osler and D. Rime (2011), Foreign exchange market structure, players and evolution, Central Bank of Norway, working paper, no 10.

Koutmos, L. and A. D. Martin (2003), Asymmetry Exchange Rate Exposure: Theory and Evidence, *Journal of International Money and Finance*, 22, 365−83.

LeBaron, B. (2002), Technical trading profitability in foreign exchange markets in the 1990s, *Working paper,* Brandeis University.

Levich, R. M (2001), International Financial Markets: Prices and Policies, 2nd ed., McGraw—Hill International Edition.

_____ and F. Packer (2015), Development and functioning of FX markets in the Asia—Pacific, *BIS Papers* no. 82, 75—132.

Lustig, H., N. Roussanov and A. Verdelhan (2011), Common risk factors in currency markets, *Review of Financial Studies*, 24:11, 3731—77.

McCauley, R, C. Shu, and G. Ma (2014), Non—deliverable forwards: 2013 and beyond, *BIS Quarterly Review.*

Menkho, L., L. Sarno, M. Schmeling and A. Schrimpf (2012), Carry trades and global foreign exchange volatility, The Journal of Finance, 67:2, 681—718.

Neely, C. J. and P. A. Weller (2011), Technical Analysis in the Foreign Exchange Market, Federal Reserve Bank of St. Louis *Working Paper* 2011—001A, January.

Obstfeld, M. and K. Rogoff (2003), The Six Major Puzzles in International acroeconomics: Is There a Common Cause? *NBER Macroeconomics Annual 2000*, ed. by Ben Bernanke and Kenneth Rogoff, Cambridge, Massachusetts, MIT Press, 339—903.

Pinnington, J. and M. Shamloo (2016), Limits to arbitrage and deviations from covered interest rate parity, *Staff discussion paper* 2016—4, Bank of Canada, April.

Pojarliev, M. and R. Levich (2008), Do professional currency managers beat the benchmark? *Financial Analysts Journal,* 64:5, September/October.

_____ and _____ (2012), *A New Look at Currency Investing,* CFA Institute.

Rodrik, D. (2008), The Real Exchange Rate and Economic Growth, *Brookings Papers on Economic Activity*, Fall.

Rosenberg, M. (2014), The carry trade – the essentials of theory, strategy & risk management, in M. Pojarliev and R. Levich (eds), *The Role of Currency in Institutional Portfolios,* Risk Books,

Sarich, J. (2006), What Do We Know about the Real Exchange Rate? A Classical Cost of Production Story, *Review of Political Economy*, 18:4, 469–96.

Sarno, L. (2005), Towards a Solution to the Puzzles in Exchange Rate Economics: Where Do We Stand? Canadian Journal of Economics, 38:3, 673—708.

_____, P. Schneider, and C. Wagner (2012), Properties of foreign exchange risk premiums, *Journal of Financial Economics*, 105:2, 279−310.

Schmittmann, J. M. (2010), Currency hedging for international portfolios, *IMF Working Paper,* No. 10−151.

_____ and C. H. Teng (2020), Asia and Pacific Department Offshore Currency Markets: Non−Deliverable Forwards (NDFs) in Asia, IMF Working Paper 20/179, September.

Sercu, Piet and Raman Uppal (1995), *International Financial Markets and The Firm*, South−Western College Publishing.

Shapiro, A. and P. Hanouna (2020), Multinational Financial Management, 11th ed., Wiley.

Verdelhan, A. (2018), The share of systematic risk in bilateral exchange rates, *Journal of Finance,* 73:1, 375−418.

Williamson, J. (2008), Exchange Rate Economics, *Peterson Institute for International Studies Working Paper Series*, WP 080−3.

https://www.investopedia.com/terms/h/head−shoulders.asp

국문색인

저자소개

최생림 e-mail: srchoi@hanyang.ac.kr

현재 한양대학교 경영대학 명예교수, 한국외환연구원 원장
한양대학교 교수평의원회 의장 및 대학평의원회 의장 역임
서울대학교 상과대학 무역학과(학사)
미국 미시간대학교 경영대학원(박사)
미국 미시간대학교 초빙부교수
중국 북경대학 초빙교수
Fulbright Lecturing and Research Fellow 역임
미국 펜실베이니아대학교 초빙교수

제7판
외환론 -외환이론·시장·관리-

초판발행	1993년 9월 10일
개정판발행	1999년 4월 5일
제3판발행	2003년 8월 10일
제4판발행	2006년 8월 30일
제5판발행	2011년 3월 10일
제5판(보정판)발행	2012년 1월 25일
제6판발행	2016년 2월 25일
제7판발행	2021년 2월 25일
지은이	최생림
펴낸이	안종만·안상준
편 집	전채린
기획/마케팅	오치웅
표지디자인	박현정
제 작	고철민·조영환
펴낸곳	**(주)박영사**
	서울특별시 금천구 가산디지털2로 53, 210호(가산동, 한라시그마밸리)
	등록 1959. 3. 11. 제300-1959-1호(倫)
전 화	02)733-6771
f a x	02)736-4818
e-mail	pys@pybook.co.kr
homepage	www.pybook.co.kr
ISBN	979-11-303-1188-3 93320

copyright©최생림, 2021, Printed in Korea

* 파본은 구입하신 곳에서 교환해 드립니다. 본서의 무단복제행위를 금합니다.
* 저자와 협의하여 인지첩부를 생략합니다.

정 가   32,000원